摹廬叢著

三輔黄圖校證
弄瓦翁古籍箋證

陳直著

中華書局

圖書在版編目(CIP)數據

三輔黃圖校證;弄瓦翁古籍箋證/陳直著. —北京:中華書局,
2021.1
(摹廬叢著)
ISBN 978-7-101-14942-5

Ⅰ.①三…②弄…　Ⅱ.陳…　Ⅲ.古籍整理-中國　Ⅳ.G256.1

中國版本圖書館 CIP 數據核字(2020)第 243914 號

書　　名	三輔黃圖校證　弄瓦翁古籍箋證	
著　　者	陳　直	
叢 書 名	摹廬叢著	
責任編輯	王　勛	
出版發行	中華書局	
	(北京市豐臺區太平橋西里 38 號　100073)	
	http://www.zhbc.com.cn	
	E-mail:zhbc@ zhbc.com.cn	
印　　刷	北京瑞古冠中印刷廠	
版　　次	2021 年 1 月北京第 1 版	
	2021 年 1 月北京第 1 次印刷	
規　　格	開本/850×1168 毫米　1/32	
	印張 15½　插頁 2　字數 338 千字	
印　　數	1-2500 冊	
國際書號	ISBN 978-7-101-14942-5	
定　　價	56.00 元	

《摹廬叢著》整理説明

陳直先生(一九〇一———一九八〇),字進宧,又作進宜,江蘇鎮江人,是中國當代著名的歷史學家和考古學家。生前曾任西北大學歷史系教授、中國考古學會第一屆理事會理事、中國秦漢史研究會籌備組組長、陝西省社會科學學會聯合會顧問、陝西省歷史學會顧問。

陳直先生出生於一個貧苦的書香人家,幾代精研經史訓詁之學,所以自小打下深厚的舊學功底。他一直以王國維先生的私淑弟子自居,自學成名。他把"二重證據法"引入秦漢史研究中,以文物資料證史,開闢出一條治學新途徑,成爲二十世紀中國秦漢史研究的一面旗幟。

先生著述等身,經他本人多次修訂補充,統編爲《摹廬叢著》,以紀念其早逝的母親。所收之書從二十世紀五十年代起至九十年代前半期止,大體都已出版問世,對秦漢史研究起到巨大的推動作用。

今年正值陳直先生逝世二十五周年,鑒於原書出版比較散亂,且絕大多數作品今天已難以獲見,爲了紀念陳直先生,也爲了滿足學術研究需要,特以先生手定稿本爲準,局部作了一些調整和補充,現整套《叢著》包括以下十一種作品:

一、《史記新證》

二、《漢書新證》

　　其調整部分是,將《文史考古論叢》中凡已見於他書的論文,一律删去;而涉及古籍整理校訂的五篇論文抽出,另擬名爲《弄瓦翁古籍箋證》,與《三輔黃圖校證》合併出版。補入的則是陳直先生的詩作,今以國家圖書館所藏的《摹廬詩稿》取代已出版的節本《摹廬詩約》,使讀者能較全面地瞭解陳先生的文學藝術才能,以及詩中所反映的治學特色和史學觀點。

　　本叢書的整理,除《讀子日札》、《讀金日札》和《摹廬詩稿》三種特請周曉陸先生整理外,其餘均由本人負責完成。

　　此番受陳直先生遺屬陳治成夫婦的委託,整理《摹廬叢著》,作爲摹廬弟子責無旁貸。特别值得説明的是,該集的出版得到了中華書局總編輯李岩先生、副總編輯徐俊先生的大力支持,也得到了古代文獻編輯室主任李解民先生和責任編輯王勗女士的熱忱幫助,我謹代表陳先生的遺屬、朋友和弟子致以最深切的謝意和敬意。

周天游

二〇〇五年八月二十六日於西安

　　補充説明：本册付梓之際，在原計劃調整的基礎上，又做了微調。將《文史考古論叢》裏涉及古籍整理校訂的四篇論文抽出，與《鹽鐵論解要》、《顔氏家訓注補正》、《南北朝王謝元氏世系表》三篇，另擬名爲《弄瓦翁古籍箋證》出版。

　　　　　　　　周天游　二〇二〇年十一月

目　録

三輔黃圖校證

弄瓦翁古籍箋證

三輔黃圖校證

三輔黃圖校證序言

《三輔黃圖》始著録於《隋書·經籍志》，僅稱一卷。晁公武作三卷，陳振孫作二卷，今本爲六卷，疑南宋苗昌言校刻時所分析。清代各刻，皆依從之。原本有圖，久經散失，如叙未央宮及滄池、冰池，皆引有"舊圖曰"，昆明池引有"圖曰"，王莽妻億年陵引有"舊本曰"，皆其明證。

今本《黃圖》，晁公武定爲梁、陳間人所作，程大昌定爲唐肅宗以後人所作。嗣後多依晁説，題爲六朝無名氏作品。余則定今本爲中唐以後人所作，注文更略在其後。

《黃圖》一書在古籍中所引，始見於如淳《漢書》注。如淳爲曹魏時人，則原書應成於東漢末曹魏初期。

由原本到今本，須分三個階段。如淳、晉灼、張晏、孟康、臣瓚諸人，引用以注《漢書》，是第一階段。《南方草木狀》荔支條、《水經注》、《文選》李善注、《漢書》顏師古注所引，是第二階段。中唐時期，用顏注增補，並加《西京雜記》、《拾遺記》等書，是第三階段，與《元和郡縣圖志》文字相同尤多。經過各次之補綴，原書之成分存在者已屬不多。今本與宋敏求、程大昌諸家所引均同，而與宋代《太平寰宇記》、《太平御覽》所引尚有不同。至王應麟所見之本，分類亦有不同，是今本較唐時第二次補綴之本，又有散佚及差異。

余謂今本《黃圖》爲唐人補綴之理由：有引唐人書及坊名者，如長安九市引《郡國志》曰"西市在醴泉坊"是也；有引唐縣名者，如"黃山宮在興平縣西三十里"是也；有唐人口氣者，如"上林十池皆在古城南上林苑中"是也。

余謂今本《黃圖》與顏師古《漢書》注相同之處最多，是《黃圖》用顏注，而不是顏注引《黃圖》。例如"宜春下苑在京城東南隅"，見《漢書·元帝紀》初元二年顏注。京城，指唐代都城而言，爲本書採用顏注之確證。今本序言，既乏漢魏醇古之氣，又無六朝駢偶之體，亦似爲唐人所撰。

此次校證以張宗祥氏所校正者爲底本。其校勘有一部分採用張氏原校，在書中不再逐條引名。有一部分不同於張氏者，則取證於其他古籍。確定爲傳鈔之誤字者，如"鴛鴦殿"改爲"鴛鸞殿"，"歲雨殿"改爲"飛雨殿"之類。又原注用小字旁寫，校文在每句之內，用小字旁寫，並加墨框校字以別之。有時因條文過長，分作數段，以清眉目。在原文每條之後，並撫取漢銅器、磚甓、瓦當各銘文，俾資實證。

西漢宮殿皆毀於王莽之亂，在東漢時班固已稱爲"徒觀跡於舊墟，聞之於父老"。余至秦二十年，於西京殿閣之遺址，陵墓之留存，屢加訪問。觀於漢宮發現之銅器，塗金鏤銀，工麗絕倫；出土之磚瓦，古樸厚重，堅致耐久。可以想見當時宮闕之嵯峨，樓觀之聳峙，可以看出當時人民建築之技巧，具有高度之水平，因此有表彰之必要，並非誇張統治階級之奢侈享樂也。

　　　　　　　一九六五年六月四日，即農曆端陽節，

　　　　　　　　　陳直撰於西安之摹廬。

清代孫星衍、莊逵吉等人或有校本及佚文輯本。本書僅就今本作校證，他書故未論及。

　　出版前承賈正中同志協助整理；校證部分所引古籍，承張廷浩、任大援、周天游、余華清同志代爲核對，並致感謝。

一九七九年五月

三輔黃圖序（原序）

《易》曰："上古穴居而野處，後世聖人易之以宮室，上棟下宇，以待風雨，蓋取諸《大壯》。"

直按：見《易經·繫辭下》。

三代盛時，未聞宮室過制。秦穆公居西秦，以境地多良材，始大宮觀。戎使由余適秦，穆公示以宮觀。由余曰：使鬼爲之，則勞神矣。使人爲之，則苦人矣。是則穆公時，秦之宮室已壯大矣。

直按："戎使由余適秦"等句，採用《史記·秦本紀》文。

惠文王初都咸陽，取岐雍巨材，新作宮室。南臨渭，北踰涇，至於離宮三百。復起阿房，未成而亡。

直按：《史記·秦本紀》惠文王十二年始都咸陽。《史記·秦始皇本紀》三十五年云："乃令咸陽之旁二百里内宮觀二百七十，復道甬道相連。"又叙"關中計宮三百，關外四百餘"。又《漢書·賈山傳》云："秦起咸陽西至雍，離宮三百。"

至始皇并滅六國，憑藉富强，益爲驕侈，殫天下財力，以事營繕。項羽入關，燒秦宮闕，三月火不滅。漢高祖有天下，始都長安，實曰西京，欲其子孫長安都於此也。長安本秦之鄉名，高祖作都。

直按：宋敏求《長安志》云："長安，本秦之鄉名。"與本文同。

《史記·秦始皇本紀》八年云："弟長安君成蟜將軍擊趙，

反。"又咸陽一帶嘗出土有"長安"圓錢,當爲秦物,足證長安之名始於始皇初期。

至孝武皇帝,承文景菲薄之餘,恃邦國阜繁之資,土木之役,倍秦越舊,斤斧之聲,畚鍤之勞,歲月不息,蓋騁其邪心以夸天下也。

昔孔子作《春秋》,築一臺,新一門,必書於經,謹其廢農時奪民力也。

直按:例如《春秋》經"莊公三十一年春,築臺于郎","僖公二十年春,新作南門"之類。

今袤採秦、漢以來宮殿、門闕、樓觀、池苑在關輔者著於篇,曰《三輔黃圖》云,東都不與焉。

直按:昔見有"昔引黃圖"瓦當。"黃圖"二字,蓋起於西漢,取其宏大規模之義。

右《三輔黃圖》,撫州州學刻也。是書載秦漢宮室苑囿爲之甚備,顏師古《漢書》新注多取焉,然不載撰者名字。《唐書·藝文志》有《三輔黃圖》一卷,列於地理類之首,亦不云何人作也。其間多用應劭《漢書》。劭,後漢建安時人。至魏人如淳注《漢書》,復引此圖以爲記。以此考之,得非漢魏間人所作邪?世無板刻,傳寫多魯魚之謬,凡得數本,以相參校,其或未有證據,疑以傳疑,不敢斷以臆説云。時紹興癸酉七月朔旦。左迪功郎州學教授苗昌言題。

三輔黃圖卷之一

三輔沿革

《禹貢》九州,舜置十二牧,雍其一也。古豐、鎬之地,平王東遷,以岐、豐之地賜秦襄公,至孝公始都咸陽。秦孝公十二年,於渭北作咸陽,徙都之。咸陽在九嵕山、渭水北,山水俱在南,故名咸陽。編者按:咸陽在九嵕山之南,渭水之北。山之南爲陽,水之北爲陽,故名咸陽。原文有誤。秦并天下,置内史以領關中。項籍滅秦,分其地爲三:以章邯爲雍王,都廢丘;今興平縣地。司馬忻爲塞王,都櫟陽;董翳爲翟王,都高奴。今延州金明縣。謂之三秦。漢高祖入關,定三秦,元年更爲渭南郡,九年罷郡,復爲内史。

直按:《元和郡縣圖志》卷一,敘三輔沿革,與本文略同,與原注文亦同。又《太平御覽》卷一百六十四引《十道志》文,《太平寰宇記》卷二十一雍州總叙,皆與本文完全相同。又宋敏求《長安志》卷一總叙,連原注文亦並同,僅字句略有變更。

又按:《史記·秦始皇本紀》二十六年"分天下以爲三十六郡",裴駰《集解》,内史亦在三十六郡之内。始皇九年《紀》有"内史肆"之名。

又按:《嘉慶一統志》延州金明縣,宋熙寧五年廢入膚施縣。

又按:"元年更爲渭南郡",見《漢書·地理志》京兆尹原注。

五年,高帝在洛陽,婁敬説曰:"夫秦地被山帶河,四塞以爲固,卒然有急,百萬衆可立具。因秦之故資,甚美膏腴之地,此所謂天府。陛下入關而都之,山東雖亂,秦故地可全而有也。"

直按:婁敬進説,見《漢書》本傳。《太平寰宇記》卷二十五《雍州》,亦叙婁敬、田肯兩事。

又田肯賀高帝曰:"陛下治秦中。秦形勢之國,帶河阻山,持戟百萬,秦得百二焉。地勢便利,其以下兵于諸侯,猶居高屋之上建瓴水也。"自是,漢始都之。

直按:田肯事,見《漢書·高祖本紀》六年《紀》。

又按:《金泥石屑》卷下有"霸陵過氏瓴"。一九四八年,灞橋附近出土有"霸陵某氏瓴",器形如竹筒,蓋施裝屋角,爲滴水之用。

景帝分置左右内史,此爲右内史。武帝太初元年改内史爲京兆尹,與左馮翊、右扶風,謂之三輔。其理俱在長安城中。

直按:《太平寰宇記》卷二十五,與本文完全相同。"其治"作"其理",自是唐人口氣。

三輔治所

京兆,在故城南尚冠里。京,大也。天子曰兆民。《公羊》曰:京,大也;師,衆也。天子所居。

直按:尚冠里見《漢書·宣帝紀》及《漢書·霍光傳》。

又按:原注"京,大也","天子曰兆民",用《三輔決録》注文,見《長安志》卷一《京都》引。以下《長安志》所引亦同。原注所引《公羊》，見《公羊·桓九年傳》。蔡邕《獨斷》亦云：“天子所居曰京師。京，大也；師，衆也。”

馮翊，在故城内太上皇廟西南。馮，憑也；翊，輔也。翊輔京師也。其地今同州。

直按：《史記·晁錯傳》云：“内史府居太上皇廟堧中，門東出，不便。”當景帝時，馮翊爲左内史。《太平寰宇記》卷二十五，與本文及原注並同。又《太平御覽》卷一百六十四，引應劭《漢官解詁》云：“馮輔翊蕃，故以爲名。”《元和郡縣圖志》卷二云：“馮，輔也；翊，佐也。”

扶風，在夕陰街北。扶，持也，助也。言助風化也。今岐州。

直按：夕陰街，見本書“長安八街九陌”。《太平寰宇記》卷二十五，引《三輔黃圖》，與今本同。

三輔者，謂主爵中尉及左、右内史。漢武帝改曰京兆尹、左馮翊、右扶風，共治長安城中，是爲三輔。三輔郡皆有都尉，如諸郡。京輔都尉治華陰，左輔都尉治高陵，右輔都尉治郿。

直按：《漢書·百官公卿表》，内史掌治京師，景帝二年分置左内史、右内史。又《百官公卿表》主爵都尉，顔師古注引《三輔黃圖》云云，與本文略異，與末段原注完全相同。

又按：《長安志》卷一總叙（《太平御覽》卷一百六十四亦同）引《三輔黃圖》云：“武帝太初元年改内史爲京兆尹，以渭城以西屬右扶風，長安以東屬京兆尹，長陵以北屬左馮翊，以輔京師，謂之三輔。又置三輔，中輔理華陰，左輔理高陵，右輔

治䣖,兼三都尉,亦曰六輔。"是概括本書三輔沿革及三輔治
所兩段文字。

又按:《漢書・景帝紀》中六年應劭注:"京兆尹、左馮翊、右
扶風,共治長安城中(《太平寰宇記》卷二十五叙雍州與應注
並同),是爲三輔。"顏師古曰:"時未有京兆、馮翊、扶風之
名。此三輔者,謂主爵中尉及左右内史也。應説失之。"

又按:《漢書・宣帝紀》本始元年京輔都尉廣漢顏師古注,完
全與本文相同。《漢書・地理志》高陵注"左輔都尉治",䣖
縣注"右輔都尉治",而於華陰縣獨不注"京輔都尉治",恐爲
《地理志》脱文。

王莽分長安城旁六鄉,置帥各一人,分三輔爲六尉
郡。校原作"都尉",據《漢書》改。渭城、安陵以西,北至栒邑、
義渠十縣,屬京尉大夫,府居故長安寺。高陵以北十縣,
屬師尉大夫,府居故廷尉府。新豐以東至湖十縣,屬翊尉
大夫,府居城東。霸陵、杜陵以東至藍田,西至武功、郁夷
十縣,屬光尉校原作"光禄"誤,據顏注改。大夫,府居城西。校
《漢書》作南。茂陵、槐里以西至汧十縣,屬扶尉大夫,府居
城西。長陵、池陽以北至雲陽、校此三字原脱,據顏注補。 栒 衪
十縣,屬烈尉大夫,府居城北。校此二字原脱,據顏《注》補。後
漢光武之後,扶風出治槐里,馮翊出治高陵。案《百官表》顏
師古注引《黄圖》云:京兆在尚冠前街東入,故中尉府。馮翊在太上皇廟西
入,右扶風在夕陰街北入,故主爵府。長安以東爲京兆,長陵以北爲左馮翊,
渭北以西爲右扶風。

直按:《漢書・王莽傳》卷中,顏師古注引《黄圖》,與今本完

全相同。

又按:《居延漢簡釋文》一三零頁,有"南書五封"之封檢文云:"一封詣京尉候利。"京尉者,即本文所云,渭城、安陵以西,北至枸邑、義渠十縣,屬京尉大夫是也。"候"爲京尉之屬官,"利"爲候之名。

咸陽故城在今咸陽東二十里。

自秦孝公至始皇帝、胡亥,並都此城。案孝公十二年作咸陽,築冀闕,徙都之。

直按:事見《史記·秦本紀》。

始皇二十六年,徙天下高貲富豪於咸陽十二萬戶。諸廟及臺苑,皆在渭南。秦每破諸侯,徹其宮室,作之咸陽北坂上。南臨渭,自雍門以東至涇、渭,殿屋複道周閣相屬,所得諸侯美人鐘鼓以充之。

直按:事見《史記·秦始皇本紀》二十六年。

二十七年作信宮渭南,已而更命信宮爲極廟,象天極。自極廟道驪山,作甘泉前殿,築甬道,自咸陽屬之。

直按:本段用《史記·秦始皇本紀》二十七年文。

始皇窮極奢侈,築咸陽宮,因北陵營殿,端門四達,以則校原作"制",據畢本改。紫宮,象帝居。渭水貫校原作"灌",據《藝文類聚》、《初學記》引改。都,以象天漢;橫橋南渡,以法牽牛。

直按:《史記·刺客·荆軻傳》云:"見燕使者咸陽宮。"《正義》引《三輔黃圖》,又《文選·西都賦》李善注引《三輔黃圖》,與今本並同。

橋廣六丈,南北二百八十步,六十八間,八百五十柱,二百一十二梁。橋之南北校"北"字,《北堂書鈔》引《三輔舊事》作"有"。隄,激立石柱。

直按:《水經注‧渭水》引《三輔黃圖》云:"渭水貫都以象天漢,橫橋南度以法牽牛。橋廣六丈,南北三百八十步(今本卷一作"二百",卷六亦作"三百"),六十八間,七百五十柱(今本作"八百"),百二十二梁(今本作"二百一十二梁",《長安志》作"二百二十",《玉海》作"百二十")。橋之南北有堤,激立石柱。柱南京兆主之,柱北馮翊主之,有令丞各領徒千五百人。"與今本頗有異同。又《初學記》卷五引《三輔故事》,石柱以南屬京兆,北屬右扶風。《史記‧文帝紀‧索隱》引《關中記》並同。

咸陽北至九嵕、甘泉,南至鄠、杜,東至河,西至汧、渭之交,東西八百里,南北四百里,離宮別館,相望聯屬。木衣綈綉,土被朱紫,宮人不移,樂不改懸,窮年忘歸,猶不能徧。

直按:《史記‧秦始皇本紀》二十六年《正義》引《廟記》,《太平寰宇記》卷二十六引《廟記》,與本段均相同,僅字句略異。《元和郡縣圖志》卷一,與本文亦略同,惟作咸陽之旁二百里內,宮觀二百七十。

又按:《長安志》卷一叙分野引《三輔黃圖》云"始皇表河以爲秦東門,表汧以爲秦西門",爲今本所無。《史記‧秦始皇本紀》二十六年《正義》、《初學記》卷六、《太平御覽》卷一百六十四,皆引作《三輔舊事》。

又按:“木衣綈綉”以下六句,皆用張衡《西京賦》語。惟“綈綉”作“綈錦”,“宮人”作“後宮”,“改懸”作“徙懸”,又爲《廟記》之所無。

又按:秦代咸陽城遺址,今在咸陽縣東北灘毛村、窰店一帶,出土多有咸里某某四字打印文陶器。

秦宮馳道閣附。校“附”字,據吳、畢本補。

貧陽宮,秦文王所起,在今鄠縣西南二十三里。

直按:《漢書·宣帝紀》:“甘露二年冬十二月,行幸貧陽宮屬玉觀。”應劭注:“宮在鄠,秦文王所起。”與本文同。《地理志》鄠縣注有“貧陽宮”。《東方朔傳》則作“倍陽”。《水經注·渭水》:“又東合甘水……北逕秦文王貧陽宮西。”

棫陽宮,秦昭王所作,在今岐州扶風縣東北。

直按:《漢書·文帝紀》後二年夏“行幸雍棫陽宮”。張晏注:“秦昭王所作。”晉灼注:“《黃圖》在扶風。”與今本同。《地理志》雍縣注有“棫陽宮,昭王起”。《郊祀志》云:“是歲,雍縣無雲,如雷者三,或如虹氣,蒼黃若飛鳥,集棫陽宮西。”《長安志》棫陽宮爲秦昭王起,在今扶風縣東北十五里,獨程大昌《雍錄》以爲秦穆公造,恐非是。又《小校經閣金文》卷十一,五十頁,有雍棫陽宮共廚鼎。現今陝西省考古所在鳳翔南古城村東北,發現“年宮”瓦及“棫陽”殘瓦,則棫陽宮當秦漢時在雍縣無疑。

西垂宮,文公元年居西垂宮。

直按:事見《史記·秦本紀》。

平陽封宫,武公元年伐彭戲氏,至於華山下,居於平陽封宫。

直按:事見《史記·秦本紀》。《積古齋鐘鼎款識》卷九,五頁,有"平陽封宫"小銅器。《小校經閣金文》卷十一,五十五頁,有平陽宫鼎。又《陝西通志》卷七十二,"平陽封宫在鄜縣"。

橐泉宫,《皇覽》曰:"秦穆公冢,在橐泉宫祈年觀下。"

直按:《史記·秦本紀》裴駰《集解》引《皇覽》與本文同。《正義》引《廟記》云:"橐泉宫,秦孝公造。"《漢書·地理志》雍縣注:"橐泉宫,孝公起。"又《小校經閣金文》卷十一,五十三頁,有"橐泉銅,元康元年造"。《秦漢瓦當文字》卷一,九頁,有"橐泉宫當"瓦。

步高宫,在新豐縣,亦名市丘城。

直按:《水經注·渭水》:"逕秦步高宫東,世名市丘城。"《長安志》乾祐縣云:"秦步高宫在縣西南三十里。"《元和郡縣志》則作"二十里"。

又按:《小校經閣金文》卷十一,八十四頁,有"步高宫行鐙"。

步壽宫,在新豐縣步高宫西。

直按:《水經注·渭水》云:"歷新豐原東而北,逕步壽宫西。"

虢宫,秦宣太后起,在今岐州虢縣界。

直按:《漢書·地理志》虢縣注,有"虢宫,秦宣太后起也"。

又按:《史記·秦本紀》云:"昭襄母:楚人,姓羋氏,號宣太后。”

長楊宮，在今盩厔縣東三十里，本秦舊宮，至漢修飾之以備行幸。宮中有垂楊數畝，因爲宮名，門曰射熊觀，秦漢遊獵之所。

直按：《漢書·地理志》盩厔縣注云：“有長楊宮，有射熊館，秦昭王起。”又《文選·長楊賦》云：“輪長楊射熊館。”李善注引《三輔黃圖》曰：“長楊宮有射熊館，在盩厔。”蓋約其文。

蘄年宮，穆公所造。《廟記》曰：“蘄年宮在城外。”《秦始皇本紀》：“蘄年宮在雍。”

直按：《史記·秦本紀·正義》引《廟記》云：“橐泉宮，秦孝公造；祈年觀，德公起。蓋在雍州城内。”又《秦始皇本紀》九年云：“長信侯毐作亂而覺，矯王御璽及太后璽以發縣卒及衛卒、官騎、戎翟君公、舍人，將欲攻蘄年宮爲亂。”裴駰《集解》：“蘄年宮在雍。”本文係用裴駰之説，非《史記》原文也。

又《漢書·地理志》雍縣注云：“祈年宮，惠公起。”

又按：現今鳳翔縣出土有“年宮”二字瓦，應即“蘄年宮”之省文。

梁山宮，始皇幸梁山，在好畤。

直按：事見《史記·秦始皇本紀》三十五年，《正義》引《括地志》云：“俗名望宮山，在雍州好畤縣西十二里，北去梁山九里。”《漢書·地理志》好畤縣注云：“有梁山宮，秦始皇起。”《長安志》引《三秦記》云：“梁山宮城皆文石，名織錦城。”

又按：《嘯堂集古録》七十四頁，有“梁山銅，元康元年造”。秦時所造宮殿，在西漢時，仍修葺沿用，此其一例也。

信宮,亦曰咸陽宮。解在前。

直按:《史記·秦始皇本紀》:"二十七年,作信宮渭南,已更命信宮爲極廟,象天極。""三十四年,始皇置酒咸陽宮,博士七十人前爲壽。"

興樂宮,秦始皇造,漢修飾之,周回二十餘里,漢太后常居之。

直按:《史記·孝文本紀》云:"至高陵休止。"《正義》引《三輔舊事》云:"秦于渭南有興樂宮,渭北有咸陽宮,秦昭王欲通二宮之間,造橫橋長三百八十步。"又《史記·叔孫通傳》云:"孝惠帝爲東朝長樂宮。"《集解》引《關中記》云:"長樂宮,本秦之興樂宮也,漢太后常居之。"

朝宮,始皇帝三十五年,以咸陽人多,先王之宮庭小,曰:"吾聞周文王都豐,武王都鎬,豐、鎬之間,帝王之都也。乃營朝宮于渭南上林苑中。"［校］"中"字,據《史記》補。

直按:事見《史記·秦始皇本紀》。阿房爲朝宮先作之前殿,本文似誤分爲二宮。

庭中可受十萬人,車行酒,騎行炙,千人唱,萬人和。

直按:《長安志》阿房宮,引《三輔舊事》,與本文相同。

收天下兵古以銅爲兵。聚之咸陽,銷以爲鐘鐻,高三丈。鐘小者皆千石也。

直按:"收天下兵,聚之咸陽,銷以爲鐘鐻"三句,用《史記·秦始皇本紀》二十六年文。原注"古以銅爲兵",用《集解》引應劭注文。

銷鋒鏑以爲金人十二,以弱天下之人,立于宮門。

《三輔舊事》云：鑄金狄人，立阿房殿前。

　　直按：《長安志》引《三輔舊事》云：“秦作銅人，立在阿房殿前，漢徙著長樂宮大夏殿前。”

　　坐高三丈，銘其後曰：“皇帝二十六年，初兼天下，改諸侯爲郡縣，一法律，同度量。”

　　直按：《漢書·王莽傳下》云：“莽夢長樂宮銅人五枚起立。莽惡之，念銅人銘有‘皇帝初兼天下’之文，即使尚方工鐫滅所夢銅人膺文。”

　　大人來見臨洮，其大五丈，足跡六尺。銘李斯篆，蒙恬書。

　　直按：《史記·秦始皇本紀》二十六年《正義》引《漢書·五行志》云：“二十六年，有大人長五丈，足履六尺，皆夷狄服，凡十二人，見於臨洮。故銷兵器，鑄而象之。”謝承《後漢書》云：“銅人，翁仲其名也。”《三輔舊事》云：“銅人十二，各重三十四萬斤，漢代在長樂宮門前。”

　　又按：《博物志》卷二，所記與本文亦同。《長安志》引《關中記》云：“長樂宮殿前銅人，其胸前銘，李斯篆，蒙恬書也。”

　　董卓悉椎破銅人銅臺，以爲小錢。《英雄記》曰：“昔大人見臨洮而銅人鑄，臨洮生卓而銅人毀。”天下大亂，卓身滅，抑有以也。

　　直按：董卓毀銅人鑄小錢，乃見《魏志·董卓傳》。《英雄記》與《史記·秦始皇本紀》二十六年《正義》所引亦同。

　　餘二人，魏明帝欲徙詣洛陽清明門裏，載至霸城，重不可致，便留之。

直按:《水經注·渭水》云:"魏明帝景初元年,徙長安金狄,重不可致,因留霸城南。"又《史記·秦始皇本紀》二十六年《正義》引《關中記》云:"董卓壞銅人,餘二枚徙清門裏,魏明帝欲將詣洛,載到霸城,重不可致。後石季龍徙之鄴,苻堅又徙入長安而銷之。"(《文選·西征賦》李善注引《關中記》,亦與《正義》相同)又《後漢書·方術·薊子訓傳》"後人復于長安東霸城見之,與一老公共摩挲銅人"云云,則又爲銅人留於霸城之證。章懷注引《水經注》,銅人爲魏文帝黃初元年所徙,與今本《水經注》不同。實則爲魏明帝景初元年所徙,其事亦見於《魏志·明帝紀》裴駰所引《魏略》。章懷所據之《水經注》,蓋唐初另一本也。

阿房宮,亦曰阿城。惠文王造,宮未成而亡。始皇廣其宮,規恢三百餘里。離宮別館,彌山跨谷,輦道相屬,閣道通驪山八十餘里。表南山之顛以爲闕,絡樊川以爲池。

直按:《水經注·渭水》云:阿房宮,"亦名阿城"。《史記·秦始皇本紀》三十五年《正義》引《括地志》云:"秦阿房宮亦曰阿城,在雍州長安縣西北一十四里。"按:宮在上林苑中,雍州郭城西南面,即阿房宮城東面也。又《長安志》云:"秦阿房宮一名阿城,在長安縣西二十里(《元和郡縣圖志》作"縣西北十四里",與《括地志》同)。西北三面有牆,南面無牆,周五里一百四十步,崇八尺,上闊四尺五寸,下闊一丈五尺,今悉爲民田。"

又按:阿房宮遺址,現今在西安三橋鎮南,阿房村、古城村、胸家莊一帶。

作阿房前殿，東西五十步，南北五十丈，上可坐萬人，下建五丈旗。

直按：本段用《史記・秦始皇本紀》三十五年文。《水經注・渭水》引《關中記》曰：“阿房殿在長安西南二十里，殿東西千步，南北三百步，庭中受十萬人。”《漢書・賈山傳》作東西五里，南北千步。《史記正義》引《三輔舊事》，作“東西三里，南北五百步，庭中可受萬人”。《博物志》卷六《地理考》作“殿東西千步，南北千步，上可以坐萬人”。

以木蘭爲梁，以磁石爲門。磁石門，乃阿房北闕門也。門在阿房前，悉以磁石爲之，故專其目，令四夷朝者，有隱甲懷刃，入門而脅止，以示神。亦曰却胡門。

直按：《文選》潘岳《西征賦》李善注引《三輔黃圖》云：“阿房前殿以木蘭爲梁，磁石爲門，懷刃者止之。”較今本多末一句。《史記・秦始皇本紀》三十五年《正義》引《三輔舊事》云：“以磁石爲門，阿房宮之北闕門也。”

又按：原注文用《水經注・渭水》“又東北與鎬水合磁石門”條。

周馳爲複道，度渭屬之咸陽，以象太極閣道抵營室也。阿房宮未成，成☒據《史記》補。欲更擇令名名之。作宮阿基旁，故天下謂之阿房宮。隱宮徒刑者七十餘萬人，乃分作阿房宮，或作驪山。☒此四字原在下條之首，從畢本改正。

直按：本段文用《史記・秦始皇本紀》三十五年文。又《文選・西京賦》云：“乃構阿房。”李善注引《三輔故事》云：“秦始皇上林苑中，作離宮別觀一百四十六所，不足以爲大會群臣,二世胡亥起阿房殿,東西三里,南北三百步,下可以建五丈旗,在山之阿,故曰阿房也。"

蘭池宮,始皇三十一年,爲微行咸陽,與武士四人俱,夜出逢盜蘭池。注渭城縣蘭池宮。

直按:本段用《史記·秦始皇本紀》三十一年文,注文用裴駰《集解》。《漢書·地理志》渭城縣注,有"蘭池宮"。《史記正義》引《括地志》云:"蘭池陂即古之蘭池,在咸陽縣界。"《秦記》云:"始皇都長安,引渭水爲池,築爲蓬、瀛,刻石爲鯨,長二百丈,逢盜之處也。"(刻鯨事《太平寰宇記》卷二十六亦同)《文選·西征賦》云:"蘭池周曲。"李善注引《三輔黃圖》云:"蘭池觀在城外。"與今本異。《長安志》曰:"周氏曲在咸陽縣東南三十里,今名周氏陂。陂南一里,漢有蘭池宮。"《元和郡縣圖志》卷一云:"秦蘭池宮,在(咸陽)縣東二十五里。"又《漢書·楊僕傳》云:"受詔不至蘭池宮。"如淳注云:"蘭池宮在渭城。"又《鐃歌十八曲·芳樹》云:"行臨蘭池。"

又按:《秦漢瓦當文字》卷一,八頁,有"蘭池宮當"瓦,審其形制,則漢物也。

鐘宮,在鄠縣東北二十五里,始皇收天下兵銷爲鐘鐻,此或其處也。

直按:《元和郡縣圖志》卷二云:"鐘官故城,一名灌鐘城,在(鄠)縣東北二十五里。秦始皇收天下兵器銷爲鐘鐻處。"《太平寰宇記》卷二十六亦同。《元和》作鐘官,極爲正確,蓋爲水衡都尉鐘官令鑄錢之地,爲上林鑄錢三官之一。本文誤作鐘宮,遂列入秦代宮殿之内。

馳道,按《秦本紀》,"始皇二十七年治馳道"。注曰:"馳道天子道也。"邕曰:"馳道,天子所行道也,若校據《史記正義》補。今之中道然。"

直按:注爲裴駰《集解》引應劭之説。蔡邕説見《獨斷》。

《漢書·賈山傳》曰:"秦爲馳道於天下,東窮燕齊,南極吴楚,江湖之上,濱海之觀畢至。道廣五十步,三丈而樹,厚築其外,隱以金椎,樹以青松。"

直按:本段用賈山《至言》文。"隱"爲"穩"字之假借。

漢令,諸侯有制,得行馳道中者行旁道,無得行中央三丈也。不如令,没入其車馬。

直按:《漢書·鮑宣傳》如淳注引《漢令》,與本文同,但少末二句。

雲閣,二世所造,起雲閣欲與南山齊。

直按:《文選·東京賦》云:"結雲閣。"李善注引《三輔故事》云:"秦二世胡亥,起雲閣欲與南山齊。"《太平御覽》卷一百八十四亦同。《長安志》引《漢宮殿疏》稱爲凌雲閣。

望夷宮,在涇陽縣界長平觀道東,北臨涇水,以望北夷,以爲宮名。

直按:本段用《史記·秦始皇本紀》二世三年《集解》引張晏注文。

又按:此宮遺址,今在咸陽順陵村東北。

林光宮,胡亥所造,縱廣各五里,在雲陽縣界。

直按:本書卷二,甘泉宮引《關輔記》云:"林光宮亦曰甘泉

宮,秦所造。"又《文選·西都賦》李善注引《漢宮闕疏》曰:
"甘泉林光宮,秦二世造。"《長安志》亦同。又《漢書·郊祀
志》云:"三月甲子,震電災林光宮門。"

漢長安故城

漢之故都,高祖七年方修長安宮城,自櫟陽徙居此
城,本秦離宮也。初置長安城,本狹小,至惠帝更築之。

直按:《史記·高祖本紀》云:"七年,長樂宮成,丞相已下徙
治長安。"《漢興以來將相名臣年表·大事記》:"高祖七年,
長樂宮成,自櫟陽徙長安。"又《水經注·渭水》曰:"長安有
秦離宮,原無城垣,故惠帝城之。"

按惠帝元年正月,初城長安城。三年春,發長安六百
里內男女十四萬六千人,三十日罷。城高三丈五尺,下闊
一丈五尺,六月發徒隸二萬人常役。至五年,復發十四萬
五千人,三十日乃罷。九月城成,高三丈五尺,下闊一丈
五尺,上闊九尺,雉高三坂,周回六十五里。城南爲南斗
形,北爲北斗形,至今人呼漢京城爲斗城是也。

直按:惠帝築長安城事,見《漢書·惠帝紀》。《史記·呂太
后本紀》云:"(惠帝)三年方築長安城,四年就半,五年六年
城就。"《索隱》引《漢宮闕疏》云:"四年,築東面;五年,築北
面。"又《漢書·惠帝紀》鄭氏注:"(三年,)城一面,故
速罷。"

又按:《金石萃編》卷一百十八柳玭撰《唐萬壽寺記》作"三年
春,發長安六百里男女十四萬五千人,三十日罷。城高三丈

五尺,下闊一丈五尺。六月,發諸侯王列侯徒隸二萬人常役。
至五年,復發長安一百里內十四萬五千人,三十日乃罷"。
與《漢書》所記微有不同。

又按:本段與《太平寰宇記》卷二十五,敘長安故城,文字相
同,但不言城垣高度。《元和郡縣圖志》卷一,自"本秦離宮
也",至"北爲北斗形",與本文完全相同。

《漢舊儀》曰:"長安城中,經緯各長三十二里十八
步,地九百七十三頃,八街九陌,三宮九府,三廟,十二門,
九市,十六橋。"地皆黑壤,今赤如火,堅如石。父老傳
云,盡鑿龍首山土爲城,水泉深二十餘丈。樹宜槐與榆,
松柏茂盛焉。城下有池,周繞廣三丈,深二丈,石橋各六
丈,與街相直。

直按:《長安志》引《漢舊儀》曰:"長安城方六十三里,經緯各
長十五里,一十二門,城中地九百七十三頃,八街九陌,九府
三廟。"《史記·呂太后本紀·索隱》引《漢舊儀》,作"城方六
十三里,經緯各十二里"。兩書所引《漢舊儀》,與本書所引
均微有不同。

又按:《長安志》引《三輔舊事》云:"長安城似北斗。"《周地
圖記》曰:"長安城南爲南斗形,北爲北斗形,周回六十五里,
八街九陌九市。"《續漢書·郡國志》云:"長安城方六十三
里,經緯各長十五里,十二城門,九百七十三頃。城中皆屬長
安令。"又:《太平御覽》卷一百九十二及《長安志》引《三秦
記》曰:"長安城中地土皆黑壤,今城赤何也?且堅如石如
金,父老所傳曰,鑿龍首山中土以爲城,及諸臺閣亦然。"

又按：《長安志圖》説："漢城名陽甲城，俗曰楊廣城，蓋煬帝弑父亡國，民斥其名，政猶時日曷喪云爾，其後又轉而爲楊家也。"現今仍稱爲楊家城，不稱爲楊廣城矣。

秦漢風俗

《漢志》曰："秦有四塞之固。昔后稷封斄，公劉處豳，大王徙岐，文王作豐，武王治鎬，其民有先王遺風，好稼穡，務本業，故《豳詩》言農桑衣食之業甚備。秦都咸陽，徙天下豪富十二萬户。漢高帝都長安，徙齊諸田、楚昭、屈、景校原作"徙諸齊田楚屈昭景"，今據《漢書》改正。及諸功臣于長陵。後世世徙吏二千石高訾富人及豪傑兼并之家于諸陵，强本弱末，以制天下。是故五方錯雜，風俗不一，貴者崇侈靡，賤者薄仁義，富强則商賈爲利，貧寠則盜賊不禁。閭里嫁娶，尤尚財貨，送死過度，故漢之京輔，號爲難理，古今之所同也。

直按：本段採用《漢書·地理志》秦地文。首句"秦有四塞之固"，係本書自加之語。以下字句，多所改易，古代引書往往如是，後人不能據引文以校正《漢書》原文。又《太平寰宇記》卷二十五，叙雍州風俗，首句云"秦有四塞之固"，以下節括《地理志》文。《長安志》叙風俗，首句亦云"秦有四塞之固，昔后稷封斄，公劉處豳"云云，大致亦與《黃圖》相同。

都城十二門

長安城東出南頭第一門霸城門，民見門色青，名曰青城門，或曰青門。門外舊出佳瓜。廣陵人邵平，爲秦東陵侯，秦破爲布衣，種瓜青門外，瓜美，故時人謂之"東陵瓜"。《廟記》曰："霸城門，亦曰青綺門。"《漢書》王莽天鳳三年，霸城門災，莽更霸城門曰仁壽門無疆亭。

直按：《陝西通志》卷七十二，"長安故城，在西安府城西北二十里"，又《水經注·渭水》"又東逕長安城北"條，所引十二城門次序，與本書固有不同，文字復多竄錯，當日恐係本於《黃圖》，兹不再引證。邵平事見《漢書·蕭何傳》。阮籍《詠懷》詩云："昔聞東陵瓜，近在青門外，連畛距阡陌，子母相鉤帶。"

又按：《述異記》："景帝元年，有青雀群飛於霸城門，乃改爲青雀門；更修飾刻木爲綺寮，雀去，因名青綺門。"《漢書·王莽傳》中云："天鳳三年七月辛酉，霸城門災，民間所謂青門也。"顏師古引《三輔黃圖》云："長安城東出南頭名霸城門，俗以其色青，名曰青門。"與今本略同。

長安城東出第二門曰清明門，一曰藉田門，以門内有藉田倉，一曰凱門。《漢書》平帝元始四年"東風吹屋瓦且盡"，即此門也。《漢宮殿疏》曰："第二門名城東門。"莽更名曰宣德門布恩亭。

直按：《漢書·文帝紀》元年應劭注："古者天子耕藉田千畝，爲天下先。藉者，帝王典藉之常也。"韋昭曰："藉，借也。借民力以治之，以奉宗廟，且以勸率天下使務農也。"

長安城東出北頭第一門曰宣平門，民間所謂東都門。《漢書》曰："元[校]原作"成"，據《漢書》改。帝建昭[校]原作"始"，今

訂正。元年,有白蛾群飛蔽日,從東都門至枳
道。"又疏廣太傅、受少傅,上疏乞骸骨歸,公卿大夫爲設祖道,供張東
都門外,即此門也。其郭門亦曰東郭,⊠原作"都",據《玉海》
改。即逢萌掛冠處也。王莽更名曰⊠"曰"字原脱,據文例增補。
春王門正月亭。東都門至外郭亭十三里。

　　直按:《漢書·元帝紀》云:"建昭元年秋八月,有白蛾群飛蔽
　　日,從東都門至枳道。"如淳注引《三輔黃圖》云:"長安城東
　　面北頭門,號曰宣平城門,其外郭曰東都門也。"與今本略同。
　　又按:《漢書·疏廣傳》云:"供張東都門外。"蘇林注云:"長
　　安東郭門也。"《後漢書·逢萌傳》云:"時王莽殺其子宇,萌
　　謂友人曰,三綱絶矣,不去禍將及人,即解冠掛東都城門。"
　　《漢書·翟義傳》有"春王城門校尉王況"。顏師古注曰:"春
　　王,長安城東出北頭第一門也。本名宣平門,莽更改焉。"

　　長安城南出東頭第一門曰覆盎門,一號杜門。《廟
記》曰:"覆盎門與洛門,相去十三里二百一十步,門外有
魯班輸所造橋,工巧絶世。"長樂宮在城中,近東直杜門,
其南有下杜城。《漢書集注》云:"故杜陵之下聚落也,故
曰下杜⊠"杜"字,據《水經注》補。門。"又曰端門,北對長樂
宮。《漢書》曰:"戾太子所⊠"所"字,疑衍文。斫覆盎門出
奔湖。"王莽更名曰永清門⊠《御覽》作"永"。長茂亭。

　　直按:《漢書·蔡義傳》云:"數歲,遷補覆盎城門候。"《水經
　　注·渭水》及《長安志》均云:"與洛門相對,去一十三里二百
　　一十步,門外有魯班所造橋,北對長樂宮,故曰端門。"本文

所引《漢書集注》據《水經注·渭水》應爲應劭之説。顏師古《漢書》叙例云：“《漢書》舊無注解，唯服虔、應劭等各爲音義，自別施行。至典午中朝，爰有晉灼，集爲一部，凡十四卷……號曰《漢書集注》。屬永嘉喪亂，金行播遷，此書雖存，不至江左。”本書獨引晉灼之《集注》，此爲《黃圖》魏晉時舊本之可見者。

又按：《漢書·劉屈氂傳》云：“太子軍敗，南犇覆盎城門，得出。”顏師古注云：“長安城南出東頭第一門曰覆盎城門，一號杜門。”與本文相同。

長安城南出第二門曰安門，亦曰鼎路門，北對武庫。王莽更名曰光禮門顯樂亭。

長安城南出第三門曰西安門，北對未央宮，一曰便門，即平門也。古者平便皆同字。武帝建元二年初作便門橋，跨渡渭水上，以趨茂〔校〕據顏注補。陵，其道易直。《三輔決録》曰：“長安城西門曰便門，橋北及門對，因號便橋。”王莽更名曰信平門誠正亭。

直按：《漢書·武帝紀》：“建元三年初作便門橋。”顏師古注云：“便門，長安城北面西頭門，即平門也。古者‘平’、‘便’皆同字。於此道作橋，跨渡渭水以趨茂陵，其道易直，即今所謂便橋是其處也。”又《金石萃編》漢二十二，四頁，有“便”字瓦，陰文。出土地址在今咸陽縣北烏莊，疑爲便門橋上所用之瓦。

長安城西出南頭第一門曰章城門。《漢宮殿疏》曰：“章城門漢城西面南頭第一門。”《三輔舊事》曰：“章門亦

曰光華[校]原作"畢"，從吳本改。門，又曰便門。"《漢書》成帝
元延元年，章城門牡自亡。顏師古注云：牡所以下閉者也，亦以鐵
爲之。王莽改曰萬秋門億年亭。

　　直按：《漢書‧五行志》中之上云："成帝元延元年正月，長安
　　章城門門牡自亡。"晉灼注："西出南頭第一門也。"又余舊藏
　　有"章門觀監"封泥，蓋在章城門內外有宮觀，監爲管理門觀
　　之官。

　　長安城西出第二門曰直城門。《漢宮殿疏》曰："西
出南頭第二門也。"亦曰故龍樓門，門上有銅龍，本名直
門，王莽更曰直道門端路亭。

　　直按：《漢書‧成帝紀》曰："西至直城門。"晉灼注引《黃圖》
　　爲"西出南頭第二門"，與今本同。龍樓門亦見《成帝紀》。

　　長安城西出北頭第一門曰雍門。本名西城門，王莽
改曰章義門著義亭。其水北入有函[校]原作"亟"，據畢本改。
里，民呼曰函里門。

　　直按：《水經注‧渭水》，雍門又曰光門，亦曰突門。

　　長安城北出東頭第一門曰洛城門，又曰高門。《漢
宮殿疏》曰："高門，長安北門也，又名鸛雀臺門，外有漢
武承露盤，在臺上。"王莽更曰進和門臨水亭。[校]原脫此十
字，據畢本增補。

　　直按：《水經注‧渭水》云："洛門又曰朝門，一名高門。"又
　　《水經注》及《後漢書‧劉玄傳》章懷注，皆以洛城門王莽更
　　名爲建子門廣世亭，但建子門是廚城門之改名，當以本書

爲正。

長安城北第二門曰廚城門。長安廚在門内，因爲門名。王莽更名建子門廣世亭。

直按：《漢書·霍光傳》云：“發長安廚三太牢，具祠閣室中。”如淳注引《黃圖》云：“北出中門有長安廚，故謂之廚城門。”與今本略同。

又按：《封泥考略》卷八，四頁，有“建子城門校尉”封泥，蓋王莽時物。

長安城北出西頭第一門曰橫門。《漢書》虒上小女陳持弓走入光門，即此門也。門外有橋曰橫橋。王[校]據文例補。莽更名朔都門左幽亭。[校]原脱此九字，據畢本增補。

直按：《漢書·成帝紀》：“建始三年秋，關内大水。七月，虒上小女陳持弓，聞大水至，走入橫城門，闌入尚方掖門，至未央宫鈎盾中。”應劭注云：“虒上，地名，在渭水邊。”如淳注云：“橫，音光。”引《三輔黃圖》“北面西頭第一門”，與今本同。

又按：《水經注》朔都門誤作霸都門，因王莽所改十二城門名與亭名，或取四字聯文，如宣平門改爲春王門正月亭是也。或取義相對舉，如安門改爲光禮門顯樂亭是也。本文“朔”、“幽”二字皆地名，義亦相聯。又余舊藏有“朔”字瓦，正面繩文，背面用陶範打印朔字十方，疑爲王莽朔都門所用之瓦。

漢城門皆有候，門候主候時、謹啟閉也。《三輔決録》曰：“長安城，面三門，四面十二門，皆通達九逵，以相經緯，衢路平正，可並列車軌。十二門三塗洞辟，隱以金椎,周以林木。左右出入,爲往來之徑,行者升降,有上下之別。"班固《西都賦》云:"披三條之廣路,立十二之通門。"又張衡《西京賦》云"城郭之制,則旁開三門,參塗夷庭,方軌十二,街衢相經"是也。

直按:《漢書·蔡義傳》云:"數歲遷補覆盎城門候。"顏師古注云:"門候,主候時而開閉也。"與本文相同。又《蕭望之傳》云:"署小苑東門候。"蓋宮苑之門候也。又《水經注·渭水》云:"凡此諸門,皆通逵九達,三途洞開,隱以金椎,周以林木。左出右入,爲往來之徑;行者升降,有上下之別。"與本文雖有繁簡之別,蓋皆用《三輔決録》之文。

又按:漢長安舊城,在今西安市區西北約十八里,現存以霸城門城牆遺留獨多。中國科學院考古研究所於一九五七年兩次發掘霸城、西安、直城、宣平四個城門。對於全漢城的實測,長度爲二五一零零米,合漢代六十里强,與今本《漢舊儀》城方六十里的記載最相近。城牆的寬度,據《三輔黃圖》記載,下闊一丈五尺,上闊九尺,由於已經傾塌,上部實寬多少,無法求得,下部寬度,經發掘實測爲十六米左近,合漢尺近七丈,《黃圖》所載,顯然失實。每一城門,有三個門道。中央的一個門道,寬七點七米;兩側的兩個門道,寬各八點一米。門道與門道之間,相隔四點二米,與《西都賦》所云"披三條之廣路,立十二之通門",《西京賦》所云"旁開三門,參塗夷庭,方軌十二"正相符合(引《考古通訊》一九五七年五期《漢長安城考古初步收穫》,一九五八年四期《長安城考古收穫續記》)。

又按:漢城十二城門各遺址,現今爲西安未央公社小地名,分列如次:霸城門在今漢城樊家圪塔東二公里許;清明門(以下省稱漢城內)在北玉女門村東約一百米;宣平門今稱青門坊;覆盎門在今閣老門村南一公里許;安門在今西張村南;西安門在今馬家寨南一公里;章城門在今延秋門村東南約一公里;直城門在今盧家口村西南;雍門在今六村堡一帶;洛城門在今惠家頭南;廚城門在今高廟街北口處;橫門在今關廟村一帶。

三輔黃圖卷之二

長安九市

《廟記》云：“長安市有九，各方二百六十六步。六市在道西，三市在道東。凡四里爲一市。致九州之人在突門。夾橫橋大道，市樓皆重屋。”又曰：“旗亭樓，在杜門大道南。”

直按：《太平寰宇記》卷二十五，引《廟記》文字略同。《文選·兩都賦》李善注引《漢宮闕疏》曰：“長安立九市，其六市在道西，三市在道東。”《太平御覽》卷一百九十一引《宮闕記》亦同。《長安志》作“六市在道東，三市在道西”，恐爲誤文。

又按：《水經注·渭水》，雍門一曰光門，一曰突門。《文選·西京賦》云：“旗亭五重。”薛綜注：“市樓立亭於上。”《太平御覽》卷一百九十一，引《宮闕記》云：“旗亭樓在杜門大道南，又有當市觀。”

又按：《初學記》卷二十四，引《三輔黃圖》有“方市”，疑九市之誤字。

又有柳市、東市、西市。🅒原脫此六字，據《玉海》補。當市樓有令署，以察商賈貨財買賣貿易之事，三輔都尉掌之。

直市在富平津西南二十五里，即秦文公造。物無二價,故以直市爲名。

　　直按:《太平寰宇記》卷二十五、《太平御覽》卷一百九十一引
《廟記》及《郡國志》,與本文均相同。《太平寰宇記》卷二十
五引《三輔黃圖》作“西南十五里”。又《太平寰宇記》卷三十
云:“直市在富平縣西南十五里。”《長安志》云:“直市在渭橋
北,秦文公造。直市平準物價,故曰直市。”蓋富平津,地名,
在渭橋北,《長安志》説是也,《太平寰宇記》指爲富平縣地
似誤。

　　張衡《西京賦》云“郭開九市,通闤帶闠,旗亭五重,
[校]原作“重立”,據《文選》改。俯察百隧”是也。又按:《郡國
志》云“長安大俠萬[校]原作“黃”,據《漢書》改。子夏居柳市,司
馬季主卜於東市,晁錯朝服斬於東市,西市在醴泉坊”。

　　直按:《漢書·文帝紀》後元六年,“河内太守周亞夫爲將軍
次細柳”。張揖注云:“在昆明池南,今有柳市是也。”《漢
書·萬章傳》顏師古注引《漢宮闕疏》云:“細柳倉有柳市。”
司馬季主卜於東市,見《史記·日者傳》;晁錯斬於東市,見
《漢書》本傳。又《太平御覽》卷一百九十一引《郡國志》,與
本文相同。

　　又按:《漢書·惠帝紀》:“六年,起長安西市,修敖倉。”《太平
寰宇記》卷二十五,引《郡國志》“西市在醴泉坊”下多“隋曰
利人市,因有西市署”二句。又《長安志》朱雀街西之第四街
次南醴泉坊注:“本名承明坊,開皇二年改名。”本文謂漢代
之西市,當於唐代之醴泉坊也。此書爲唐人補綴之一證。

　　又按:漢城九市,今可考者,有柳市、東市、西市、直市、交門

市、孝里市、交道亭市七市之名，此外尚有高市。漢城曾出土有“高市”陶瓶，爲余所得，後贈於蘭州圖書館。

長安八街九陌

有香室街、夕陰街、尚冠前街。《三輔舊事》云：“長安城中八街九陌。”《漢書》劉屈氂妻梟首華陽街，京兆尹張敞走馬章臺街，陳湯斬郅支王首懸藁街。張衡《西京賦》云“參塗夷庭，街衢相經，廛里端正，甍宇齊平”是也。

直按：《太平御覽》卷一百九十五，引《郡國志》云：“雍州司天臺西北有香室街。”又曰：“夕陰街在右扶風南。”《長安志》亦云：“香室街在司天臺北，夕陰街在右扶風南，尚冠前街在夕陰街之後。”

又按：劉屈氂、張敞、陳湯事，均見《漢書》本傳。《長安志》：“章臺街，今長安建章臺下街。”《長安志》引《漢書》長安有熾盛街，見於《漢書·遊俠·萬章傳》，叙長安熾盛，街間往往多遊俠，是形容之辭，非街名也，此宋敏求之誤解。此外《太平御覽》卷一百九十五，有太常街，引自《三輔故事》。有城門街，見《漢書·叔孫通傳》晉灼注引《三輔黃圖》。蓋爲本書佚文。

長安城中閭里

長安閭里一百六十，室居櫛比，門巷脩直。有宣明、建陽、昌陰、尚冠、修城、黃棘、北煥、南平、大昌、戚里。校四字原作“等里”二字，今據《玉海》引文補正。《漢書》：萬石君石校石字今補。奮徙家長安戚里。宣帝在民間時，常在尚冠里。劉向《列女傳》：節女，長安大昌里人也。

直按：《文選》潘岳《西征賦》云："所謂尚冠修成，黃棘宣明，建陽昌陰，北煥南平，皆夷漫滌蕩，亡其處而有其名。"潘岳所紀載長安八里名，完全與本文相合。又有函里，見本書長安城雍門。

又按：石奮居陵里，宣帝少時居尚冠里，均見《漢書》本傳、紀。又《列女傳》卷五："京師節女者，長安大昌里人之妻也。"武梁祠畫像，亦題作京師節女。

又按：《居延漢簡釋文》四一九頁有"長安棘里任尋方"簡，當爲黃棘里之簡稱。四二三頁有"長安宜里閻常字中兄"簡。四五六頁有"長安梁陵里田勝"簡，疑即萬石君之陵里而顏師古誤注者。八十頁有"過客居長安發利里"簡文。以上長安各里名，除黃棘外，皆爲《黃圖》所不載。

漢宮 [校] 原脫"漢"字，據目錄補。

長樂宮，本秦之興樂宮也。高皇帝始居櫟陽，七年長樂宮成，徙居長安城。《三輔舊事》、《宮殿疏》皆曰："興樂宮，秦始皇造，漢修飾之，周回二十里。"

直按：《長安志》引《關中記》曰："長樂宮，本秦之興樂宮也，周回二十餘里，有殿十四。漢太后常居之。"（《太平寰宇記》卷二十五，引《關中記》亦同）又引《長安志》曰："興樂宮，秦始皇造，漢修飾之。王莽改長樂宮曰常樂室。"《史記·叔孫通傳》云："孝惠帝爲東朝長樂宮。"《集解》引《關中記》云：

"長樂宮本秦之興樂宮也,漢太后常居之。"又《孝文帝紀》云:"至高陵休止。"《正義》引《三輔舊事》云:"秦于渭南有興樂宮,渭北有咸陽宮。秦昭王欲通二宮之間,造橫橋,長三百八十步。"據《三輔舊事》興樂宮秦昭王所造,與他書指爲始皇所造不同。又《元和郡縣圖志》卷一云:"漢長樂宮在縣西北十四里,未央宮在縣西北十五里,建章宮在縣西二十里,桂宮在縣北十三里。"《長安志》云:"漢未央宮在縣西北十四里,建章宮在縣西北二十里,長樂宮在縣西北十五里,桂宮在縣西北十三里。"兩説大略相似。現今長樂宮遺址,半已湮滅。

前殿東西四十九丈七尺,兩杼中三十五丈,深十二丈。

直按:《長安志》引《三輔黃圖》,與本文同,惟"兩杼"作"西杼"。"杼"字,一作"序"。兩杼中三十五丈,《太平寰宇記》作"二十五丈"。

長樂宮有鴻臺,有臨華殿,有溫室殿。有長定、⬚原作"信宮",據《太平寰宇記》改。長秋、永壽、永寧四殿。高帝居此宮,後太后常居之,孝惠至平帝,皆居未央宮。

直按:《水經注·渭水》云:"殿西有長信、長秋、永壽、永昌諸殿。""長信"似即"長定","永昌"似即"永寧"之誤字。又《長安志》引《關中記》作長秋、永壽、永寧、長定四殿。

《漢書》:"宣帝元康四年,神爵五采以萬數,集長樂宮。""五鳳三年鸑鳳集長樂宮東闕中樹上。"王莽改長樂宮爲常樂室,在長安中近東直杜門。

　　直按：元康四年、五鳳三年神爵、鸞鳳集長樂宮事，見《漢書·宣帝紀》。王莽改長樂宮爲常樂室事，見《漢書·王莽傳》中。又《漢代紀年銘漆器圖説》，圖版四十頁，有始建國元年夾紵漆盤文云："常樂大宮，始建國元年正受第千四百五十至四千。"又《十鐘山房印舉》舉二，第四十七頁，有"常樂蒼龍曲侯"印，皆王莽改長樂爲常樂之證。鴻臺、臨華、温室考見後。

　　未央宮，《漢書》曰："高祖七年，蕭何造未央宮，立東闕、北闕、闕，門觀也。劉熙《釋名》曰：闕在兩門旁，中央闕然爲道也。門闕，天子號令賞罰所由出也。未央宮殿雖南向，而上書奏事謁見之徒，皆在北闕焉。是則以北闕爲正門，而又有東闕東門。至於西南兩面，無門闕矣。蓋蕭何立未央宮，以厭勝之術理然乎。前殿、武庫、藏兵器之處也。太倉。廩粟所在一百三十楹，在長安城外東南。上見其壯麗太甚，怒曰：天下匈匈勞苦數歲，成敗未可知，是何治宮室過度也。何對曰：以天下未定，故可因以就宮室。且天子以四海爲家，非令壯麗，無以重威，無令後世有以加也。上悦，自櫟陽徙居焉。"

　　直按：本段文字，用《漢書》高祖八年《紀》文，《太平寰宇記》卷二十五亦同。東闕，《漢書·文帝紀》七年六月未央宮東闕罘罳災。《太平御覽》卷一百七十九及《長安志》引《關中記》曰："未央宮東有青龍闕，北有玄武闕，所謂北闕者也。"《藝文類聚》卷六十二引《三輔舊事》並同。又《古今注》卷上云："蒼龍闕畫蒼龍，白虎闕畫白虎，玄武闕畫玄武，朱雀闕上有朱雀二枚。"原注未央宮殿雖南向一段，用《漢書·高祖紀》八年顏師古注文。又所引《釋名》，見卷五《釋宮室》。南北闕、太倉考見後。

未央宮周回二十八里，前殿東西五十丈，深十五丈，高三十五丈。前殿曰路寢，見諸侯群臣處也。營未央宮因龍首山以制前殿。山長六十里，頭入渭水，尾達樊川，秦時有黑龍從南山出飲渭水，其行道因成土山。疏山爲臺殿，不假板築，高出長安城。《西京賦》所謂疏龍首以抗前殿，此也。至孝武以木蘭爲棼橑，木蘭，香木。棼橑，棟椽。文杏爲梁柱，杏木之有文者。金鋪玉户，金鋪，扉上有金華，中作獸及龍蛇鋪首以御環也。玉户，以玉飾户也。華榱璧璫，雕楹玉碣，楹，柱也。碣，柱下石也。重軒鏤檻，青瑣丹墀，青瑣，窗也。墀，殿階也。左城右平。右乘車上，故使之平；左以人上，故爲之階級。城，階級也。黃金爲璧帶，間以和氏珍玉，風至其聲玲瓏也。

直按：《西京雜記》云："未央宮周匝二十二里九十五步，街道周四十七里。臺殿四十三所，其三十二所在外，十一所在後宮。池十三，山六，池一、山二亦在後宮。門闥凡九十五。"又《長安志》引《關中記》云："未央宮周旋三十一里，街道十七里。有臺三十二，池十二，土山四，宮殿門八十一，掖門十四。"與本文周回二十八里之説，三書所記皆不相符。又《文選·西京賦》云："疏龍首以抗殿。"李善注引《三輔黃圖》曰："日營未央，因龍首以制前殿。""日"字疑爲衍文。原注山長六十里一段，係用辛氏《三秦記》，《初學記》卷六、《藝文類聚》卷九十六、《續漢書·郡國志》劉昭注、《元和郡縣圖志》卷一、《太平寰宇記》卷二十五，以及《長安志》諸書，所引皆同，或字句略異。如《類聚》所引"尾達樊川"下有"頭高二十

丈,尾漸下高五六丈"二句。而《水經注·渭水》所引,則作
高五六丈,又有"土色赤而堅"一句。

又按:本段叙述宮殿材飾,文字多本於《西京賦》。如"雕楹
玉磶"、"青瑣丹墀"、"左墄右平"三句,皆直用《西京賦》語。
"以木蘭爲棼橑",即《西京賦》之"結棼橑以相接"。"華榱
璧璫",即《西京賦》之"飾華榱與璧璫"。"重軒鏤檻",即
《西京賦》之"三階重軒,鏤檻文㮰"。又"黄金爲璧帶"三句,
則用《漢書·揚雄傳·甘泉賦》晉灼注文。"左墄右平"原注
文,則用《西京賦》薛綜注。《太平御覽》卷一百八十五,引摯
虞《三輔决録注》云:"其制有陛,左墄右平,平以文塼相亞
次,墄者爲陛級也。"

　　未央宮有宣室、麒麟、金華、承明、武臺、鉤弋等殿。
又有殿閣三十二,有壽成、萬歲、廣明、椒房、清涼、永[校]原
作"水",誤,據畢本改。延、玉堂、壽安、平就、宣德、東明,飛[校]
原作"歲",誤,據《漢書》改。雨、鳳凰、通光、曲臺、白虎等殿。

　　直按:《太平寰宇記》卷二十五引《三輔黄圖》,與本文同。
《漢書·翼奉傳》云:"孝文時未央宮又無高門、武臺、麒麟、
鳳凰、白虎、玉堂、金華之殿,獨有前殿、曲臺、漸臺、宣室、温
室、承明耳。"《太平御覽》卷一百七十五,引《三輔宮殿名》
云:"長樂(當爲"未央"之誤字)宮前殿、宣德殿、通光殿、高明
殿。"《長安志》引《廟記》云:"未央宮有萬歲殿、廣明殿、永延
殿、壽安殿、宣德殿、東明殿、通光殿、儁殿、高明殿、延年
殿。"《漢書·李陵傳》云:"陵召見武臺。"顔師古注云:"未央
宮有武臺殿。"《小校經閣金文》卷十一,六十四頁,有"壽成

室鼎”，元延二年少府真爲内者造，蓋即壽成殿之物。《初學記》卷二十四引《漢宮閣名》云：“長安有玉堂殿、銅柱殿。”《漢書·揚雄傳·解嘲文》云：“歷金門，上玉堂。”晉灼注引《三輔黃圖》，有大玉堂殿小玉堂殿，與今本異。

又按：《漢書·元后傳》云：“冬饗飲飛羽。”顏師古注云：“飛雨殿在未央宮中。羽字或作雨。”《初學記》卷二十四，引《廟記》：“飛羽殿或云飛雨殿。”又《漢書·枚乘傳》有“游曲臺”，顏師古注引《三輔黃圖》云“未央宮有曲臺殿”，與今本同。又《漢書·儒林·孟喜傳》云：“喜舉孝廉爲郎，曲臺署長。”顏師古注云：“曲臺，殿名。署者，主供其事也。”又《漢書·王商傳》云：“河平四年，單于來朝，引見白虎殿，丞相商坐未央廷中，單于前，拜謁商。”又《張安世傳》云：“詣白虎殿對策。”顏師古注云：“此殿在未央宮也。”宣室、麒麟、金華、承明、鈎弋、椒房、清涼、鳳凰考，均見後。

《廟記》云：“未央宮有增成、昭陽殿。”《漢宮闕疏》曰：“未央宮有麒麟閣、天禄閣，有金馬門、青鎖門，玄武、蒼龍二闕。朱鳥堂、畫堂、甲觀、非常室。”又有鈎盾署、弄田。

直按：《太平寰宇記》卷二十五引《廟記》，與本文相同。又《漢宮闕疏》、《太平寰宇記》引作《關中記》，文字相同。朱鳥堂至非常室，《太平寰宇記》引作《三秦記》文。鈎盾署、弄田，《太平寰宇記》引作《關中記》文。又《漢書·王莽傳》中云：“與州部衆郡曉知地理圖籍者，共校治于壽成朱鳥堂。”《西京賦》李善注引《漢宮闕名》有朱鳥殿，《水經注·渭水》

則作朱雀殿。《長安志》引《三秦記》，未央宮有朱鳥堂。又《長安志》云：“未央宮有青瑣門，見《關中記》。”《漢書·王莽傳》下云：“後日殿中鉤盾土山仙人掌旁，有白頭公青衣，郎吏見者，私謂之國師公。”是鉤盾令官署在未央宮内之證。《漢書·百官公卿表》，鉤盾令屬少府；《藝文志》賦家，有鉤盾冗從史步昌。增成、昭陽、麒麟、天禄、金馬、畫堂、甲觀、非常室、弄田考，均見後。

《三輔決録》曰：“未央宮有延年殿、合歡殿、回車⑴殿。”又《漢宮閣記》云：原作“四庫”，據《御覽》引《三輔舊事》改。“未央宮有宣明、長年、温室、昆德四殿。”又有玉堂、增盤閣、宣室閣。

直按：《西都賦》云：“清涼宣温，神仙長年，金華玉堂，白虎麒麟。”李善注引《三輔黃圖》云：“未央宮有清涼殿、温室殿、金華殿、太玉堂殿、白虎殿、麒麟殿。長樂宮有神仙殿，長年亦殿名。”今皆散見於本書之内。

《三輔舊事》云：“武帝于未央宮起高門、武臺殿。”《漢武故事》云：“神明殿在未央宮。”王莽改未央宮曰壽成室，前殿曰王⑵路堂，如路寢也。按舊圖，漸臺、凌室、織室皆在未央宮。原作“玉”，據《漢書·王莽傳》及居延漢簡改。

直按：王莽改未央宮曰壽成室，前殿曰王路堂，見《漢書·王莽傳》卷中。又《秦漢瓦當文字》卷一，十八頁，有“壽成”瓦，則爲王莽改未央宮爲壽成室之瓦。又《居延漢簡釋文》六十七頁，有王路堂免書簡。

又按：未央宮前殿遺址，今在西安未央鄉馬家寨西北二公里，面臨永興堡。漸臺、凌室、織室,均見後。

建章宮,武帝太初元年,柏梁殿災。粵巫勇之曰:粵俗有火災,即復起大屋以壓之。帝於是作建章宮,度爲千門萬户,宮在未央宮西長安城外。

直按:《漢書·武帝紀》太初元年二月,起建章宮。《郊祀志》云:"粵俗有火災,復起屋,必以大,用勝服之。於是作建章宮,度爲千門萬户,前殿度高未央。其東則鳳闕,高二十餘丈。其西則商中,數十里虎圈。其北治大池,漸臺高二十餘丈,名曰泰液。池中有蓬萊、方丈、瀛州、壺梁,象海中神山龜魚之屬。其南有玉堂、璧門、大鳥之屬。立神明臺、井幹樓,高五十丈,輦道相屬焉。"

又按:《水經注·渭水》"又北逕鳳闕東",引《三輔黃圖》云:"建章宮,漢武帝造,周二十餘里,千門萬户,其東鳳闕,高七丈五尺(《長安志》引作"十七丈五尺"),俗言貞女樓,非也。"與今本異也。又《太平御覽》卷四百九十三,引《漢武故事》云:"闕高二十丈。"又《長安志》引《關中記》云:"建章宮其制度事兼未央宮,周回二十餘里。"又引《三輔舊事》曰:"建章宮周回數十里,殿東別起閣,高二十五丈,憑高以望遠。"又《雍錄》曰:"按建章宮在長安城外,與未央諸宮隔城相望,故跨城而爲閣道,尤與常異。"《三輔故事》曰:"神明臺在建章宮,故垂棟飛閣,從宮中西上跨城而出,乃達建章也。"

帝于未央宮營造日廣,以城中爲小,乃于宮西跨城池作飛閣,通建章宮,構輦道以上下。輦道爲閣道,可以乘輦而行。

直按:原注用《漢書・司馬相如傳・上林賦》如淳注文。

宮之正門曰閶闔,閶闔,天門也。宮門名閶闔者,以象天門也。
高二十五丈,亦曰璧門。

直按:《水經注・渭水》:"建章宮北有太液池,……南有璧
門,三層高三十餘丈。中殿十二間,階陛咸以玉爲之。鑄銅
鳳高五丈,飾以黃金,樓屋上。椽首薄以玉璧,因曰璧玉
門也。"

左鳳闕,闕上有金鳳,高丈餘。《漢書集注》曰:今長安故城西,俗呼
貞女樓,即建章闕也。高二十五丈。

直按:《漢書・郊祀志》顏師古注鳳闕,引《三輔故事》云:"其
闕圜,上有銅鳳凰。"又《太平御覽》卷一百七十九,引《關中
記》云:"建章宮圓闕,臨北道,鳳在上,故號曰鳳闕也。"(《長
安志》引《關中記》亦同)閶闔門內東出,有折風闕,一名朗
風。原注引《漢書集注》,爲《漢書・武帝紀》太初元年顏師
古注文,非晉灼之書也。

右神明臺,言臺高神明可居其上。門內北起別風闕,在閶闔
門內,以其出宮垣識風何處來,以爲闕名也。高五十丈,對峙井幹
樓,高五十丈,輦道相屬焉,連閣皆有罘罳。連閣,曲閣也。以
覆重刻垣墉屛翳之處,畫以雲氣鳥獸,其形罘罳然。前殿下視未央,
其西則唐[校]原作"廣",據《玉海》改。中殿,受萬人。

直按:《漢書・郊祀志》顏師古注神明臺、井幹樓,引《漢宮闕
疏》云:"神明臺高五十丈,上有九室,恒置九天道士百人。
然則神明、井幹俱高五十丈也。井幹樓積木而高,爲樓若井
幹之形也。井幹者,井上木欄也,其形或四角,或八角。"

《三輔舊事》云："建章宮周回三十里。東起別風闕，高二十五丈，乘高以望遠。又于宮門北起圓闕，高二十五丈，上有銅鳳凰，赤眉賊壞之。"《西京賦》云"圓闕聳以造天，若雙碣之相望"是也。

直按：《漢書·郊祀志》顏師古注、《文選·西都賦》李善注，及《長安志》均引《三輔舊事》（或作《三輔故事》），所云上有銅鳳凰，與本文相同。

《廟記》云："建章宮北門高二十五丈，建章北闕門也。又有鳳凰闕，漢武帝造，高七丈五尺。校"七"下原有"十"字，據《水經注》刪。鳳凰闕，一名別風闕。"又云："嶕嶢闕，在圓闕門內二百步。"

直按：《文選·西都賦》云："內則別風、嶕嶢。"李善注引《三輔故事》云："建章宮東有折風闕。"《關中記》云："折風，一名別風。"又《長安志》引《廟記》云："建章宮有嶕嶢闕。薛綜注：次門，女闕也，在圓闕門內二百步。"又《秦漢瓦當文字》一九頁，有"折風闕當"瓦文。

繁欽《建章鳳闕賦》校原脫此三字，據《水經注》補。序云："秦漢規模，廓然泯毀，惟建章鳳闕，聳然獨存，雖非象魏之制，亦一代之巨觀。"

直按：本段與《水經注·渭水》叙建章宮文字相同。本文所引爲賦序，賦文見《藝文類聚》卷六十二。

古歌云："長安城西有雙闕，上有雙銅雀，一鳴五穀生，校原作"熟"，據《長安志》改。再鳴五穀熟。"按銅雀，即銅鳳凰也。楊震《關輔古語》云："長安民俗謂鳳凰闕爲貞女樓。"司馬相如賦云："豫章貞女樹，長千仞，大連抱，冬夏常青，未嘗凋落，若有貞節，故以爲名。"

直按：《太平寰宇記》卷二十五引《長安記》古歌辭，與本文同。又按《太平御覽》卷一百七十九，載魏文帝歌曰："長安城西有雙圓闕，上有雙銅雀，一鳴五穀生，再鳴五穀熟。"據此古歌，似爲曹丕所作也。

《漢書》曰："建章宮南有玉堂，璧門三層，臺高三十丈，玉堂內殿十二門，階陛皆玉爲之。鑄銅鳳高五尺，飾黃金棲屋上，下有轉樞，向風若翔，椽首薄以璧玉，因曰璧門。"

直按：本段用《漢書·郊祀志》顏師古注文，非《漢書》原文。顏注則本於《水經注》。

建章有駘蕩、馺娑、枍詣、天梁、奇寶、鼓簧等宮。又有玉堂，神明堂，[校]"堂"字，疑衍。疏圃、鳴鑾、奇華、銅柱、函德二十六殿，太液池、唐中池。

直按：《長安志》引《漢宮閣名》，有銅桂殿，當即銅柱之誤字，因銅桂不詞也。又《漢書·宣帝紀》："神爵元年，……金芝九莖，產於函德殿銅池中。"如淳注："銅池，承溜也。"晉灼曰："以銅作池也。"漢《鐃歌十八曲》亦云："甘露初二年，芝生銅池中。"建章宮遺址今在西安三橋鎮西北高堡子盡西。駘蕩、馺娑、枍詣、天梁、奇寶、鼓簧、神明、奇華、太液池、唐中池考，均見後。

桂宮，漢武帝造，周回十餘里。《漢書》曰："桂宮有紫房複道，通未央宮。"

　　直按：《太平寰宇記》卷二十五，引《廟記》云："桂宮，漢武帝
造。"《關中記》云："桂宮在未央宮北，周回十餘里。"又《漢
書·成帝紀》："初，居桂宮。"顏師古注引《三輔黃圖》："桂宮
在城中，近北宮。"今本則作"北宮在長安城中，近桂宮"，略
有不同。

　　《關輔記》云："桂宮在未央北，中有明光殿土山，複
道從宮中西上城，至建章神明臺、蓬萊山。"

　　直按：《文選·西京賦》李善注引《漢武故事》云："上起明光
宮、桂宮、長樂宮，皆輦道相屬，懸棟飛閣，北度從宮中西上城
至神明臺。"《太平寰宇記》卷二十五，引《關中記》亦同。又
《水經注·渭水》下，桂宮內有走狗臺。《藝文類聚》卷六十
二，引《三輔故事》，桂宮有走狗臺。《長安志》引《三輔故
事》，與本文略同。惟明光殿下有走狗臺，長樂宮亦有走狗
臺，乃別一臺也。

　　《三秦記》，未央宮漸臺西有桂宮，中有明光殿，皆金
玉珠璣爲簾箔，處處明月珠。金戺玉階，晝夜光明。

　　直按：《太平寰宇記》卷二十五《長安志》引《三秦記》，與本
文同。

　　又《西京雜記》云："武帝爲七寶床，雜寶案，廁寶屏
風，列寶帳，設于桂宮，時人謂爲四寶宮。"

　　直按：見《西京雜記》卷二，與本文同。

　　北宮，在長安城中，近桂宮，俱在未央宮北。周回十
里。高帝時制度草創，孝武增修之，中有前殿，廣五十步，

珠簾玉户如桂宫。《漢書》曰:"吕太后崩,孝惠皇后廢處北宫。"又曰:"哀帝崩,貶皇太后趙氏爲孝成皇后,退居北宫。皇后傅校原作"薄",誤,據《漢書》改。氏退居桂宫。"

直按:《漢書·霍光傳》顏師古注:"北宫、桂宫並在未央宫北。"孝惠張皇后、孝成趙皇后,廢居北宫,孝哀傅皇后,退居桂宫,均見《漢書·外戚傳》。

甘泉宫,一曰云陽宫。《史記》秦始皇二十七年,作甘泉宫及前殿,築甬道築垣牆如街巷。自咸陽屬之。

直按:《史記·秦始皇本紀》,無"宫及"二字,蓋始皇僅造成甘泉前殿,與阿房前殿同例。此著本書人之誤解。原注築垣牆如街巷,用《史記·秦始皇本紀·集解》引應劭注文。

《關輔記》曰:"林光宫,一曰甘泉宫,秦所造,在今池陽縣西,故甘泉山,宫以山爲名。或曰高泉山,蓋習俗語訛爾。宫周匝十餘里。漢武帝建元中增廣之,周十九里。"

直按:《長安志》引《關中記》云:"林光宫,一曰甘泉宫,秦所造,在今池陽縣西北故甘泉縣甘泉山上,周回十餘里。漢武帝建元中增廣之,周回十九里一百二十步,有宫十二,臺十一。武帝常以五月避暑於此,八月乃還。"較本文爲詳。又《元和郡縣圖志》卷一云:"雲陽宫,即秦之林光宫,漢之甘泉宫,在雲陽縣西北八十里甘泉山上,周回十餘里,去長安三百里。"《陝西通志》卷七十二甘泉宫,引《雍勝略》,在淳化縣甘泉山上。引《淳化縣志》:"甘泉宫,在甘泉山上,今其地尚餘甓瓦。甓作流水紋,瓦頭有篆字。"又《雍録》云:"甘泉宫在雲陽縣磨石嶺上。"《長安志》引《三輔故事》云:"北至甘泉九峻,南至長楊五柞,連綿四百餘里。”

“去長安三百里,望見長安城,黃帝以來圜丘祭天處。”《漢志》:雲陽縣有休屠、金人、徑路神祠三所。《音義》云:匈奴祭天處,本雲陽甘泉山下,秦奪其地,徙休屠右地。《郊祀志》云:徑路神祠,祭休屠王處。

直按:《長安志》引《漢官儀》注,與本文同。《太平寰宇記》卷三十一,作“去長安二百里”。原注文《漢志》指《漢書・地理志》,本段與《太平寰宇記》卷三十一完全相同。又《小校經閣金文》卷十一,九十一頁,有“林光宮行鐙,建昭元年造”,另又有“甘泉内者鐙”,足證甘泉宮在林光宮之旁,非一宮之名,《雍録》辨之是也。

《遁甲開山圖》云:“雲陽先生之墟也。武帝造赤⬚“赤”字,據《玉海》補。闕于南,以象方色,于甘泉宮更置前殿,始廣造宮室,有芝生甘泉殿邊房中。”房中樂有《芝草之歌》。

直按:《長安志》引《開山圖》,與本文同。武帝造赤闕事,《太平寰宇記》卷三十一及《長安志》均引《漢舊儀》,與本文略同(《長安志》誤稱爲《漢官儀》注,今訂正)。又《漢書・武帝紀》元封二年六月詔曰:“甘泉宮内中産芝,九莖連葉,作《芝房之歌》。”《禮樂志・郊祀歌・齋房十三》:“元封二年芝生甘泉齋房作。”《西都賦》序云:“白麟、赤雁、芝房、寶鼎之歌,薦於郊廟。”

《漢舊儀》云:“芝有九莖。《芝草歌》曰:九莖連葉。芝金色,綠葉朱實,夜有光,乃作《芝房之歌》。”

直按:《太平寰宇記》卷三十一《長安志》引《漢舊儀》,均與本文同。

帝又起紫殿，雕文刻鏤黼黻，以玉飾之。成帝永始四年行幸甘泉，郊泰畤，神光降於紫殿。

直按：《長安志》引《三輔黄圖》，與本文同。又《太平御覽》卷一百七十五，引《西京雜記》云："漢成帝設雲帳、雲幄、雲幕於甘泉紫殿，謂之三雲殿。"此文不見於今本《雜記》。

今按甘泉谷北岸有槐樹，今謂玉樹，根幹盤峙，三二百年物也。楊震《關輔古語》云："耆老相傳，咸以爲此樹即揚雄《甘泉賦》所謂玉樹青葱也。"

直按：《長安志》引《雲陽宫記》，與本文同，但無楊震《關輔古語》一句。《文選·甘泉賦》李善注引《漢武故事》："上起神屋，前庭植玉樹，珊瑚爲枝，碧玉爲葉。"《三都賦》序則稱揚雄賦甘泉而陳玉樹青葱，李善注以爲非西京之所有，兩注自相抵觸，與楊震以玉樹爲槐樹之説不同。又自"甘泉宫一名雲陽宫"至此，與《太平寰宇記》卷三十一，大略相同。

甘泉有高光宫，又有林光宫，有長定宫、竹宫、通天臺、通靈臺。武帝作迎風館於甘泉山，後加露寒、儲胥二館，皆在雲陽。甘泉中西廂起彷徨觀，築甘泉苑。建元中作石關、校原作"闕"，誤，據《甘泉賦》改。封巒、鳷鵲觀于苑垣内。宫南有昆明池，苑南有棠梨宫。

直按：《漢書·揚雄傳》云："甘泉本因秦離宫，既奢泰，而武帝復增通天、高光、迎風。宫外近則洪厓、旁皇、儲胥、弩陆，遠則石關、封巒、枝鵲、露寒、棠梨、師得，遊觀屈奇瑰瑋。"

又按：《文選·西京賦》李善注引《漢書》曰："武帝因秦林光

宮,元封二年增通天、迎風、儲胥、露寒。"又元李好文《長安
志圖》中卷云:"有得漢瓦,文曰儲胥未央。"毛鳳枝《關中金
石存逸考》著録有"上林儲胥"瓦,蓋皆儲胥觀之物。石關,
今本《黃圖》皆作石闕,爲誤字。證之揚雄《甘泉賦》、《鐃歌
十八曲·上之回》,皆作"石關"。《文選·上林賦》李善注亦
引《黃圖》作"石關"。又《漢書·司馬相如傳·上林賦》:
"蹶石關、歷封巒、過鳷鵲,望露寒。"張揖注云:"此四觀,武
帝建元中作,在雲陽甘泉宮外。"《初學記》卷二十四,引《三
輔黃圖》云:"七里宮、增城宮,在甘泉宮垣内,長安有修池
宮。"爲今本所無。竹宮、通天、長定、通靈考,均見後。

漢未央、長樂、甘泉宮,四面皆有公車。公車,主受章疏
之處。

直按:《漢書·百官公卿表》,衛尉屬官有公車司馬令。建
章、甘泉,各有衛尉,故亦皆設公車司馬之官。

司馬門,凡言司馬者,宮垣之内,兵衛所在,司馬主武
事,故謂宮之外門爲司馬門。

直按:《史記·項羽本紀》云:"章邯恐,使長史欣請事。至咸
陽,留司馬門三日。"《集解》云:"凡言司馬門者,宮垣之内,
兵衛所在,四面皆有司馬,主武事。總言之,外門爲司馬門
也。"本段文字,與裴駰相同。又《漢書·成帝紀》:"永始四
年夏四月癸未,長樂臨華殿、未央宮東司馬門皆災。"顏師古
注云:"東面之司馬門也。"

按漢宮衛令,諸出入殿門、公車司馬門者皆下,不如
令,罰金四兩。王莽改公車司馬門曰王路四門,分命諫大

夫四人，受章疏以通下情。《百官表》：衛尉屬官有公車司馬令丞。
《漢官儀》云：公車司馬，掌殿司馬門，夜徼宮中。天下上事，及闕下所徵召，
皆總領之，令秩六百石。

　　直按：《漢書‧張釋之傳》如淳注引宮衛令，漢魏令也。又王
　　莽改公車司馬門曰王路四門，見《漢書‧王莽傳》卷中。又
　　原注所引《漢官儀》，與《漢書‧百官表》衛尉叙公車司馬令
　　顔師古注所引並同。

三輔黃圖卷之三

長樂宮校原題爲"長樂、未央、建章、北宮、甘泉宮、
中宮室臺殿"，據目録改。

鴻臺，秦始皇二十七年築，高四十丈，上起觀宇，帝嘗
射飛鴻於臺上，故號鴻臺。《漢書》惠帝四年，長樂宮鴻
臺災。

直按：事見《漢書·惠帝紀》。《玉海》引《三輔舊事》云："長
樂宮有鴻臺。"（張澍輯本）

臨華殿，在長樂宮前殿後，武帝建。《漢書》成帝永
始四年，長樂宮臨華殿災。校原與温室條聯合，從吳本分。

直按：臨華殿災，事見《漢書·成帝紀》。《太平御覽》卷一百
七十八，引《三輔宮殿簿》云："長樂宮有臨華臺、神仙臺。"又
《薛氏鐘鼎款識》卷二十二頁，有"林華觀行鐙，五鳳二年
造"，疑即本文之臨華殿。

温室殿，按《漢宮閣疏》，"在長樂宮"。又《漢宮閣
記》，"在未央宮"。

直按：《漢書·孔光傳》晉灼注"長樂宮中温室殿"，與《漢宮
閣疏》説合。

長信宮，漢太后常居之。按《通靈記》："太后，成帝
母也。后宮在西，秋之象也。秋主信，故殿皆以長信、長

秋爲名。"又永壽、永寧殿，皆后所處也。_{成帝母王太后，居長}
_{信宮。}

　　直按：《漢書·外戚·班婕妤傳》："求共養太后長信宮，上許
　　焉。"又《漢書·百官公卿表》："將行，秦官，景帝中六年更名
　　大長秋。"顏師古注："秋者收成之時，長者恒久之義，故以爲
　　皇后官名。"又畢沅《釋名補遺》云："長秋自皇后官，非天子
　　卿。長秋主宮中。凡物次，春生秋成。"又曰："秋者，陰之
　　始；長者，欲其久也。"原注見《漢書·元后傳》。

未央宮^校_{舊本爲"右長樂宮"，據目錄改。}

　　宣室、溫室、清涼，皆在未央宮殿北。宣明、廣明，皆
在未央殿東。昆德、玉堂，皆在未央殿西。

　　直按：《史記·賈生傳·索隱》引《三輔故事》云："宣室在未
　　央殿北。"與本文同。又《漢書·李尋傳》云："久汙玉堂之
　　署。"顏師古注云："玉堂殿在未央宮。"《漢書·揚雄傳》云：
　　"上玉堂。"《文選·西都賦》李善注引《三輔黃圖》云："未央
　　宮有太玉堂殿。"今本僅稱"玉堂"。《水經注·渭水》則作
　　"玉堂"，在未央宮之東。

　　宣室殿，_{編者按：目錄有"殿"字，據補。}未央前殿正室也。
《淮南子》曰："周武王殺紂於宣室。"漢取舊名也。《漢
書》曰"文帝受釐宣室，夜半前席賈生，問鬼神之事"即此
也。又王莽地皇四年，城中少年朱弟、張魚等燒宮，莽避
火宣室前殿，火輒隨之。

　　直按：《漢書·賈誼傳》："上方受釐，坐宣室。"蘇林注云："宣

室,未央前正室也。"《刑法志》云:"時上(宣帝)常幸宣室,齋居而決。"如淳注云:"宣室,布政教之室也。"晉灼注云:"未央宮有宣室殿。"顏師古注云:"蓋其殿在前殿之側也,齋則居之。"《淮南子》云:"武王殺紂于宣室。漢蓋取舊名也。"顏師古注與本文同。周武王殺紂於宣室事,見《淮南子·本經訓》。《漢書·王莽傳下》原文云:"城中少年朱弟、張魚等,恐見鹵掠,趨讙並和,燒作室門,斧敬法闥。"本文蓋節引也。

溫室殿,武帝建,冬處之溫暖也。《西京雜記》曰:"溫室以椒塗壁,被之文繡,香桂爲柱,設火齊屏風,鴻羽帳,規地以罽賓氍毹。"《漢書》曰:"孔光爲尚書令,歸休,與兄弟妻子燕語,終不及朝省政事。或問溫室省中樹何木,光不應。"《漢書》京房奏考功課吏法,上令公卿朝臣,會議溫室。

直按:今本《西京雜記》無此文。《漢書·霍光傳》云:"昌邑王入朝太后還,乘輦欲歸溫室。"又本書溫室在長樂宮、未央宮並見,在未央宮叙述較詳,似著書人以在未央爲是。原注京房事,見《漢書》本傳。

清涼殿,夏居之則清涼也,亦曰延清室。《漢書》曰"清室則中夏含霜",即此也。董偃常臥延清之室,以畫石爲床,文如錦,紫琉璃帳,以紫玉爲盤,如屈龍,皆用雜寶飾之。侍者於外扇偃,偃曰:玉石豈須扇而後涼耶? 又以玉晶爲盤,貯冰於膝前,玉晶與冰同潔。侍者謂冰無盤,必融濕席。乃拂玉墜盤,冰玉俱碎。玉晶,千塗國所貢也,武帝以此賜偃。

直按:本段與《拾遺記》卷五文字相同,但"文如錦"下,删去

“石體輕出郅支國”一段。又董偃事，亦見《漢書·東方朔傳》。又朱楓《秦漢瓦圖記》有“清涼有憙”瓦當，應爲清涼殿之物。

編者按：目録有宣明殿、廣明殿、昆德殿、玉堂殿，文内未叙，疑散佚。

麒麟殿，未央宮有麒麟殿。《漢書》：“哀帝燕董賢父子於麒麟殿，視賢曰：吾欲法堯禪舜，如何？王閎曰：天下乃高皇帝天下，非陛下之天下也。陛下奉承宗廟，當傳之無窮，安可妄有所授！帝業至重，天子無戲言。上默然不悦。”

直按：《文選·西都賦》云：“白虎麒麟。”李善注引《三輔黃圖》，與今本同。又董賢事，見《漢書·佞幸傳》。《博物志》卷七云：“元始元年，中謁者沛郡史岑，上書訟王閎奪董賢璽綬之功。”蓋亦指此事。

金華殿，未央宮有金華殿。《漢書》曰：“成帝初方向學，召鄭寬中、張禹，説《尚書》、《論語》於金華殿中。”

直按：成帝召鄭寬中事，見《漢書》自序。又《漢書·五行志上》：“永始四年四月癸末，長樂宮臨華殿災。”與本文作未央宮微異。

承明殿，未央宮有承明殿，著述之所也。班固《西都賦》云：校賦下原有“序”字，今删。“内有承明、金馬，校此二字據《西都賦》補。著作之庭。”即此也。《漢書》，武帝謂嚴助曰：“君厭承明之廬。”又成帝鴻嘉二年，雉飛集承明殿屋。

直按:《漢書·嚴助傳》,張晏注云:"承明廬在石渠閣外。"
《雍錄》:承明殿與石渠閣相距不遠。

又按:雉飛集承明殿屋事,見《漢書·五行志》中之上。

蒼龍、白虎、朱雀、玄武,天之四靈,以正四方,王者制宮闕殿閣取法焉。

直按:西漢瓦當中,畫瓦以四靈之圖象爲最多,現皆出於西安棗園村一帶。

掖庭殿,在天子左右,如肘膝。校八字原作小注,據孫星衍説改正。

直按:《西都賦》李善注引《漢官儀》云:"婕妤以下,皆居掖庭。"《西京雜記》曰:"漢掖庭有丹景臺、雲光殿、九華殿、鳴鸞殿、開襟閣、臨池觀,皆繁華窈窕之所棲宿。"

椒房殿,在未央宮,以椒和泥塗,取其溫而芬芳也。武帝時後宮八區,有昭陽、飛翔、增成、合歡、蘭林、披香、鳳凰、鴛鸞校原作"鴛蔦",據《西京賦》等改。等殿。後又校原作"有",校改。增修安處、常寧、茝若、椒風、發越、蕙草等殿,爲十四位。

直按:《漢書·車千秋傳》云:"轉至未央椒房。"顏師古注,完全與本文相同。《太平御覽》卷一百八十五,引《漢官儀》云:"皇后稱椒房,以椒塗室,主溫暖除惡氣也。"《西都賦》云:"後宮則有掖庭椒房后妃之室,合歡、增成、安處、常寧、茝若、椒風、披香、發越、蘭林、蕙草、鴛鸞、飛翔之列。"李善注引《漢宮閣名》云:"長安有合歡殿、披香殿、鴛鸞殿、飛翔殿,餘亦皆殿名。"(《後漢書·班固傳·西都賦》章懷注引《漢宮

閣名》亦同）又《西都賦》"後宮則有掖庭椒房"句，李善注引
《三輔黃圖》云長樂宮有椒房殿，與今本作未央宮有椒房殿
不同。（《後漢書・班固傳・西都賦》章懷注亦同）《西京賦》
云："後宮則昭陽、飛翔、增成、合歡、蘭林、披香、鳳凰、鴛
鸞。"皆可與本文互證。

又按：鴛鸞殿除見於《西都》、《西京》兩賦外，又見於《水經
注・渭水》、《文選》卷二十二、徐敬業《古意酬到漑登琅玡
城》詩"甬道入鴛鸞"。李善注引潘岳《關中記》云："未央殿
東有鴛鸞殿。"本文獨作鴛鵟，知確爲誤字。《漢書・外戚・
班婕妤傳》云："居增成舍。"應劭注："後宮有八區，增成第三
也。"西安漢城遺址出土有"昭陽竟成，宜佳人兮"八字鏡；又
出有"披香殿當"瓦，庾信《春賦》所謂"披香殿裏作春衣"
是也。

　成帝趙皇后居昭陽殿，號飛燕，以其體輕也。有女弟，俱
爲婕妤，貴傾後宮。昭陽舍蘭房椒壁，其中庭彤朱，而庭
上髹漆，切皆銅沓、切門限也。黃金塗，白玉階，壁帶往往爲
黃金釭，函藍田璧，明珠翠羽飾之，自後宮未嘗有焉。

　直按：本段用《漢書・趙皇后傳》文。原注號飛燕兩句，用顏
師古《趙皇后傳》注。又《西京雜記》卷二云："昭陽殿織珠爲
簾，風至則鳴，如珩佩之聲。"《太平御覽》卷一百八十八引
《雜記》云："昭陽殿椽桷皆刻作蛇龍縈繞其間，鱗甲分明，見
者莫不驚慄。"（見今本《雜記》卷一）又《漢書・外戚・趙皇
后傳》敘昭陽殿中，壁帶往往爲金釭，函藍田璧。《西都賦》
亦云："金釭銜璧，是爲列錢。"後人對於壁帶之名詞，及與金

釭之關係，多語焉不詳，今試言其製作。壁帶，謂牆壁中貫以橫木，其形如帶，在牆邊露出之木，冒以塗金之釭，釭中再嵌以璧玉，交錯雜列，形似列錢也。《小校經閣金文》卷十三，一百一十頁，有阮元所藏金釭，阮氏在釭上刻有跋語云：“班固《西都賦》云：‘金釭銜璧，是謂列錢。’何晏《景福殿賦》云：‘落帶金釭，此焉二等。’即此金釭也。《漢書·外戚傳》，飛燕女弟壁帶往往爲黃金釭，函藍田璧。古璧徑五寸，今以漢尺度釭中，適容五寸，此釭即昭儀舍中物。”此器足備參考。《西都賦》叙昭陽宮之奢麗，云：“屋不呈材，牆不露形。”後人亦少確解。屋不呈材，謂屋中木料不見原形；器不露形，謂用器皆塗黃金，不見本質也。

編者按：目録有飛翔殿、增成殿、合歡殿、蘭林殿、披香殿、鳳凰殿、鴛鸞殿、安處殿、常寧殿、茝若殿、椒風殿、發越殿、蕙草殿，文内未叙，疑散佚。

高門殿，《漢書》曰：“汲黯請見高門。”注曰：“未央宮高門殿也。”又哀帝時鮑宣諫曰：“陛下擢臣岩穴，誠冀有益毫毛，豈欲臣美食大官，重高門之地。”

直按：《漢書·汲黯傳》晉灼注引《三輔黃圖》，未央宮中有高門殿，極爲明顯。而今本反稱爲注曰，可證爲後代補綴之本，而非晉灼所見之原本。鮑宣事見《漢書》本傳。

非常室，《漢書》“成帝綏和二年，鄭通里人王褒，絳衣小冠，帶劍入北司馬門殿東門，上前殿，至非常室中，殿上室名。解帷組結佩之。召前殿署長業等曰：天帝令我居此。業等收縛考問，乃故公車大誰卒，病狂易，不自知入宮，下獄死”。大誰者，主問非常之人。誰，以誰何稱，因用爲官名。有大誰長令，此卒者長，所領士卒也。狂易，謂病狂而變易其常也。

直按：《長安志》引《三秦記》云：“未央宮有非常室。”王褒事見《漢書·五行志》下之上。原注“殿上室名”一句，用《漢書》如淳注。原注“大誰者主問非常之人”一段，與顏師古《漢書·五行志》注文完全相同。大誰，有大誰長令，未知顏注所本。

織室，在未央宮。又有東西織室，織作文繡郊廟之服，有令史。

直按：《漢書·百官公卿表》：少府屬官有東織、西織令丞，河平元年省東織，更名西織爲織室。又《漢書·外戚·薄姬傳》云：“漢王入織室，見薄姬。”西安漢城遺址内曾出“織室令印”銅印，蓋河平以後之物。

凌室，在未央宮，藏冰之所也。《豳詩·七月篇》曰：“納于凌陰。”《周官》凌人，職掌藏冰。大祭祀飲食則供冰。《漢書》惠帝四年，“織室凌室災”。

直按：《漢書·惠帝紀》：“四年秋七月乙亥，未央宮凌室災。”顏師古注與本文首三句完全相同。

暴室，主掖庭織作染練之署，謂之暴室，取暴曬爲名耳，有嗇夫官屬。

直按：《漢書·宣帝紀》云：“既壯，爲取暴室嗇夫許廣漢女。”本文與顏師古注完全相同。又漢内者令署亦有嗇夫之吏名，不獨暴室爲然也（見建昭雁足鐙）。又《漢官儀》云：“暴室在掖庭内，丞一人，主宮中婦人疾病者。其皇后貴人有罪，亦就此室也。"

弄田，在未央宫。弄田者，燕游之田，天子所戲弄耳。《漢書・昭帝紀》曰："始元元年，上耕於鉤盾、弄田。"應劭注云："帝時年九歲，未能親耕帝籍，鉤盾官宦者近署，故往試耕爲戲弄。"成帝建始三年，小女陳持弓年九歲，闌入尚方掖門，至未央殿鉤盾禁中。

直按："弄田者，燕游之田，天子所戲弄耳"句，與《漢書・昭帝紀》始元元年顏師古注完全相同。陳持弓事見《漢書・成帝紀》。鉤盾令署，設在未央宫殿後，亦見《漢書・王莽傳下》。

内謁者署，在未央宫，屬少府。《續漢書》云："掌宫中步帳褻物。"丁孚《漢官》云："令秩千石。"

直按：《漢書・百官公卿表》，少府屬官有中書謁者，成帝時更名爲中謁者令，當即本文之内謁者。又内謁者之名，見於《漢書・宣帝紀》"内謁者令郭穰夜至郡邸獄"。《續漢書》以下各句與《宣帝紀》顏師古注完全相同。丁孚《漢官》内謁者，令秩千石，亦同爲顏師古注所引。

金馬門，臣者署。武帝得校 原作"時"，據《玉海》改。大宛馬，以銅鑄像，立於署門，因以爲名。東方朔、主父偃、嚴安、徐樂，皆待詔金馬門，即此。

直按：《史記・滑稽傳》褚先生補《東方朔傳》云："金馬門者，宦署門也，門傍有銅馬，故謂之曰金馬門。"《漢書・武帝紀》應劭注亦同。又《漢書・蘇武傳》"待詔宦者署"，蓋亦指金馬門。又《漢書・公孫宏傳》如淳注云："武帝時，相馬者東門京作銅馬法獻之，立馬於魯班門外，更名魯班門爲金馬門。《初學記》二十四引《漢南記》馬援奏文，與如淳注略同。又《後漢書·董卓傳》云："又壞五銖錢，更鑄小錢，悉取洛陽及長安銅人、鍾虡、飛廉、銅馬之屬以充鑄焉。"章懷注云："明帝永平五年，長安迎取飛廉及銅馬，置上西門外，名平樂館。"

路軨厩，在未央宮中，掌宮中輿馬，亦曰未央厩。《漢書》曰："武帝時期，門郎上官桀，遷爲未央厩令。"

直按：路軨厩，《漢書·百官公卿表》屬太僕。但太僕之未央令，《漢書·霍光傳》及《外戚·上官皇后傳》均爲"未央厩令"。《續漢書·百官志》亦稱爲"未央厩令"。《十鐘山房印舉》舉二，六頁，有"未央厩丞"印。本文獨以"路軨厩"亦稱爲"未央厩"，疑誤。又《漢舊儀》，六厩有輅軨厩，當即路軨之假借字。

建章宮 [校]原爲"右未央宮"，據目錄改。

駘蕩宮，春時景物駘蕩滿宮中也。

直按：《文選·西都賦》云："經駘蕩而出馺娑。"李善注引《關中記》曰："建章宮有馺娑、駘蕩、枍詣、承光四殿。"《後漢書·班固傳》章懷注亦同。又《文選》卷三十謝朓《直中書省》詩云："春物方駘蕩。"李善注引《莊子》曰："惠施之材，駘蕩而不得，逐物不反。"此"駘蕩"二字之所本。又《小校經閣金文》卷十一，七十六頁，有"駘蕩宮銅壺，太初二年中尚方造"。同卷九十頁，有"駘蕩宮鐙，太初四年造"。同卷一百頁,有"駘蕩宮高鐙,黃龍元年造"。又《金石索·石索六》,四七頁,有"駘湯萬年"瓦當。《陝西金石志》卷五,十八頁,有"駘盪萬延"瓦當。瓦文作"湯"、"盪"者,皆"蕩"字之假借。《文選·西京賦》作"駘盪",與第二瓦文正合。

駊娑宮。駊娑,馬行疾貌。一日之間遍宮中,言宮之大也。

直按:《西都賦》云:"經駘蕩而出駊娑。"《太平御覽》卷一百七十九,引《三輔黃圖》作"駊娑觀"。

枌詣宮。枌詣,木名,宮中美木茂盛也。

直按:《西都賦》云:"洞枌詣以與天梁。"濰縣陳氏藏有"枌詣宮當"瓦文,似爲僞作。

天梁宮,梁木至於天,言宮之高也。四宮皆在建章。

直按:《西都賦》云:"洞枌詣以與天梁。"李善注:"天梁亦宮名。"《後漢書·班固傳》章懷注亦同。《西京賦》云:"天梁之宮,寔開高闈。"又《漢金文錄》卷三,十六頁,有"天梁宮鐙,太初四年造"。

奇華殿,在建章宮旁,四海夷狄器服珍寶,火浣布、切玉刀,巨象、大雀、師子、宮校"宮馬",疑"宛馬"之誤。馬,充塞其中。

直按:奇華殿,《雍録》作奇寶殿。又《長安志》引《周地圖記》曰云云,與本文完全相同。長安宋菊塢《蘇盦雜志》卷三云:余得一古銅圈,高四寸餘,圓徑六寸,有文云:"奇華宮作銅定盤,通高九寸,重十斤半,元鼎元年造,鑄工史明。"共二十四字。又小雁塔西安市文物管理處藏有天漢二年五環銅鑪,文云:"奇華宮銅爐盧,容一斗二升,重十斤四兩,天漢二年工趙博造,護守丞賢省。"以上兩器,皆奇華宮之物。

鼓簧宮,《漢宮闕疏》云:"鼓簧宮,周匝一百三十步,在建章宮西北。"

直按:《長安志》引《漢宮闕疏》與本文相同,惟作周匝百三十六步,又引作《漢宮闕名》。

神明臺,《漢書》曰:"建章有神明臺。"《廟記》曰:"神明臺,武帝造,祭仙人處,上有承露盤,有銅仙人,舒掌捧銅盤玉杯,以承云表之露,以露和玉屑服之,以求仙道。"《長安記》:"仙人掌大七圍,以銅爲之。魏文帝徙銅盤折,聲聞數十里。"

直按:《西都賦》云:"神明鬱其特起。"《西京賦》云:"神明崛其特起。"又《西都賦》云:"抗仙掌以承露,擢雙立之金莖。"《西京賦》云:"立修莖之仙掌,承云表之清露。"李善注引《三輔故事》曰:"武帝作銅露盤,承天露和玉屑飲之,欲以求仙。"《長安志》引《三輔故事》:"承露盤二十七丈,大七圍。"《漢書·郊祀志》顏師古注引《三輔故事》並同。又《太平寰宇記》卷二十五,作"神明堂在縣西北二十里,長安故城西上有承露盤"。

北宮 [校] 原爲"右建章宮",據目録改。

壽宮,北宮有神仙宮、壽宮,張羽旗,設供具,以禮神君。神君來,則肅然風生,帷帳皆動。

直按:《漢書·郊祀志》云:"又置壽宮、北宮,張羽旗、設共具以禮神君。”臣瓚注：“壽宮，奉神之宮也。”《太平御覽》卷一百七十三引《漢宮闕名》，有壽宮之名（《御覽》本段所引《漢宮闕名》，皆習見之名，又多誤字，各條下不再分引）。

明光宮，武帝太初四年秋起，在長樂宮後，南與長樂宮相聯屬。《漢書·元后傳》曰：“成都侯商嘗疾，欲避暑，從上借明光宮。”蓋即此。王莽始⬚“始”字今補。建國元年，改明光宮爲安定⬚原脱“定”字，據畢本補。館，安定太后居之。

直按：《漢書·武帝紀》云：“太初四年秋，起明光宮。”《元后傳》云：“從上借明光宮。”顏師古注引《三輔黃圖》云：“在城中，近桂宮也。”爲今本所無。又《西都賦》云：“北彌明光而亘長樂。”李善注引《三輔故事》：“桂宮內有明光殿。”《西京賦》云：“屬長樂與明光，徑北通乎桂宮。”

太子宮中甲觀畫堂，⬚據目録補“中畫堂”三字。太子宮有甲觀畫堂。《漢書》注曰：甲者，甲乙丙丁之次也。《漢書》曰：“孝成皇帝，元帝太子也，母曰王皇后。元帝在太子宮生甲觀畫堂。”《元后傳》曰：“見於丙殿。”此其例也。畫堂，謂宮殿中彩畫之堂。

直按：《漢書·成帝紀》：“元帝在太子宮生甲觀畫堂。”如淳注云：“甲觀，觀名；畫堂，堂名。”《三輔黃圖》云：“太子宮有甲觀。”與今本同。又原注文：“甲者，甲乙丙丁之次也。”本文“畫堂謂宮殿中彩畫之堂”，皆與顏師古注文相同。又《漢書·霍光傳》云：“止畫室中不入。”如淳注：“或曰雕畫之室。”師古注：“雕畫是也。”

甘泉宮 校 原爲"右北宮"，據目録改。

鈎弋宮，《列仙傳》曰："鈎弋夫人，姓趙氏，河間人，少好酒。病卧六年，右手鈎拳，飲食少。望氣者云，東北有貴人，推而得之。見召，姿色佳麗。武帝披 校 原文作"反"，據《長安志》改。其手，得玉鈎而手展。有寵，生昭帝，妊娠十四月。上曰：聞昔堯十四月而生，今鈎弋亦然。乃命所生門曰堯母門，所居宮曰鈎弋宮。自夫人加婕妤，後得罪，掖庭獄死，及殯，香一月。昭帝即位，追尊爲皇太后，更葬之，發六十二萬人起陽陵。其棺槨但有彩履。"王褒《雲陽宮 校 據畢本補。記》曰："鈎弋夫人從至甘泉而卒，屍香聞十餘里，葬雲陽。武帝思之，起通靈臺于甘泉宮。有一青鳥，集臺上往來，至宣帝時乃不至。"《漢武故事》曰："鈎弋宮在直門之南。"

直按：未央宮總叙宮殿，亦有鈎弋殿。《史記·外戚世家》褚先生補鈎弋夫人事，《索隱》引《三輔黃圖》云："鈎弋宮在城外。"《漢書·外戚·鈎弋趙婕妤傳》顏注引《三輔黃圖》亦同。《廟記》云："宮有千門萬户，不可記其名也。"《索隱》與如淳、晉灼《漢書》注所引《三輔黃圖》，多不見於今本。又《太平御覽》卷一百七十三，引《列仙傳》作"鈎弋夫人齊人"，與本文不同。本文所引王褒《雲陽宮記》，與《長安志》引《漢武帝内傳》略同。又《太平御覽》卷六百六十一，引《三洞珠囊》云："王褒，字子登，前漢王陵七世孫，號青虛真人。"應爲東漢時人，非王子淵也。

又按：本文引《漢武故事》曰："鉤弋宮在直門之南。"與《漢書·外戚·鉤弋趙婕妤傳》顏注所引相同。又《太平御覽》卷一百七十八，引《漢武帝內傳》，叙"鉤弋夫人謂帝曰：妾相運正應，爲陛下生一男，男年七歲，妾當死矣。今年必不得歸，願陛下自愛。言終遂卒"。曹子建《辨道論》云："鉤弋死于雲陽，而謂之屍逝柩空，其爲虛妄甚矣哉。"《博物志》卷五《辨方士》云："鉤弋夫人被殺于雲陽，而言屍解柩空。"

昭臺宮，在上林苑中。孝宣霍皇后立五年，廢處昭臺宮。後十二歲，徙雲林館，乃自殺。

直按：本文節引《漢書·外戚·孝宣霍皇后傳》文。《小校經閣金文》卷十三，五十五頁，有"昭臺宮銅偏壺，元康三年造"。又西安高窑村上林苑遺址，出銅鑒等二十二件，有上林昭臺廚銅銷。

長定宮，林光宮中有長定宮。《三輔決錄》曰："後從帝行幸于甘泉宮，居長定宮。孝成許皇后廢處昭臺宮，歲餘徙長定宮。"

直按：事見《漢書·外戚·孝成許皇后傳》。

長門宮，離宮，在長安城。孝武陳皇后得幸，頗妬，居長門宮。

直按：事見《漢書·外戚·孝武陳皇后傳》。又《陝西通志》卷七十二，長門宮遺址在故長安城東。

永信宮，孝哀帝尊恭皇太后曰帝太太后，稱永信宮。

中安宮，孝哀帝尊恭皇[校]原本"皇"下有"太"字，據《長安志》

删。后曰帝太后,稱中安宫。

　　直按:事見《漢書》哀帝建平二年《紀》。

　　儲元宫,在長安城西。《漢書·外戚傳》曰:"信都太
后與信都王,俱居儲元宫。"

　　直按:事見《漢書·外戚·馮昭儀傳》顏師古注引《三輔黃
　　圖》,在上林苑中,與今本不同。

　　犬臺宫,在上林苑中,長安城西二十八里。《漢書》:
江充召見犬臺宫。

　　直按:《漢書·江充傳》晉灼注引《黃圖》曰:"上林有犬臺宫,
　　外有走狗觀也。"較今本多一句。

　　葡萄宫,在上林苑西。漢哀帝元壽二⬚原作"三"字,今
訂正。年,單于來朝,以太歲厭勝所,舍之此宫也。

　　直按:事見《漢書·匈奴傳》。又《太平寰宇記》卷二十五,云
　　"在上林苑西"。《陝西通志》卷七十二引《雍勝略》,在鳌厔
　　縣境,又引《十道志》在上林苑西,與本文及《太平寰宇記》
　　均同。

　　步壽宫,秦亦有步壽宫,今按其地與秦異,則秦漢各
有步壽宫耳。漢祋祤宫,宣帝神爵二年鳳凰集祋祤縣,鳳
凰集處得玉寶,乃起步壽宫。

　　直按:鳳凰集祋祤縣,事見《漢書·郊祀志》。又《陝西通志》
　　卷七十二云:步壽宫在耀州東北一里。

　　梁山宫,梁山好畤界,即《禹貢》云:"壺口治梁及
岐。"又古公逾梁山於岐下,及秦立梁山宫,皆此山下也。

《史記·秦本紀》始皇三十五⬜原作"二"字,今訂正。年,幸
梁山宮,即此也。

　　直按:梁山,在陝西乾縣,即唐乾陵所在地。又《金石索·金
　　索三》一百六十五,有"梁山銅,元康元年造",蓋秦宮漢
　　葺者。

　　黄山宮,在興平縣西三十里。武帝微行,西至黄山
宮,即此也。

　　直按:《元和郡縣圖志》卷一,完全與本文相同。又程大昌
　　《雍録》謂改槐里爲興平縣,事在至德二載,知《三輔黄圖》爲
　　唐肅宗以後人作。本文稱黄山宮在興平縣西三十里,此書確
　　爲唐人所補綴之一證。又《漢書·地理志》槐里縣注有黄山
　　宮。《元后傳》云:"秋歷東館,望昆明,集黄山宮。"顏師古注
　　云:"黄山宮在槐里。"武帝微行事,見《東方朔傳》。又《小校
　　經閣金文》卷十一,四十頁有"黄山共鼎",又卷十一,八十二
　　頁有"黄山第四鐙"(舊爲張叔未藏,後歸劉世珩)。又《金石
　　萃編》卷二十二,四頁有"黄山"瓦,杭州鄒氏亦藏一品。

　　回中宮,《史記》秦始皇二十七年,巡隴西北地,出笄
頭,過回中。《漢書》文帝十四年,匈奴入蕭關,殺都尉,
燒回中宮,候騎至雍;武帝元狩四年幸雍,通回中道,遂北
出蕭關。又有三良宮相近。

　　直按:《太平寰宇記》卷三十,完全與本文相同。又《漢書·
　　武帝紀》元狩四年通回中道,如淳注引《三輔黄圖》回中宮在
　　汧,爲今本所無。又《鐃歌十八曲·上之回》云:"上之回所
　　中,益夏將至,行將北以承甘泉宮。"

集靈宮、集仙宮、存仙殿、存神殿，望仙臺、望仙觀，俱在華陰縣界，皆武帝宮觀名也。《華山記》及《三輔舊事》云："昔有《太元真人茅盈內記》：始皇三十一年九月庚子，盈曾祖父蒙，於華山乘雲駕龍，白日升天。先是邑人謠曰，神仙得者茅初成，駕龍上升入太清，時下玄洲戲赤城，繼世而往在我盈，帝若學之臘嘉平。"《漢武帝內傳》曰："魯女生，長樂人，初餌胡麻，乃永絕穀，八十餘年，少壯色如桃花。一日與親知故人別，入華山。後五十年，先識者逢女於廟前，乘白鹿，從王母，人因識之，謝其鄉里而去。"又《神仙傳》曰："中山衛叔卿，常乘雲車，駕白鹿，見漢武帝將臣之，叔卿不言而去。武帝悔，求得其子度世，㊣"世"字，據《太平寰宇記》補。令追其父。登華岳，見父與數人坐於石上，敕度世令還。"㊣原文脫"世"字，據《太平寰宇記》補。又《華山記》："弘農鄧紹，八月曉入華山，見童子執五彩囊，盛柏葉露食之。武帝即其地造宮殿，歲時祈禱焉。"《漢書》云："華陰縣有集靈宮。又有望仙觀，在華陰縣。"

直按：《漢書·地理志》注"華陰有集靈宮"，與今本合。《水經注·渭水》云："敷水又北逕集靈宮西。"又《隸釋》卷二，《西嶽華山廟碑》云："孝武皇帝修封禪之禮，思登遐之道，巡省五嶽，禋祀豐備，故立宮其下，宮曰集靈宮，殿曰存仙殿，門曰望仙門。"《古文苑》卷九，張昶《西嶽華山堂闕銘》云："而世宗又經集靈之宮於其下，想喬松之疇。"又《藝文類聚》卷七十八，桓譚《仙賦》序云："見部先置華陰集靈宮，宮在華山下，武帝所造，欲懷集仙者王喬、赤松子，故名殿爲存仙，端門南向，署曰望仙門。"望仙門之名，兩見於碑賦，與本文望仙臺、望仙觀之名稱不同。《初學記》卷二十四，引《西嶽記》，與《西嶽華山碑》略同。又一九一一年華陰縣華陰廟王到村，出土有"與華無極"及"與華相宜"兩種瓦當，疑爲集靈宮之物。

又按：《史記·秦始皇本紀》三十一年十二月，更名臘曰"嘉平"。《集解》引《太原真人茅盈内記》與本文完全相同。《索隱》據《道書》：茅蒙，字初成也。《太平御覽》卷六百六十一，引《茅君傳》云："盈，字叔申，咸陽人。父祚有三子，盈、固、衷也。"又《太平御覽》卷三十九引《漢武帝内傳》記魯女生事，與本文略同，今本《漢武帝内傳》則無此文。又《後漢書·方術·華佗傳》云："泠壽光、唐虞、魯女生三人者，皆與華佗同時。……魯女生數説顯宗時事甚明了，議者疑其時人也。董卓亂後，莫知所在。"章懷注引《漢武内傳》云："魯女生，長樂人，初餌胡麻及术，絶穀八十餘年，日少壯，色如桃花。日能行三百里，走及麇鹿。傳世見之，云三百餘年。後采藥嵩高山，見一女人，曰：我三天太上侍官也。以五岳真形與之，并告其施行。女生道成，一旦與知友故人別，云入華山。去後五十年，先相識者逢女生華山廟前，乘白鹿，從玉女三十人，并令謝其鄉里親故人也。"章懷注引《漢武帝内傳》較本文及《太平御覽》爲詳。魯女生既與華佗同時，則爲東漢末人，見於《漢武内傳》，當爲附記。《博物志》卷五，記魏王所集方士，亦有魯女生之名。又《太平御覽》卷六百六十二，引《三洞珠囊》“衛叔卿，中山人，服雲母。子度世入山，見其父”云云，與本文略同。又《太平寰宇記》卷二十九，引《華山記》云：“弘農鄭紹，八月曉入山，見童子執五彩囊，盛柏葉露以食之。”與本文前段相同，惟本文作“鄧紹”，未詳孰是。

棠梨宮，在甘泉苑垣外雲陽三十里。

直按：《漢書·司馬相如傳·上林賦》云“下棠梨”張揖注，與本文相同。《揚雄傳·甘泉賦》云“度三巒兮揭棠梨”，又庚信《小園賦》云“有棠梨而無館”。是宮亦名館。

竹宮，甘泉祠宮也，以竹爲宮，天子居中。《漢舊儀》云：“竹宮去壇三里。”

直按：《漢書·禮樂志》曰：武帝“用事甘泉圜丘，使童男女七十人俱歌，昏祠至明，夜常有神光，如流星止集於祠壇。天子自竹宮而望拜”。顏師古注引《漢舊儀》云：“竹宮去壇三里。”與本文同。《長安志》通天臺引《漢舊儀》云：“乃舉烽火而就竹宮望拜神光。”又《漢舊儀》云：“武帝祭天上通天臺，舞八歲童女三百人，置祠具，招仙人。祭天已，令人升通天臺以候天仙天神。既下祭所，若火流星，乃舉烽火而就竹宮望拜。”又《金石萃編》卷二十二，有“狼幹萬延”瓦，“狼幹”當爲“琅玕”之假借字，疑爲竹宮之物。

宜春宮，本秦之離宮，在長安城東南杜縣東，近下杜。

直按：《漢書·司馬相如傳》云：“還過宜春宮，相如奏賦以哀二世行失。”顏師古注云：“宜春本秦之離宮。”與本文同。又《司馬相如傳》云“息宜春”，顏師古注云：“宜春，宮名，在杜

縣東,即今曲江池,是其處也。"又《東方朔傳》云"東遊宜
春",亦指宜春宮而言。又《水經注·渭水》:東得澇水口,水
出南山澇谷,北逕漢宜春觀東。《藝文類聚》卷六十三,引
《漢宮殿名》曰"長安有宜春觀"。又引《十道志》:"觀漢武
帝所造。"此在鄠縣之宜春觀,與宜春宮有別,楊守敬辨之
是也。

扶荔宮,在上林苑中。漢武帝元鼎六年,破南越起扶
荔宮,宮以荔枝得名。以植所得奇草異木:菖蒲百本;山薑十
本;甘蕉十二本;留求子十本;桂百本;蜜香、指甲花百本;
龍眼、荔枝、檳榔、橄欖、千歲子、甘橘皆百餘本。上木,南
北異宜,歲時多枯瘁。荔枝自交趾移植百株於庭,無一生
者,連年猶移植不息。後數歲,偶一株稍茂,終無華實,帝
亦珍惜之。一旦萎死,守吏坐誅者數十人,遂不復蒔矣。
其實則歲貢焉,郵傳者疲斃於道,極爲生民之患。至後漢
安帝時,交趾郡守唐羌[校]此二字據《雍錄》補。極陳其弊,遂罷
其貢。

直按:《南方草木狀》卷上云:"留求子,形如梔子,棱瓣深而
兩頭尖,似訶梨勒而輕。"卷中云:"交趾有蜜香樹,幹似櫃
柳,其花白而繁,其葉如橘。""指甲花,其樹高五六尺,枝條
柔弱,葉如嫩榆。"又《南方草木狀》卷下荔支條,自"荔枝自
交趾移植百株於庭"句起,至"極爲生民之患"句止,引自《三
輔黃圖》,與本文完全相同。又《太平御覽》卷九百七十一,
引謝承《後漢書》曰:"汝南唐羌爲臨武縣長,接交州。舊獻
荔支,羌上書諫,乃止。"本文"臨武縣長"誤作"交趾郡守"。

扶荔宮遺址,現在陝西韓城縣芝川鎮南門外。經陝西文物管理委員會發掘,出土有"夏陽扶荔宮令辟,與天地無極"十二字篆書方磚,及"與天無極"、"船室"、"宮"字及雲紋瓦當四種。《長安志》引《關中記》,僅云扶荔宮在馮翊,今能確定在漢時左馮翊之夏陽縣矣(見一九六一年《考古》三期:《陝西韓城芝川鎮漢扶荔宮遺址的發現》)。

　五柞宮,漢之離宮也,在扶風盩厔。宮中有五柞樹,因以爲名。五柞皆連抱上枝,覆蔭數畝。

直按:《西京雜記》卷三云:"五柞宮有五柞樹,皆連三抱上枝,蔭覆數十畝。"與本文字句略異。《太平寰宇記》卷三十,引《三輔黃圖》與本文同。《漢書·武帝紀》"後元二年二月,行幸盩厔五柞宮"。張晏注云:"有五柞樹,因以名宮也。"與本文略同。又《水經注·渭水》:"東北逕五柞宮西,長楊、五柞二宮相去八里,並以樹名宮。"《雍勝略》云:"五柞宮在盩厔縣東南三十八里,漢武帝造。"

　宣曲宮,在昆明池西。孝宣帝曉音律,常於此度曲,因以爲名。

直按:《漢書·司馬相如傳·上林賦》云:"西馳宣曲。"張揖注云:"宣曲,宮名,在昆明池西。"與本文同。《東方朔傳》云:"從宣曲以南十二所中休更衣。"顏師古注與張揖注同。又《史記·貨殖傳》亦云:"宣曲任氏,秦時故督道倉吏。"三事均在宣帝以前,已有宣曲之名,與本文所記"因宣帝度曲而得名"之説,恐有未然。又西安高窰村出土上林銅鑒等二十二器,有"上林宣曲宮鼎,初元三年造"。《小校經閣金文》

卷十一,四十二頁,有漢宣曲鼎,當亦爲宣曲宮所造。

鼎湖宮,在湖城縣界。又一說在藍田,有亭。昔黃帝采首山銅以鑄鼎,鼎成,有龍下,迎帝仙去,小臣攀龍髯而上者七十二人。漢武帝於此建宮。

直按:《漢書·郊祀志》云:“文成死明年,天子病鼎湖甚。”晉灼注:“《黃圖》宮名,在京兆。《地理志》湖本在京兆,後分屬弘農也。”與今本不同。黃帝采首山銅一段,亦本於《郊祀志》。

又按:鼎湖宮遺址今在藍田縣焦岱鎮,原注文在藍田極爲正確。《貞松堂集古遺文》卷十三,二十三頁,有藍田鼎湖宮行鐙(《藍田縣志》所記文字錯誤甚多)。《秦漢瓦當文字》卷一,十頁,有“鼎胡延壽宮”瓦,十二頁有“鼎胡延壽保”瓦。“湖”字皆省作“胡”。

思子宮,武帝癘戾太子無辜被殺,作思子宮,爲歸來望思之臺於湖。

直按:事見《漢書·戾太子傳》顏師古注:“其臺在今湖城縣之西,閿鄉縣之東,基址尚存。”又《元和郡縣圖志》卷六云:“思子宮,在閿鄉縣東北二十五里,漢武帝爲戾太子所築也。”又《太平御覽》卷一百九十三,引《述征記》(戴延之撰)曰:“漢武帝延和二年,衛太子遇江充之亂,奔湖自縊。壺關三老、太廟令田千秋訟太子之冤,築思子宮於湖,其城存焉。”

萬歲宮,武帝造。汾陰有萬歲宮。宣帝元康四年幸萬歲宮,神爵翔集,以元康五年爲神爵紀元。

直按:《漢書·宣帝紀》:“神爵元年,幸萬歲宮。”晉灼注:

"《黃圖》汾陰有萬歲宮。"與今本相同。又《長安志》引《漢宮闕名》："長安有萬歲宮。"《小校經閣金文》卷十一，九十三頁，有"萬歲宮鐙，元延四年造"。

首山宮，漢武帝元封元年封禪後，夢高祖坐明堂朝群臣，於是祀高祖于明堂以配天，還作首山宮以爲高靈館。

直按:《漢書·武帝紀》："（元封）六年冬，行幸回中。春，作首山宮。"文穎注云："在河東蒲坂界。"本文作"元封元年"，應以《漢書》爲是。又《長安志》引《漢武故事》曰："上自封禪後，夢高祖坐明堂，群臣亦夢想，於是祀高祖明堂以配天，還作高靈館。"與本文略同。又《漢書·地理志》河東郡蒲坂縣，注有首山祠。《長安志》引《漢宮闕名》，"長安有首山宮"。又《薛氏鐘鼎款識》卷二十，一頁，有"蒲坂首山宮雁足鐙，永始四年二月造"。

明光宮，武帝求仙起明光宮，發燕趙美女二千人充之。率取二十以下，十五以上，年滿三十者出嫁之，掖庭令總其籍。時有死出者隨補之。

直按:《太平御覽》卷一百七十三，引《漢武故事》，與本文相同。惟"年滿三十者"，《故事》作"滿四十者"，未知孰是。又《雍錄》云："漢明光宮有三，一在北宮，與長樂相連;一在甘泉宮中;一爲尚書奏事之地。現頗難分別。"北宮之明光宮，已見於上（在北宮、壽宮之後），本文之明光宮，則屬於甘泉宮者。

池陽宮，在池陽南上原之阪，有長平［校］原作"年"字，今據《漢書·宣帝紀》訂正。坂，去長安五十里。

直按:《漢書·宣帝紀》:"神爵三年,上自甘泉宿池陽宮,上登長平坂。"如淳注:"阪名,在池陽南上原之阪。"與本文略同。又《元和郡縣圖志》:池陽宮在涇陽縣西北八里。《小校經閣金文》卷十一,九十二頁,有"池陽宮鐙,甘露四年造"。

養德宮,趙王如意年幼,未能就外傅,戚姬使舊趙王內傅趙媼傅之,號其室曰養德宮。

直按:本段與《西京雜記》卷一文字完全相同,但末多"後改爲魚藻宮"一句。

校 原有"右甘泉宮",依目錄删。

日華宮,河間獻王德築日華宮,置客館二十餘區,以待學士。自奉養甚薄,不逾賓客。

直按:本段與《西京雜記》卷四文字完全相同。《畿輔通志》卷一百六十一云:"獻縣南三十五里,有河間獻王日華宮故址。"又同卷云:"河間縣西北三十里,有君子館故址。引《肅寧縣採訪册》云,縣治東南十里,有武垣郡城。邑優貢生苗學植,博學好古,謁毛公祠,得磚一枚,上刻'君子'二字,古茂閒雅,漢隸體也。其後庠生劉溯,主講毛公祠畔,又得'君子館'磚三。嗣是而得者,有'君子大吉'、'君子長生'字樣。據此,則館與毛公祠,均應在武垣故城,當隸肅寧境。"

又按:河間有君子館遺址,始見於《金史·地理志》。《苗夔墓誌》亦言,嘗得漢君子館磚於河間城外。《畿輔通志》謂館在肅寧境,其說不確。蓋君子館爲日華宮内二十餘館之一,皆河間獻王所築。"君子"二字,翟雲升《隸篇》中,摹有原文。余昔在友人白集武處,見有大興劉位坦所題君子館及日華宮兩磚拓本，“君子”二字爲古隸書，“日華”二字橫列，鈍爲篆書，與開母廟石闕相似。

曜華宮，梁孝王好營宮室、苑囿之樂，作曜華宮，築兔園。園中有百靈山，有膚寸石、落猿岩、棲龍岫；又有雁池，池間有鶴洲、鳧渚。其諸宮觀相連，延亘數十里，奇果異樹，珍禽怪獸畢有。王日與宮人賓客弋釣其中。

直按：本段與《西京雜記》卷二文字完全相同。卷四又有梁孝王游於忘憂之館，其諸遊士各使爲賦之紀載。忘憂館亦爲本文所未及。《太平御覽》卷一百七十八，引戴延之《述征記》云：“蠡臺，梁孝王所築，於兔園中回道似蠡，因名之。”又《水經注》：“睢陽城故東宮，即梁之舊池也，因五六百步，水列釣臺。池東又有一臺，世謂之清泠臺。”又曰：“睢陽城中有掠馬臺，臺東有一臺，謂之清泠臺，”又《述異記》卷上云：“梁孝王築平臺，臺至今存。有兼葭洲、鳧藻洲、梳洗潭，中有望泰山，商人望仙之處。”“鳧藻洲”疑即本文之“鳧渚”。又《洞冥記》卷下云：“汴城上有列仙吹臺，西有牧澤，通道二百里，漢梁孝王所造，今渭之堤赤城，東有繁臺，本吹臺也。”

日華、曜華⬚“華”字，依文補。宮，營構不在三輔，然皆漢之諸王所建，以附宮室篇末。⬚原在下段後，依文意移。

漢畿内千里，並京兆治之，内外宮館一百四十五所。班固《西都賦》云：“前乘秦嶺，後越九嵕，東薄河華，西涉岐雍，宮館所歷，百有餘區。”秦離宮三百，漢武帝往往修治之。

直按：《漢書·賈山傳》云：“秦起咸陽，西至雍，離宮三百。”

與本文相合。《史記》秦始皇二十六年《紀》,《正義》引《三輔舊事》云:"表中外殿觀百四十五。"又《文選·東京賦》云:"迺構阿房,起甘泉。"李善注引《三輔故事》云:"秦始皇上林苑中,作離宮別館一百四十六所。"上據兩數雖不同,皆是記秦宮殿之數。本文所述,則是漢代宮殿之數。

三輔黃圖卷之四

苑　囿

　　周靈囿，文王囿也。《詩》曰："王在靈囿，麀鹿攸伏，麀鹿濯濯，白鳥翯翯。"毛萇注云："囿，所以域養禽獸也，天子百里，諸侯四十里。靈者，言文王之有靈德也。靈囿，言道行苑囿也。"《孟子》曰："文王之囿，方七十里，芻蕘者往焉，雉兔者往焉，與民同其利也。"文王靈囿，在長安縣西四十二里。

　　直按：《太平寰宇記》卷二十五，及《長安志》叙周宮室靈囿，與本文略同。

　　漢上林苑，即秦之舊苑也。《漢書》云："武帝建元三年開上林苑，東南至藍田宜春、鼎湖、御宿、昆吾，旁南山而西，至長楊、五柞，北繞黃山，瀕渭水而東。周袤三百里。"離宮七十所，皆容千乘萬騎。《漢宮殿疏》云："方三百四十里。"《漢舊儀》云："上林苑方三百里，苑中養百獸，天子秋冬射獵取之。"帝初修上林苑，群臣遠方，各獻名果異卉三千餘種植其中，亦有製爲美名，以標奇異。

　　直按：《史記·李斯傳》云："於是乃入上林齋戒，日游弋獵。"此上林爲秦舊苑之證。武帝建元三年開上林苑事，見《漢書·揚雄傳·羽獵賦序》，惟賦序無"藍田"二字。離宮七十所二句,《長安志》引自《漢舊儀》。《後漢書·班固傳·西都賦》:"離宮別館,三十六所。"章懷注引《三輔黃圖》曰:"上林有建章、承光等一十一宮,平樂、繭館等二十五,凡三十六所。"與今本異。本文引《漢宮殿疏》:"方三百四十里。"《長安志》引作"方百四十里",疑脱"三"字。《太平寰宇記》則作"六百四十里","六"爲"三"之誤字。又《長安志》引《三輔故事》及《關中記》云:"上林延亘四百餘里。""帝初修上林苑"一段,見《西京雜記》卷一,文字完全相同。惟《西京雜記》於名果異樹列有詳目,本書未采。

茂陵富民袁廣漢,藏鏹巨萬,家僮八九百人。於北邙〔校〕"邙"字,據《西京雜記》補。山下築園,東西四里,南北五里,激流水注其中。構石爲山,高十餘丈,連延數里。養白鸚鵡、紫鴛鴦、氂牛、青兕,奇獸珍禽,委積其間。積沙爲洲嶼,激水爲波濤,致江鷗海鶴孕雛産鷇,延漫林池;奇樹異草,靡不培植。屋皆徘徊連屬,重閣修廊,行之移晷不能徧也。廣漢後有罪誅,没入爲官園,鳥獸草木,皆移入上林苑中。

直按:本段與《西京雜記》卷三文字相同,僅有個別字略異。又自咸陽北面高原起,至興平一帶,農民皆稱爲北邙坂,而《西京雜記》正用口頭語,與洛陽"北邙山"名同實異。

上林苑有昆明觀,武帝置。又有繭觀、平樂觀、遠望觀、燕昇觀、觀象觀、便門觀、白鹿觀、三爵觀、陽禄觀、陰德觀、鼎郊觀、椒木觀、椒唐觀、魚鳥觀、元華觀、走馬觀、柘觀、上蘭觀、郎池觀、當路觀,皆在上林苑。

直按:《漢書·天文志上》:"河平元年十二月壬申,太皇太后避時昆明東觀。"昆明觀即豫章觀。《漢書·元后傳》云:"春幸繭館。"當即繭觀。長安謝氏藏有"崇蛹嵯峨"瓦當,疑即繭館之物。《漢書·武帝紀》:"元封六年夏,京師民觀角抵于上林平樂館。"但元封三年《紀》顏師古注則作"平樂觀",蓋館、觀二名,漢代可以通稱。又《金石索·石索六》五八頁,有"平樂宮阿"瓦當,疑爲平樂館之物。《漢書·外戚·孝成班婕妤傳·自傷賦》云:"痛陽禄與柘館兮。"服虔注:"二館名也,生子此館,皆失之也。"顏師古注云:"二觀並在上林中。"余昔得"上禄"瓦片,定爲上林苑陽禄館之簡稱。又《西都賦》云:"遂繞酆鎬,歷上蘭。"《漢書·揚雄傳》云:"翼乎徐至於上蘭。"晉灼注云:"上蘭觀,在上林中。"《元后傳》云:"校獵上蘭。"顏師古注云:"上蘭,觀名也,在上林中。"又《後漢書·班固傳·西都賦》章懷注引《三輔黃圖》,與今本同。《漢書·王莽傳下》,叙王莽起九廟,取當路觀材瓦等。

又按:《長安志》引《關中記》:上林苑中二十二觀名,有繭觀、平樂觀、博望觀、益樂觀、便門觀、衆鹿觀、樛木觀、三爵觀、陽禄觀、陽德觀、鼎郊觀、椒唐觀、當路觀、則陽觀、走馬觀、虎圈觀、上蘭觀、昆池觀、豫章觀、郎池觀、華光觀(實數二十一觀)。"博望"疑即本文之"遠望","陽德"疑即"陰德","衆鹿"疑即"白鹿","華光"疑即"元華"。

又《舊儀》曰:"上林有令有尉,禽獸簿記其名數。"又有上林詔獄,主治苑中禽獸、宮館之事,屬水衡。又上林苑中有六池、市郭、宮殿、魚臺、犬臺、獸圈。

直按:《初學記·居處部》引《漢舊儀》,尉下有"百五十亭苑"一句。《漢書·百官公卿表》水衡都尉屬官,有上林令丞。上林有尉及虎圈有嗇夫,見《張釋之傳》。又《太平御覽》卷一百九十六引《漢舊儀》:"上林苑中廣長三百里,置令丞左右尉,苑中養百獸。"《漢書·成帝紀》:"建始元年,罷上林詔獄。"顏師古注引《漢舊儀》與本文同。《太平寰宇記》卷二十五,引《三輔黃圖》:"長安有獄二十四所。"爲今本所無。

又按:《漢舊儀》云:"上林苑中,天子遇秋冬射獵,取禽獸無數實其中,離宮觀七十所,皆容千乘萬騎。"又云:"武帝時,使上林苑中官奴婢,及天下貧民貲不滿五千,徙置苑中養鹿。因收撫鹿矢,人日五錢,到元帝時七十億萬,以給軍擊西域。"《小校經閣金文》卷十一,五十五頁,有"上林共府鼎,初元三年造"。共府,即供府,供給資生之具也。

又按:《長安志》引《關中記》,有總叙上林宮觀一段,極有參考價值,兹加以鈔録如下。原文云:"上林苑門十二,中有苑三十六,宮十二,觀二十五。建章宮、承光宮、儲元宮、包陽宮、尸陽宮、望遠宮、犬臺宮、宣曲宮、昭臺宮、蒲陶宮;繭觀、平樂觀、博望觀、益樂觀、便門觀、衆鹿觀、樛木觀、三爵觀、陽禄觀、陽德觀、鼎郊觀、椒唐觀、當路觀、則陽觀、走馬觀、虎圈觀、上蘭觀、昆池觀、豫章觀、郎池觀、華光觀。以上十二宮二十二觀,在上林苑中。鼎湖宮、步高宮、步壽宮、存神宮、集靈宮、望仙觀,以上五宮一觀,在京兆屬縣。櫟陽宮、甘槃(疑甘泉之誤)宮、師德宮、池陽宮、谷口宮、長平宮、扶荔宮、白渠觀,以上七宮一觀在馮翊。首陽宮、望仙宮、長楊宮、禮陽(疑棫陽之誤)宮、羽陽宮、山桀(疑梁山之誤)宮、藁池(疑橐

泉之誤）宮、用取（未詳爲何字之誤）宮、虢宮、回中宮、宜春
觀、射熊觀，以上十宮二觀在扶風。長門宮、鉤弋宮、渭橋宮、
仙人觀、霸昌觀、安臺觀、淪沮觀，以上三宮四觀，在長安
城外。”

　甘泉苑，武帝置。緣山谷行，至雲陽三百八十一里，
西入扶風，凡周回五百四十里。苑中起宮殿臺閣百餘所，
有仙人觀、石闕觀、封巒觀、鳷鵲觀。

　直按：《太平御覽》卷一百九十六及《初學記》卷二十四，引
《三輔黃圖》，皆云：“甘泉苑中起仙人觀，緣山谷行至雲陽三
百八十一里，入右扶風，凡周匝五百四十里。”與今本相同。
《長安志》引《三輔黃圖》云：“緣山谷行至雲陽三百八十里，
入右扶風，周匝五百四十里。”今本作“三百八十一里”，微有
不同。又《太平御覽》卷一百九十六，引《三輔黃圖》云：“宮
二，觀十四，在甘泉苑垣內，甘泉苑起仙人觀。”爲今本所無。
《陝西通志》卷七十三，甘泉苑在淳化縣北車盤嶺。
又按：甘泉苑繁稱爲甘泉上林苑，或稱爲甘泉上林宮。因上
林苑包括至甘泉地區，其在甘泉山部分，則稱爲甘泉上林苑。
證之《薛氏鐘鼎款識》卷二十，一頁，有“甘泉上林宮行鐙，五
鳳二年造”。又《金石索·石索六》七十五頁，有“甘泉上林”
瓦。《秦漢瓦當文字》卷一，十五頁，有“甘林”瓦，亦爲甘泉
上林之簡稱，皆其明證。《漢書·百官公卿表》叙水衡都尉
屬官，有甘泉上林都水七官長丞，余昔考爲即甘泉上林及甘
泉都水二長丞也。説見拙著《漢書新證》。仙人、石闕、封巒
三觀考證見後，鳷鵲觀已見上甘泉宮。

御宿苑,在長安城南御宿川中。漢武帝爲離宮別館,禁御人不得入。往來遊觀,止宿其中,故曰御宿。《三秦記》云:"御宿園出栗,十五枚一勝。大梨如五勝,落地則破。其取梨,先以布囊承之,號曰含消,此園梨也。"

直按:《漢書·元后傳》云:"夏遊御宿鄠、杜之間。"顏師古注云:"御宿苑在長安城南,今之御宿川是也。"漢武帝以下五句,與《漢書·揚雄傳·羽獵賦》顏師古注及《元和郡縣圖志》卷一,文字均完全相同。《長安志》及《太平寰宇記》卷二十五,引《三秦記》並同。《太平寰宇記》首句則作栗園,漢御宿園也。又《太平御覽》卷九百六十九,引辛氏《三秦記》云:"漢武帝園,一名樊川,一名御宿,有大梨如五升,落地則破。其主取者,以布囊盛之,名含消梨。"與本文略同。

思賢苑,孝文帝爲太子立思賢苑,以招賓客。苑中有堂室六所,客館皆廣廡高軒,屏風幃褥甚麗。廣陵王胥有勇力,常於別圃學格熊,後遂能空手搏之,莫不絕脰,後爲獸所傷,陷腦而死。

直按:本文見《西京雜記》卷三,與廣陵王胥有勇力,本爲兩條,事實並不聯屬,當爲本書之牽連誤引。又《博物志》引思賢苑,與本文亦同,惟堂室《西京雜記》皆作"堂隍"。又《漢書》廣陵王胥在宣帝時賜死,與《西京雜記》所記不同,當以《漢書》爲是。

博望苑,武帝立子據爲太子,爲太子開博望苑以通賓客。《漢書》曰:"武帝年二十九乃得太子,甚喜。太子冠,爲立博望苑,使之通賓客從其所好。"又云:"博望苑在長安城南,杜門外五里有遺址。”

直按:事見《漢書・戾太子傳》。本文所引《漢書》之又云,當
爲《漢書》注文,今本《漢書》已佚。又《戾太子傳》云:“史良
娣冢在博望苑北。”《太平寰宇記》卷二十五云:“漢博望苑在
金城坊戾園東南。”《長安志》亦云:“金城坊戾園東南,漢博
望苑。”

西郊苑,漢西郊有苑囿,林簏藪澤連亘,繚以周垣四
百餘里,離宮別館三百餘所。

三十六苑,《漢儀》注:“太僕牧師諸苑三十六所,分
布北邊西邊,以郎爲苑監,宦官奴婢三萬人,養馬三十萬
匹。”養鳥獸者通名爲苑,故謂之牧馬處爲苑。

直按:《漢書・百官公卿表》太僕叙屬官,有“邊郡六牧師苑
令各三丞”,顏師古注引《漢官儀》,與本文同。余昔考漢印
中,有“北地牧師騎丞”印。北地爲六郡之一,騎丞爲三丞
之一。

樂游苑,在杜陵西北,宣帝神爵三年春起。

直按:事見《漢書・宣帝紀》。《西京雜記》卷一云:“樂游苑
自生玫瑰樹,樹下多苜蓿。苜蓿一名懷風,時人或謂之光風,
風在其間常蕭蕭然。日照其花有光采,故名苜蓿爲懷風,茂
陵人謂之連枝草。”

宜春下苑,在京城東南隅。《元帝紀》注:東南隅曲池是。校
原連下條,從吳本分。

直按:《史記・秦本紀》云:“二世皇帝……葬宜春。”《漢書・
元帝紀》:“初元二年,詔罷宜春下苑。”孟康注云:“宮名,在

杜縣東。"顏師古注云:"宜春下苑,即今京城東南隅曲池是。"與本文及原注均同。《漢書·貢禹傳》云:"省宜春下苑以與貧民。"《太平寰宇記》卷二十五云:"曲江池,漢武帝所造,名爲宜春苑。其水曲折有似廣陵之江,故名之。"又《善齋吉金録·璽印録》中一頁,有"宜春禁丞"印,"禁"當爲水衡都尉屬官"禁圃令"之省文。水衡都尉各屬官皆在上林苑中,據此,禁圃令丞之官署,獨設在宜春苑内。

梨園,《雲陽宫記》曰:"雲陽車箱坂下有梨園一頃,數百株,青翠繁密,望之如車蓋。"

直按:《太平御覽》卷一百九十七,引王褒《雲陽宫記》曰"車箱坂下有梨園一頃"云云,文字完全與此相同。又《元和郡縣圖志》卷一云:"車箱坂,在雲陽西北三十八里,縈紆曲折,單軌才通。上阪即平原宏敞,樓觀相屬,即趨甘泉宫道也。"又《陝西通志》卷七十三引賈志,"梨園,即今淳化縣城"。

池　　沼

周文王靈沼,在長安西三十里。《詩》曰:"王在靈沼,於牣魚躍。"

直按:《太平寰宇記》卷二十五引《詩》曰,與本文同。靈沼遺址今在長安海子村,與鄠縣小豐村北邊相連接。

漢昆明池,武帝元狩三［校］原作"四"字,據《漢書》改。年穿,在長安西南,周回四十［校］"十"字,據《長安志》補。里。《西南夷傳》曰:"天子遣使求身毒國市竹,［校］"市",疑"布"字之誤。身毒國,即天竺也。《漢書》曰:張騫言使大夏時,見蜀布邛竹杖,問所從來,曰從東來。身毒國可數千里,得蜀賈人市。而爲昆明所閉。天子欲伐之,越嶲昆明國有滇池,方三百里,故作昆明池以象之,以習水戰,因名曰昆明池。"《漢書》曰:元狩三年滅隴西、北地、上郡戍卒之半,及吏弄法者,謫之穿此池。《食貨志》曰:"時越欲與漢用船戰逐,水戰相逐也。乃大修昆明池也。"

直按:《漢書·武帝紀》:"元狩三年,滅隴西、北地、上郡戍卒半,發謫吏穿昆明池。"自《西南夷傳》曰以下至"以習水戰"止,皆用《漢書》臣瓚注文。又原注一段,略用如淳注文。

《三輔舊事》曰:"昆明池地三百三十二頃,中有戈船各數十,樓船百艘,船上建戈矛,四角悉垂幡旄葆麾,蓋照燭涯涘。"圖曰:"上林苑有昆明池,周匝四十里。"《廟記》曰:"池中後作豫章大船,可載萬人,上起宮室,因欲遊戲,養魚以給諸陵祭祀,餘付長安廚。"

直按:《漢書·食貨志》云:"乃大修昆明池,列館環之,治樓船,高十餘丈,旗織加其上,甚壯。"《長安志》引《三輔故事》曰:"昆明池蓋三百二十頃,池中有豫章臺。"(《太平寰宇記》卷二十五亦同)《玉海》引一作"三百三十二頃",與本文數位相同。又《漢舊儀》云:"上林苑中昆明池、鎬池、牟首諸池,取魚鱉給祠祀,用魚鱉千枚,以餘給太官。""中有戈船各數十"一段,與《西京雜記》卷六文字相同。本文所引《廟記》,與《長安志》所引相同;《長安志》又引《三輔故事》,文略同;"養魚以給諸陵祭祀",與《西京雜記》卷六亦同。又《嘉慶長安縣志》卷十四,引王森文在長安斗門鎮北見殘碑,記昆明池界址云:"北極豐鎬村,南極石匣,東極園柳坡,西極斗

門。"今石匣口村,東界孟家寨、萬村的西邊,西界張村、馬營
寨、白家莊之東,北界在上泉北村和南豐鎬村之間的土堤南
側(見一九六三年《考古》四期《豐鎬地區諸水道的踏察》)。
斗門鎮遺址在今洛水村盡東一帶。

　　《三輔故事》又曰:"池中有豫章臺及石鯨,刻石爲鯨
魚,長三丈,每至雷雨,常鳴吼,鬐尾皆動。一説,甘泉宮
南有昆明池,池中有靈波殿,皆以桂爲殿柱,風來自香。"
又曰:"池中有龍首船,常令宮女泛舟池中,張鳳蓋,_{繡鳳爲}
_飾。建華旗,作櫂歌,_{櫂歌,櫂發歌也}。又曰櫂歌謳,舟人歌也。雜
以鼓吹,帝御豫章觀臨觀焉。"

　　直按:刻石爲鯨魚,與《西京雜記》卷一文字相同。又《文
選·西京賦》云:"鯨魚失流而蹉跎。"李善注引《三輔舊事》
作"清淵北有鯨魚,刻石爲之長三丈"(又《西京賦》云"清淵
洋洋"。李善注引《三輔故事》:"建章宮北作清淵海。"上注
文之"清淵北",即清淵海之北也)。鯨魚刻石今尚存,原在
長安縣開瑞莊,現移陝西省博物館。又《述異記》云:"甘泉
宮南昆明池中,有靈波殿七間,皆以桂爲柱,風來自香。"《洞
冥記》亦同。

　　《關輔古語》曰:"昆明池中有二石人,立牽牛、織女
于池之東西,以象天河。"張衡《西京賦》曰:"昆明靈沼,
黑水玄沚。_校原作"址",誤。牽牛立其右,織女居其左。"今
有石父、石婆神祠在廢池,疑即此也。

　　直按:本文所引《關輔古語》,《西都賦》李善注、《長安志》均
引作《漢宮闕疏》。《太平寰宇記》卷二十五則引作《廟記》。

《西都賦》云："集乎豫章之宇，臨乎昆明之池，左牽牛而右織女，似雲漢之無涯。"又《長安志》云："石婆神廟並在長安縣西南三十五里昆明池右。"張衡《西京賦》云："昆明靈池，黑水玄址，牽牛立其左，織女居其右。"（與今本《西京賦》略有不同）注云："立牽牛、織女于池之東西，以象天河。今石人宛在，後人名石父石婆云。"現距西安城西約二十華里斗門鎮東南，有一所小廟，俗稱石爺廟。廟之東三里在北常家莊附近田間另有一所小廟，俗稱石婆廟。兩廟中各有石像一個，皆屬於漢代昆明池遺址。石爺即牽牛像，高約二三〇公分；石婆即織女像，高約一九〇公分（見一九五五年《文物參考資料》十一期《西安附近所見西漢石雕藝術》）。

武帝初穿池得黑土。帝問東方朔，東方朔曰：西域胡人知。乃問胡人，胡人曰：劫燒之餘灰也。

直按：《初學記》卷七、《太平寰宇記》卷二十五，均與本段文字相同。《長安志》引曹昆《志怪》，文略同。

《三秦記》曰："昆明池中有靈沼，名神池，云堯時治水，嘗停船於此地。通白鹿原，原人釣魚，綸絕而去。夢于武帝，求去其鉤。三日戲于池上，見大魚銜索，帝曰：豈不穀昨所夢耶！乃取鉤放之。間三日，帝復游池，池濱得明珠一雙。帝曰：豈昔魚之報耶？"

直按：《初學記》卷七引《關中記》、《太平寰宇記》卷二十五引《三秦記》，皆與本段全文相同。昆明池中有靈沼三句，《長安志》引作《關中記》。"有神池通白鹿原"句，《文選·西都賦》李善注、《後漢書·班固傳·西都賦》章懷注，皆引作《三秦記》，與《初學記》卷七引作《關中記》不同。

鎬池，在昆明池之北，即周之故都也。《廟記》曰：
"長安城西有鎬池，在昆明池北，周匝二十二里，溉地三
十二頃。"《史記》曰："秦始皇帝三十六年，使者從關東夜
至華陰縣平舒道。有人持璧遮使者曰：爲吾遺鎬池君。
因言曰：今年祖龍死。使者問其故，忽不見，置其璧去。
使者奉璧具以聞，始皇默然良久曰：山鬼不過知一歲事。
退言曰：祖龍者，人之先也。祖，始也；龍者，人主之象，謂始皇也。
使御府視璧，乃二十八年渡江所沉璧也。"

直按：《水經注·渭水》"又東北與鎬水合"條，引《春秋後
傳》，使者名鄭客（《搜神記》作"鄭容"），平舒道作"平舒
置"，敘事較《史記》爲繁，且更多荒渺之説。原注文用《史記
集解》引蘇林説。鎬池遺址今在昆明池之北，鄉人俗稱爲小
昆明也。

滄池，在長安城中。《舊圖》曰："未央宮有滄池，言
池水蒼色，故曰滄池。"

直按：《長安志》引《關中記》云："未央宮中有滄池。"又《西
京賦》云："顧臨太液，滄池莽沆。"

太液池，在長安故城西，建章宮北，未央宮西南。太
液者，言其津潤所及廣也。《關輔記》云："建章宮北有
池，以象北海，刻石爲鯨魚，長三丈。"《漢書》曰："建章宮
北治大池，名曰太液池，中起三山，以象瀛洲、蓬萊、方丈，
刻金石爲魚龍、奇禽、異獸之屬。"瀛洲，一名魂洲。有樹名影木，

月中視之如列星，萬歲一實，食之輕骨。上有枝葉如華蓋，群仙以避風雨。有金鑾之觀，飾以璆玉，直上於雲中。有青瑤瓦，覆之以雲紈之素，刻碧玉爲倒龍之狀，懸火精爲日，刻黑玉爲烏，以水精爲月，青瑤爲蟾兔。於地下爲機戾，以測昏明，不虧弦望。有香風泠然而至。有草名芸茵，狀如菖蒲，食葉則醉，食根則醒。有鳥如鳳，身紺翼丹，名曰藏珠。每鳴翔而吐珠累斛，仙人以珠飾仙裳，蓋輕而耀於日月也。蓬萊山，亦名防丘，亦名雲來，高二萬里，廣七萬里。水淺。有細石如金玉，得之不加陶冶，自然光淨，仙者服之。東有郁夷國，時有金霧，諸仙説北上常浮轉低卬，有如山上架樓室。向明以開户牖，及霧歇滅，户皆向北。有浮雲之幹，葉青莖紫，子大如珠，有青鸞集其上。下有砂礫，細如粉，柔風至，葉條翻起，拂細砂如雲霧，仙者來觀而戲焉。風吹竹葉，聲如鐘磬。方丈之山，一名巒維東方龍場，方千里，瑤玉爲林，雲色皆紫。上有通霞臺，西王母常游於其上，常有鸞鳳鼓舞，如琴瑟和鳴。三山統名昆丘，亦曰神山，上有不死之藥，食之輕舉。武帝信仙道，取少君欒大妄誕之語，多起樓觀，故池中立三山，以象蓬萊、瀛洲、方丈。

　　直按：太液者，言其津潤所及廣也。與《漢書·昭帝紀》始元元年顏師古注完全相同。本文所引《關輔記》，《長安志》引作《關中記》。但《漢書·郊祀志》顏師古注，引《三輔故事》云："太液池北岸有石魚長三丈，高五尺。西岸有石鱉三枚，長六尺。"本文所引《漢書》，見《漢書·郊祀志》。原注文係用《拾遺記》卷十文，但在瀛洲中删"東有淵洞"一段，蓬萊山删"其西有含明之國"一段，方丈山删"龍皮骨"一段，其餘字句，皆有小異。

　　《廟記》曰："建章宮北池名太液，周回十頃，有採蓮女鳴鶴之舟。"又按：《三輔舊事》云："日出暘谷，浴于咸池，至虞淵即暮，此池之象也。"

　　直按：本文所引《廟記》"建章宮北池名太液"一段，與《太平

寰宇記》卷二十五所引亦同。《西京雜記》卷六云："太液池
中有鳴鶴舟、容與舟、清曠舟、采菱舟、越女舟。"本文所引
《三輔舊事》"日出暘谷"一段，與《長安志》及《太平寰宇記》
卷二十五所引均同。《西京雜記》卷六云："太液池西有一池
名孤樹池，池中有洲，洲上黏樹一株，六十餘圍，望之重重如
蓋，故取爲名。"又《雜記》卷一云："太液池邊皆是雕胡、紫
蘀、綠節之類。菰之有米者，長安人謂爲雕胡。葭蘆之未解
葉者，謂之紫蘀。菰之有首者，謂之綠節。其間鳧雛雁子，佈
滿充積，又多紫龜綠龜；池邊多平沙，沙上鵜胡、鷗鶄、鴐鵝、
鴻鶄，動輒成群。"

　　昭帝始元元年春，黃鵠下建章宮太液池。成帝常以
秋日與趙飛燕戲於太液池，以沙棠木爲舟，沙棠木造舟不沉
溺。以雲母飾於鷁首，一名雲舟。又刻大桐木爲蛟龍，雕
飾如真，夾雲舟而行。以紫桂爲柂枻，及觀雲棹水，原作
"之"字，從《拾遺記》改。玩擷菱蕖。帝每憂輕蕩以驚飛燕，命
伇飛之士以金鎖纜雲舟於波上。每輕風時至，飛燕殆欲
隨風入水，帝以翠纓 校 原作"縷"，據《拾遺記》改。結飛燕之裾。
常恐曰："妾微賤，何復得預結纓裾之遊?"今太液池尚有
避風臺，即飛燕結裾之處。

　　直按：黃鵠下建章宮太液池事，見《漢書·昭帝紀》。又《西
京雜記》卷一云："始元元年，黃鵠下太液池，上爲歌曰：黃鵠
飛兮下建章，羽肅肅兮行蹌蹌，金爲衣兮菊爲裳；唼喋荷荇，
出入兼葭，自顧菲薄，愧爾嘉祥。"成帝與趙飛燕戲於太液池
事，全段與《拾遺記》卷六文字相同。《陝西通志》卷七十二

引《關中記》，太液池有避風臺，即飛燕結裾之處。

唐中池，周回十二里，在建章宮太液池之南。

直按：《西都賦》云：“前唐中而後太液，覽滄海之湯湯。”《西京賦》云：“前開唐中，彌望廣潒。”

百子池，戚夫人侍兒賈佩蘭，後出爲扶風人段儒妻。說在宮內時，見戚夫人侍高祖，嘗以趙王如意爲言，而高祖思之幾半日不言，歎息悽愴，而未知其術，使夫人擊筑，高祖歌大風詩⬚“詩”字，據《西京雜記》補。以和之。七月七日臨百子池，作于闐樂，樂闐，以五色縷相羈，謂之相連愛。八月四日，出彫房北戶竹下圍棋，勝者終年有福，負者終年疾病，取絲縷就北斗星辰求長命乃免。正月上辰，出池邊盥濯，食蓬餌以被妖邪。三月上巳，張樂於池上。

直按：本段與《西京雜記》卷三，文字完全相同。但刪去又説“在宮內時，嘗以弦管歌舞相歡娛。十月十五日，歌赤鳳來。九月九日佩茱萸飲菊花酒”三句。又《西京雜記》卷一云：“高帝戚夫人善鼓瑟擊筑，帝常擁夫人倚瑟而弦歌畢，每泣下流漣。夫人善爲翹袖折腰之舞，歌《出塞》、《入塞》、《望歸》之曲，侍婢數百皆習之。後宮齊首高唱，聲入云霄。”此段與戚夫人善擊筑有聯繫，而本文未采。

十池，上林苑有初池、麋池、牛首池、蒯池、積草池、東陂池、西陂池、當路池、大壹⬚原作“臺”，據《初學記》改。池、郎池。牛首池在上林苑中西頭。蒯池生蒯草以織席。西陂池、郎池，皆在古城南上林苑中。“陂”、“郎”，二水名，因

爲池。積草池中有珊瑚樹,高一丈二尺,一本三柯,上有
四百六十二條,南越王趙佗所獻,號爲烽火樹,至夜光景
常煥然。

直按:《漢書・百官公卿表》,少府屬官有上林十池監。顏師
古注引《三輔黃圖》云:"上林中池上籥五所。"而此云"十池
監",未詳其數,今本《黃圖》則無此文。又《漢書・司馬相如
傳・上林賦》云:"濯鷁牛首。"張揖注云:"牛首,池名,在上
林苑西頭。"與本文合。牛首,又或作"牟首",《霍光傳》云:
"輦道牟首。"臣瓚注云:"牟首,池名,在上林苑中。"蒯池,
《長安志》引《漢武故事》,與本文同。積草池與《西京雜記》
卷一文字完全相同。東陂池、西陂池,《漢書・王莽傳》云:
"予乃卜波水之北,郎池之南。"晉灼注云:"《黃圖》波、浪,二
水名也,在甘泉苑中。"今本所無。蓋古代"波"、"陂"二字通
用,波水,即指東陂、西陂池水而言。郎池,《善齋吉金録・
璽印録》一頁,有"上林郎池"印,與本文合,知晉灼注作"浪
水"爲假借字。又《初學記》卷七云:"漢上林有池十五所。
承露池、昆臺池,池中有倒披蓮、連錢荇、浮浪根菱。天泉池
上有連樓閣道,中有紫宮。戟子池、龍池、魚池、牟首池、蒯
池、菌鶴池、西陂池、當路池、東陂池、太乙池、牛首池(當爲
"牟首池"重複)、積草池,池中有珊瑚,高丈二尺,一本三柯,
四百六十條,尉佗所獻,號曰烽火樹。糜池、含利池、百子池,
七月七日臨百子池,作于闐樂,樂畢以五色縷相羈,謂爲連
愛。"(積草池、百子池事,皆本於《西京雜記》)

少府佽飛外池,《漢儀》注,佽飛具繒繳以射鳧雁,給

祭祀，故有池。

直按：《漢書·元帝紀》："（初元二年，）詔罷……少府佽飛外池。"如淳注引《漢儀》，與本文相同。《陝西金石志》卷五，十九頁，有"佽蜚官當"瓦，則爲佽飛令官署之物（亦有"次蜚官當"者）。又《漢書·百官公卿表》，少府屬官有佐弋令，武帝太初元年改名佽飛令，取古勇士之名以爲官名。懷寧柯氏藏有"佐弋宜秋"封泥，宜秋亦疑爲苑名，與宜春苑相似，特不見於史。佐弋令官署，設在宜秋苑內，故聯稱爲"佐弋宜秋"。

秦酒池，在長安故城中。《廟記》曰："長樂宮中有魚池、酒池，池上有肉炙樹，秦始皇造。漢武帝行舟於池中，酒池北起臺，天子於上觀牛飲者三千人。"又曰："武帝作，以夸羌胡，飲以鐵盃，重不能舉，皆抵牛飲。"《西征賦》云："酒池監於商辛，追覆車而不寤。"

直按：《長安志》引《廟記》與本文同。又"武帝作以夸羌胡"一段，《元和郡縣圖志》卷一、《太平寰宇記》卷二十五，均與本文同。又《水經注·渭水》叙長樂宮殿之東北有池，池北有層臺，俗謂是池爲酒池，非也。楊守敬《水經注疏》云："長樂宮自有酒池，池北自有臺，此蓋別一池，而俗誤以爲酒池，故酈氏駁之。"

影娥池，武帝鑿池以玩月，其旁起望鵠臺以眺月，影入池中，使宮人乘舟弄月影，名影娥池，亦曰眺蟾臺。

直按：《洞冥記》卷三云："帝於望鵠臺西起俯月臺，穿池廣千尺，登臺以眺月，影入池中。使仙人（應爲宮人之誤字）乘舟弄月影，因名影娥池。”又云“影娥池中，有遊月船、觸月船、鴻毛船、遠見船，載數百人”云云。又云：“影娥池北作鳴禽之苑。”《初學記》卷二十五，亦引《洞冥記》：“影娥池中有鴻毛舟。”

琳池，昭帝始元〔校〕原作“元始”，今校改。元年，穿琳〔校〕《拾遺記》作“淋池”，誤。池，廣千步，池南起桂臺以望遠，東引太液之水。池中植分枝荷，一莖四葉，狀如騈蓋，日照則葉低蔭根莖，若葵之衛足，名曰低光荷。實如玄珠，可以飾佩，花葉雖萎，芬馥之氣徹十餘里，食之令人口氣常香，益脈治病。宮人貴之，每游燕出入，必皆含嚼，或剪以爲衣，或折以障日，以爲戲弄。帝時命水嬉，游燕永日。士人進一豆槽，帝曰：桂楫松舟，其猶重朴，況乎此槽可得而乘耶。乃命以文梓爲船，木蘭爲枻，刻飛燕翔鷁，飾於船首，隨風輕漾，畢景忘歸，起商臺於池上。

直按：本段自開首起，至“以爲戲弄”句止，與《拾遺記》卷六，文字大體相同。但刪去《淋池歌》一首，原歌云：“秋素景兮泛洪波，揮纖手兮折芰荷，涼風淒淒揚棹歌，雲光開曙月低河，萬歲爲樂豈云多。”爲本文所未采。

鶴池，在長安城西，盤池在西北，並廢。

直按：《初學記》卷七，記漢上林苑池有十五所，有菌鶴池，疑即本文之鶴池。盤池未詳。

冰池，在長安西。舊圖云：“西有滮池，亦名聖女泉，蓋冰、滮聲相近，傳說之訛也。”

直按:《水經注‧渭水》,鄗水又北流西北注與滮池合,水出鄗池西,而北流入於鄗。楊守敬考《地形志》:長安有滮池水。《括地志》:池周十五步。遺址現今在長安北豐鎬村西北洛水西村。

三輔黄圖卷之五

臺　榭

周文王靈臺,在長安西北四十里。《詩序》曰:“靈臺,民始附也,文王受命,而人樂其有靈德,以及鳥獸昆蟲焉。”鄭玄注云:“天子有靈臺者,所以觀祲象、察氛祥也。文王受命而作邑於豐,立靈臺。”《詩》曰:“經始靈臺,庶民子來。經之營之,不日成之。”劉向《新序》云:“周文王作靈臺及爲池沼,掘得死人之骨,吏以聞於文王。文王曰:更葬之。吏曰:此無主矣。文王曰:有天下者,天下之主;有一國者,一國之主。寡人者,死人之主,又何求主。遂令吏以衣冠更葬之,天下聞之,皆曰:文王賢矣,澤及枯骨,又況於人乎。”周靈臺,高二丈,周回百二十步。校原連下條,從吳本分。

直按:《長安志》叙周宮室,靈臺完全用本文,只删引詩四句,增《詩正義》、《水經注》、《括地志》三處。又劉向《新序》一段,見今本《雜事》第五。靈臺遺址,今在長安縣客省莊。

漢靈臺,在長安西北八里。漢始曰清臺,本爲候者觀陰陽天文之變,更名曰靈臺。郭延生《述征記》曰:“長安宮南有靈臺,高十五仞,上有渾儀,張衡所制。又有相風銅烏，遇風乃動。一曰：長安靈臺，上有相風銅烏，千里風至，此烏乃動。又有銅表，高八尺，長一丈三尺，廣尺二寸，題云太初四年造。”

　　直按：《長安志》唐修眞坊，有漢靈臺遺址，崇五尺，周一百二十步。下引《述征記》，與本文略同。《太平御覽》卷一百九十五，引《郡國志》云：“雍州司天臺西北有香室街。”《水經注·渭水》：“堂北三百步有靈臺，是漢平帝元始四年立。”當爲武帝太初四年之誤文，楊守敬《水經注疏》辨之甚是。《雍錄》云：“清臺，武帝造太初曆之所。”《太平寰宇記》卷二十五引《水經注》，鎬水北逕清靈臺，是合清臺、靈臺二者爲一名。又《雍錄》云：“銅渾儀則云張衡所造。衡所造地動儀，在漢順帝陽嘉四年。其時帝都不在長安，或者衡儀已成，亦分置長安候臺耶。”《藝文類聚》卷六十八引《晉令》：“車駕出入，相風前行。”《西京雜記》卷五，叙大駕祠甘泉汾陰鹵簿，有相風烏車駕四中道。又《後漢書·董卓傳》章懷注，引張璠《漢記》曰：“太史靈臺及永安銅蘭楯，卓亦取之。”靈臺疑指靈臺之銅表而言。靈臺遺址，今在阿房宮南去明堂三百步，鎬水經其西，古城村以西。

　　柏梁臺，武帝元鼎二年春起。此臺在長安城中北關內。《三輔舊事》云：“以香柏爲梁也，帝嘗置酒其上，詔群臣和詩，能七言詩者乃得上。太初中臺災。”［校］原連下條，從吳本分。

　　直按：《漢書·武帝紀》：“（元鼎二年）春，起柏梁臺。”顏師古注引《三輔舊事》云：“以香柏爲之。”《文選·西京賦》李善注引作《漢武故事》，均與本文同。又《武帝紀》：“（太初元年十一月）乙酉，柏梁臺災。”《食貨志》云：“乃作柏梁臺，高數十丈。”《長安志》引《廟記》曰：“柏梁臺，漢武帝造，在北闕内道西。”《三秦記》曰：柏梁臺上有銅鳳，名鳳闕。漢武帝集，武帝作柏梁臺，詔群臣二千石有能爲七言詩者，乃得上坐。帝曰“日月星辰和四時”云云（柏梁臺聯句詩，氣息古樸，確爲真品，人名爲宋人所妄加，遂滋疑義）。又《金石屑》卷三，四頁，有“元鼎二年柏梁四九”磚文，爲宋元豐三年呂大防得於漢故城者。“四九”，係陶工製陶之號數，與近年漢城所出瓦片題字，體例正同。

漸臺，在未央宮太液池中，高十丈。漸，浸也，言爲池水所漸。又一説：漸，星名，法星以爲臺名。未央宮有滄池，池中有漸臺，王莽死於此。

直按：漸臺，見《漢書·郊祀志》，本文與顔師古注完全相同。《水經注·渭水》“沇水又逕漸臺東”，引《漢武帝故事》曰：“建章宮北有太液池，池中有漸臺三十丈。漸，浸也，爲池水所浸，一説星名也。”爲本文及顔注之來源。建章宮太液池，與未央宮滄池，各有漸臺，王莽之死，則在滄池中之漸臺，亦見《漢書·王莽傳下》。《史記·佞幸傳》鄧通之漸臺，《正義》引《關中記》，亦爲滄池之漸臺。

神明臺，見建章宮。

直按：已詳見本文卷三建章宮。又《漢書·郊祀志》顔師古注，引《漢宫閣疏》云：“神明臺，高五十丈，上有九室，恒置九天道士百人。”又《太平御覽》卷一百七十四、《藝文類聚》卷六十四引《漢宮殿名》，均與顏注同。《水經注》建章宮條，引《三輔黃圖》云："神明臺在建章宮中，上有九室，今人謂之九天臺。"爲今本所無。又《水經注》引《傅子·宮室》曰："上於建章中作神明臺、井幹樓，咸高五十餘丈，皆作懸閣，輦道相屬焉。"又《御覽》卷一百七十八引《洞冥記》，叙武帝初起神明臺，掘地入三十丈，得商代工人事，其説荒誕，故爲《黃圖》所未引。

通天臺，武帝元封二年作甘泉通天臺。《漢舊儀》云："通天者，言此臺高通於天也。"《漢武故事》："築通天臺於甘泉，去地百餘丈，望雲雨悉在其下，望見長安城。""武帝時祭泰乙，上通天臺，舞八歲童女三百人，祠祀招仙人。祭泰乙，云令人升通天臺，以候天神，天神既下祭所，若大流星，乃舉烽火而就竹宮望拜。上有承露盤，仙人掌擎玉杯，以承雲表之露。元鳳間，自毀，椽桷皆化爲龍鳳，從風雨飛去。"《西京賦》云："通天眇而竦峙，徑百常而莖擢，上瓣華以交紛，下刻峭其若削。"亦曰候神臺，又曰望仙臺，以候神明、望神仙也。

直按：作甘泉通天臺事，見《漢書·武帝紀》元封二年。《漢書·郊祀志》云："乃作通天臺。"顏師古注引《漢舊儀》云："臺高三十丈，望見長安城。"又《太平寰宇記》卷三十引《漢舊儀》，與本文相同，知《漢武故事》亦本於《漢舊儀》。又《元和郡縣圖志》卷一云："臺高三十五丈。望雲雨悉在其下。"《長安志》引《關中記》云："左有通天臺，高三十餘丈，祭天時於此候天神下也。"自"武帝時祭泰乙"至"從風雨飛去"一段,《太平寰宇記》卷三十及《長安志》均引《漢舊儀》,與本文同。西安漢城出土有"泰靈嘉神"瓦,疑爲武帝祭泰乙神祠中之物。又陳沈炯有《經通天臺奏漢武帝表》,足證在北朝時遺址猶存。

涼風臺,在長安故城西,建章宮北。《關輔記》曰:"建章宮北作涼風臺,積木 [校] 原作"水",據《長安志》校改。爲樓。"

直按:《長安志》引《關中記》曰:"建章宮北作涼風臺,積木爲樓,高五十餘丈。"

長樂宮,有魚池臺、酒池臺,秦始皇造。又有著室臺、鬥雞臺、走狗臺、壇臺、漢韓信射臺。又未央有果臺,東、西山二臺。未央宮有釣臺, [校] 原作"鉤弋臺",據孫本改。通靈臺。見宮門。

直按:《長安志》引《廟記》:"長樂宮有魚池、酒池,上有肉炙樹,秦始皇造。"已見上文秦酒池條。因池中有臺,故本文又及之。《長安志》引《三輔故事》"桂宮有走狗臺",與本文在長樂宮不同。《長安志》引《三輔故事》,未央宮前有東山臺、西山臺。又引《三輔黃圖》,未央宮有果臺、東山臺、西山臺、釣臺,與本文同。《太平御覽》卷一百七十七引《三輔故事》,亦云"未央宮前有東山臺、釣臺"。通靈臺,見本書卷二,甘泉宮總序。《長安志》引《漢武帝內傳》曰:"鉤弋夫人既殯,香聞十餘里。帝哀悼,疑其非常人也,乃起通靈臺於甘泉,常有一青鳥,集臺上往來。"

望鵠臺、眺蟾臺、桂臺、商臺、避風臺。並見池沼門。

直按:望鵠臺、眺蟾臺,見卷四影娥池條。桂臺、商臺,見琳池。避風臺,見太液池。

長楊榭,在長楊宮。秋冬較獵其下,命武士搏射禽獸,天子登此以觀焉。臺上有木曰榭。

直按:《文選·西都賦》云:"歷長楊之榭。"李善注:《爾雅》云:"閣謂之臺,有木謂之榭。"

辟　　廱

周文王辟廱,在長安西北四十里,亦曰璧廱。如璧之圓,雍之以水,象教化流行也。《詩》曰:"於論鼓鐘,於樂辟廱。"毛萇注云:"論,思也。水旋丘如璧曰 校 此二字,據《長安志》補。辟廱,以節觀者。"鄭玄注云:"文王作靈臺,而知人之歸附;作靈沼靈囿,而知鳥獸之得其所。以爲音聲之道與政通,故合樂以詳之。"

直按:《長安志》叙周宮室辟雍,略同本文。

漢辟廱,在長安西北七里。《漢書》河間獻王來朝,獻雅樂,武帝對之三雍宮,即此。《禮樂志》曰:"成帝時,犍爲郡水濱得古磬十六枚,劉向説帝宜興辟廱焉。"

直按:《漢書·河間獻王傳》應劭注云:"三雍者,辟雍、靈臺、明堂也。雍者,和也,言天地君臣民人皆和。"《水經注·渭水》:"又東逕長安縣南,東逕明堂南。舊引水爲辟雍處,在鼎路門東七里。"揚雄《劇秦美新》云:"明堂、雍臺,壯觀也。"此王莽所建之明堂、辟雍。又《小校經閣金文》卷十六,六十六頁,有"新興辟雍"鏡云:"新興辟雍建明堂,然於舉土列侯

王。”又一九五七年陝西省歷史博物館在西安玉祥門外一點
五公里,南鄰大土門村,發現漢代建築遺址。經發掘地基是
圓形土臺,中心建築是方形土臺。分東、西、南、北四堂,每堂
有抱廈四間,廳堂三間,外有配房,有圜水溝。出土遺物,有
五銖錢、雲紋瓦等,疑爲西漢辟雍遺址,與文獻紀載方位亦合
(見一九五七年《考古學報》第二期《西安西郊漢代建築遺址
發掘報告》)。

明　堂

周明堂,明堂所以正四時,出教化,天子布政之宮也。
黃帝曰合宮,堯曰衢室,舜曰總章,夏后曰世室,殷人曰陽
館,周人曰明堂。先儒舊説,其制不同。或曰,明堂在國
之陽。《大戴禮》云:“明堂九室,一室有四户八牖,凡三
十六户,七十二牖,以茅蓋屋,上圓下方。”《援神契》曰:
“明堂上圓下方,八窗四牖。”《考工記》云:“明堂五室,稱
九室者,取象陽數也。八牖者陰數也,取象八風。三十六
户牖,取六甲之爻,六六三十六也。上圓象天,下方法地,
八窗即八牖也,四闥者象四時四方也,五室者象五行
也。”皆無明文,先儒以意釋之耳。《禮記・明堂位》曰:
“朝諸侯於明堂之位,天子負斧扆,南
鄉而立。”明堂也者,明諸侯之尊卑也。制禮作樂,頒度
量而天下服,知明堂是布政之宮也。又《孝經》曰:“宗祀
文王於明堂,以配上帝。”則周有明堂也明矣。

　　直按:《漢書·平帝紀》:"（元始四年,）安漢公奏立明堂、辟
雝。"應劭注云:"明堂所以正四時,出教化。明堂上圜下方,
八窗四達,布政之宮,在國之陽。上八窗法八風,四達法四
時,九室法九州,十二重法十二月,三十六戶法三十六旬,七
十二牖法七十二侯。《孝經》曰:宗祀文王於明堂,以配上
帝。上帝謂五時帝太昊之屬。黃帝曰合宮,有虞曰總章,殷
曰陽館,周曰明堂。"《太平御覽》卷五百三十三,引《三禮圖》
曰:"明堂者布政之宮。"又"黃帝曰合宮",《初學記》卷十三
引《尸子》與本文同。"明堂在國之陽",《太平御覽》卷五百
三十三,引蔡邕《禮樂志》云:"明堂在國之陽,三里之外,七
里之內,已地就陽位也。"本文引《大戴禮》,見《大戴禮·明
堂》篇。本文所引《援神契》,與《初學記》卷十三引同。

　　漢明堂,在長安西南七里。《漢書》曰:"武帝初即
位,嚮儒術,以文學爲本,議立明堂於城南,以朝諸侯。"
應劭注云:"漢武帝造明堂,王莽修飾令大。"《漢書》:武帝建
元元年,議立明堂,遣使者安車蒲輪,束帛加璧,徵魯申公。又《郊祀志》:
初,天子封泰山。泰山東北阯,古時有明堂,處處險不敞。上欲治明堂奉高
帝,未曉其制度。濟南人公玉帶上黃帝時明堂圖,明堂中有四殿,四面無壁,
以茅蓋通水,水圜宮垣,爲複道;上有樓,從西南入,名曰昆侖。天子從之,入
以拜祀上帝焉。於是上令奉高作明堂汶上,如帶圖。又是歲,修封封,則祀
太乙五帝於明堂上坐,合高皇帝祠坐對之;祠后土於下房,以二十大牢。天
子從昆侖道入,始拜明堂如郊祀。是歲元封五年也。《本紀》元封二年秋,
作明堂於泰山下。五年春三月,至泰山增封。甲子,祠高祖於明堂,以配上
帝。太初元年冬十月,行幸泰山;十一月甲子朔旦冬至,祀上帝於明堂。

　　直按:《史記·武帝本紀·集解》引《關中記》云:"明堂在長

安城門外杜門之西。"《漢書・王莽傳》云:"是歲,莽奏起明堂、辟雍、靈臺,爲學者築舍萬區,作市、常滿倉,制度甚盛。"又《長安志》云:"靈臺、明堂,武帝造,在長安城南。平帝元始四年,王莽奏復修明堂、辟雍。"《太平御覽》卷五百三十三,引《三輔黃圖》云:"孝武帝議立明堂於長安城南許,泠褒等議曰:按五經禮傳記曰,聖人之教,作之象所以法則天地,比類陰陽,以成宮室,本之太古,以昭令德。茅屋采椽,土階素輿,越席皮弁,蓋興于黃帝堯舜之代,是以三代修之也。"又《御覽》卷八百二十六,引《三輔黃圖》云:"元始四年,起明堂、辟雍長安城南,北爲會市,但列槐市數百行爲隊,無牆屋,諸生朔望會此市,各持其郡所出貨物,及經書傳記、笙磬器物,與賣買,雍容揖讓,或論議槐下。"以上兩則,皆爲今本所無。《初學記》卷十三,引《三輔黃圖》云:"明堂者,天道之堂也(《御覽》卷五百三十三,亦引此兩句)。所以順四時,行月令,祀先王,祭五帝,故謂之明堂。辟雍員如璧,雍以水,異名同事,其實一也。"與今本亦頗有異同。

圓　丘

漢圓丘,在昆明故渠南,有漢故圓丘。校 丘下原有"今按"二字,依文例删。高二丈,周回百二十步。

直按:《水經注・渭水》記漢圓丘,與本文同。

又按:《長安志》引《括地志》云:"漢圓丘在長安治內四里,居德坊東南隅。"

太　學

漢太學在長安西北七里。董仲舒策曰："太學，賢士之關，教化之本原也。"王莽作宰衡時，建弟子舍萬區，起市郭上林苑中。《三輔舊事》云："漢太學中有市有獄。"

直按：《漢書·王莽傳上》云："是歲，莽奏起明堂、辟雍、靈臺，爲學者築舍萬區，作市、常滿倉，制度甚盛。"《長安志》引《三輔舊事》云："漢太學中有市有獄。"與本文同。又引《關中記》云："漢太學、明堂，皆在長安南安門之東，杜門之西。"又《長安志》叙唐城普寧坊西街，有漢太學遺址，其地本長安故城南安門之外。

宗　廟

宗，尊也；廟，貌也，所以仿佛先人尊貌也。漢立四廟，祖宗廟異處，不序昭穆。

太上皇廟，在長安西北長安故城中，香室街南，馮翊府北。《關輔記》曰："在酒池北。"

直按：本書"三輔治所"云："馮翊府，長安故城内，太上皇廟西南。"

高祖廟，在長安西北故城中。《關輔記》曰："秦廟中鐘四枚，皆在漢高祖廟中。"《三輔舊事》云："高廟鐘重十二萬斤。"《漢舊儀》云："高祖廟鐘十枚，各受十石，撞之聲聞百里。"《漢書》：文帝時盜取高廟玉環故事。又云："光武至長安宮闕，以宗廟燒蕩爲墟，乃徙都洛陽。取十廟合於高廟，作十二室。太常卿一人，別治長安，主知高廟事。"高廟有便殿，凡言便殿、便室、便坐者，皆非正大之處，所以就便安也。高園於陵上作之，既有正寢，以象平生正殿路寢也。又立便殿於寢側，以象休息閑晏之處也。孝惠更於渭北建高帝廟，謂之原廟。

直按：《漢書・叔孫通傳》晉灼注引《黃圖》云："高廟在長安城門街，寢在桂宮北。"與今本異。

又按：《漢書・韋玄成傳》云："又園中各有寢便殿。"如淳注引《黃圖》，高廟有便殿，與今本同。顏師古注云："凡言便殿、便室者，皆非正大之處。寢者，陵上正殿，若平生路寢矣。便殿者，寢側之別殿耳。"與本文略同。自"高廟有便殿"句起，至"以象休息閑晏之處也"一段，完全與《漢書・武帝本紀》建元六年顏師古注相同（顏注又節用於《韋玄成傳》，已見上）。

又按：漢祖廟鐘十枚各受十石事，《北堂書鈔・樂部》引《舊儀》亦同。惟《太平御覽》卷五百七十五，誤引作《漢書》。盜高廟玉環事，見《漢書・張釋之傳》。光武至長安事，《長安志》引《三輔故事》，與本文同。原廟，見《漢書・叔孫通傳》。西安漢城出土有"高廟萬世"瓦，當爲高廟之物。

惠帝廟，在高帝廟後。

直按：《長安志》引《關中記》："惠帝廟在高廟之西。"《書道》卷三，二〇一頁，有"西廟"瓦當，疑爲惠帝廟之物。

文帝廟，號顧成廟。孝文四年作顧成廟，在長安城南。文帝自爲廟，制度逼狹，若顧望而成，猶文王靈臺不日成之，故曰顧成也。

直按：《漢書》文帝四年《紀》，服虔注："廟在長安城南，文帝作，還顧見成故名之。"《賈誼傳‧陳政事疏》云："因顧成之廟，爲天下太宗，與漢無極。"又原注文一段，亦用文帝四年《紀》顏師古注文。《古今注》卷上云："漢文帝顧成廟有二玉鼎，二真金鑪，槐樹悉爲扶老拘欄，畫飛雲龍角於其上也。"《長安志》叙唐城休祥坊，有漢顧成廟餘址，廟北漢東明園。《太平御覽》卷五百三十一，引《帝王世紀》云"漢景帝廟名德陽，宣帝廟名長壽，武帝廟名龍淵，文帝廟名顧成，昭帝廟名徘徊"，名稱與本文同。惟宣帝廟名長壽，當爲元帝之誤字，因宣廟名"樂遊"也。又《漢書》文帝四年《紀》如淳注並同。

景帝廟，號德陽宮。景帝中四年，造德陽宮。蓋帝自作之，諱不言廟，故號爲宮。《故事》云：景帝造德陽宮。

直按：原注用《漢書‧景帝紀》四年臣瓚注文。《故事》爲《西京故事》省文。又《長安志》引《西京故事》云："鴻嘉二年八月乙卯，孝景廟北闕災。"

武帝廟，號龍淵宮，校"宮"字，據《武帝紀》補。今長安西茂陵東有其處，作銅飛龍，故以冠名。武帝元光四年，河決濮陽，發卒十萬救河決，起龍淵之宮，取此爲名。武帝廟不言宮。

直按：《水經注‧渭水》："渠北故坂北即龍淵廟。如淳曰：《三輔黃圖》有龍淵宮，今長安城西有其廟處，蓋宮之遺也。"宮與廟，古代通稱。《漢書》顏師古注，謂《黃圖》云龍淵廟不言宮也，誼反失之。"今長安西茂陵東有其處"三句，用《漢書‧武帝紀》建元三年服虔注文。

又按：《元和郡縣圖志》卷一："漢龍泉廟在興平縣東北二十四里，武帝廟號也。"又《小校經閣金文》卷十一，七十六頁，有"龍淵宮壺，元朔二年正月造"，知服虔注龍淵爲宮，本甚正確；顏師古以爲龍淵廟，駁服氏之注反誤也。

昭帝廟，號徘徊。

直按：《長安志》云："孝武、孝昭二廟内，武昭子孫，分葬其中。"

宣帝廟，號樂游，在杜陵西北。[校]此五字，原爲注文，從孫本改。神爵三年，宣帝立廟於曲池之北，號樂游，按其處則今呼樂游園是也，因樂游苑得名。

直按：《漢書・宣帝紀》："（神爵）三年春，起樂游苑。"顏師古注引《三輔黃圖》云："在杜陵西北。"與今本相同，又原注亦用顏師古注文。《太平御覽》卷八十九，引《帝王世紀》云："宣帝廟名樂游，成帝廟名陽池，元帝廟名長壽。"名稱與本文同。又《太平御覽》卷一百九十七，引《天文要錄》按《黃圖》："曲池，漢武所造，周回五里，池中遍生荷芰菰蒲，其間禽魚翔泳。宣帝立廟曲池之北，即今升平坊内基址是也。"所引《黃圖》爲今本所無（"即今升平坊"一句，當爲《天文要錄》所加）。又《太平寰宇記》云："樂游原在升平坊。"《長安志》引《關中記》云："宣帝許后，葬長安縣樂游里，立廟於曲江池北，名曰樂游廟，因葬爲名。"

元帝廟，號長壽。

直按：《漢書・王莽傳下》云："莽妻死，謐曰孝睦皇后，葬渭陵長壽園西。"

成帝廟，號陽池。

太上皇高祖父也。有寢廟園、原廟，昭靈后、高祖母也。

武哀王、高祖兄也。昭哀后高祖嫂也。皆有園。孝惠皇帝有寢廟園，孝文太后、孝昭太后皆有寢園，衛思后、戾太子母。皇祖悼考皆有廟園。宣帝父史皇孫。廟曰奉明。

　　直按：《漢書·元帝紀》：“（建昭五年）秋七月庚子，復太上皇寢廟園、原廟，昭靈后、武哀王、昭哀后、衛思后園。”文穎注云：“高祖已自有廟，在長安城中，惠帝更於渭北作廟，謂之原廟。《爾雅》曰原者再，再作廟也。”又原注文六句，皆用顏師古注文。《史記·高祖本紀》“至太上皇崩”，《正義》引用《三輔黃圖》云：“太上皇廟，在長安城香室街南，馮翊府北。”與今本敘三輔治所略同。《漢書·元帝紀》建昭元年，罷孝文太后、孝昭太后寢園。竟寧元年又復如故。與本文相合。西漢諸太后中，惟薄太后、鉤弋太后二人獨有寢園，未詳其故。西安漢城内曾出“孝太”、“后寢”兩半瓦，合讀則成全文，疑爲孝昭太后寢園之物。《續漢書·郡國志》劉注引《皇覽》：“衛思后葬長安城東南桐松園，今千人聚是。”又《太平寰宇記》卷二十五，“衛思后園在金城坊，即故城杜門外大道東”。又《長安志》云：“金城坊西南隅匡道府，即漢思后園，北門有漢戾園。”又《漢書·戾太子傳》：“長安白亭東爲戾后園。”《水經注·渭水》云：“園在昆明渠之北。”《太平寰宇記》卷二十五云：“漢戾園，其地本秦白亭，在金城坊，後省。”又按：《文選》潘岳《西征賦》李善注引《關中記》云：“宣帝父曰悼皇考，母曰悼夫人，墓曰奉明園，后曰思后，以倡優雜伎千人樂思后園，今所謂千人鄉者是也。”又《漢書·宣帝紀》云：“（元康元年），立皇考廟，益奉明園户爲奉明縣。”與本文同。

元成之世，“祖宗廟在郡國者六十八，合百六十七所。京師自高祖至宣帝，與太上皇、悼皇考，各自居陵旁立廟，并爲百七十六”。又“園中各有寢便殿，日祭於寢，月祭於殿，時祭於便殿。寢日四上食，廟歲二十五祠，便殿四歲祠。又月一游衣冠”。四時祭宗廟用太牢，列侯皆獻酎金以助祭。諸侯王及列侯，歲時詣京師，侍祠助祭。《漢儀》：“諸侯王歲以戶口酎黃金於漢廟，皇帝臨受獻金，金不如斤兩，色惡，王削縣，侯免國。”注云：“因八月嘗酎，會諸侯廟中，出金助祭，謂之酎金。酎，正月旦作酒，八月成，三重釀醇酒也，味厚，故以薦宗廟。金，黃金也，不如法作奪爵。”又册封諸侯王，必於祖廟册命之，示不敢專也。武帝元狩六年夏四月乙巳，立皇子閎爲齊王、旦燕王、胥廣陵王，於廟中册命。漢制封皇子爲王者，其實古諸侯也。周末諸侯或稱王，而漢天子自以皇帝爲稱，故以王號加之，總名爲諸侯王。

　　直按：自“祖宗廟在郡國者六十八”，至“月一游衣冠”，用《漢書·韋玄成傳》文。《漢書·叔孫通傳》應劭注云：“月旦出高帝衣冠，備法駕，名曰遊衣冠。”如淳注云：“高祖之衣冠，藏在宮中之寢，三月出遊。”本文引《漢儀》一段，與《漢書·武帝紀》元鼎五年如淳注引《漢儀》相同。《西京雜記》卷上云：“漢制宗廟八月飲酎，用九醞太牢，皇帝侍祠。以正月旦作酒，八月成，名曰酎，一曰九醞，一名醇酎。”原注文見《史記》褚先生補《三王世家》。又“漢制封皇子爲王者”一段，

《漢書·百官公卿表》:"諸侯王高帝初置。"顏師古注引蔡邕云云,完全與本文同,蓋用蔡邕《獨斷》語也。

新莽壞徹城西苑中建章、承光、包陽、犬臺、儲元宮,及平樂、當路、陽祿館,凡十餘所,取其材瓦以起九廟。莽曰:予卜波水之北,郎池之南,惟玉食。予又卜金水之南,明堂之西,亦惟玉食。予將親築。於是遂營長安城南,提封百頃,莽又親舉築三下。九廟:一黄帝,二虞帝,三陳胡王,四齊敬王,五濟北滑王,六濟南悼王,七元成孺王,八陽平頃王,九新都顯王。殿皆重屋。大初祖廟,東西南北各四十丈,高十七丈餘,廟半之。爲銅薄櫨,飾以金銀琱文,窮極百工之巧,帶高增下,功費數百巨萬,卒徒死者數萬。

直按:本文完全用《漢書·王莽傳下》文。《莽傳》又云:"衆兵發掘莽妻子父祖冢,燒其棺槨,及九廟、明堂、辟雍,火照城中。"又一九五六年陝西省文管會在今西安西郊小土門西北一帶,發現漢代建築遺址。牆基夯土,寬四點五米,深一點二米,層厚六至九厘米。夯牆建築在夯土基,中央部分寬一點八米。石子路寬零點九米。石柱礎等物,皆棄置於窪地。探出整個範圍,每邊牆長二七三米,共有九處,皆有共同之點。出土有雲紋瓦當,"延年益壽"、"上林"、"千秋萬歲"、朱雀、玄武畫瓦。又出土有"官工節碭周君長刻石"(見一九五七年《考古通訊》六期《西安西郊發現漢代建築遺址》)。此遺址余曾去勘查兩次,石柱礎側面底面,多有朱書題字,不盡可辨。《漢書·地理志》,王莽改梁國碭縣爲"節碭",與刻石正合,定爲王莽九廟之遺址無疑。

南北郊

天郊,在長安城南。地郊,在長安城北。所屬掌治壇
墠郊宮歲時供張,以奉郊祀。武帝定郊祀之事,祀太乙於
甘泉圜丘,取象天形,就陽位也;祀后土於汾陰澤中方丘,
取象地形,就陰位也。至成帝徙泰畤后土於京師,始祀上
帝於長安南郊,祀后土於長安北郊。

直按:《漢書‧成帝紀》:"(建始)二年春正月辛巳,上始郊祀
長安南郊。詔曰:'乃者徙泰畤、后土於南郊、北郊,朕親飭
躬,郊祀上帝。'"天郊在長安城南,地郊在長安城北,與顏師
古注文並同。

社　稷

漢初除秦社稷,立漢社稷。其後又立官社,配以夏
禹,而不立官稷。至平帝元始三年,始立官稷於官社之
後。後漢《祭祀志》云:《黃圖》載元始儀甚悉,今本無,合入。元始四年宰
衡莽奏曰:帝天之義,莫大於承天;承天之序,莫重於郊祀。祭天於南就陽
位,祠地於北就陰位。圜丘象天,方澤象地,圜方因體,南北從位,燔燎升氣,
瘞埋就類。牲欲繭栗,味尚清玄,器成匏勺,貴誠因質。天地神所統,故類乎
上帝,禋于六宗,望秩山川,班於群神,皇天后土,隨王所在而事佑焉。甘泉
太陽,河東少陽,咸失厥位,不合禮制。聖王之制,必上當天心,下合地意,中
考人事。故曰愷悌君子,求福不回,回而求福,厥路不通。在《易》泰原作"正
月",從畢本、孫本改。泰卦,乾坤合體,天地交通,萬物聚出,其律太簇。天子
親郊天地,先祖配天,先妣配地。陰陽之別,以日冬至祀天,夏至祀后土,君

不省方而使有司。六宗,日月星山川海。星則北辰,川即河,山岱宗,三光衆明,山阜百川衆流,渟汗皋澤,以類相屬,各數秩望相序。於是定郊祀,祀長安南北郊,罷甘泉河東祀。

直按:本段文源出於《漢書·平帝紀》元始三年臣瓚注。又《獨斷》卷上云:"天子社稷土壇方廣五丈,諸侯半之。"

又按:原注載元始五年宰衡莽奏文,係《續漢書·祭祀志》劉昭注文所引。

觀 漢博士劉熹《釋名》曰:觀,觀也,於上觀望也。

直按:劉熹當作劉熙,注文所引見《釋名》卷五《釋宮室》。

豫章觀,武帝造,在昆明池中,亦曰昆明觀。又一説曰,上林苑中有昆明池觀,蓋武帝所置。桓譚《新論》云:"元帝被疾,遠求方士。漢中送道士王仲都,詔問所能,對曰:能忍寒。乃以隆冬盛寒日,令祖載駟馬於上林昆明池上,環以冰,而禦駟者厚衣狐裘寒戰,而仲都無變色,臥于池上,曛然自若。"即此也。

直按:《文選·西都賦》云:"集乎豫章之宇,臨乎昆明之池。"李善注引《三輔黃圖》云:"上林有豫章觀。"《西京賦》云:"豫章珍館,揭焉中峙。"又云:"相羊乎五柞之館,旋憩於昆明之池,登豫章,簡矰紅。"李善注:"豫章,池中臺也。"皆與本文相同。《述異記》卷下云:"漢武帝寶(當爲元字之誤)鼎二年,立豫樟宮於昆明池中,作豫樟水殿。"《水經注·渭水》引桓譚《新論》,與本文同。又《藝文類聚》卷五,《初學記》卷三,《太平御覽》卷二十二、卷三十四、卷七百五十七,並同。

又《博物志》卷五《辨方士》云:"王仲都當盛夏之月,十爐火炙之不熱,當隆冬之時,裸之而不寒。桓君山以爲性耐寒暑,君山以無仙道,好奇者爲之。"

又按:西安高窰村上林苑遺址出土銅鑒二十二件,有"上林豫章觀銅鑒,初元三年造"。

飛廉觀,在上林,武帝元封二年作。"飛廉神禽,能致風氣者"。"身似鹿,頭如雀,有角而蛇尾,文如豹,武帝命以銅鑄置觀上,因以爲名"。班固《漢武故事》曰:"公孫卿言神人見於東萊山,欲見天子。上於是幸緱氏,登東萊,留數日,無所見,惟見大人迹。上怒公孫卿之無應,卿懼誅,乃因衛青白上云:仙人可見,而上往遽,以故不相值。今陛下可爲觀於緱氏,則神人可致。且仙人好樓居,不極高顯,神終不降也。於是上於長安作飛廉觀,高四十丈;於甘泉作益[校]今校補。延壽觀,亦如之。"後漢明帝,永平五年至長安,悉取飛廉并銅馬,置之西門外,爲平樂觀。董卓悉銷以爲錢。

直按:《漢書·郊祀志》云:"公孫卿曰:'……仙人好樓居。'於是上令長安則作飛廉、桂館,甘泉則作益壽、延壽館。"本文則引作《漢武故事》。"飛廉神禽"二句則用《漢書·武帝紀》元封二年應劭注文;"身似鹿"六句,則用晉灼注文。又"後漢明帝,永平五年至長安"一段,亦採用應、晉二家之注文。《後漢書·董卓傳》章懷注亦同。《秦漢瓦當文字》卷一,十四頁,有"益延壽"瓦,當爲益延壽觀之物。顏師古分解爲"益壽"、"延壽"二館名,非是。

屬玉觀，在右⟨校⟩"右"字,據畢本補。扶風。屬玉，水鳥，似鵁鶄，以名觀也。又曰：屬玉，似鴨而大，長頸赤目，紫紺色。宣帝甘露二年十二月,行幸萯陽宮屬玉觀。

直按：《漢書·宣帝紀》："（甘露二年）冬十二月，行幸萯陽宮屬玉觀。"本文以屬玉觀在右扶風，用應劭注文；以屬玉似水鳥，用晉灼注文。

青梧觀，在五柞宮之西。觀亦有二⟨校⟩原作"三",據《西京雜記》改。梧桐樹，下有石麒麟二枚，刊其脅爲⟨校⟩"爲"字,據《西京雜記》補。文字，是秦始皇驪山墓上物也。頭高一丈三尺，東邊者前左脚折處有赤如血，父老謂其有神，皆含血屬筋焉。

直按：本文與《西京雜記》卷三文，完全相同。《太平寰宇記》卷三十，亦作"三梧桐樹"。《長安志》青梧，一作"青桐"。

射熊觀，在長楊宮。武帝好自擊熊,司馬相如從至上林,作賦諫,揚雄亦作《長楊賦》。

直按：《漢書·元帝紀》："（永光五年，）上幸長楊射熊館，布車騎大獵。"原注用《漢書·司馬相如傳》文。《元和郡縣圖志》卷二亦同。又《玉海》引作射熊館，在盩厔，蓋長楊宮在盩厔也。《雍勝略》云："長楊宮，在盩厔縣東南三十二里。"《小校經閣金文》卷十一，四十三頁，有長楊宮鼎。

石闕觀、封巒觀，《雲陽宮記》云："宮東北有石門山，岡巒糾紛，干霄秀出，有石巖容數百人，上起甘泉觀。"《甘泉賦》云："封巒石闕，弭迤乎延屬。"

直按:《漢書·司馬相如傳·上林賦》云:"蹶石關,歷封巒,過鳷鵲,望露寒。"張揖注云:"此四觀,武帝建元中作,在雲陽南三十里。""石關",今本《漢書·揚雄傳》所載《甘泉賦》作"石闕"。《鐃歌十八曲·上之回》亦作"石關"。又《甘泉賦》云:"度三巒兮偈棠梨。"李善注以爲"三巒"即"封巒觀"。

白楊觀,在昆明池東。

直按:《漢書·揚雄傳》云:"然後先置乎白楊之南。"服虔注云:"白楊,觀名。"

長平觀,在池陽宮,臨涇水。

直按:即本書池陽宮之長平坂。《漢書·宣帝紀》:"(甘露三年三月,)上自甘泉宿池陽宮,上登長平阪。"如淳注:"阪名也。在池陽南上原之阪,有長平觀,去長安五十里。"顏師古注:"涇水之南原,即今所謂眭城坂。"

龍臺觀,在豐水西北,近渭。

直按:《漢書·司馬相如傳·上林賦》云:"登龍臺。"張揖注云:"觀名也,在豐水西北,近渭。"本文源出於張揖。

涿沐[校]原作"木",據《長安志》及本書目錄改。觀,在上林苑。

直按:《漢書·外戚·孝成趙皇后傳》云:"許美人前在上林涿沐館,數召入飾室中若舍。"

細柳觀,在長安西北。《三輔舊事》曰:"漢文帝大將軍周亞夫軍於細柳,今呼古徼是也。"

直按:《漢書·司馬相如傳·上林賦》云:"掩細柳。"郭璞注云:"觀名也,在昆明池南也。"

成山觀，成山在東萊不夜縣，於其上築宮闕以爲觀。成山觀不在三輔，例見宮室門。

直按：《漢書·地理志》東萊郡不夜縣，注有成山。

仙人觀、霸昌觀、蘭池觀、安臺觀、淪沮觀，在城外。又有禁觀、董賢觀、蒼龍觀、當市觀、旗亭樓、馬伯騫樓，在城內。

直按：《長安志》引《三輔黃圖》云："秦林光宮有仙人觀。"《漢書·王莽傳下》云："司徒（王）尋初發長安，宿霸昌厩。"顏師古注云："霸昌觀之厩也。"《長安志》引《漢宮殿名》云："長安有當市觀。"《長安志》引《關中記》："有仙人觀、霸昌觀、安臺觀、淪沮觀，在長安城外。"又引《漢宮閣名》（《初學記》卷二十四、《太平御覽》卷一百七十六引並同）："長安有馬伯騫樓，又有貞女樓。"又引《三輔黃圖》有"期亭樓"，當即本文之"旗亭樓"。《太平御覽》卷四百零七，引謝承《後漢書》云："馬寔，字伯騫，勤結英雄，所欲友接，負笈荷擔，不辭萬里。山陽王暢未仕時，寔慕高名往存之。"疑即此人。據此伯騫與王暢同時，當爲東漢中晚期人，不知何以有樓在長安城內。

麒麟、朱鳥、目錄作"朱雀"。龍興、含章，皆館名。

直按：《文選·西京賦》云："麒麟、朱鳥、龍興、含章。"李善注："龍興、含章，皆殿名。《漢宮闕名》，有麒麟殿、朱鳥殿。"（《長安志》引《漢宮閣名》，亦云有麒麟殿、朱鳥殿）朱鳥殿，疑即本書總叙未央宮之朱鳥堂，此處復出。

三輔黃圖卷之六

閣

石渠閣，蕭何造，其下礲石爲渠以導水，若今御溝，因爲閣名。所藏入關所得秦之圖籍；至於成帝，又于此藏秘書焉。《三輔故事》曰：石渠閣，在未央宮殿北，藏秘書之所。

直按：《漢書·儒林·施讎傳》顏師古注引《三輔故事》、《文選·西都賦》李善注引《三輔故事》，皆與原注文相同。成帝使謁者陳農求遺書於天下，見《漢書·藝文志》序。《雍録》云："石渠閣礲石爲渠以導水。以《水經》約其地望，則滄池在未央西南。此之爲渠，必引滄池下流，轉北以行成其爲渠也。水之又北，遂轉行乎明光、桂宮之間，謂之明渠也。又益趨東，則長樂之有酒池，都城東之有王渠，皆此水也。"《雍録》又謂承明殿與石渠相距不遠。現今遺址在西安市未央鄉小劉寨天禄閣西南。余屢往訪，其地多出王莽大泉五十錢背範，採集達四十餘枚，疑在王莽時此閣已廢，改爲製造錢範之作所。尚有石渠二具，一完一殘，存在天禄小學内。又福山王氏藏"石渠千秋"瓦，文字至精。

天禄閣，藏典籍之所。《漢宮殿疏》云："天禄、麒麟閣，蕭何造，以藏秘書處賢才也。""劉向於成帝之末，校書天禄閣，專精覃思。夜有老人著黃衣，植青藜杖，叩閣而進。見向暗中獨坐誦書，老父乃吹杖端，煙然，因以見向，授五行《洪範》之文。恐詞説繁廣忘之，乃裂裳及紳以記其言，至曙而去。請問姓名，云我是太乙之精，天帝聞卯金之子，有博學者，下而觀焉。乃出懷中竹牒，有天文地圖之書，曰：余略授子焉。至子歆，從授其術，向亦不悟此人焉。”

直按：《文選·西都賦》李善注，引《三輔故事》云：“天祿閣在大殿北。”《太平御覽》卷一百八十四並同。又《陝西通志》卷七十二，引《三輔故事》云：“天祿閣在未央大殿北。天祿，異獸也。即揚雄校書處。”又劉向校書天祿閣一段，亦見《拾遺記》卷六，完全與本文相同。現今遺址在西安市未央鄉小劉寨未央大殿遺址直北，設有天祿小學。又咸陽郭氏所藏漢瓦拓册中，有“天祿閣”瓦。

麒麟閣，《廟記》云：“麒麟閣，蕭何造。”《漢書》：宣帝思股肱之美，乃圖霍光等十一人於麒麟閣。

直按：《漢書·蘇武傳》顏師古注，引《漢宫殿疏》云：“麒麟閣，蕭何造。”遺址現在西安市未央鄉小劉寨天祿閣西北。

《三秦記》云：“未央宫有堯閣。”《廟記》云：“未央宫有白虎閣、屬車閣。”

直按：《玉海》引《三秦記》云：“未央宫有堯閣，闓闥。”（張澍輯本）堯閣與本文同，因闓闥爲門名，故未連引。白虎、屬車二閣，他無所見。

署

虎威、章溝，皆署名。漢有長水、中壘、屯騎、虎賁、越騎、步兵、射聲、胡騎八營，宿衛王宮，周廬直宿處。

直按：《西京賦》云：“重以虎威、章溝嚴更之署。”八校尉，見《漢書·百官公卿表》云：“中壘校尉掌北軍壘門内，外掌西域。屯騎校尉掌騎士。步兵校尉掌上林苑門屯兵。越騎校尉掌越騎。長水校尉掌長水、宣曲胡騎。又有胡騎校尉掌池陽胡騎，不常置。射聲校尉掌待詔射聲士。虎賁校尉掌輕車。凡八校尉，皆武帝初置。”西安南郊出土有“長水屯瓦”瓦當，蓋爲長水校尉屯兵之處所用。

庫

武庫，在未央宮，蕭何造，以藏兵器。

直按：蕭何造太倉、武庫，見《漢書》高祖七年《紀》。又《史記·樗里子傳》云：“昭王七年，樗里子卒，葬于渭南章臺之東，曰後百歲是當有天子之宮夾我墓。……至漢興，長樂宮在其東，未央宮在其西，武庫正直其墓。”又《漢書·劉向傳》云：“樗里子葬於武庫。”《水經注·渭水》：“又東歷武庫北，舊樗里子葬於此。”

靈金内府，太上皇微時佩一刀，長三尺，上有銘字難識，傳云殷高宗伐鬼方時所作也。上皇游豐沛山中，寓居窮谷，有人冶鑄，上皇息其旁，問曰鑄何器，工者笑曰，爲天子鑄劍，慎勿言。曰：得公佩劍雜而治之，即成神器，可克定天下。昴星精爲輔佐，木衰火盛，此爲異兆。上皇解匕首投爐中，劍成，殺三牲以釁祭之。工問何時得此，上皇曰：秦昭襄王時，余行陌上，一野人授余，云是殷時靈

物。工即持劍授上皇，上皇以賜高祖。高祖佩之斬白蛇
是也。及定天下，藏於寶庫，守藏者見白氣如雲出戶，狀
若龍蛇。吕后改庫曰靈金藏。惠帝即位，以此庫鑄禁兵
器，名曰靈金内府。

直按：本段見《拾遺記》卷五，文字相同，中有删節，但稱爲靈
金府，不稱爲靈金内府。又《太平御覽》卷一百九十一，引
《拾遺錄》，與今本《拾遺記》文字略有異同。又張澍輯《三輔
故事》，引《北堂書鈔》叙太上皇鑄劍事，文較《拾遺記》爲節
括，但亦稱爲靈金内府（此條不見於今本《書鈔》，未知張氏
所據）。又《刀劍錄》云：“前漢劉季在位十二年，以始皇三十
四年於南山得一鐵劍，長三尺，小篆書銘曰赤霄，及貴常服
之。此即斬白蛇之劍也。”又《異苑》云：“晉惠帝元康二年，
武庫火燒孔子履、高祖斬白蛇劍、王莽頭等三物。”據此，高
祖斬蛇劍，至晉時始毁也。

倉

太倉，蕭何造，在長安城外東南。文、景節儉，太倉之
粟紅腐而不可食。

直按：《漢書·高帝紀》，七年造太倉。又太倉腐粟，見《史
記·平準書》。

細柳倉、嘉倉，在長安西、渭水北。古徼西有細柳倉，
城東有嘉倉。

直按：《漢書》文帝七年《紀》：“河内太守周亞夫爲將軍，次細
柳。”服虔注云：“在長安西北。”如淳注云：“長安細柳倉，在

渭北近石徼。”張揖注云：“在昆明池南，今有柳市是也。”又《元和郡縣圖志》卷一云：“細柳倉，在咸陽縣西郊二十里，漢舊倉也。周亞夫軍次細柳，即此是也。”張揖云在昆明池南，恐爲疏遠。

厩

未央大厩，在長安故城中。《漢官儀》曰：“未央宮六厩。長樂、承華等厩，令皆秩六百石。”

直按：《太平御覽》卷一百九十一，引《漢舊儀》曰：“天子六厩，未央厩、承華厩皆萬匹。”又本文卷三路軨厩，亦稱爲未央厩，此處復出。

翠華厩、大輅厩、果馬厩、軡梁厩、騎馬厩、大宛厩、胡河厩、駒騄厩，皆在長安城外。編者按：目錄爲“九厩”。

直按：《太平御覽》卷一百九十一，引《三輔黃圖》云：“未央宮有金厩、路軨厩、果馬厩、軡梁厩、騎馬厩、大宛厩、胡河厩、駒騄厩，凡九厩，在城內。”與今本頗有異同。又按：《漢舊儀》六厩，爲未央、承華、駒騄、路軨、騎馬、大厩等名稱。本文之翠華、大輅、果馬、軡梁、大宛、胡河諸厩名，皆不見於其他古籍。騎馬，疑屬於太僕騎馬令之厩。果馬，當即《漢舊儀》所叙中黃門之“果下馬”。又《長安志》引《黃圖》亦有金厩，與《御覽》同。

霸昌觀馬厩，在長安城外。

直按：《漢書·王莽傳下》云：“司徒尋，初發長安，宿霸昌厩。”顏師古注云：“霸昌觀之厩也，《三輔黃圖》曰在城外也。"與今本同。又《續漢書·郡國志》云:"霸昌厩,在長安西三十里,又曰三十五里。"又《太平御覽》卷一百九十一,引《郡國志》曰:"雍州霸昌厩,在長安西三十五里,王莽使司徒王尋發長安宿此。"

都厩,天子車馬所在。

直按:《漢書·惠帝紀》:"三年七月,都厩災。"

中厩,皇后車馬所在。

直按:《漢書·戾太子傳》云:"因長御倚華,具白皇后,發中厩車載射士。"顏師古注云:"中厩,皇后車馬所在也。"與本文同。

圈

秦獸圈,《列校原作"烈",誤。士傳》云:"秦王召魏公子無忌,不行,使朱亥奉璧一雙詣秦。秦王怒,使置亥於獸圈中。亥瞋目視獸,皆血濺於獸面,獸不敢動。"

直按:《太平御覽》卷一百九十七及四百八十三,引《列士傳》,與本文均同。又《水經注·渭水》引《列士傳》,則作"秦昭王會魏王",與"秦王召魏公子無忌",其說不同。又《太平御覽》卷一百九十七及《長安志》引《漢宮殿疏》云:"秦故虎圈,周匝三十五步,去長安十五里。"又《太平寰宇記》卷二十五及《太平御覽》卷一百九十七,引《郡國志》云:"雍州虎圈,在通化門東二十五里。秦王置朱亥於其中,亥瞋目,虎不敢動。漢文帝問上林尉處,及馮婕好當熊,在此。"又《太平御覽》同卷引《三輔故事》云:"師子圈,在建章宮西南。"

漢獸圈九，彘圈一，在未央宮中。文帝問上林尉，及馮媛當熊，皆此處。獸圈上有樓觀。編者按：目録有虎圈，文中未叙，疑散佚。

直按：《漢書·張釋之傳》云："從行，上登虎圈，問上林尉禽獸簿，十餘問，尉左右視，盡不能對。虎圈嗇夫從旁代尉對上所問禽獸簿，甚悉。"《漢書·郊祀志》云："建章宮西有虎圈。"顏師古注云："於菟，亦西方之獸，故於此置其圈也。"《長安志》引《三輔黃圖》云："獸圈九、彘圈一，在未央宮中。"與今本同。又引《漢宮闕疏》："有彘圈，有師子圈，武帝造。"《太平御覽》卷一百九十七所引亦同。

橋

横橋，《三輔舊事》云："秦造横橋，漢承秦制，廣六丈三百八十步，置都水令以掌之，號爲石柱橋。"漢末董卓燒之。

直按：《漢書·戾太子傳》云："焚蘇文於横橋上。"

又按：《水經注·渭水》引《三輔黃圖》云："有令丞各領徒一千五百人。"又云："後董卓入關，遂焚此橋，魏武更修之。"與今本異。《太平寰宇記》卷二十五及《長安志》引《三輔舊事》，皆與本文同。《元和郡縣圖志》卷一，作"中渭橋，漢末爲董卓所燒，魏文帝更造"。西漢如太常、少府、水衡都尉、三輔，各置都水令，大司農則管郡國都水，所掌皆各地區之水利。成帝時特設護都水使者，總領其事（見劉向各書録叙。揚雄與劉歆論方言書，亦稱向爲都水君）。本文當稱爲横橋都水令也。

渭橋,秦始皇造。渭橋重不能勝,乃刻石作力士孟賁等像祭之,乃可動,今石人在。渭橋在長安北三里,跨渭水爲橋。

直按:《水經注・渭水》云:"秦始皇造橋,鐵鏃重不能勝,故刻石作力士孟賁等像以祭之,鏃乃可移動也。"《太平寰宇記》卷二十五並同。

又按:原注"渭橋在長安北三里"二句,用《漢書・文帝紀》蘇林注文。

灞橋,在長安東,跨水作橋。漢人送客至此橋,折柳贈別。王莽時灞橋災,數千人以水沃救不滅,更灞橋爲長存橋。

直按:事見《漢書・王莽傳下》。又長存橋,畢本誤作"長安橋"。《雍録》云:"王維詩隨地紀別,而曰渭城陽關,其實用灞橋折柳故事也。"

便門橋,武帝建元三〔校〕原作"二",誤。年初作此橋,在便門外,跨渭水,通茂陵。長安城西門曰便門,此橋與門對值,因號便橋。

直按:《漢書・武帝紀》:"(建元三年)初,作便門橋。"蘇林注云:"去長安四十里。"服虔曰:"在長安西北茂陵東。"又《元和郡縣圖志》云:"便橋,在咸陽縣西南十里,駕渭水上。武帝建元三年初,作便門橋(《太平寰宇記》卷二十六並同),在長安北,茂陵東,去長安二十里。長安城西門曰便門,此橋與門相對,因號便橋。"原注文三句,與《元和郡縣圖志》相同。

飲馬橋,在宣平城門外。

直按:《史記・夏侯嬰傳・索隱》引《三輔故事》曰:"滕文公

墓，在飲馬橋東大道南，俗謂之馬冢。”

陵墓_{漢諸陵，先總屬太常，今各依其地界屬三輔。}

直按：標題下原注用《漢書·元帝紀》永光四年顏師古注文，
“今”字，誤爲“令”字，“各”字，吳本作“後”字，亦通。但依
照吳本，則“今”字當爲衍文。

漢太上皇陵，高帝葬太上皇於櫟陽北原，因置萬年縣
於櫟陽大城內，以爲奉陵邑。其陵在東者太上皇，西者昭
靈后也。_{高祖初居櫟陽，故太上皇因在櫟陽。十年，太上皇崩，葬北原。}

直按：《漢書·高帝紀》十年，顏師古注引《三輔黃圖》云：“高
祖初居櫟陽，故太上皇因在櫟陽。十年，太上皇崩，葬其北
原，起萬年邑，置長丞也。”與今本《黃圖》原注文相同，似原
注即本文之誤。又《地理志》京兆尹萬年縣，顏師古注引《三
輔黃圖》云：“太上皇葬櫟陽北原，起萬年陵是也。”顏注兩引
《黃圖》，知今本此條脫誤滋甚。《太平寰宇記》卷二十六漢
太上皇陵，引《郡國縣道記》完全與本文相同。又《陝西通
志》卷七十，太上皇陵在臨潼縣東北七十五里。

高祖長陵在渭水北，去長安城三十五里。按《高祖
本紀》，十二年四月甲辰，崩于長樂宮，五月葬長陵。長
陵山，東西廣一百二十丈，高十三丈。長陵城周七里百八
十步，因爲殿垣，門四出，及便殿掖庭諸官_{⬚原作“宮”，今訂}
正。寺，皆在中。

直按：《漢書·高帝紀》十二年，臣瓚注云：“長陵，在長安北
四十里。”《高后紀》：“六年，城長陵。”顏師古注引“長陵城周

七里百八十步”一段，與本文完全相同。又《太平寰宇記》卷
二十六云：“長陵故城，在今縣東北四十里。漢初徙關東豪
族以奉陵邑，長陵、茂陵各萬户，其餘五陵各五百户，皆屬太
常，不隸於郡。”《元和郡縣圖志》卷一，與《太平寰宇記》文略
同，惟作長陵故城在縣東北三十里。又《水經注·渭水》：
“又東逕長陵南，亦曰長山也。”《文選·西征賦》李善注引
《三秦記》云：“秦名天子冢長山，漢曰陵，故通名山陵。”本文
故又稱爲長陵山。

又按：《陝西通志》卷七十，長陵在咸陽縣東三十里，亦曰長
山。現今陵地，在咸陽市渭城公社毛臁村西約二公里。

呂后陵，在高祖陵東。按《史記·外戚世家》，高后
合葬長陵。注云：“漢帝后同塋則爲合葬，不合陵也。”

直按：《史記·呂太后本紀·集解》引《皇覽》曰：“高帝、呂后
山各一所也。”《外戚世家·集解》引《關中記》曰：“高祖陵在
西，呂后陵在東，漢帝后同塋則爲合葬，不合陵也。諸陵皆如
此。”《秦漢瓦當文字》卷一，三十二頁，有“長陵東當”瓦當，
則爲呂后陵上之物。又有“長陵西神”瓦當，則爲高祖陵上
之物。又見殘畫瓦筒上印有“西神”二字，大如核桃，用龜蛇
體，文字尤精。

惠帝安陵，去長陵十里。按本紀，惠帝七年八月戊
寅，崩于未央宫，葬安陵，在長安城北三十五里。安陵有
果園鹿苑云。

直按：《漢書·惠帝紀》七年，臣瓚注云：“安陵，在長安北三
十五里。”顏師古注引《三輔黃圖》云：“安陵去長陵十里。”皆

與本文同。又《惠帝紀》注引《關中記》曰："徙關東倡優樂人
五千户以爲陵邑。善爲啁戲,故俗稱女啁陵也。"《太平寰宇
記》卷二十六云："安陵故邑,周之程邑,漢爲縣,惠帝置。"又
同卷引《三輔黃圖》云："安陵有果園鹿苑。"與今本同。《陝
西通志》卷七十云："安陵在咸陽東三十五里,周之程邑也。"
又按:余舊藏有"安邑琱柱"瓦當拓本,蓋爲惠帝陵上之物。

　　文帝霸陵,在長安城東七十里,因山爲藏,不復起墳,
就其水名,因以爲陵號。

　　直按:《水經注·渭水》:霸陵在長安東南三十里。本文作七
十里,實爲誤文。《長安志》引《關中記》云："陵上有池,池有
四出道以瀉水。"又"因山爲藏"四句,用《史記·孝文本紀·
集解》引應劭注文。又《咸寧縣志》:霸陵今在楊家屹嶗北鳳
嘴,周圍三百丈。

　　景帝陽陵,在長安城東北四十五里。按景帝五年作
陽陵,起邑陽陵山,方百二十步,高十丈。

　　直按:《史記·孝景本紀·集解》引皇甫謐曰："陽陵山,方百
二十步,高十四丈,去長安四十五里。"《太平寰宇記》卷二十
六云："陽陵城,故弋陽縣,景帝改爲陽陵縣。"又《陝西通志》
卷七十云："陽陵,今在高陵縣西南三十里鹿苑原上。"《陝西
通志》卷九亦同。

　　武帝茂陵,在長安城西北八十里。建元二年初置茂
陵邑,武帝自作陵也。本槐里縣之茂鄉,故曰茂陵,周回三
里。《三輔舊事》云："武帝於槐里茂鄉,徙户一萬六千,
《漢書》作"六萬一千"。置茂陵,高一十四丈一百步。茂陵園

有白鶴觀。”户一萬六千，一本作“六萬一千”。

直按：《長安志》引《關中記》云：“漢諸陵，皆高十二丈，方一百二十步。惟茂陵十四丈，方百四十步。”又云：“守陵、溉樹、掃除，凡五千人，陵令屬官五人，寢廟令一人，園長一人，門吏三十三人，候四人。”原注“武帝自作陵也”，用《漢書·武帝紀》建元二年應劭注文。“本槐里縣之茂鄉，故曰茂陵”，與顏師古注完全相同。但《地理志》右扶風茂陵縣，顏師古注引《三輔黃圖》云：“本槐里之茂鄉。”與今本同。又《水經注·渭水》云：“茂陵，故槐里之茂鄉。”《元和郡縣圖志》卷二並同。《漢書·元帝紀》：“（初元三年）四月乙未晦，茂陵白鶴館災。”《陝西通志》卷七十云：茂陵在興平縣東北十七里。《元和郡縣圖志》卷一並同。現今陵址，在興平縣三韓公社道常村西南，約零點五公里，直北爲李夫人墓，東北爲衛青、霍去病兩墓，東南爲霍光墓，均保存完好。

昭帝平陵，在長安西北七十里，去茂陵十里。帝初作壽陵，令流水而已。石槨廣一丈二尺，長二丈五尺，無得起墳陵。東北作廡，長三丈五步，外爲小廚，裁足祠祝，萬年之後，掃地而祭。

直按：《漢書·昭帝紀》元平元年臣瓚注：“平陵，在長安西北七十里。”與本文同。又臣瓚注《漢書》各陵所在地，皆與《黃圖》合，雖未明引《黃圖》，知其必本於《黃圖》。又《陝西通志》卷七十云：平陵，在咸陽縣東北十三里。

宣帝杜陵，在長安城南五十里。校此三字，據《漢書》臣瓚注補。帝在民間時，好游鄠、杜間，故葬此。

直按:《漢書·元帝紀》:"初元元年春正月辛丑,孝宣皇帝葬杜陵。"臣瓚注:"杜陵,在長安南五十里。"本文城南下當脱"五十里"三字,故據補。

又按:《漢書·宣帝紀》云:"尤樂杜、鄠之間,率常在下杜。"《咸寧縣志》:杜陵,今在三兆鎮,周圍三百十二丈。又《積古齋鐘鼎款識》卷九,十四頁,有"杜陵東園銅壺,永始元年造"。

元帝渭陵,在長安北五十六里。

直按:《漢書·元帝紀》臣瓚注,"渭陵,在長安北五十六里",與本文同,又《陝西通志》卷七十云:"渭陵,在咸陽縣東北一十三里。"

成帝延陵,在扶風,去長安六十二里。一曰成帝於霸陵北步昌亭起壽陵,即武帝之廢陵也。王莽時,遣使壞渭陵、延陵園門罘罳,曰毋使民復思也,又以墨色涔其周垣。

直按:《漢書·成帝紀》臣瓚注:"延陵,在扶風,去長安六十二里。"與本文同。《漢書·劉向傳》有諫起昌陵疏。又《陳湯傳》云:"成帝起初陵,數年後樂霸陵曲亭南,更營之。萬年與湯議,以爲'武帝時工楊光,以所作數可意自致將作大匠'。"《長安志》臨潼縣引《三輔黃圖》云:"成帝於霸陵北步昌亭起昌陵,即成帝之廢陵也。"所引當爲《三輔黃圖》原注之文,《太平寰宇記》卷二十七並同。原注"武帝"廢陵,疑爲"成帝"之誤字。又"王莽遣使壞渭陵、延陵園門罘罳"一段,用《漢書·王莽傳下》文。《古今注》卷上云:"罘罳屏之遺象也,行至門内屏外復應思,惟罘罳'復思'也。漢西京罘罳,

合板爲之,亦築土爲之,每門闕殿舍前皆布焉。"《釋名》卷五
《釋宮室》略同。又《陝西通志》卷七十云:延陵,在咸陽西北
十三里。

哀[校]原作"安"字,誤,今訂正。帝義陵,在扶風渭城西北原
上,去長安四十六里。

直按:《漢書·哀帝紀》臣瓚注:"義陵在扶風,去長安四十六
里。"與本文同。又《陝西通志》卷七十云:"義陵,在咸陽縣
西八里。"

平帝康陵,在長安北六十里興平原口。

直按:《漢書·平帝紀》臣瓚注:"康陵,在長安北六十里。"與
本文同。又《陝西通志》卷七十云:"康陵,在咸陽縣西二十
五里。"

文帝母薄姬南陵,在霸陵南,故曰南陵,即今所謂薄
陵也。[校]此七字本爲小字原注,今據《漢書》注改爲正文。

直按:《漢書·外戚·薄姬傳》"葬南陵",顏師古注云:"薄太
后陵,在霸陵之南,故稱南陵,即今所謂薄陵。"與本文完全
相同。又《咸寧縣志》:南陵在鮑旗寨,周圍一百九十六丈。
《陶齋吉金錄》卷六,四至五頁,有"南陵大泉第五十八乘輿
御水銅鍾,建平四年造"。陝西省博物館藏有"南陵大泉乘
輿水陶"陶尊。余藏有"南陵大泉"殘陶片。大泉者,大甕
也,爲漢人之習俗語。

昭帝母趙婕妤雲陵,在雲陽甘泉宮南,今人呼爲
女陵。

直按:《漢書·外戚·鉤弋趙婕妤傳》云:"因葬雲陽。"顏師

古注云:"在甘泉宮南,今土人嘑爲女陵。"與本文相同。

李夫人墓,東西五十步,南北六十步,在茂陵西北一里,俗名英陵,亦云集仙臺。一曰高二十丈,周回三百六十步。

直按:《水經注·渭水》:"西北一里,即李夫人冢,冢形三成,世謂之英陵。"或作"英陵",似爲誤字。《太平寰宇記》卷二十七,亦作"英陵"。

又按:《陝西通志》卷七十云:"英陵在興平縣東北十六里。"鄉人俗稱茂陵爲"大陵",李夫人墓爲"李娘娘墳"。李墓高度僅及茂陵之半,原注一說非也。

王莽妻死,葬渭陵長壽園,僞諡曰孝穆皇后,僭號億年陵。舊本云:億年陵,王莽妻死,諡曰孝穆皇后,葬渭城長壽園西,陵曰億年。

直按:《漢書·王莽傳下》云:"是月莽妻死,諡曰孝睦皇后,葬渭陵長壽園西。"與原注舊本相同。本文作"孝穆",疑爲誤字。

雜　　錄

漢宮中謂之禁中,謂宮中門閤有禁,非侍衛通籍之臣,不得妄入。通籍,謂記名於門,通出入禁門也。籍者,爲三尺竹牒,記其年紀名字物色,懸宮門,案省相應,乃得入。行道豹尾中,亦視禁中。謂天子出行道中,則有儀衛豹尾。至孝元皇后父名禁,避之,改曰省中。省,察也,言出入禁中,皆當省察,不可妄也。

直按:蔡邕《獨斷》卷上云:"禁中者,門戶有禁,非侍衛者不得入,故曰禁中。孝元皇后父大司馬陽平侯名禁,當時避之,故曰省中。”

又按:原注“通籍,謂記名於門”二句,《史記·魏其武安侯傳》云:“太后除竇嬰門籍,不得入朝請。”又原注“籍者,爲三尺竹牒”一段,用《古今注》卷下文,惟作“籍者,尺二竹牒”。《小校經閣金文》卷十一,七十九頁,有“禁中”鐙,蓋成帝以前之物。

鹵簿,天子出,車駕次第,謂之鹵簿。有大駕,有法駕,有小駕。大駕則公卿奉引,大將軍參乘,太僕御,屬車八十一乘,古者諸侯二車九乘。秦滅六國,兼其車服,漢依秦制,故大駕八十一乘。屬者,言相聯屬不絕也。作三行,尚書御史乘之。備千乘萬騎出長安,出祠天於甘泉備之,百官有其儀注,名曰“甘泉鹵簿”。法駕京兆尹奉引,侍中參乘,奉車郎御,屬車三十六乘。北郊明堂,則省副車。小駕祠宗廟用之。

直按:《西京雜記》卷五,有“漢朝輿駕祠甘泉汾陰,備千乘萬騎,太僕執轡,大將軍陪乘,名爲大駕之鹵簿”紀載。又《漢官解詁》云:“天子出有大駕、法駕、小駕。大駕則公卿奉引,大將軍驂乘,太僕御,屬車八十一乘,備千乘萬騎。法駕公不在,鹵簿唯河南尹、執金吾、洛陽令奉引,侍中驂乘,奉車郎御,屬車三十六乘。小駕太僕奉駕,侍御史整車騎。”與本文略同。

又按:鹵簿與《獨斷》卷上,“天子出,車駕次第謂之鹵簿”條,大略相同,與《續漢書·輿服志》亦略同。法駕一段,與《獨斷》卷上,“法駕不在鹵簿中”條,文字略同。“京兆尹奉引”,《獨斷》則作“唯河南尹、執金吾、洛陽令奉引”,與《漢官解詁》相同，則東漢制也。

清道，謂天子將出，或有齋祠，先令道路掃灑清净。

靜室，天子出入警蹕，舊典行幸所至，必遣靜室令，先按行清靜殿中，以虞非常。蔡邕《獨斷》曰：“天子所至曰幸。幸者，宜幸也。世俗謂車駕所至，臣民被其澤以僥倖，故曰幸也。”

直按：《漢官儀》云：“靜室令，式道候，秦官也。靜宫令，車駕出在前驅，靜清所徼車，逆日以示慎重也。”《西京雜記》卷五，記漢朝輿駕祠甘泉汾陰鹵簿，有“靖室車駕四中道”。又《古今注》卷二云：“警蹕，所以戒行徒也。周禮蹕而不警，秦制出警入蹕，語出軍者皆警戒，入國者皆蹕止也，故云出警入蹕也。”又見《漢書·梁孝王傳》及《霍光傳》。原注所引蔡邕《獨斷》，見今本《獨斷》卷上。

離宮，天子出遊之宫也。

直按：《漢書·賈山傳》云：“秦起咸陽，西至雍，離宫三百。”顏師古注云：“凡言離宫者，皆謂於別處置之，非常所居也。”

行在所，天子以四海爲家，不以京師宫室居處爲常，則當乘車輿以行天下。天子至尊，臣下不敢渫瀆言之，故托之於乘輿，或謂之車駕。車輿所至，奏事皆曰行在。

直按：《獨斷》卷上云：“天子自謂曰行在所，猶言今雖在京師，行所至耳。”又云：“乘輿出於律，律曰敢乘輿服御物，謂天子所服食者也。天子至尊，不敢渫瀆言之，故托之於乘輿。乘猶載也，輿猶車也。天子以天下爲家，不以京師宫室爲常處，則當乘車輿以行天下。故群臣托乘輿以言之，或謂之車駕。”本文與原注文，皆採用《獨斷》文。

陛下,陛所由升堂也。天子必有近臣,執兵階陛,以戒不虞。臣下與天子言,不敢指斥天子,故呼在殿陛下以告之,故稱陛下,因卑達尊之意也。上書亦如之,如群臣士庶相與語曰閣下、足下之屬。

直按:本文與《獨斷》卷上陛下條完全相同。

繭館,《漢宮闕疏》云:“上林苑有繭館。”蓋蠶繭之所也。

直按:《漢書·元后傳》云:“春幸繭館。”顏師古注引《漢宮闕疏》,與本文同。此條疑爲上林苑繭觀之重出。又《漢舊儀》云:“群臣妾從桑還獻於繭觀。”又《陝西金石志》卷五,十九頁,長安謝氏藏有“崇蛹嵯峨”瓦當,疑爲繭館之物。

蠶室,行腐刑之所也。司馬遷下蠶室。

直按:《漢書·酷吏·咸宣傳》云:“闌入上林中蠶室門。”又《文選》司馬遷《報任少卿書》,李善注引《漢舊儀》云:“蠶室置蠶官。”

鐘室,在長樂宮。高祖縛韓信置鐘室中。

直按:《史記·淮陰侯傳》云:“吕后使武士縛信,斬之長樂鐘室。”《正義》:“長樂宮懸鐘之室。”

作室,上方工作之所。

直按:《漢書·王莽傳下》云:“城中少年朱弟、張魚等,燒作室門,斧敬法闥。”

長安御溝,謂之楊溝,謂植⃞⃞原誤“值”,今改。高楊於其上也。

直按:《水經注·渭水》:“一水逕楊橋下,即青門橋也。楊溝當與楊橋相近。"又《古今注》卷上云："長安御溝,謂之楊溝,謂植高楊於其上也。一曰羊溝,謂羊喜抵觸垣牆,故爲溝以陷之。故曰羊溝也。"本文只採用上段文字。

闕,觀也。周置兩觀以表宮門,其上可居,登之可以遠觀,故謂之觀。人臣將朝,至此則思其所闕。

直按:《古今注》卷上云："闕,觀也。古每門樹兩觀於其前,所以標表宮門也。其上可居,登之則可遠觀,故謂之觀。人臣將至此,則思其所闕。其上皆丹堊,其下皆畫雲氣仙靈,奇禽怪獸,以昭示四方焉。"本文與之相同,僅刪去末數句。又《釋名》卷五《釋宮室》,亦部分相同。

塾門,外舍也。臣來朝君,至門外當就舍,更熟詳所應對之事。塾之,言熟。

直按:《古今注》卷上云"塾,門外之舍也。臣來朝君,至門外當就舍,更詳熟所應對之事也。塾之言熟也",與本文完全相同。《爾雅·釋宮》:"門側之堂謂之塾。"郭注:"東門堂。"又《白虎通》云:"所以必有塾何,以飾門因取其名也。明臣下當見於君,先熟思其事也。"又《漢舊儀》卷上云:"丞相無塾門。"又云:"御史大夫寺在司馬門内,門無塾門。"

掖門,在兩旁,如人臂掖也。

直按:《漢書·高后紀》顏師古注云:"非正門,而在兩旁,若人之臂掖也。"與本文同義。又此條疑原與未央宮之掖庭宮相聯。

闈闥,宮中小門也。

直按:《爾雅·釋宮》云:"宮中門謂之闈。"

永巷，永，長也。宮中之長巷，幽閉宮女之有罪者。武帝時改爲掖庭，置獄焉。《列女傳》：周宣王姜后，脫簪珥，待罪永巷。

直按：《漢書·百官公卿表》：少府屬官有永巷令，武帝太初元年改名爲掖庭令。屬吏有掖庭户衛，見《外戚·許皇后傳》。掖庭有獄，見於《宣帝紀》、《霍光》、《張安世》、《丙吉》等傳。原注文見《列女傳》卷一。

蠻夷邸，在長安⬚"安"字，據吴本補。城内槀街。槀街，街名。蠻夷邸在此街，若今鴻臚館。

直按：《漢書·陳湯傳》云："宜懸頭槀街蠻夷邸間。"晉灼注云："《黃圖》在長安城門内。"與今本同。顏師古注與原注完全相同。

關中八水，皆出入上林苑。霸水出藍田谷，西北入渭。滻水亦出藍田谷，北至霸陵入霸。涇水出安定涇陽幵頭山，東至陽陵入渭。渭水出隴西首陽縣鳥鼠同穴山，東北至華陰入河。豐水出鄠南山豐谷，北入渭。鎬水在昆明池北。牢水出鄠縣西南，入潦谷，北流入渭。潏水在杜陵，從皇子陂西流，經昆明池入渭。

直按：關中八水，俱見《漢書·司馬相如傳·上林賦》。本文豐水、鎬水，與張揖注文相同。其餘六水，皆與顏師古注文完全相同。

又按：關中八水河流，二千年來屢經變改，現在實際情形簡介如下：一、渭水在西安北三十里，西自咸陽流入境内，東出臨潼界。二、涇水源出甘肅笄頭山（在六盤山附近），今之固原縣界，東南流合環、汭二水，由長武縣入陝，經邠縣、淳化、涇陽，東流入咸陽，至高陵界，與渭水合。三、豐水在長安西南四十里，自鄠縣流入，北至咸陽入渭水，流較涇水爲小，昔文王作邑於豐，即豐水旁也。四、鎬水在長安縣西南，一作鄗，或作滈。昔鎬池、昆明池水，俱與滈水通，水源即出其中。五、潏水在長安城南二十里，出南山之石鱉谷，亦謂之沈水，西北流入於渭。六、澇水亦名潦水，源出鄠縣澇谷，北流經縣西二里流入咸陽界，在縣城西二十里北流入渭。七、滻水在長安城東十五里長樂坡下，自藍田界流入，會灞水。八、灞水在長安東二十一里，亦自藍田流入，北合滻水入渭（以上參考閻文儒《唐西京考》）。又《豐鎬地區諸水道的踏察》（見一九六三年《考古》第四期）略云：豐河發源於終南山北側的豐溪口，水北流入渭河，分爲三段，自豐溪河至秦渡鎮爲上游，從秦渡鎮至客省莊爲中游，從客省莊至咸陽渭河爲下游。鎬水即豐水支津，自隋開皇四年鑿永通渠以後，鎬水注入永通渠以北，鎬水枯竭斷流。永通渠以南，鎬水河床遺迹至今猶存，南頭在斗門鎮西北，豐河東岸，沿花園村西，普渡村西，上泉北村西古城址。西至紀楊村北邊永通渠南岸止。

後　　記

　　余定此書爲中唐以來經過三階段補綴而成。書中正文所引顏師古注,是《黃圖》用顏注,而非顏注用《黃圖》,已在序言詳言及之。茲按總叙建章宮,有引《漢書》曰"建章宮南有玉堂、璧門三層,臺高三十丈,玉門堂内殿十二門,階陛皆玉爲之"云云一段,係採用《漢書·郊祀志》顏師古注文,非《漢書》原文。顏注則本於《水經注·渭水》,此爲《黃圖》採用顏注之確證。

陳　直

弄瓦翁古籍箋證

古籍述聞

古籍述聞者,聞於先考輔卿府君,不肖加以叙述之也。憶在十三歲時,府君寓居蘇北東臺縣,在縣之西溪鄉三賢祠課讀錢氏子,不肖亦附學受業。誦習《史記》以外,兼及古籍。閱三四年,府君每有心得,口講手畫,輒用短紙箋記,叢脞於廢册之上,經過十年以後,經不肖加以整理,有直録者,有申述者,有附益者,中間屢更喪亂,寫稿大部份散佚。偶檢得三五頁,亦首尾不完,現在抱殘守缺之中。再輔以記憶所及,既温舊聞,復採新獲。府君之說,與不肖之說,不能分辨,故混合爲一,定爲今稿,約成一卷,紀念老人之教誨,不敢云著述也。

一九六二年十一月陳直謹記。

焦氏《易林》東漢人之附益

王應麟《漢藝文志考證·蓍龜》引《東觀漢記》云,孝明帝永平五年,以京氏《易林》占雨,知東漢初書已漸行。現考繇詞中所用地名,多爲燕趙地,頗疑爲漢代燕趙人所附益。如卷三《節》繇云:“升擢超等,牧養常山。”卷四《兑》繇云:“邯鄲反言,父兄生患。”卷七《臨》繇云:“崔巍北嶽,天神貴客。”卷八《歸妹》繇云:“兄征東燕,弟伐遼西,大克勝還,封君河間。”卷十四《復》繇云:“馬服長股,(馬服,山名,趙括封君蓋在其地。)宜行善市。”古人著述於山川風土,皆就眼前言之,上述蓋爲燕趙人附益之明證,焦延壽梁人,不得作斯語也。又卷二《坎》繇云:“恒山浦壽,高邑所在。"浦當作蒲,《漢書・地理志》,常山郡有蒲吾、靈壽二縣。鄗縣班固原注,世祖即位,更名高邑,此條當爲東漢人撰,恒爲文帝之諱,東漢人有直稱爲恒山者。卷四《恒》縣云:"典册法書,藏在蘭臺。"《續漢書・百官志》云:"蘭臺令史六人,秩六百石。"與鴻都石室,皆爲藏書之府。卷十四《謙》縣云:"東齊郭廬,嫁與洛都。"與《文選・古詩十九首》"遊戲宛與洛"同意,殆亦東漢人之詞句也。

《考工記》爲戰國時齊楚人之作品

《考工記》疑戰國時齊人所撰,而楚人所附益。河間獻王取以補《周禮・冬官》之闕文,成書時代,尚遲於《周禮》之後,《玉人》與《典瑞》多同文,是其明證,終葵、終古,則爲齊人之方言,書出於齊人所撰,似無疑義。《南史・王僧虔傳》記南齊建元元年,襄陽有盜發古塚,傳爲楚昭王塚,其中出有竹簡書,簡寬數分,長二尺,有人得十二簡以示僧虔,僧虔辨爲蝌蚪書體,寫的爲《周禮・考工記》,是此書大行於楚之一證。兹分析如下:

橘逾淮而北爲枳,鶃鴒不逾濟,貉逾汶則死。　按:殷敬順《列子釋文》,引此經解汶爲蜀之岐山。非是。余疑此經爲齊人所撰,楚人附益,引譬先取其近者,淮、濟、汶皆齊魯楚之地,蜀中殊而不聯屬也。

攻木之工,輪輿弓廬匠車梓。　按:梓匠車弓四人,在刮摩之後,與經上文不合者,其書非一人所撰,輈人別出一章,疑楚人所撰。《方言》,車輈楚衛人名曰輈也。

不微至,無以爲戚速。　鄭注:"齊人有名疾爲戚者,《春秋傳》曰,蓋以操之爲已戚矣。"按:此經文爲戰國時齊人所撰之一證。

輪已庳,則於馬終古登阤也。　鄭注:"齊人之言終古,猶言常也。"按:《楚辭·九歌》云:"長無絶兮終古。"訓終古爲常,蓋齊楚人之通語也。

察其菑蚤不齵,則輪雖敝不匡。　鄭注:"泰山、平原所樹立物爲菑,聲如薔。"按:此經文爲齊人所撰之一證。《公羊·文十四年傳》曰,"如以指則接菑也四",《公羊》亦齊語也。

重三鋝。　鄭注引《説文》云:"鋝,鍰也。"今東萊稱或以大半兩爲鈞,十鈞爲環,環重六兩大半兩。鍰鋝似同矣。按:此用齊東萊人之方言也。

山以章。　鄭注:"齊人謂麋爲獐。"《毛詩》陸疏云:青州呼麏爲獐。按:此經文爲齊人所撰之一證。

大圭長三尺,杼上,終葵首。　賈疏引《説文》:"椎,擊也,齊謂之終葵。"按:此經文爲齊人所撰之又一證。鄭注:"杼,殺也。"《禮記·玉藻》注:"終葵首者,於杼上又廣其首,方如椎頭。"證之《宣和古玉圖》、吕氏《考古圖》,鎮圭皆上削薄方首如椎,與鄭注正合。

是故勾兵椑。　鄭注:"齊人謂柯斧柄爲椑。"按:此經文爲齊人所撰之又一證。

恒角而短。　鄭注引鄭司農説:"恒讀爲裂緪之緪。"按:《楚辭·九歌》云:"緪瑟兮交鼓。"緪亦楚人語也。

今夫茭解中有變焉,故校。　鄭注:"茭讀如齊人名手足腕爲骹之骹。"按:此經文爲齊人所撰之又一證。

筋三侔。　《經典釋文》云:"齊人呼土釜爲牟。"按:此經文爲齊人所撰之一證。

以上列舉十一條，屬於齊方言者占九事，屬於楚方言者占二事，故推斷爲齊人所作而楚人附益之也。至於解釋字義，可以補孫氏《正義》所未及者，亦附見如下。或通四方之珍異以資之。

燕無函。　鄭注引鄭司農云：“函讀如國君含垢之含。”按：杭州鄒氏藏有“燕函奇良”四字劍秘，蓋戰國時物，可證燕無函之義。

作舟以行水。　鄭注：“故書舟作周。”按：此戰國時詭異之體，《説文》裯或作裬，其例正同。《漢書》路博德西河平州人（見《衛青霍去病傳》），《地理志》則作平周，在經傳中周、舟、州三字往往通用。

凡攻木之工七，攻金之工六。　鄭注：“故書七爲十。鄭司農云，十當爲七。”按：現證以杭州鄒氏藏丘齊子里陶器，長白端氏藏秦玉日晷，《金石索・金索三》一百五十一頁建武大官鍾，及南越甫木題字，七字皆作十，中畫甚短，尤其居延木簡七字皆作十字，故書當亦如是，非誤文也。《史記・侯表》七月者，《漢書》往往誤作十月，亦其例也。

凡察車之道，欲其樸屬而微至。　鄭注：“樸屬猶附著堅固貌也。”賈疏：“《詩・大雅・棫樸》鄭箋云，相樸屬而生。”按：《説文》丵，叢生艸也。象丵嶽相竝出也。是丵嶽即樸屬之義也。《石鼓文》第一云：我歐其樸，亦謂歐其丵嶽叢生之草也。

望其轂，欲其眼也。　按：《説文》引此經作“欲其輥”。艮、昆二字，偏旁相似，從車者是古文以字從義也。

轂小而長則柞。　按：柞借爲迫笮之笮，從木者是古文以字從義也。

以其圍之阞捎其藪。　鄭注：“鄭司農云：藪讀爲蜂藪之藪。”段氏《周禮漢讀考》，改讀爲作讀如。然藪仍讀作藪，不當再比擬其音。按《説文》：“槷，車轂中空也。”蓋故書本爲槷字，先鄭、杜子春之注，皆用故書，原文當爲“槷讀爲蜂藪之藪”。鄭君作注時，經文已易今字，故變爲“藪讀爲蜂藪之藪”。

去一以爲賢。　鄭注：“賢，大穿也。”按：賢當作睯，爲假借字。《説文》，“睯，大目也”，可證。古文從目，繁作從貝者，猶虢季子白盤賜字作睗也。

終日馳騁，左不楗。　按：《石鼓文》第二云：“左驂膰膰，右驂騝騝。”騝字不見於字書，從馬者，是兵車以字從義也，騝當與經文楗字同義。

鳥旟七斿，以象鶉火也。　鄭注：“鶉火朱鳥宿之柳，其屬有星，星七星。”按：《續漢書·輿服志》劉昭注，引《考工記》鄭注云，“鶉火朱鳥宿之柳，其屬有七星”，與今本鄭注異，其義反明曉於今本。

龜蛇四斿，以象營室也。　按：《經義述聞》以龜蛇爲龜旐之誤字，求之文例是也。然《説文》旐字云，“龜蛇四斿，以象營室”，雖不明稱經文，當爲《考工記》之文，是漢時一本有作龜蛇者矣。

築氏爲削。　鄭注：“今之書刀。”按：《漢書·循吏·文翁傳》云：“減省少府用度，買刀布蜀物，齎計吏以遺博士。”如淳注：“金馬書刀，今賜計吏是也。作馬形於刀環内，以金鏤之。”晉灼注：“舊時蜀郡工官，作金馬書刀者，似佩刀形，金錯其拊。”《小校經閣金文》卷十四，七頁，有永元十六年廣漢所造金馬書刀，與如、晉二家之説均合。鄭君以削爲書刀，蓋以漢制擬之也。又賈疏：“築，擣也，攻金之工必椎擣而成，故作削之工謂之築也。”按：《古泉匯》錢範類，有五銖錢範背題字云：“神爵二年四月壬午造，

九月丁酉築。"（僅舉一例）泥範必須築擣始可造就,漢時仍沿用
周秦人口頭語也。

桃氏爲劍,臘廣二寸有半寸。　鄭注:"臘謂兩刃。"賈疏:
"桃,名義未詳,疑即斛之假字。"按:桃疑爲銚字之假借。《莊
子·外物篇》云:"春雨日時,草木怒生,銚鎒於是乎始脩。"郭注:
"銚,削也。"治劍必資磨削,故藉以名官。

權之然後準之。　鄭注:"準,故書或作水,杜子春云,當爲
水。"按:《漢書·律曆志》云:量以井水準其槩。是今古文各用其
一義。

槩而不稅。　按:薛氏《鍾鼎款識》卷十八,四至六頁,有漢
谷口銅甬銘文云:"北方槩南。"《荀子·宥坐篇》云:"盈不求槩。"
楊倞注:"槩,平斗斛之木也。"銅甬銘,與經文及楊注義均合。

鮑人之事。　鄭注,"鮑,故書或作鞄",引《倉頡篇》有鞄䩵。
按:鮑人爲攻皮之工,鞄當爲本字,鮑爲假借字。然考其假借之
由,《荀子·議兵篇》云:"楚人鮫革犀兕以爲甲,鞈如金石。"是楚
人多以鮫魚爲甲,此鞄字假借爲鮑之理。

則是以博爲帴也。　鄭注:"鄭司農帴讀爲剪。"按:《詩·召
南》"勿翦勿伐",《韓詩》作勿剗,翦、帴二字聲相近也。

則雖敝而不甐。　鄭注:"故書或作鄰,鄭司農云:鄰讀爲磨
而不磷之磷。"按:從瓦從石義相近,故書作鄰者,爲磷字之假借。
《隸續》卷一《漢平輿令薛君碑》云:"摩而不鄰。"是磷、鄰二字古
通之證。

湅帛,以欄爲灰。　按:經文楝字繁加門字,蓋六國時詭異之
古文,與《禮記》誻字作譋,《漢書·藝文志》儒家有誎言作譋言,
皆加門字,與經文正同。

天子圭中必。　鄭注："必讀如'鹿車縪'之縪,謂以組約其中央爲執之,以備失隊。"按:必通縪者,《説文》珌字引古文作瑆,無專鼎之"縞必彤沙",亦以縪爲必。縪作必者,猶後代之省寫。鄭注讀如,當爲讀爲,猶後代傳鈔之誤字。吳氏《古玉圖考》,駁鄭君説謂必爲秘字省文,然本經《廬人》秘字不作必,知吳説未可信也。

穀圭七寸,天子以聘女。　鄭注:"穀,善也,其飾若粟文。"按:《宣和古玉圖》樵有穀圭,飾若粟文,凡四十有九,與鄭説正合。

弓而羽觸。　鄭注:"羽讀爲扈。"按:鄭君羽讀爲扈者,《詩·邶·簡兮》"碩人俁俁",《韓詩》作"碩人扈扈"。羽、俁同聲,鄭本韓義也。

《中説》阮逸注本之疏略

宋阮逸所注文中子《中説》十卷,乖謬違闕,所在皆是,略舉條列,補正如下。

文中子曰,甚矣王道難行也,吾家頃銅川六世矣。　按:《隋書·地理志》,上黨郡有銅鍉縣無銅川縣,本文之銅川,蓋指銅鍉之川流而言。六世當爲五世之誤,謂王虬始家於河汾,虬生彦,彦生一,一生隆,隆生通,世系見《文中子世家》。

子在長安,楊素、蘇夔、李德林皆請見。　按:《文中子世家》,文中子以開皇四年生,大業十三年卒,年三十七歲。《北史》楊素以大業二年卒,文中子時年廿六歲,蘇夔亦以大業初卒。李德林以開皇十年卒,文中子時年七歲,德林似無向文中子請益之理,當是文中子子孫所附增,《四庫書目提要》疑之是也。

越公以《食經》遺子，子不受。　阮逸注：“《食經》，淮南王撰，盧仁宗、崔浩亦有之。”按：《唐書·藝文志》，《淮南王食經》一百二十卷，諸葛穎撰；《食經》九卷，崔浩撰；《食經》三卷，盧仁宗撰。《隋書·經籍志》又有《神仙服食經》十卷，《老子禁食經》一卷，《崔氏食經》四卷，《四時御食經》一卷，楊素所遺，不知爲何種也。

王孝逸曰，夫子之道，豈少是乎。　按：《隋書·文學傳》，王貞字孝逸，梁郡陳留人，開皇初爲汴州主簿，煬帝時爲齊王暕所辟，以疾卒於家。《立命篇》亦云，陳留先達王孝逸。《北史·蘇威傳》引作黎陽人王孝逸，説有不同。

韋鼎請見子，三見而三不語。　按：《隋書·藝術傳》，韋鼎字超盛，京兆杜陵人，開皇十二年官光州刺史，後以老疾終於家，年七十有九。又《唐書·藝文志》，《韋氏譜》七卷，韋鼎等撰。

裴晞問曰，衛玠稱人有不及。　按：裴晞無考，唐王績《答馮子華處士書》有云：“裴孔明雖異名教，然風月之際，往往有高人體氣。”孔明疑晞之字。以上《王道篇》。

子曰，義也清而莊。　按：王績《答馮子華處士書》云：“高人姚義，常語吾曰，薛生此文，不可多得。”

芮城府君重陰陽。　按：《隋書·地理志》，河東郡有芮城縣，注，舊置安戎，後周改焉，又置永樂郡，後省入焉。阮逸注，芮城府君爲文中子之兄，當在周末隋初也。王績《答馮子華書》，有“吾家三兄，生於隋末，傷世攖亂”云云，則文中子有二兄矣。以上《天地篇》。

楊素使謂子曰，盍仕乎。子曰，疏屬之南，汾水之曲，有先人之敝廬在，可以避風雨，有田可以具饘粥。　按：王績《答馮子華書》云："河渚間有先人故田十五六頃,河水四繞,東西趨岸各數百步,古人云,河濟之濱宜黍,況中州之腴乎?"先人當指晉陽穆公及銅川府君而言。

尚書召子仕,子使姚義往辭焉,曰必不得已,署我於蜀。按:楊炯《王子安集序》云:"祖父通,隋舉秀才高第,蜀郡司户書佐,蜀王侍讀,大業末退講藝於龍門,其卒也,門人謚之曰文中子。"與本文正合。以上《事君篇》。

或問宇文儉,子曰,君子儒也。　按:《北史·宇文弼傳》,二子儉、瑗。《唐書·宰相世系表》云:儉官九瀧令,生節字大禮,相高宗,儉弟瑗,瑗弟紹水部員外郎。以上《周公篇》。

李播聞而歎曰,大哉乎一也。　按:《唐書·經籍志》有《李播集》三卷,爵里未詳。又孫氏《續古文苑》有《天象賦》一卷,李播撰,苗爲注。孫氏考李播爲李淳風之父。以上《問易篇》。

仲長子光,天隱者也。　按:仲長子光字不曜,《王無功集》有《祭仲長子光文》。又《答馮子華處士書》云:"吾所居河渚,有仲長先生,結廬獨處三十載,非其力不食,傍無侍者。雖患瘖疾,不得交語,風神穆穆,尚有典型。"又《王子安集》有"秋日仲氏宅宴集序",疑子光後裔之所居也。以上《禮樂篇》。

子謂北山黃公善醫,先寢食而後針藥。　按:《王子安集·黃帝八十一難經序》云:"醫和歷六師以授秦越人,秦越人始定立章句,歷九師以授華陀,華陀歷六師以授黃公,黃公以授曹夫子。"《唐書·經籍志》,《神臨藥秘經》一卷,黃公撰,當即此人,惜名不可考。

汾陰侯生善筮,先人事而後說卦。　按:《北史·李文博傳》,有魏郡侯白字君素,有文學,侯生疑即侯白也。以上《魏相篇》。

其先漢徵君霸，絜身不仕。　　按：《唐書·宰相世系表》云：太原王氏，出自王離次子威，漢揚州刺史，九世孫霸字儒仲，居太原晉陽，霸生咸云云。

十八代祖殷，雲中太守，家於祁，以《春秋》、《周易》訓鄉里，爲子孫資。　　按：《唐書·宰相世系表》，烏丸王氏，霸長子殷，後漢中山太守，食邑祁縣，與《世家》官雲中太守稍異。

罕生罕。　　按：《宋書·王玄謨傳》作祖牢，仕慕容氏爲上谷太守，居青州。

罕生秀。　　按：《宋書·王玄謨傳》云：“父秀早卒。”

秀生二子，長曰玄謨，次曰玄則，玄謨以將略升，玄則以儒術進，玄則字彥法，即文中子六代祖也。　　按：玄則爲玄謨之弟，《宋書》無考。

問禮於河東關子明。　　按：關朗爲魏太和時人，距此已百年，焉得有問禮之事，亦杜淹之誤也。以上《文中子世家》。

《顏氏家訓》趙曦明注本之疏略

清江陰趙曦明所注《顏氏家訓》二卷，未爲盡善，其缺誤者，補正如次。

《教子篇》云：“齊朝有一士大夫嘗謂吾曰，我有一兒年已十七，頗曉書疏，教其鮮卑語及彈琵琶，稍欲通解，以此服事公卿，無不寵愛，亦要事也。”按：《北史·恩幸傳》云：“僧奴子妙達，以能彈胡琵琶，甚被寵遇，官至開府封王。”之推所云，當即指妙達也。

《風操篇》云：“王修名狗子。”按：《晉書·外戚傳》，王濛子修字敬仁，小字苟子，趙氏原注誤作曹魏之王修。又云：“劉緄、緩、綏兄弟，並爲名器。”趙注《梁書·文苑傳》，劉昭二子緄、緩，不云有綏。按：《隋書・經籍志》集部，梁有安西記室《劉綏集》四卷。又云：“黃門侍郎裴之禮，號善爲士大夫。”按：《北史・裴佗傳》云：子讓之字士禮，齊末爲黃門侍郎，清河太守。當即此人，之禮爲士禮之誤字。又云：“梁世有庾晏嬰、祖孫登，連古人姓爲名字，亦鄙事也。”按：祖孫登見《南史・徐伯陽傳》，梅鼎祚《八代詩乘》亦有祖孫登《紫騮馬》詩，蓋梁人而没於陳代者，與之推時代正合。

《慕賢篇》云：“梁孝元前在荆州，有丁覘者，頗善屬文，殊工草隸。”按：《法書會要》云“陳世丁覘，亦工飛白”，蓋亦梁人而没于陳代者。伯父星南府君云：《金樓子・著書篇》云，“夢書一秩，金樓使丁覘撰”。與本文正合。

《勉學篇》云：“吾初入鄴，與博陵崔文彥遊。”按：《北史・崔鑒傳》云，“（崔育王）子文豹字蔚”，文彥無考，疑爲文豹之昆弟。又云：“梁世彭城劉綺，交州刺史勃之孫，早孤家貧，燈燭難辦。”按：《何遜集》有高爽、劉綺等人聯句詩，劉勃無考。又略云：齊有宦者内參田鵬鸞，本蠻人也。仕齊至侍中開府，後爲周軍所害。按：《北史・恩幸傳》，田鵬鸞事，與此全同。當日李延壽修史時，疑即用此材料。又云：“義陽朱詹，世居江陵，好學家貧無資，累日不爨，……官至鎮南録事參軍，爲孝元所禮。”按：《金樓子・聚書篇》云：“又得州民朱澹遠送異書。”蓋元帝牧荆州時事，江陵屬於荆州。本文詹爲澹字傳寫之誤，之推去遠字者，因之推之祖名見遠也。猶唐人稱韓擒虎爲韓擒也。又《隋書・經籍志》子部，有朱澹遠撰《語對》十卷，《語麗》十卷。《直齋書録解題》云：《語麗》，梁湘東王功曹參軍朱澹遠撰。

《文章篇》云：“梁世費旭詩云：不知是耶非。”按：旭當爲昶字之誤,《隋書·經籍志》集部,有梁新田令《費昶集》三卷。《玉臺新詠》選費昶詩亦多。又云:"潁川荀仲舉,琅琊諸葛漢,亦以爲爾。"按:《北史·文苑傳》云:諸葛潁字漢,丹陽建康人,隋時官正議大夫。又云:"陳思王《武帝誄》,遂深永蟄之思;潘岳《悼亡賦》,乃愴手澤之遺。是方父於蟲,匹婦於考也。"按:《金樓子·立言篇》云:"陳思之文,群才之儁也。《武帝誄》云:尊靈永蟄。《明帝頌》云:聖體浮輕。浮輕有似於蝴蝶,永蟄可擬於昆蟲,施之尊極,不其嗤乎。"之推之言,蓋與梁元帝相似。

《歸心篇》云:"王克爲永嘉郡守。"按:《周書·王褒傳》云:江陵城陷,元帝出降,褒與王克等同至長安,俱授車騎大將軍、儀同三司。

《書證篇》云:"趙郡士族,有李穆叔、季節兄弟,李普濟亦爲學問。"按:《北史·李颺傳》,李籍之子公緒,字穆叔,隋官冀州司馬。季節名概,見《隋書·經籍志》集部,又見《唐書·宰相世系表》趙郡李氏,及陸法言《切韻序》。普濟未詳爲何人之字。

《雜藝篇》云:"方知陶隱居、阮交州、蕭祭酒諸書,莫不得羲之之體。"按:《書品》云,阮研字文機。《淳化閣帖》題云:"梁陳留人,官至交州刺史。"趙氏原注作晉之阮放,殊爲乖謬。又云:"唯有姚元標工於楷隸,留心小學,後生師之者衆。"按:《魏書·崔玄伯傳》云:"左光禄大夫姚元標,以工書知名於時,見潛書,謂爲過於己也。"與本文正合。又北齊西門豹祠堂碑,即爲姚元標所書,題名見於碑側。又云:"算術……惟范陽祖暅精之,位至南康太守。"按:《隋書·經籍志》子部,天文家有《天文録》三十卷,梁奉朝請祖暅撰,當即其人。暅爲祖沖之之子,事蹟見《南史·祖沖之傳》。

《書品》中人物小記

　　庾肩吾《書品》，爲批評自漢以來至梁代法書名家總結之作品。與謝赫《畫品》、鍾嶸《詩品》，同爲南朝流傳之古籍，惟其中所引人物，有半數不見於史傳，以致考索爲難。往歲先府君擬作注釋，復由不肖加以增補，頗能詳人所略。屬稿粗具，中經兵災，略有殘損。現擇要條次如下，凡已見正史有專傳之人，爲人所共知，故不再寫録。

　　杜度伯度　　按：《晉書·衛瓘傳》載衛恒《四體書勢》云：漢章帝時齊相杜度，號善作篇，結字甚安，書體微瘦。

　　師宜官　　按：《晉書·衛瓘傳》載衛恒《四體書勢》云：靈帝好書，時多能者，而師宜官爲最，後爲袁術將。今鉅鹿宋子有《耿球碑》，是術所立，云爲宜官書也。《通志·氏族略》，師宜複姓，南陽人，《書斷》亦同。袁昂《書評》云：“師宜官書，如鵬翔未息，翩翩而自逝。”

　　張昶文舒　　按：《後漢書·張奐傳》云：芝弟昶，字文舒，善草書。《書斷》云：“昶官黃門侍郎。”以上上之中。

　　梁鵠孟皇　　按：《晉書·衛瓘傳》載衛恒《四體書勢》云：梁鵠以書至選部尚書。《書斷》云：“鵠字孟皇，安定烏氏人，少好書，受法于師宜官，以善八分書知名。”袁昂《書評》云：“梁鵠書如龍威虎震，劍拔弩張。”

　　韋誕仲將　　按：《魏志·劉劭傳》裴注引《文章叙録》略云：韋誕字仲將，京兆人，太僕端之子，官光禄大夫。初，邯鄲淳、衛覬及誕善書並有名。《書斷》云：誕子熊，鍾繇子會，並善隸書。《齊民要術》載誕有制墨方。近年西安出土後秦追立漢京兆尹司馬芳殘碑,碑陰第一行題名"故吏功曹史杜縣韋誕字子茂"。據此當日韋誕有兩字。

皇象休明　按:《吳志·趙達傳》裴注引《吳錄》云:"皇象字休明,廣陵江都人,幼工書。時有張子並、陳梁甫能書,甫恨逋,並恨峻,象斟酌其間,甚得其妙。"《梁書·儒林·皇侃傳》:"侃吳郡人,青州刺史皇象九世孫也。"朱長文《墨池編》載有皇象論書,《淳化閣帖》載有皇象表文。袁昂《書評》云:"皇象書如韻音繞梁,孤飛獨舞。"

胡昭孔明　按:《魏志·管寧傳》云:"胡昭字孔明,亦養志不仕。……昭善史書,與鍾繇、邯鄲淳、衛覬、韋誕並有名,尺牘之跡,動見模楷焉。"《晉書·衛瓘傳》載衛恒《四體書勢》云:"魏初有鍾胡二家爲行書法,俱學之于劉德升,而鍾氏小異。然亦各有巧,今大行於世云。"嵇康《高士傳》有《胡昭傳》,而獨不言其善書。

荀輿長胤　按:《尚書故實》云:"荀輿能書,嘗寫狸骨治勞方,右軍臨之,至今謂之狸骨帖。"《法書要錄》引王僧虔論書云:"長胤狸骨,右軍以爲絕倫。"陶弘景《與梁武帝論書啟》云:治廉瀝、狸骨方二帖,似是子敬臨本。本文亦云:"長胤狸骨方,擬而難逅。"

阮研文機　按:《顏氏家訓·雜藝篇》云:"梁氏秘閣散逸以來,吾見二王真草多矣,家中嘗得十卷,方知陶隱居、阮交州、蕭祭酒諸書,莫不得羲之之體。"陶弘景《與梁武帝論書啟》云:"近聞有一人學(阮)研書,遂不復可別。"則研爲梁初人無疑。李嗣真《書後品》云:"江東阮研。"《淳化閣帖》注云:阮研梁官交州刺史,陳留人。與《書後品》稱阮研爲江東人,兩説不同。袁昂《書評》

云:"阮研書如貴胄失品次,叢悴不復排突英賢。"以上上之下。

郭伯道　按:羊欣《能書人名》云:"漢末有郭道。"疑即此人。

劉德升君嗣　按:《晉書·衛瓘傳》載衛恒《四體書勢》云:"魏初有鍾胡二家爲行書法,俱學之于劉德升。"羊欣《能書人名》云:"德升善爲行書。"《書斷》云:"德升字君嗣,穎川人,桓靈之世,以造行書擅名。"

衛夫人名鑠字茂猗　按:羊欣《能書人名》云:"李充母衛夫人善鍾法,王逸少之師。"《淳化閣帖》注云:夫人爲廷尉展女,恒之從妹,汝陰太守李矩妻也。

李式景則　按:《晉書·文苑·李充傳》云:充從兄式,善楷隸,官侍中。"羊欣《能書人名》云:"李式善隸草,弟定、子公府,能名同式。"(《世説新語·棲逸篇》李公府條,劉注引《文字志》云:李廞爲式之弟,嘗爲二府辟,故稱李公府。與羊欣所云李公府爲李式之子,未知孰是。)以上中之上。

左子邑伯子　按:《御覽》卷七百四十七引《三輔決録》云:韋誕奏題署云,"夫工欲善其事,必先利其器。用張芝筆,左伯紙,及臣墨,兼此三具,又得臣手,然後可以逞徑丈之勢,方寸千言"。

張彭祖　按:《法書要録》云:張彭祖見宋王愔《文字志》目。

任靖　按:梁武帝《與陶弘景書》云:"給事黃門二紙,爲任浄書。"又云:"許任二跡,並摹者,並付及。"當即本文之任靖,浄爲靖之或體。

范懷約　按:《南史·張率傳》云:"又使撰古婦人事,使工書人琅琊王琛,吳郡范懷約等寫給後宮。"袁昂《書評》云:"范懷約真書有分,草書無功,故知簡牘非易。"梁庾元威《論書》云:正書當以殷鈞、范懷約爲宗。

張永景初　按:《南史·張裕傳》,敘裕子永字景云,官征北將軍、南兗州刺史,工隸書,兼善造紙。與本文字景初不同。

吳休尚　按:袁昂《書評》云:"施肩吾書,如新亭傖父,一往見似揚州人,共語便音態出。"隋僧智果《論書》,改施肩吾作吳施,疑即指吳休尚、施方泰二人。

施方泰　按:《玉臺新詠》有施榮泰詩,爵里未詳,方泰疑與榮泰爲弟兄。以上中之中。

羅暉叔景　按:趙壹《非草書》云:"故爲説草書本末,以慰羅趙,息梁姜焉。"

趙襲元嗣　按:《後漢書·趙岐傳》注引《三輔決録》云:"襲字元嗣,先是杜伯度、崔子玉以工草書稱於前代。襲與羅暉拙書,見蚩于張伯英。英頗自矜高,與朱賜書云:上比崔杜不足,下方羅趙有餘也。"趙襲爲趙岐之從兄,則爲京兆長陵人也。

劉興　按:《晉書·劉琨傳》云:琨兄興,字慶孫,官驃騎將軍,才能綜核。

朱誕　按:《世説新語·賞譽篇》云:"朱永長理物之至德,清選之高望。"劉注:"誕字永長,吳郡人,……吳朝舉賢良,累遷議郎。"《晉書·陸雲傳》,大將軍參軍孫惠與淮南內史朱誕書云云,則爲朱誕入晉以後之官。

張翼　按:竇臮《述書賦》注:"張翼字君祖,下邳人,晉東海太守。"《南史·王僧虔傳》記所上古跡,有張翼字跡在內。又陶弘景《與梁武帝論書啟》之"便復改月"一紙,是張翼書(見《法書要録》)。又見羊欣《能書人名》及張懷瓘《書斷》。

康昕　按:羊欣《能書人名》云:謝敷、康昕,並工隸草。《南史·王僧虔傳》記僧虔論書,有"庾昕學右軍,亦欲亂真"之語。

庚昕即康昕之誤字。《書斷》云："（晉康昕）字君明，外國人，官至臨沂令。"康昕蓋康居國人也，晉時康居人每冠以康字，如康僧淵之類皆是。

徐希秀　按：《南史·徐爰傳》云："子希秀，甚有學解，亦閑篆隸，正覺、禪靈二寺碑，即希秀書也。……位驍騎將軍，淮南太守。"又《王僧虔傳》云："（王）志善草隸，……齊遊擊將軍徐希秀亦號能書，嘗謂志爲書聖。"袁昂《書評》云："徐淮南書，如南岡士大夫，徒好尚風範，終不免寒乞。"

王崇素　按：《南史·王素傳》，素字休業，宋時屢徵不就，彬之五世孫也。王素疑即本文之王崇素。以上中之下。

姜翊　按：羊欣《能書人名》云：姜翊、梁宣、田彥和，皆張芝弟子。《晉書·衛瓘傳》載衛恒《四體書勢》云："又有姜孟穎、梁孔達、田彥和及韋仲將之徒，皆伯英弟子。"據此翊字孟穎。趙壹《非草書》亦同。

梁宣　按：趙壹《非草書》云："余郡士有梁孔達、姜孟穎者，皆當世之彥哲也。"據此宣字孔達，與姜孟穎、趙壹，皆爲天水郡人，東漢改天水爲漢陽郡。

魏徵玄成　按：本文當爲"甄玄成"三字之誤字，後人以甄徵同音，又以魏徵字玄成知名，故又加以魏字。《周書·蕭詧傳》云"甄玄成字敬平，中山人，博達經史，善屬文，少爲簡文所知，以錄事參軍隨詧鎮襄陽"云云。《隋書·經籍志》集部，有梁護軍將軍《甄玄成集》十卷。

韋秀　按：《南史·文學·顏協傳》云：時有京兆韋仲善飛白，在湘東王府。仲疑即韋秀之字。

鍾輿　按：《南史·鍾嶸傳》云：嶸弟嶼，字季望，官永嘉郡丞。興即嶼之誤字。

　　羊忱　按：《世説新語·方正篇》羊忱性甚貞列條，劉注引《文字志》云："忱字長和，一名陶，泰山平陽人。世爲冠族。父繇，車騎掾，忱歷太傅長史、揚州刺史，遷侍中，永嘉五年遭亂被害。"《巧藝篇》又云："羊長和博學工書。"劉注引《文字志》云："忱性能草書，亦善行隸，有稱于一時。"《南史·羊欣傳》云："曾祖忱，晉徐州刺史。……父不疑，桂陽太守。"羊欣《能書人名》云：羊忱、羊固，俱善行書。

　　識道人　按：《南史·陸厥傳》云："時有王斌者，不知何許人。……斌初爲道人，博涉經籍，雅有才辯，善屬文。"本文之識道人疑爲斌道人之誤字。識道人善僞爲右軍書，見陶弘景《與梁武帝論書啟》。

　　薄紹之敬叔　按：《淳化閣帖》注云：薄紹之字敬叔，一字欽叔，宋世官丹陽尹。隋僧智果論書云："薄紹之書，如龍遊在霄，繾綣可愛。"

　　費元瑶　按：《隋書·經籍志》經部，有梁"齊安參軍費元珪注《周易》九卷"。陸德明《經典釋文》叙録有"齊安西參軍費元珪注《周易》九卷"。注，蜀人。元瑶應即元珪之誤字無疑。

　　孫奉伯　按：《南史·孫謙傳》云："（廉）父奉伯，位少府卿、淮南太守。"《齊高帝本紀》，亦載奉伯官淮南太守。《隋書·經籍志》集部，有《孫奉伯集》四卷，題作南海太守，蓋誤。以上下之上。

　　楊經（原文誤作陽經）　按：潘岳《楊仲武誄》，經字仲武，滎陽宛陵人，爲東武戴侯肇之孫，東武康侯潭之子。羊欣《能書人名》云：楊肇能書，孫經亦善草隸。

　　諸葛融　按：《吳志·諸葛瑾傳》云：子融字叔長，官奮威將軍。

楊潭　按：《文選》潘岳《懷舊賦》，李善注云：楊肇生潭字道源，東武康侯。又潘岳《楊仲武誄》云：“戴侯康侯，多所論著，又善草隸之藝。”以潘岳《楊荆州誄》，及《魏志·田豫傳》裴注證之，爲楊休生暨，暨生肇，肇生潭，潭生經，此書楊潭當在前，序次蓋後人所錯亂。（《述書賦》注云，楊肇字季初。）

張炳　按：《吴志·趙達傳》裴注引《吴録》云：吴時善書者，有張子並、陳梁甫。子並疑炳之字，次於岑淵之前，故定爲吴人。（後漢張超字子並，河間鄭人，在桓靈時，與《吴録》里居時代皆不合，當别爲一人。）

岑淵　按：《抱朴子·譏惑篇》云：“吴時工書，有皇象、劉篆、岑伯然、朱季平，……猶中州之有鍾胡也。”岑伯然當即岑淵之名。《御覽》卷五百八十九引《異苑》云：“吴郡有岑淵碑，在江乘湖西。”蓋即此人。

張輿　按：《晉書·張華傳》云：孫輿字公安，太子舍人。

庾景休　按：《南齊書·庾杲之傳》，杲之字景行，南陽新野人，官通直常侍。景休應即景行之誤字。

褚元明　按：《梁書·褚脩傳》云：“脩吴郡錢塘人，……善尺牘，頗解文章。”又《南史·張邵傳》云：錢塘有五絶，“其一褚欣遠模書”。本文之褚元明，在褚脩、褚欣遠二人中應居其一，《梁書》、《南史》所紀則爲名，本文所紀則爲字。

孔敬通　按：庾元威《論書》云：“反左書，梁大同中東宫學士孔敬通所創。”又《南史·庾肩吾傳》云：肩吾與孔敬通、劉之遴等爲高齋學士。庾氏《書品》，疑兼録生人，敬通其一也。以上下之中。

衛宣　按：《晉書·衛瓘傳》云：“武帝敕瓘第四子宣尚繁昌

公主。”

陳基　按:《吳志・趙達傳》裴注引《吳錄》云:“吳時善書者,有張子並、陳梁甫。”本文之陳基,疑陳梁甫之名。

張紹　按:《唐書・宰相世系表》,吳郡張氏,有張紹梁官零陵郡太守。

韋熊少季　按:羊欣《能書人名》,韋少季爲韋誕之子,工草隸。《太平廣記》二百零九云:“韋誕子少季。”《書斷》獨以爲韋誕子態,韋康子熊,恐誤。

張暢　按:《世說新語・賞譽篇》論吳士條,劉注引蔡洪與周浚書云:“張暢字威伯,吳郡人。”又《南史・張邵傳》云:邵從子暢,字少微,官會稽太守。是皆不言其工書,二者未知誰屬,當俟續考。

宋嘉　按:王羲之題《筆陣圖》云:鍾繇弟子宋翼,“每作一波,常三過折筆”。本文之宋嘉,當即宋翼之誤字。

羊固　按:《世說新語・雅量篇》羊固拜臨海(太守)條,劉注引《明帝東官僚屬名》云:“固字道安,泰山人。”《文字志》云:“固父坦,車騎長史,固善草行,著名一時,避亂渡江,累遷黃門侍郎。”

辟閭訓　按:《文選》劉琨《勸進表》云:“主簿臣辟閭訓。”李善注引臧榮緒《晉書》云:“訓字祖明,樂安人也,没石勒爲幽州刺史。”

孔間　按:《南史・何承天傳》云“(曾孫遜),遜從叔倜,字彦夷,亦以才著聞”云云。《隋書・經籍志》集部,梁有義興郡丞《何倜集》三卷,亡。本文之孔間,當即何倜傳鈔之脱寫偏旁。

顏寶光　按:《南史・顧琛傳》云:“次子寶先,大明中爲尚書水部郎。”又《王僧虔傳》云:“吳郡顧寶先卓越多奇,自以伎能,僧虔乃作飛白以示之，寶先曰，下官今爲飛白屈矣。"《述書賦》注：
"顧寶光吳郡人，齊司徒左西掾。"本文之顏寶光當爲顧寶先傳寫
之誤字。《述書賦》注，寶先亦誤作寶光。

張熾　按：《隋書・經籍志》集部，梁有秘書張熾《金河集》六
十卷，亡。

僧岳道人　按：《梁書・庾承先傳》云："乃與道士王僧鎮同
游衡岳。"疑即本文之僧岳道人。本書前叙云："伯英以稱聖居
首，法高以追駿處末。"據此法高當爲僧岳道人之字矣。以上下
之下。

　　先府君諱培壽，字輔卿，號鄭齋，光緒壬寅舉人，著有
　《武梁祠畫像題字合考》、《説文今義》、《楚辭大義述》、《六
　朝墓志題跋》等書。又本文所引史傳，爲文字方便起見，與
　原文有節括或聯綴之處，並記。

《全漢三國晉南北朝詩》詩人爵里訂正

丁福保先生此書，蓋仿嚴可均《全上古三代文》之例，共五十
卷，誠會集古詩之大觀，前有緒論八項，頗多精湛之説。惟作者爵
里，間有無考者或錯誤者，爰爲補正得若干人，皆爲《玉臺新詠》
注、《詞人麗句》、《八代詩乘》諸書所未詳者。如漢詩有應亨《贈
四王兄弟冠詩》，按：《隋書・經籍志》有晉南中郎長史《應亨集》
二卷，應亨蓋爲西晉人，丁氏沿漢詩説之誤而收入漢詩者。其致
誤之由，因西晉與東漢皆有永平年號也。晉詩有王彬之《蘭亭
詩》，按：《晉書・穆帝紀》云：永和九年十一月，"殷浩使部將劉
啟、王彬之討姚襄，復爲襄所敗，襄遂進據芍陂"。當即其人。又

有王蘊之《蘭亭詩》,按《書斷》云:王羲之永和九年三月上巳日,與陳郡謝安安石,廣漢王蘊叔仁等,會于山陰之蘭亭。當即此人,《書斷》恐脫落之字。王蘊之爲廣漢籍,且非羲之一族也。又有令華茂《蘭亭詩》,按:《晉書·華譚傳》云:二子化、茂,茂嗣父爵爲都亭侯。本文令華茂當爲華茂之衍文。又有徐豐之《蘭亭詩》,按:《唐書·宰相世系表》,北祖上房徐氏云(東海郯人):徐褚晉太子洗馬,生寧字安期,吏部侍郎,五子豐之、實之、仁之、育之、祚之。據此徐豐之爲徐寧之子無疑。徐寧與祚之,俱見《南史·徐羨之傳》。又齊詩有王寂《第五兄揖別太傅竟陵王屬奉詩》一首,按:《南史·王僧虔傳》,記僧虔長子志,次揖,次彬,次寂字子玄,齊秘書郎,皆與本詩題相合。又有王延《別蕭諮議詩》,按:延下脫之字。《南史·王裕之傳》云:昇之子延之,字希季。又王侍常有《離夜詩》,按:侍常當作常侍,官名也。又有劉瑱《上湘度琵琶磯詩》,按:瑱字當作項,見《南齊書·劉繪傳》。項或作瑱,見謝赫《古畫品錄》。又梁詩有劉溉《儀賢堂聯句詩》,按:劉溉當作到溉,所稱里貫官階,與到溉均同。《初學記》、《述書賦》注,皆作劉溉,爲後來刻本之誤。又有朱記室《送別不及贈何殷二記室詩》,按:《何遜集》亦有《酬朱記室詩》。朱記室之後有何實南《答何秀才詩》,案《何遜集》有《秋夕仰贈從兄實南詩》,蓋何遜之昆弟也。《樂府詩集》有殷英童《採蓮曲》一首,姚最《續畫品》云北齊殷英童善畫兼隸楷,顏真卿《殷踐猷墓碣》云:五代祖不害以孝思見《梁書》。高祖英童,周御正大夫麟趾學士。又《顏勤禮碑》稱娶御正中大夫殷英童女。又有江革《贈何記室詩》,按:《梁書》本傳云:革字休映,濟陽考城人,官光祿大夫,領步兵校尉。又有沈君攸《採桑詩》,按:《周書·蕭詧傳》云:沈君游吳興人，博學有詞采，有文集十卷。《隋書·經籍志》集部，後梁有《沈君攸集》十三卷，與《詞人麗句》正同。又有施榮泰《王昭君詩》，按：《書品》中之中有施方泰，疑爲其弟兄。又有房篆《金樂歌》，按：《金樓子·聚書篇》云：“伏事客（當爲伏曼容之誤）、房篆，又有三百許卷，併留之。”又有阮研《棹歌詩》，按：《書品》上之下，有“阮研文機”。《述書賦》注，阮研陳留人，梁官交州刺史。又有聞人倩《春日詩》，按：《吳均集》有《酬聞人侍郎詩》二首，當即其人。又有顧烜《賦得露詩》，按：《隋書·經籍志》史部有梁顧烜《錢譜》一卷，宋洪遵《泉志》多引其說。又有王孝禮《詠鏡詩》，按：《金樓子·著書篇》云：“《詩英一秩》十卷，付琅琊王孝祀撰。”孝祀當即孝禮之誤字。又有王湜《贈情人詩》，按：《北周書·蕭詧傳》云：“王湜爲王淀之弟，官尚書都官郎中。”又有蕭欣《還宅作詩》，按：《蕭詧傳》云：“宗室則蕭欣、蕭翼。”據隋張盈妻蕭氏墓誌，蕭翼爲南平王偉之子，欣之世系，獨不可考。又陳詩有祖孫登《紫騮馬詩》，按：《顏氏家訓·風操篇》云：“梁世有庾晏嬰、祖孫登，連古人姓爲名字，亦鄙事也。”當即其人。又陽縉有《賦得荊軻詩》，按：《唐書·楊瑒傳》云“華州華陰人，五世祖縉爲陳中書舍人，名屬文，終交愛九州都督、武康郡公”，當即其人。陽字且當作楊也。至於陳詩有張君祖《誦懷詩》、《贈沙門竺法頵詩》、《答庾僧淵詩》，庾僧淵《代答張君祖詩》。按：張翼字君祖，庾僧淵爲康僧淵之誤字，詳考已見《書品》中之下。他若劉臻疑爲隋人，謝瑱疑爲陳之謝楨，陳叔逵疑爲陳叔達，尚無實據，不敢斷定耳。

讀《淳化閣帖釋文》偶書

清山左徐朝弼所撰《淳化閣帖釋文》四卷,姓字爵里,如薄紹之、劉瓛之、沈嘉等人,皆出於《述書賦》注,書未引明,亦是一病。古人僅云草隸,不云草書,歷考張芝、衛瓘、王羲之、王僧虔等傳,皆云善長草隸,與近歲出土之木簡,《急就章》草隸磚等,實爲同源。漢代本有此體,東漢始有此名,伯英、羲、獻,始集其大成,淳化所收,雖多出自唐橅,輾轉相因,或有所本,特稍增姿媚之態耳。

按:《淳化閣帖》中,多六朝人手劄,蘊藏許多豐富新史料,實爲文學可貴之遺產,一般學者,每不注意。清代王虛舟、包世臣等,對六朝帖文,頗有考證,然與余之管見尚有出入者,例如漢張芝書云:"八月九日,芝白府君足下。"又云:"餐食自愛,張芝幸甚幸甚。"前人解爲張芝與父奐之書,殊誤,蓋芝上弘農太守牋也。府君爲漢代太守之通稱。又云:"去春送舉喪到美陽。"美陽屬右扶風,謂張奐之喪也。又晉王洽書云:"洽頓首言,不孝禍深備豫嬰荼毒,蔭恃亡兄仁愛之訓,冀終百年,永有憑奉,何圖慈兄一旦背棄。"按:此書王洽因兄王悅卒與人書也。《晉書‧王導傳》云:"悅字長豫,官中書侍郎,先導卒。"本文豫上當脱長字。又晉王廙書云:"七月十三日,告籍之等。"按:《晉書‧王彬傳》,王敦之亂,有司奏彬及兄子安成太守籍之等皆除名。姚姬傳疑籍之爲羲之之兄,説尚可信,籍之爲廙之猶子,故稱告某某等也。又晉郗超書云:"王江州爲宗正,似已定。"按:《晉書‧王彬傳》云:"遷前將軍、江州刺史。"江州謂王彬也。又晉謝萬書云:"七月十日,萬告郎等。"按:《晉書‧謝萬傳》,子韶字穆度,此謝萬與子韶之札也。《王導傳》云"莫使大郎知之",是晉時稱子爲郎之一證。又晉庾翼書云："故吏從事中郎庾翼，參軍事劉遐死罪白。"按：此上陶侃之牋也。《晉書·庾翼傳》云："始辟太尉陶侃府，轉參軍，累遷從事中郎。"《劉遐傳》云：初官"龍驤將軍、平原内史"。參陶侃軍事，未知在何時。晉時屬吏上牋，稱死罪白，盧諶《答劉琨詩》亦同此例。又晉山濤書云："臣近啟崔諒、史曜、陳準，可補吏部郎。"按：《魏志·崔琰傳》裴注引《世語》曰："琰兄孫諒字士文，……仕晉爲尚書大鴻臚。"引《冀州記》，則云諒即琰之孫。《唐書·宰相世系表》云：陳佐子準，字道基，晉太尉、廣陵元公。又宋薄紹之書云："江參軍甚須一宅。"按《南史·江夷傳》云："宋武帝板爲鎮軍行參軍。"當即此人。又隋僧智果《論書》云："王儀同書，如晉安帝非不處尊位，都無神明。"儀同疑爲王志，見《南史·王僧虔傳》。又云："徐淮南書，如南岡士大夫，徒好尚風範，終不免寒乞。"徐淮南爲徐希秀，見《南史·徐爰傳》及《王僧虔傳》。《書品》列徐希秀在中之下。又云："李鎮東書如芙蓉之出水。"鎮東疑爲李式，見《晉書·李充傳》。又云："范懷約真書有分，草書無功。"范懷約見《南史·張率傳》及《顏協傳》及袁昂《書評》，庾元威《論書》及《述書賦》注。《書品》列范懷約在中之中。至於柳産、程曠平、李巖之三人事蹟未詳，他亦無所見。又王羲之書云："四月五日，羲之報，建安靈柩至，慈蔭幽絶，垂三十年。"姚姬傳考與兄靈柩垂至爲一條，因定王籍之爲羲之之兄，其說不可信，建安當爲王彬，爲王曠之弟，羲之之叔父。《晉書》本傳：初爲建安太守。羲之蓋稱其始官，慈蔭云云，語氣亦合。又王獻之書云："阮新婦娩身得雄，散騎殊當喜也。"按：與獻之同輩中加散騎常侍者，有王珣、王珉、王謐等人，疑莫能定也。又云："東陽諸妹，當復平安。"按：《晉書·王彪之傳》云：子臨之，官東陽太守。

爲獻之之從兄弟也。

隋進士科開始於煬帝大業元年考

進士科創始於隋代，盛極於唐代，人人知之。對於隋代考試制度的加强，進士科的形成，及進士科的開始，皆語焉不詳。《通典》卷十四《選舉》，僅有"隋煬帝始建進士科"一句，《文獻通考》、《通志》，皆因其説。唐王定保《摭言》卷一《述進士上篇》云："進士科隋大業中所置也。"又《散序進士》條云："進士科始于隋大業中，盛於貞觀、永徽之際，搢紳雖位極人臣，不由進士者，終不爲美。"四種書的紀載，關於隋代進士科，究屬開始於煬帝大業某年，取中進士後，如何授官，隋代登科者有幾人等等問題，皆不具體，研究隋唐政治制度者，實有商討之必要。

一、北齊、北周考試制度的嚴密。

選舉制度，在北齊、北周時，又發生一大轉變，是由察舉偏重到科舉，由口試偏重到筆試。隋代的進士科，是淵源北齊、北周的制度而進一步發展的，《通典》卷十四《選舉》云：

> 北齊選舉，多沿後魏之制，凡州縣皆置中正。其課試之法，中書策秀才，集書策貢士，考功郎中策廉良。天子常服乘輿，出坐於廟堂中楹，秀孝各以班草對。字有脱誤者，呼起立席後；書有濫劣者，飲墨水一升；文理孟浪者，奪席脱容刀。

北齊九品中正，與考試並行，實際因九品中正流弊滋多，故偏重在考試，尤注重秀才、貢士兩科目。貢士名稱，雖源本於成周，然翻陳出新，已等於隋唐之進士。其考試方法，亦開始嚴密。至於北周的考試，《通典》卷十四《選舉》云：

（後周）宣帝大成元年，詔州舉高才博學者爲秀才，郡舉
經明行修者爲孝廉，上州、上郡歲一人。

又《金石萃編》卷四十，《隋洺州南和縣澧水石橋碑》云：

于斯時也，使持節儀同三司刺史辛公，以明德上才，褰帷
此境。公名懃字士信，隴西狄道人，風神秀起，雄圖傑出，博
覽書傳，總括藝能，行成規矩，言爲楷則。但以曳裾棘座，高
步禮闈，市朝遷革，位望彌重。

澧水石橋碑無年月，有“以開皇十一年爰共經始，數年乃就”之
語。是橋之成，碑之立當在開皇十一年以後。辛懃《北齊書·源
彪傳》云：“隴西辛懃……以才幹知名，入仕周、隋，位歷通顯。”碑
文所叙“曳裾棘座，高步禮闈”，在“市朝遷革，位望彌重”二句之
上，當爲在北周時，曾取中秀才或孝廉科目無疑。考唐代考試場
所名瑣廳，閱卷方法有糊名，所謂棘闈、禮闈、禮部試各名稱，始於
五代時。《五代史·和凝傳》云：“是時進士多浮薄，喜爲喧嘩以
動主司。主司每放榜，則圍以棘，閉省門，絶人出入以爲常。凝徹
棘開門，而士皆肅然無嘩。”又《五代史·李懌傳》云：“懌笑
曰……假令予復就禮部試，未必不落第。”以澧水石橋碑文證之，
在考試上北周已有棘座、（棘座不能解作三槐九棘之九卿坐位，
因碑文此二句，是叙辛懃的出身。）禮闈等名稱。是知此等術語，
雖流行於五代，實源本於北周，可謂文獻上的新發現。吾故曰北
齊、北周考試制度的加强嚴密，形成隋代進士科的開始。

二、隋初秀才科的重要。

隋代開皇初年，罷州郡中正，選舉的重心，移到秀才科目。猶
之唐代偏重於明經、進士兩科目。《文獻通考》卷二十八《選舉

考》云："隋世天下舉秀才者不十人，而杜正玄一門三秀才。"《隋書》卷七十六《文學·杜正玄傳》云："兄弟數人，俱未弱冠，並以文學才辨籍甚三河之間，開皇末舉秀才，尚書試方略，正玄應對如響，下筆成章。"又《隋書》卷七十六《王貞傳》云："開皇初……舉秀才，授縣尉，非其好也。"又《金石萃編》卷四十，陳叔毅《修孔子廟碑》，大業七年立。末行有"濟州秀才前汝南郡主簿仲孝俊作文"題名。綜合觀之，隋代秀才科目，可考者五人，取中的秀才，授官縣尉，形成隋代由秀才科發展到進士科的開始。又爲唐代進士解褐初授縣尉之昉本。

三、隋代進士科開始於煬帝大業元年。

一九二〇年，洛陽出土《隋北地太守陳思道墓誌》，文字殘缺很多，有云：

> 公弱冠及進士第，授北地太守，遷諫議大夫，以大業二年卒。

陳思道卒於煬帝大業二年，而上引諸說，皆云進士科始於大業，則必爲元年，時代可以確定。

隋代進士登第後，授官爲太守或郎官等，有二明證。（一）上述陳思道及第後授北地太守是也。（二）唐王定保《摭言》卷一，《散序進士》云"獨孤及撰河南府法曹參軍張從師墓誌云：從師祖損之，隋大業中進士甲科，位至侍御史、諸曹員外郎"是也。又隋代登進士科，可考者四人，有陳思道、張損之、侯君素、孫伏伽四人。唐王定保《摭言》卷一，《述進士上篇》云"進士隋大業中所置也，如侯君素、孫伏伽，皆隋之進士也"可證。

現在對於隋代進士科，所可確定者爲：開始的年代，取中後授官的職位及登科可考的人名。至於終煬帝之世，共舉行幾科，每科取中的名額，考試的試題，均不能瞭解，尚有待於地下材料的發現。

張機、賈思勰、戴凱之、宗懍、裴孝源、王方慶、孫過庭、崔令欽、建演、張彥遠、張懷瓘、竇臮、李綽等人仕履及事蹟之鉤沉

張機　南陽張機字仲景，建安中官長沙太守，《後漢書》無傳。丁福保氏謂《劉表傳》"長沙太守張羨叛表，表圍之，連年不下，羨病死長沙，復立其子懌，表遂攻并懌"。章懷注引《英雄記》曰："張羨南陽人，先作零陵、桂陽守，甚得江湘間心。"丁氏因疑張羨即張機之一名，云南陽人，云長沙太守與張機皆合。然其行動頗與機不相類。按：《太平御覽》卷四百四十四引《何顒別傳》云："顒字伯求，南陽人（《後漢書》本傳並同），有人倫鑒。同郡張仲景，總角過顒，顒謂曰，君用思精而韻不高，將爲名醫。卒如其言。"仲景事蹟見於載籍者如此，學者特未深考耳，故特表而出之。

賈思勰　《齊民要術》思勰自署官高陽太守，始末不詳。按：《陶齋藏石記》卷七，十六頁，有《魏散騎常侍賈瑾墓誌》云："祖天符，仕宋爲本州主□，□□中兵參軍，脩縣令，高陽太守。父敬伯，後轉別駕，州府爲司馬，出廣川、平原、濟南、魏郡、太原、高陽六郡太守。"墓誌刻於普泰元年，瑾没時年三十歲。敬伯疑即思勰之字，勰有和意義，與敬字亦相適應，古人碑刻署官，皆書最後之職，《要術》卷端題高陽太守，尤極合體例。《魏書·地形志》云："高陽郡，晉置。"思勰仕於北魏末，至東魏初尚生存，賈瑾當先父而卒者也。

戴凱之　《竹譜》舊本題晉武昌戴凱之撰。晁公武《郡齋讀書志》云,凱之字慶預,仕履無考。左圭《百川學海》、《四庫全書提要》皆因其説。以余考之,凱之當爲劉宋時人,云晉人者誤也。《竹譜》文云:"九河鮮育,五嶺實繁。"注云:"余往交州,行路所見,兼訪耆老,考諸古志,則今南康、始安、臨賀爲北嶺,臨漳、寧浦爲南嶺。"按:《晉書・地理志》南康郡晉太康三年置,始安郡晉置,臨賀、寧浦二郡皆吳置。《宋書・州郡志》,越州有臨漳郡,先屬廣州。與百梁、懼蘇、永寧、安昌、富昌、南流、合浦、宋壽,皆新立之郡。據此臨漳郡宋時始設立,凱之爲宋人,其證一也。譜文又云:"竹之堪杖,莫尚於筇。"注云:"筇竹高節實中,……出南廣邛都縣。"《宋書・州郡志》,寧州有南廣郡,晉懷帝分朱提立,統南廣、新興、晉昌、常遷四縣。《南齊書》並同,無邛都縣。又按:《宋爨龍顏碑》云:"遷本號龍驤將軍,領鎮蠻校尉,寧州刺史,邛都縣侯。"碑爲宋大明二年立,據此邛都爲宋時暫置旋廢之縣,凱之爲宋人,其證二也。注中引有徐廣《雜記》二條。按:《南史・徐廣傳》,廣以元嘉二年卒,年七十四。凱之已引其書,凱之爲宋人,且爲元嘉時人,其證三也。《隋書・經籍志》集部有《戴凱之集》六卷,次於宋宛朐令湯惠休之後,凱之爲宋人,其證四也。《詩品》有宋參軍戴凱,疑即戴凱之之脱字,據此凱之則官參軍也。

宗懍　《荆楚歲時記》,《四庫提要》云:舊本題晉宗懍撰。《直齋書録解題》作梁人。考《梁書・元帝本紀》,承聖三年七月甲辰,"以都尚書宗懍爲吏部尚書",當即其人。按:《北周書・宗懍傳》云:懍字元懍,南陽涅陽人,梁元帝牧荆州時,以懍爲別駕、江陵令。及帝即位,擢爲尚書侍郎,累遷吏部尚書,及江陵平,與王褒等入關。孝閔帝踐祚，拜車騎大將軍、儀同三司。保定中卒。（以上節括原文）《北史》並同。此書之撰，蓋在梁元帝牧荊州時也。又按：《隋書·經籍志》集部，有北周儀同《宗懍集》十二卷，《唐書·藝文志》作十卷，懍之事實可考如此。

　裴孝源　唐裴孝源撰《貞觀公私畫史》一卷，《四庫提要》云："孝源里貫未詳，卷首有貞觀十三年八月自序，結銜題中書舍人。按《唐書·藝文志》有裴孝源《畫品錄》一卷，注曰中書舍人，與此序合。"按：《唐郎官石柱題名》，吏部員外郎有裴孝源題名。在長孫祥之下，裴希仁之上。度支郎中再見孝源題名，在鄭文表之下，裴公緯之上。裴公緯見《唐書·宰相世系表》，爲武后時人，蓋孝源亦爲武后時人，成書在貞觀時適官舍人，故以題銜，非久任不遷也。

　王方慶《魏鄭公諫錄》，《四庫提要》云："此書前題尚書吏部郎中，蓋高宗時所居官，本傳不載，則史文脱略也。"按：《唐郎官石柱題名》，吏部郎中有王方慶題名，在張詢古之下，高思之上。《提要》未引，亦其偶疏也。

　孫過庭　唐人墨蹟，傳於現今者，以孫過庭所寫《書譜》最爲熟在人口，《四庫提要》引《述書賦》注，孫過庭字虔禮，富陽人，右衛胄曹參軍。張懷瓘《書斷》則云，孫虔禮字過庭，陳留人，官至率府錄事參軍。然本文自題吳郡孫過庭，則《述書賦》所云富陽人，《書斷》所云陳留人均非也，自題寫於垂拱三年，則爲武后時人。又按：《陳伯玉集》卷六，有《率府錄事孫君墓誌銘》，文略云："君諱虔禮，字過庭，有唐之人也。"又云："幼尚孝悌，不及學文，長而聞道，不及從事。"又云："遇暴疾卒於洛陽植業里之客舍，時年若干。"此志文無籍貫，無年歲，無卒年，無刻志年月，其不稱其工書。今讀《書譜》駢儷之文，極瀟灑之致，陳伯玉謂其不及學文，殊非事實。但陳文隱晦，在其集中，考孫過庭事蹟者，皆未見引證，故特鉤沉出之。

崔令欽　令欽所撰《教坊記》，《四庫提要》云："《唐書·藝文志》著録，又總集類中載令欽注庾信《哀江南賦》一卷，然均不言令欽何許人，蓋修《唐書》時始末已無可考矣。"按：《唐郎官石柱題名》，倉部郎中有崔令欽題名，在張巡、姚沛之下，丘爲之上，則爲玄宗時人無疑，與本書中多記開元中猥雜之事，正相吻合。近人任半塘著《教坊記箋訂》，亦遺漏此條，僅知令欽官禮部員外郎云云。

封演　《封氏聞見記》十卷，唐封演撰。《四庫提要》云："書中……貢舉一條，記其登第時，張繹有千佛名經之戲，然不言登第在何年。……卷首結銜題朝散大夫，檢校尚書吏部郎中，兼御史中丞。而尊號一條，記貞元間事，則德宗時終於是官也。"按：《唐書·藝文志》史部編年類，有封演《古今年號録》一卷，注天寶末進士，又有封演所撰《錢録》一卷。《唐郎官石柱題名》，吏部郎中有封演題名，在溫彥博之下，趙宏智之上。《唐書·百官志》，吏部郎中與朝散大夫俱正五品，與結銜均相吻合，《提要》均未深考也。又《湖北通志》卷九十六，有《唐張孚墓誌》，爲侄張繹撰文，刻於開元二十八年，封演與張繹交遊，益證明爲玄宗末年時人，而卒於德宗時也。近人所撰《封氏聞見記校注》，序言中引岑仲勉諸家之説，考證封演官階甚詳，獨未引及《唐郎官石柱題名》及《張孚墓誌》。

張彥遠　彥遠所著《歷代名畫記》，最爲煊赫有名。彥遠爲張嘉貞之玄孫，延賞之曾孫，弘靖之孫，文規之子。博學有文詞，乾符中官至大理卿，見《唐書·張嘉貞傳》。《宰相世系表》作彥遠官祠部員外郎。又《唐郎官石柱題名》，祠部員外郎，有張彥遠題名，在薛汧之下，趙璘之上，與《世系表》正合。而石柱記主客員外郎，再見張彥遠題名，在裴紳之下，韓乂之上。據此彥遠當爲先官祠部員外郎，轉主客員外郎，終於大理卿也。

張懷瓘　《書斷》三卷，唐海陵張懷瓘所撰。《唐書·藝文志》著録，稱懷瓘開元中爲翰林院供奉。本書叙述能書人名，與庾肩吾《書品》同其珍貴。惟苟長胤狸骨帖引《尚書故實》一條，當爲後人所附益。《尚書故實》爲李綽撰，綽仕履未詳，自稱書爲客張尚書家時所撰，尚書四世祖爲嘉貞，懷瓘與嘉貞爲同時人，豈有引及綽之著述者乎。

竇臮　《述書賦》二卷，唐扶風竇臮所撰。《四庫提要》云："竇蒙注。臮字靈長，扶風人，官至檢校户部員外郎，宋汴節度參謀。蒙字子全，臮之兄，官至試國子司業，兼太原縣令，並見徐浩《古蹟記》。"按：《金石續編》卷九，《唐景昭法師碑》，爲竇臮書，銜題"朝議大夫檢校尚書兵部郎中兼侍御史上柱國竇臮書并篆額"。碑文又叙臮官浙江東西節度支度判官。碑文以貞元三年立。是臮雖不見於史，郎中御史爲最後之官，且知卒於德宗時，可考如此，《提要》僅據徐浩《古蹟記》之初官，未爲詳實也。又按：懷素自叙，大曆十二年石刻，竇侍御冀評云"粉壁長廊數十間，興來小豁胸中氣"云云。是臮字又可寫作冀，似在肅宗時即官侍御史矣。又按：原書有竇蒙語例字格序云，"大曆四年七月，點發行朱，尋繹精嚴，痛摧心骨，其人已往，其跡今存"云云。按：貞元初臮尚撰碑文，大曆二字，必爲誤字無疑。

李綽　按：《郡齋讀書志》卷十二，有李綽撰《輦下歲時記》一卷,云綽避黃巢之亂,避地蠻隅所作,綽蓋爲唐末時人。綽所撰之《尚書故實》,則爲早年客張尚書家所作。又按:《書録解題》卷六,有《秦中歲時記》一卷,題唐膳部郎中趙郡李綽撰,其序曰:"緬思庚子之歲,浹周戊辰之年。"庚子爲唐廣明元年,戊辰爲後梁開平二年,蓋唐之舊臣,亡國之後,而爲此書也。余疑《輦下歲時記》與《秦中歲時記》即一書之異名,避黃巢起義時撰,至後梁時方始告成,《輦下歲時記》今已亡佚,《尚書故實》此書獨存,因《四庫提要》所云未諦,特再加以考索。

鹽鐵論解要

前　言

本書以涂禎所刻爲底本，校訂增補，使初學可以琅琅成誦，雖不敢云定本，實包含有寫定之願望。諸家論著，擇善而從，不取過繁。

西漢流傳之古籍，無一語爲後人加入者，首推此書。而誤字之多，亦數此書。原文本爲一個完整檔案，首尾聯貫，經桓寬分爲五十九篇，各立標題，加以文字之潤色。漢代盛行《公羊春秋》。桑大夫、御史、丞相史及賢良、文學所辨論，多引《公羊》事例，在當時爲普遍學說。後之學者，謂桓寬治《公羊》，其說皆寬所加，與余之理解，尚有不同。

本書初稿，成於一九五七年秋間，其時只見有郭沫若氏讀本，其他各書，皆未出版。本書中徵引古籍各條，與王利器氏校注，時有同者，但所引來源，往往不同。如《論誹篇》“檀柘而有鄉”，王氏引《淮南子》，余則兼引《漢書·東方朔傳》。《刺權篇》“葶藶似菜而味殊”，王氏引《韓非子》，余則引用《本草》，今仍逐一保留，俾存本來面目。經過七八年時間之訂補，兼採取諸家所長，遂成今本。

本書所解，以採用新史料爲主。除漢銅器、封泥、印文、漆器、陶器之外，最注重者則爲敦煌、居延兩木簡，尤其偏重於居延簡。居延簡大率爲西漢中晚期物，時代正與之合。如《本議篇》之“濟

陶之縑”,《復古篇》之“肩水都尉彭祖寧歸言”,倘無木簡之發現,
則不可能通其郵。大凡所用新史料,約計共有一百八十餘事。其
他兼注重典章制度,作有系統之考證,如《本議篇》之鹽鐵均輸等
官是也。至於《范子計然書》、《九章算術》中,保存西漢經濟史料
極多,本書鉤沉闡發,亦多所引證。

原書保存有當時之古字,例如《孝養篇》伍被之作五被,《散
不足篇》之“珥斬飛鈴”,《世務篇》之“近者哥謳而樂之”是也。
有沿用當時之隸體,如《國疾篇》几席之作机席,《散不足篇》複薦
之作復薦是也。有六朝傳鈔時之別字,如《訟賢篇》麒麟之作騏
驎,《利議篇》扼騹之作枙騹是也。亦有西漢時傳聞異辭之事,如
《毀學篇》叙李斯車裂於雲陽之市,及“亦願負薪入鴻門行上蔡曲
街徑”等句,學者似不必堅持改易原文。

桑大夫之辨論,有時取裁於《史記·平準書》及《貨殖傳》,竊
謂爲引用《史記》最早的一人,摘出整段,兩相對勘,詳見於《毀學
篇》。至於《散不足》爲原書中最重要之一篇,亦錯誤最叢雜之一
篇。因此折衷諸說,參以己見,時出新義。又《雜論篇》爲自序形
式,與《漢書·車千秋傳》所録,異同很多,或經班固之改易,或爲
傳鈔之違失,各自爲書,不能根據《漢書》以更改本文。

各類書中所引原書,以《太平御覽》出入最大,一爲編纂時因
行文便利而修改,二爲《御覽》刻本本身誤字且極多,似不須曲解
爲另有所據之別本,因此引用時,須特加審慎。張之象所稱之古
本,更屬子虚,前人多已言之,兹不再贅。

對於原書全文,如有校補之處,凡誤字仍然保留,於誤字之上
用括弧小字,在上角偏寫。增補之單文隻字,則用「　」爲符號。
删除之字,則用囗爲符號。如此既便讀者,又能保存涂刻一家之

原書面目。

對於原書誤字不肯定者,在考證中說明,不輕擅改原文。校正誤文,由下走開始者,則用"今訂正",或"今訂補"以別之。用前人之説,如有補充或駁正之處,則加"竊謂",或"竊以爲"等字以別之。

陳　直

一九五七年九月初稿於西安西大新村

一九六三年四月修改於北大朗潤園

一九六四年六月再修改於長春東北文史研究所

此書所印,僅録考證,未録原文。仍存序言,藉概大略。直又記。

本議第一

問民間所疾苦。

直按:《漢書·昭帝紀》,"始元六年二月,詔有司問郡國所舉賢良、文學民所疾苦,議罷鹽鐵榷酤"。《食貨志》卷下云:"昭帝即位六年,詔郡國舉賢良、文學之士,問以民所疾苦,教化之要。皆對願罷鹽鐵、酒榷、均輸官,毋與天下爭利。視以節儉,然後教化可興,弘羊難以爲此國家大業,所以制四夷安邊足用之本,不可廢也,迺與丞相千秋共奏罷酒酤。"本文丞相指車千秋,御史指桑弘羊。西漢御史大夫,在詔書中與丞相連文,簡稱爲制詔丞相御史,見《漢書》兩龔、李尋等傳,及武威磨嘴子十八號漢墓所出王杖詔令十簡。惟《毋將隆傳》,獨作制詔丞相御史大夫。

今郡國有鹽鐵、酒榷、均輸,與民爭利。

直按:武帝時鹽鐵官賣,郡國設鹽鐵官,以《漢書·地理志》注考之。設鹽官者有安邑、太原、晉陽、巫、堂陽、章武、千乘郡、都昌、壽光、曲成、東牟、䴷、昌陽、當利、海曲、計斤、長廣、海鹽、臨邛、南安、連然、朐忍、隴西郡、三水、弋居、獨樂、龜茲、富昌、沃壄、成宜、樓煩、泉州、海陵、平郭、番禺、高要等三十六郡縣。又雁門、沃陽,有鹽澤長丞。鹽官之組織,有鹽官長,見《漢書·王尊傳》。有左右丞,有左右鹽丞,見《齊魯封泥集存》二十三頁,"琅玡左鹽"封泥,及《十鐘山房印舉·舉二》八頁,"海右鹽丞"印。設鐵官者,有鄭、夏陽、雍、漆、弘農、黽池、宜陽、安邑、皮氏、平陽、絳、大陵、隆慮、河南郡、陽城、西平、宛、皖、山陽郡、沛、武安、都鄉、涿郡、千乘郡、東平陵、歷城、嬴、臨菑、東牟、琅玡郡、下邳、朐、鹽瀆、堂邑、桂陽郡、沔陽、臨邛、武陽、南安、隴西郡、漁陽、夕陽、平郭、北平、郁秩、莒、東平、魯、彭城、廣陵等五十郡縣。鐵官之組織,有鐵官長,見《齊魯封泥集存》十頁,"齊鐵官長"封泥,及《隸釋》卷四,《漢青衣尉趙孟麟羊竇道碑》。有丞,見《齊魯封泥集存》十一頁,"齊鐵官丞"封泥。有採鐵,見《續封泥考略》卷三,三十五頁,"臨菑採鐵"封泥。有冶府,見同書同卷八頁,"冶府"封泥。有鑄長,見《漢印文字徵》十四,二頁,"齊鑄長印"。上述各鐵官,雖雜有西漢初期制度,距離實際情形,當不致過遠。此外郡國不出鐵者,則有小鐵官,專改鑄舊鐵,見《漢書·食貨志》,包括在各郡國鐵官之內,《地理志》將每一鐵官大小情況,詳加注出耳。

直又按:《漢書·武帝紀》,"天漢三年春二月,初榷酒酤"。

應劭注：“縣官自酤榷賣酒，小民不復得酤也。”韋昭注：“榷謂禁民酤釀，獨官開置，如道路設木爲榷，獨取利也。”應、韋二家之注，當以韋説爲長。又榷酒酤，酤升四錢，及罷廢酒榷，皆見於《昭帝紀》。惟管理酒榷之官，史無明文，當屬於大司農無疑。王莽時羲和置酒士，郡一人，莽改大司農爲羲和，亦其例也。

直又按：《漢書·食貨志》云：“而桑弘羊爲大司農中丞，管諸會計事，稍稍置均輸以通貨物。”《百官公卿表》，大司農屬官有均輸令丞，蓋專管郡國均輸之事。孟康注：“均輸謂諸當所有輸於官者，皆令輸其地土所饒，平其所在時賈，官更於佗處賣之，輸者既便，而官有利也。”依孟注大義，是以遠方之貢輸，照所在地時價，分售於他處。證以本書本篇云：“鹽鐵均輸，所以通委財而調緩急。”又云：“往者郡國諸侯，各以其物貢輸，往來煩雜，物多苦惡，或不償其費，故郡置輸官以相給運，而便遠方之貢，故曰均輸。開委府於京師、以籠貨物。賤即買，貴即賣，是以縣官不失實，商賈無所牟利，故曰平準。”《食貨志》云“弘羊以諸官各自市相争，物以故騰躍，而天下賦輸，或不償其僦費。乃請置大農部丞數十人，分部主郡國，各往往置均輸鹽鐵官。令遠方各以其物，如異時商賈所轉販者爲賦”云云。依《鹽鐵論》及《漢書》來分析，是均輸專爲便利貢輸之事，與孟注微有不同。但合之則成全面，蓋一方面由官家運輸貢品，可以減省不應消耗之費用，如有剩餘物資，亦可以在他處銷售，若僅就孟康注片面理解，遠方貢物多在他處出售，則京師無須有平準令之設置。又按：均輸官之組織，《漢書·地理志》注：千乘郡有均輸官。而河東有均輸官,見《黃霸傳》。又《封泥考略》卷四,四十二頁,有"遼東均長"封泥,均長即均輸長之簡稱。瞿氏《集古官印考證》,有"千乘均監"印,則均輸官除設長之外,又有監官,均輸官之設置只限於郡國有之,本書與《漢書》及出土封泥漢印等無一不合。究屬共有幾處,現不可考。又按:《百官公卿表》,水衡都尉有均輸令丞,少府有均官長丞,蓋各管本官範圍內運輸事宜,與各郡國均輸官名稱雖同,性質則不同。《九章算術》中有《均輸篇》,假設算題,皆是由甲縣至乙縣,或由太倉輸上林,似多屬於大司農與水衡都尉內部運輸問題。此外邊郡亦有輸城官之設置,證之《居延漢簡釋文》卷二,三十八頁,有簡文云:"右凡十二兩,輸城官,凡失折耗五十九石三斗。"簡文之輸城官,亦相當於均輸官,可證均輸名稱,隨需要可以設立,與水衡、少府之均輸官性質相同也。

直又按:桑弘羊所建議經濟政策,此外尚有緡錢令之重要措施。《漢書‧武帝紀》:"元狩四年初算緡錢。"《史記‧平準書》云:"率緡錢二千而一算,諸作有租及鑄,率緡錢四千而一算,非吏比者,三老、北邊騎士,軺車以一算,商賈人軺車二算,船五丈以上一算。匿不自占,占不悉,戍邊一歲。"又云:"楊可告緡遍天下,大抵中人之家皆遇告。"《居延漢簡釋文》卷三,四十八頁,有候長禮忠;五十三頁,有燧長徐宗,估計家貲,算收緡錢之簡文,最爲可貴之材料。又按:西漢時官吏之考績、獎金、罰金,及邊郡戍所官吏因烽火臺器物之損壞賠償亦皆以緡錢爲計算標準。居延木簡紀載甚多,詳余所寫《居延漢簡解要》。

故修障塞,飭烽燧屯戍以備之。

直按:《漢書·賈誼傳》,《陳政事疏》云:"今西邊北邊之郡,雖有長爵不輕得復,五尺以上不輕得息,斥候望烽燧不得卧,將吏被甲冑而睡。"又按:漢人稱守邊之烽戍臺爲亭燧、或爲亭障,或爲障塞。今以敦煌、居延兩木簡證之,亭燧與障塞,實爲兩個系統。亭燧之制,爲候官之下有候長,候長之下有燧長。設燧之處,不再設亭,故燧長又稱爲亭長,分三級制,此正統也。又在烽戍臺之外,相距百里險要之處,設有障塞,(見《漢書·匈奴傳》卷上,雁門尉史行徼句,顏師古注。)大者曰障、小者曰塞,此旁枝也。於障設障候,於塞設塞尉,《漢書·孫寶傳》云:唐林左遷敦煌魚澤障候,傳世有"高柳塞尉"、"呼沱塞尉"漢印是也。

殺代郡朔方都尉。

直按:原文爲"殺伐郡縣朔方都尉",在"殺伐郡縣"下連以"朔方都尉"四字,義不可通,今加以訂正。證之《漢書·武帝紀》,元朔五年秋,"匈奴入代殺都尉"可證。

縱然被堅執鋭。

直按:楊樹達云:然字古音如難,此假然爲難耳。

始張利官以給之。

直按:利官,指郡國鹽鐵官,均輸官,大司農屬官之均輸、平準二令,榦官、鐵市二長等官而言。

故工不作則農用乖。

直按:下文作農用乏,二者恐有一誤。又本段引《周書》,與《史記·貨殖傳》略同。

貨財市。

直按：財市疑爲財帛之誤字，實菽粟，貨財帛，貨字作動詞用，義相對舉。

荆揚之皮革骨象，江南之枏梓竹箭。

直按：江南已包括荆揚，此文單辭複舉，不是誤字。

漆絲絺紵，養生送終之具也。

直按：《漢書‧張釋之傳》云：“（文帝）顧謂群臣曰：嗟乎以北山石爲椁，用紵絮斮陳漆其間，豈可動哉。”是漢代送終，用絺紵之證。

是以盤庚萃居。

直按：楊樹達云：萃當作革，形近而誤。《説文》云：“革，更也。”指盤庚遷都事言之。臧府説萃居爲葆居之誤字，孫詒讓説萃居爲率苦之誤字，孫人和則以萃居當作革奢，衆説紛紜，似楊説近之。

舜藏黄金。

直按：《淮南子‧泰族訓》云：“故舜深藏黄金於嶄巖之山，所以塞貪鄙之心也。”又《莊子‧天地篇》云“藏金於山，藏珠於淵”，蓋亦同此意。

高帝禁商賈不得仕宦。

直按：《漢書‧高祖紀》八年，“賈人毋得衣錦繡綺縠絺紵罽、操兵、乘騎馬”是也。又《食貨志》云：“高祖乃令賈人不得衣絲乘車，重租税以困辱之。”

物多苦惡。

直按：《漢書‧食貨志》云：“今縣官作鐵器多苦惡。”顔師古注苦惡二字，苦謂鹽味，惡謂鐵器。證以本文及居延木簡，知苦惡二字，爲漢代之習俗語，非指有味之物方得爲苦，顏注失之。《居延漢簡釋文》八十六頁，有簡文云“將軍，使者議貸錢，苦惡小萃不爲用，改更舊制，設作五銖錢”是也。（僅舉一例。）

或不償其僦費。

直按：各本原文無僦字。《史記·平準書》云：“弘羊以諸官各自市，相與爭，物故騰躍，而天下賦輸，或不償其僦費。”《漢書》亦同，費專指僦運之費而言，無僦字則意義不顯，今訂補。

開委府于京師。

直按：原文無師字，先伯父星南府君云：京下當脱師字，今據補。

以籠貨物。

直按：楊樹達云：籠即總一之義，《説文》：儱兼有也，字當作儱，今作籠者以同音借用耳。

平準則民不失職。

直按：先伯父據《續漢書·百官志》劉昭注，平準作準平。竊謂原文不誤，下句均輸則民齊勞逸，若依劉注作準平，則下句亦當作輸均矣。

郡國或令民作布絮。

直按：兩漢各郡國所出布品，以蜀郡及廣漢爲大宗，《居延漢簡釋文》卷三，二頁，有“廣漢八緵布”之紀載。又《説文》東萊出幏布，南陽郡育陽縣以染布名（見《説文》幏字及綪字）。又敦煌漢簡有“狗布襪”之紀載（見《流沙墜簡·考釋》卷二，十三頁）。《居延漢簡釋文》卷三,十二頁,有"毋蔦布",十四頁有"尤布",七十六頁有"校布"各紀載,皆屬於各郡國出產品。又《史記·貨殖傳》,叙卓氏云:"蜀地有民工作布易賈,乃求遠遷,致之臨邛。"爲郡國令民作布絮之又一證。

吏恣留難與之爲市。

直按:原文脱恣字,據盧文弨引《通典》、《通考》補。又按:《居延漢簡釋文》二九三頁(《居延漢簡釋文》引稱卷數者,爲勞氏南溪李莊石印本,僅稱頁數者爲商務鉛印本),有簡文云:"出錢四千五百,八月己丑給令史張卿爲市。"又三〇九頁,有簡文云:"凡出錢三千二百八十,□□入七百八十,令史譚市。"此皆官吏與民爲市之證,時代與《鹽鐵論》文學所言正合。

非獨濟陶之縑。

直按:原文作齊陶之縑,據《通典》卷十一,《文獻通考》卷二十校正。濟陶郡名,不見於他書,僅見於居延木簡。《居延漢簡甲編》七〇八簡,有濟陶郡吕都邑。《居延漢簡釋文》四七二頁,有濟陶郡定陶各簡(濟陶郡在居延簡凡五六見,以上僅舉二例)。又另有濟陰郡成陽各簡。蓋濟陰郡在西漢武昭時期,曾一度稱爲濟陶郡,《鹽鐵論》正與之時代相合。《漢書·地理志》,濟陰郡班固原注:"故梁,景帝中六年別爲濟陰國,宣帝甘露二年更名。"濟陶郡之稱,當爲宣帝甘露二年以前之事。濟陶出縑,他無紀載,應與東漢任城國亢父縣出縑相同。洪頤煊以本文齊陶爲齊阿之誤字,齊阿二字,在秦漢古籍中,亦很少聯繫,當日受條件之限制,固無足深病也。又按:《史記·貨殖傳》叙范蠡云:"乃乘扁舟浮於江湖,變名易姓,適齊爲鴟夷子皮,之陶爲朱公。以爲陶天下之中,諸侯四通,貨物所交易也,乃治産積居與時逐。"可證定陶在先秦以來即爲商業繁盛之區。

蜀漢之布。

直按:《説文》:"繐,蜀細布也。"左思《蜀都賦》云:"黄潤比筒。"劉淵林注:"黄潤,細布也。"足證蜀地除出蜀錦之外,兼出細布。又按:《居延漢簡釋文》卷三,二頁,有簡文云:"廣漢八稯布十九匹八寸大半寸,直四千三百二十。"又卷一,三十八頁,有簡文云:"九稯布三匹,值三百。"與本文所謂蜀漢之布,無不適合。

行奸賣平。

直按:《周禮·小宰》:"聽賣買以質劑。"先鄭云:"質劑謂市中平賈,今時月平是也。"《法言·學行篇》,"一閧之市,必立之平"。又按:《居延漢簡釋文》八四頁,有簡文略云"臧官物非録者,以十月平價,計案戍田卒,受官袍衣物,貪利貴賣,貰乃貧困民,吏不禁止,滔益多,又不以時驗問"云云。據先鄭《周禮》注,漢代内郡物價係月平,邊郡僅每年十月平價一次,此不同之點。

閹門擅市。

直按:閹門疑閹關之脱文,下篇《力耕》,大夫曰:王者塞天財,禁關市,即承本文而言。

力耕第二

湯以嚴山之銅,鑄幣以贖其民。

直按:原文贖字作贈,今訂正。本於《管子》湯以莊山之金鑄幣,而贖民之無糧賣子者。

是以古者尚力務本而種樹繁。

直按:疑作"古者尚力務本而稼穡繁",本文稼穡與衣食對舉,下文有"故衣食者民之本,稼穡者民之務",及《通有篇》"宋衛韓梁,好本稼穡"皆可證。若照原文尚力務本專指種樹而言,則立義亦似太狹。

而紀氏以強大亡。

直按:原文紀作范,據張敦仁校改。《管子·輕重篇》云:"昔紀氏之國,強本節用者,其五穀豐滿,而不能理也,四流而歸於天下,若是則紀氏其強本節用,適足以使其民穀盡,而不能理,爲天下虜,是以其國亡而身無處。"

工致牢而不僞。

直按:《韓非子·難一篇》云:"舜往陶焉,朞年而器牢。"又按:牢固之牢,爲漢代習俗語。漢陶器中有"真上牢"、"太牢第一"。樂浪永平漆盤題字,有"用作牢",耳杯題字,有"王氏牢"、"番氏牢"等辭句,與本書《國疾篇》,"器質樸牢而致用",大義均相同。

工則飾罵。

直按:王紹蘭云:罵當爲䮷,《方言》:"䮷,益也。"郭璞注:"音罵,謂增益也。"郭沫若云:罵當作駕,《左傳·昭元年》猶詐晉而駕焉,杜注:"駕陵也。"陳遵默云:罵讀爲馬,謂商人增籌碼之計價。竊疑罵爲賈字之誤文,現羅列各説,未敢擅改原文。

故伊尹高逝遊薄。

　　直按：薄即亳字之假借，《左·哀四年》傳，"亳社災"。《公羊傳》作"薄社災"。本文亳作薄，是合於公羊家法。又《季木藏匋》八十頁，有"陳棱左里亳陶"，"華門陳棱齊左里敀亳陶"，"王孫陳棱立事歲左里敀亳區"，此皆齊陶，余昔考亳陶即薄陶，皆薄、亳二字古通用之證。

一揖而中萬鍾之粟。

　　直按：一揖爲一挹之假借字，故張之象本作一挹，但原文可仍舊不必輕改。

故理民之道。

　　直按：理民原本應作治民，此經唐人傳抄時因避諱而改。

蹠蹻之徒。

　　直按：蹠蹻之徒，即躡蹻之徒，謂貧士也。《史記·虞卿傳》云："躡蹻檐簦。"《漢書·卜式傳》云"布衣中蹻而牧羊"是也。與後文盜蹠、莊蹻意義不同。

湊會之要。

　　直按：湊會爲輳會之假借字，謂都會輻輳之要地。

陶宛之術。

　　直按：陶宛原文爲陶室，據孫詒讓校改，指《貨殖傳》之陶朱公、宛孔氏而言。

通有第三

韓之滎陽。

　　直按：《貞松堂集古遺文》卷十三，二十一頁，有滎陽宮小鐸。

漢代金石刻辭,皆作熒陽,無作滎陽者,此後代傳寫之誤字。

又按:桑大夫所舉戰國以來各大都市名稱,獨不列秦之咸陽,未知何故。

鄭之陽翟。

直按:《史記・呂不韋傳》,“爲陽翟之大賈”。又福山王氏藏有“陽翟太守”封泥,足證在西漢初中期,陽翟曾一度分郡,可見爲商業繁盛之區。

三川之二周。

直按:指秦之三川郡而言。

居五諸侯之衢,跨街衢之路也。

直按:王利器以五諸爲五都聲近而誤,侯字爲衍文。王佩錚讀五爲午,疑爲居午諸侯之衢,跨街衢之路也。未敢據以擅改原文。

富在術數。

直按:《漢書・晁錯傳》云:“人主所以尊顯,功名揚於萬世之後者,以知術數也。”

荆陽南有桂林之饒。

直按:揚、楊、陽三字在漢代通用,丹陽郡在封泥作丹楊、揚州或作楊州是也。本文荆揚作荆陽,正保存原來之寫法,不必改易。

左陵陽之金,右蜀漢之材。

直按:《韓非子・内儲説上七術》云:“荆南之地,麗水之中生金,人多竊采金。”又按:《漢書・地理志》,丹陽郡有陵陽縣,當今安徽宣城縣境,正荆南之地也。西漢出金地區,桂陽郡有金官,豫章郡鄱陽縣有黃金采,均見於《地理志》。又《地理志》蜀郡嚴道縣注有木官(余昔考嚴道另有橘官,《地理志》漏注,不能以木官代替爲橘官之脫文),即本文所云之蜀漢之材。

然後觜㾕偷生。

直按:《漢書·地理志》:"㿭㾕婾生而亡積聚。"晉灼注:"㿭,病也。"應劭注:"㿭,弱也。"顏師古注:"㿭,短也,㾕,弱也,言短力弱才,不能勤作。"如淳注"㿭或作觜",與本文之作觜㾕正同。

鳴琴在室。

直按:鳴琴疑爲鳴瑟之誤字,趙女鼓瑟,爲戰國以來之習俗語,因涉上文歌謳鼓琴而致誤。

而丹章有金銅之山。

直按:《漢書·地理志》,丹陽郡注,"故鄣郡,有銅官"。本文丹章二字連稱,蓋西漢人之習俗語。《伍被傳》云:"吳有豫章之銅。"韋昭注:豫章當作鄣郡是也。西漢産銅地區,主要在丹陽郡,至王莽時猶不廢,漢鏡銘云"漢有嘉銅出丹陽"及"新有嘉銅出丹陽"是也。

隋唐之材。

直按:文學辨論下文,又作吳唐之材,蓋包括吳越隋唐四地而言。

而曹魏梁宋,采棺轉尸。

直按:下文文學答辨辭亦云:"是以生無乏資,死無轉尸也。"《淮南子·主術訓》云:"是故生無乏用,死無轉尸。"高誘注:

“轉，棄也。”大夫與文學之言，皆源本於《淮南子》。又按：
《詩》，“薄言采之”。毛傳，“采，取也”。《説文》，“轉，運
也”。謂盜取其棺，轉移其屍，又將空棺售與他人也。

萊黄之鮐。

　　直按：《説文》，“鮐，海魚”。《漢書・地理志》，東萊郡有黄
　　縣，故稱爲萊黄。

古者采椽不斲。

　　直按：《韓非子・五蠹篇》云：“堯之王天下也，茅茨不翦，采
　　椽不斲，糲粢之食，藜藿之羹。”《史記・李斯傳》，二世亦引
　　韓子之語。

徙邛笮之貨。

　　直按：《漢書・西南夷傳》云：“張騫言使大夏時，見蜀布、邛
　　竹杖，問所從來，曰，從東南身毒國可數千里，得蜀賈人市。”
　　本文即指此事。

是以褐夫匹婦。

　　直按：原文褐夫作揭夫，據華本改。

不飾宮室，則材木不可勝用。

　　直按：郭沫若云：今本《管子》無此文，殆係撮述《侈靡篇》之
　　大義。竊以爲此數句蓋節括《孟子》文。

無末利則本業斯出。

　　直按：原文作“無味利則本業所出”。末字據王先謙改，斯字
　　據盧文弨改。

邦國之用。

　　直按：漢代諱邦字，皆改爲國，本句若改爲國國之用，則不成

文,故仍用邦字,蓋出於不得已也。

朐鹵之鹽不出。

直按:西漢出鹽之地,以《漢書·地理志》考之,有三十六郡
縣,産地以齊魯爲大宗。朐縣屬東海郡,鹵爲赤鹵之地,因朐
爲單字,故聯合朐鹵以成文。黃季剛以朐爲北地郡朐衍之簡
稱,所出蓋爲戎鹽,其說非是。

上成雲氣,下成山林。

直按:樂浪出土元始四年夾紵漆盤,畫雲氣文。外蒙古匈奴
貴族墓中出土織物,有絹布和毛織物二種。在絹布上面,繡
有彩色之山、雲、鳥、獸、神仙等物。在流雲神仙中間,並刺有
“新神靈廣成壽萬年”篆書八字。又北京歷史博物館藏有新
疆出土雲紋絹。遼陽棒臺子漢墓壁畫,在壁畫上段,亦畫有
雲氣紋。本文所言,是樓閣上繪畫,漢代建築,現不可見,以
古物來印證,知道雲氣山林,爲漢畫重要點景之題材。

雕文刻鏤。

直按:《漢書·景帝紀》,後二年四月詔曰:“雕文刻鏤,傷農
事者也。”

患無狹盧糠糟也。

直按:糠糟或作糟糠,《錯幣篇》或不厭糟糠也可證。

錯幣第四

交幣通施。

直按:郭沫若云:此節議論,與《管子·國蓄篇》文,大同小
異、蓋取材於彼。王佩錚解作與通工易事,農末相資之理近,

即由實物交換而至貨幣作值也。本篇名錯幣，即謂貨幣交錯
之用。

俗獘家法。

直按：王利器疑作俗獘更法，竊疑作俗獘秦法，上文爲湯文繼
衰，漢興乘獘，本文接論，疑爲秦事。

夏后以玄貝，周人以紫石。

直按：上虞羅氏曾得石幣一枚（見《俑廬日劄》），考謂即周人
之石幣。家邦懷兄亦得一品，紫紺中有黑斑，可能爲西周時
物。本文夏后以玄貝，則更不可考矣。

鄧通專西山。

直按：鄧通所鑄錢之鹽道銅山屬於西蜀，故稱爲西山。

更行白金龜龍。

直按：《漢書·食貨志》云："從建元以來，用少，縣官往往即
多銅山而鑄錢，民益盜鑄，不可勝數。錢益多而輕，物益少而
貴，有司言曰……又造銀錫白金。以爲天用莫如龍，地用莫
如馬，人用莫如龜，故白金三品。其一文龍直三千，其二文馬
直五百，其三文龜直三百。令縣官銷半兩錢，更鑄三銖錢，重
如其文，盜鑄諸金錢罪皆死，而吏民之犯者不可勝數。"《古
泉匯》卷三有"良金一朱"、"良金四朱"兩錢牌，周身龍文，或
疑爲武帝時白金三品之一，只可作爲參考，不能據爲定論。

民多巧新幣。

直按：本文稍去舊幣，指武帝所鑄之半兩及半兩以上之諸幣
而言。民多巧新幣，指白金龜龍而言。幣數易而民益疑，指
鑄白金龜龍之外，同時又鑄三銖而言。龜龍每枚數目很大，

三銖在當時變爲輔幣的性質。巧謂巧法,《平準書》云：民巧法用之不便,於是廢天下諸錢。

直又按：由西漢初至武帝統一鑄造五銖錢止,凡經八變,一爲高祖莢錢,二呂后八銖,三呂后五分錢,四文帝四銖,五武帝三銖,六武帝半兩錢,七武帝五銖,八武帝赤仄五銖。而白金龜龍等品,文帝時所鑄法錢,及各郡國藩王所鑄四銖錢尚不在內。本文所言廢天下諸錢,上述前六種錢,皆在廢止之列(赤仄五銖僅行兩年)。

而專命水衡二官作。

直按：水衡都尉所屬官署,大部份皆設在上林苑中,故督造鑄錢之官吏,當時稱爲水衡三官,又稱爲上林三官。《漢書·食貨志》云：元狩五年"禁郡國毋鑄錢,專令上林三官鑄,錢既多,而令天下非三官錢不得行。諸郡國前所鑄錢,皆廢銷之,輸入其銅三官"。上林三官之名稱,顏師古無注,是表示抱殘守缺之義。魏時張晏注爲水衡都尉屬官之鍾官、辨銅、均輸三令丞。清代學者多沿其說,齊召南尤主張晏之解釋,隨聲附和,未加分析。試問均輸令主管上林苑均輸事宜,與鑄錢何涉？余曾加以研究,根據封泥中有"鍾官火丞"及"技巧錢丞"兩封泥(均見《齊魯封泥集存》),西安漢城遺址又出土有"鍾官錢丞"封泥,及"巧二"五銖錢範題字(兩物皆爲余舊藏,現贈西北大學文物陳列室),至於辨銅官名,則甚明顯。據此上林三官,當爲鍾官、技巧、辨銅三令丞無疑。又上林三官之名,《漢書》紀載三官二字,本很明確,而本文獨稱爲水衡二官,蓋指最初期主持鑄錢之官吏而言,或指鍾官、辨銅二令丞,爲史家紀述之異聞,似非後代傳寫之誤字。明清學者,習見三官之名,故皆校改《鹽鐵論》以與《食貨志》相符合。又按:技巧令丞,在成帝永始五年即先罷廢。服虔注:"技巧爲倡伎之巧。"顏師古亦從其説,可證在東漢末期,已不知技巧令丞所掌何事,若僅爲倡伎之巧,則宜屬於黃門令,與水衡各官,毫無聯繫也。現從地下新史料來考察,知鍾官主鑄錢,技巧主刻錢範,辨銅主原料,上林三官之職守分工,極爲周密也。

吏匠侵利。

直按:原文吏匠誤作吏近,據孫詒讓説改。此經過六朝時傳寫之致誤。劉宋《爨龍顏碑》匠字作近,與近字僅微有不同耳。

信故疑新。

直按:新指水衡三官所造五銖而言,故指三銖半兩以上之錢而言。

禁耕第五

布衣有朐邴。

直按:朐邴疑即《史記・貨殖傳》之曹邴,邴姓居於曹稱爲曹邴,後遷於朐稱爲朐邴。《漢書・地理志》,東海郡有朐縣,齊郡、東萊郡皆有臨朐縣,朐邴所居,二者必居其一,吳縣蔣伯斧藏有"臨朐四銖"錢,足證臨朐可以自鑄錢幣。又按:漢代邴姓寫法有兩種,有作邴者,朐邴與邴曼容是也。有作丙者,丙吉是也。西安漢城曾出"邴不侵印",知邴爲正字,丙爲簡文。

人君有吳王，皆鹽鐵初議也，吳王專山澤之饒。

直按：原文作"胸邠人，吳王皆鹽初議也，君有吳王，專山澤之饒"。今據張之象本改正，特恐張是以意改耳。楊樹達謂胸邠人二句，爲桓寬之自注，文亦不順，説恐非是（原文改動太多，未加符號）。

縣官設衡立準，人從所欲。

直按：薛氏《鐘鼎款識》卷十八，四至六頁，有谷口銅甬銘云："谷口銅甬容十升，始元四年南方，左馮翊造。谷口銅甬容十升，重廿斤，甘露元年十月，計掾章平、左馮翊府，北方㮰南。"銅甬屬於準器，爲昭帝始元四年造，正桑弘羊與郡國賢良、文學後二年辨論鹽鐵時代，與本文縣官設衡立準之説完全符合。又西安漢城遺址，常出土有"官律所平"小銅器，器内有"鼓鑄爲職"四字，以文字來推斷，當爲鐵官檢驗鐵器時所用。

山海者財用之寶路也。

直按：據張敦仁引《通典》之寶下有路字，今補。下文有"寶路開則百姓贍而民用給"，尤爲寶下脱路字之證。

鐵器者，農夫之死士也。

直按：原文死士作死生，據張敦仁校改，下句同。

近鐵炭。

直按：兩漢時燃料有木炭，有石炭。《漢書·外戚傳》：竇少君少時入山作炭，岸崩，死者百餘人，惟少君得脱。《後漢書·黨錮·夏馥傳》云：入林慮山中，爲主人伐炭。似皆謂石炭也。

郡中卒踐更者，多不勘，責取庸代。

直按：《漢舊儀》云："更卒在郡縣中，年服役一月。"本文專指郡中之卒踐更者。西漢鹽官設於郡治者，有太原、千乘、隴西三郡。鐵官設於郡治者，有山陽、沛、涿、千乘、琅玡、桂陽、隴西七郡，魯、彭城、廣陵三國，本文似亦包括縣而言。郡中對於應踐更之卒，多不勘查，皆是傭人代役者。又責取庸代，與《漢書·廣陵厲王傳》之"死不得取代庸，身自逝"同義。

縣邑或以戶口賦鐵。

直按：即《漢書·食貨志》所謂"大農以均輸調鹽鐵助賦，故能澹之"是也。

良家以道次發，僦運鹽鐵。

直按：良家爲良家子簡稱，見《漢書》李廣、東方朔、辛慶忌等傳。僦運鹽鐵，是良家子應當充更卒或正卒者，改爲任運輸鹽鐵之徭役，猶《溝洫志》所云"卒治河者，爲著外繇六月"是也。又按：良家子自備鞍馬，見於《漢書·蕭望之傳》、《漢舊儀》及居延木簡（見《居延漢簡釋文》六六頁），余昔據木簡考良家子爲身份名詞，非泛稱也。

復古第六

故肩水都尉彭祖寧歸言。

直按：原文作扇水都尉，西漢無此官名，以居延木簡證之，當爲肩水都尉之誤字，今加以訂正。《居延漢簡釋文》一頁，有"□亥張掖肩水司馬德行都尉事，丞勝胡"，同頁有"肩水候房以私印行□"；二頁有"元康四年十月乙卯朔，肩水右前候長信都敢言之”，同頁有“二月乙巳肩水關候門嗇夫敢言之”
各簡之紀載。蓋張掖太守屬官有三都尉，一爲張掖都尉，二
爲居延都尉，三爲肩水都尉，《漢書·地理志》獨漏注肩水都
尉，或後來傳寫之脱落亦未可知。彭祖當爲肩水都尉之名，
已佚其姓。漢代公牘中官名下僅繫人名，例不著姓，與《漢
書·儒林傳》之嚴彭祖、趙王彭祖，《釋文》一六八頁之張彭
祖皆同名。寧歸者因親喪告假而暫歸京師也。《漢書·高
祖紀》，“常告歸之田”，李奇注：“吉曰告、凶曰寧。”《哀帝
紀》，綏和二年，“博士弟子父母死，予寧三年”。《釋文》四九
五頁，有“十二月吏寧書”之簿檢，皆與本文寧歸二字相合。
一般學者，或以彭祖寧爲人名，歸言屬下文，或以彭祖爲人姓
名，寧歸爲彭祖之字，皆非也。邊郡都尉雖職在烽燧，有時亦
留心鹽鐵諸大政。《釋文》五零六頁，有“□月甲寅大司農守
屬閣則案校錢穀鹽鐵”，是其明證也。

鹽鐵令品，令品甚明。

直按：令品，謂善品也。令品甚明，是重言以明其美善，非有
誤字也。

皆宜屬少府。

直按：少府屬官，其初有榦官令丞，專管鹽鐵鑄錢等事宜，後
來改屬大司農。鹽鐵之利，天子不自給供養，而變爲國帑之
支用，與本文“陛下不私，以屬大司農”正合。説詳拙著《漢
書新證·百官公卿表》部分少府條下。

役利細民。

直按：本段引用《史記·平準書》原文及《漢書·食貨志》，皆

作役利細民,蓋利用細民充當力役之義。郭沫若以意校改爲
役制細民,非是。

采鐵石,鼓鑄煮鹽。

直按:鐵石謂鐵礦石。一説鐵指礦,石指鹽而言。證之《太
平御覽》卷八百六十五,引《益州記》云,"汶山、越嶲煮鹽法
各異,汶山有咸石,先以水漬,既而煎之"是也。

一家聚衆或至千餘人。

直按:本段言鹽鐵在豪商大賈專利時情況。兩漢鐵官,規模
極大,人數衆多。《漢書·成帝紀》,陽朔三年六月,"潁川鐵
官徒申屠聖等百八十人,殺長吏,盜庫兵,自稱將軍"。永始
三年十二月,"山陽鐵官徒蘇令等二百二十八人,攻殺長吏,
盜庫兵,自稱將軍"。以山陽鐵官暴動的徒,多至二百餘人
來推測,每一鐵官全部人數,當不止此。《漢書·貢禹傳》
云:"及諸鐵官,皆置吏卒徒,攻山取銅鐵,一歲功十萬人已
上。"又東漢永平六年,開通褒斜道石刻文,有"漢中郡以詔
書受廣漢、蜀漢、巴郡徒二千六百九十人"之紀載,每郡調來
之徒,平均一郡幾有九百人,皆是鹽鐵官之徒。而鹽鐵官徒,
不可能全數調出,以此推測,每一鹽鐵官吏卒徒之人數,在一
千人以上,是毫無疑義的。又證之山東滕縣宏道院,有漢代
冶鐵石刻畫像,中國歷史博物館據以研究,每一鐵官,有鼓風
爐八十座,每座以十三人計算,每一大作坊,應有工人一千餘
人,大略皆與本文符合。

練擇守尉。

直按:練作選字解,謂選擇守尉也。《漢書·禮樂志》,郊祀

歌《練時日》，顏師古注："練，選也。"亦與本書《除狹篇》"擇

練守相而後任之"語法相同，或疑練爲揀字之誤，非是。

當時之利權，一切之術也。

　　直按：上文大夫所引肩水都尉彭祖之言，整段皆屬於彭祖所

　　説，從文學答辨口中可以看出。文學所謂利權，係針對彭祖

　　"今意總一鹽鐵，非獨爲利入也"及"成姦僞之業，遂朋黨之

　　權"諸語而發。

置錢。

　　直按：陝西省歷史博物館藏有置泉二字撲滿，蓋爲當時之習

　　俗語。一説置讀如貲，謂算收家貲之緡錢也。

入穀射官。

　　直按：射官謂以貲財得官以射利，原文不誤，與本書《除狹

　　篇》"勇者以死射功"語法相同，王佩錚疑作入穀縣官，非是。

此用麋鬻之時。

　　直按：《禮記·月令》，仲秋之月，行麋鬻之時。

民良望於上。

　　直按：良望讀爲仰望，漢平陽侯洗文云："漢仰平陽侯家永

　　用。"仰字與良字寫法相近。

不知江海之大。

　　直按：大下疑脱也字。

而錄拘儒之論。

　　直按：《史記·孟子荀卿列傳》云："鄙儒小拘。"

此李斯之所以折翼，而趙高没淵也。

　　直按：以燕雀比李斯之折翼，以坎井蛙比趙高之没淵。

非鞅第七

是以征伐敵國。

直按：原文作征敵伐國，據王先謙引《通典》校正。

無異於愚人反裘而負薪。

直按：《新序·雜事篇》云："魏文侯出遊，見路人反裘而負芻，文侯……，對曰，臣愛其毛。文侯曰，若不知其裏盡而毛無所恃耶。明年東陽上計，錢布十倍，大夫畢賀。文侯曰，此非所以賀我也，譬無異夫路人反裘而負芻也。……今吾田地不加廣，士民不加衆，而錢十倍，必取之士大夫也。"

新穀熟者舊穀爲之虧。

直按：《呂氏春秋·不苟論》云："新穀熟而陳穀虧。"本文蓋源出《呂覽》。

老母號泣，怨女歎息。

直按：此謂西漢人民戍邊之苦也。與《備胡篇》"老母垂泣，室婦悲恨"，《繇役篇》"父母憂愁，妻子咏歎"，《取下篇》"不知老母之憔悴，匹婦之悲恨"，《執務篇》"身在東楚，志在西河"等句均相似。

末言爾，祭仲亡也。

直按：原文作末言介，據張敦仁説改。

椎車之蟬攫。

直按：原文椎車作推車，據張敦仁説改。《遵道篇》云："而椎車尚在也。"《世務篇》云："無徒守椎車之語。"《散不足篇》云："古者椎車無柔。"皆不誤。椎車者但斲一木使外圓以爲車輪,不用三材也。蟬攫即柔,柔即三材之牙也。《韓非子・八説》云:"故智者不乘椎車,聖人不行椎政。"本文源出於彼。

負子之教也。

　　直按:《山海經・大荒西經》云:"西北海之外,大荒之隅,有山而不合,名曰不周負子。"又按:屈子《天問》云:"何繁鳥萃棘,負子肆情。"負子疑爲人民。

又外禁山澤之原,内設百倍之利。

　　直按:《漢書・食貨志》引董仲舒奏云:"至秦則不然,用商鞅之法,改帝王之制,除井田,民得賣買,富者田連仟伯,貧者亡立錐之地,又顓川澤之利,管山林之饒。"文學之語,蓋本於董子。

狐刺之鑿。

　　直按:盧文弨、洪頤煊皆以爲佤刺之誤字,引《周禮・形方氏》,"正其封疆,無有華離之地",鄭注"華讀爲佤哨之佤,正之不使佤刺"是也。

逾之河北。

　　直按:《漢書・嚴安傳》云:"使蒙恬將兵,以北攻彊胡,辟地進境,戍於北河。"又主父偃《諫伐匈奴書》云:"又使天下飛芻輓粟,起於黃、腄、琅玡負海之郡,轉輸北河。"北河指黃河以北地帶而言,或稱河北,皆秦漢人之習俗語。

備飭素修。

　　直按:原文作備飾素循,據孫詒讓説校改。福山王氏藏有"琦飭左丞"印,三原于氏藏《隋宮人司飭墓誌》,皆以飭爲飾,與本文以飾爲餝之例正同,此六朝傳鈔時之別體,在可改可不改之列。

商鞅之開塞,非不行也。

直按:《史記·商君傳》贊云:"余嘗讀商君開塞耕戰書,與其人行事相類。"《索隱》,"《商君書》,開謂刑嚴峻則政化開,塞謂布恩賞則政化塞,其意本於嚴刑少恩"。又按:《淮南子·泰族訓》云:"今商鞅之啟塞,申子之三符,韓非之孤憤,張儀蘇秦之從衡,皆掇取之權,一切之術也。"可證開塞本名啟塞,因避景帝諱而改。高誘注:"啟之以利,塞之以禁。"與《索隱》理解不同。

此所謂戀胸之智。

直按:戀胸與拘攣相通,《易·小畜》,"有孚攣如"。子夏《易傳》作戀如,可證戀爲攣之假借字。《後漢書·曹襃傳》注,"拘攣猶拘束也"。本文謂拘束之小智也。

戚施之所妬也。

直按:《詩·衛風》:"得此戚施。"《毛傳》云:"不能仰者。"《韓詩章句》:"蟾蜍也。"又《淮南子·脩務訓》云:"籧篨戚施。"高誘注:"僂也。"《爾雅·釋訓》,"戚施,面柔也"。本文與高誘注義相近。

封之於商之地方五百里。

直按:原文作"封之於商安之地方五百里",今改正。

猶食毒肉愉飽而罹其咎也。

直按:俞樾以爲愉當讀爲偷,古字通。在西漢愉偷瘉等字均通用,居延漢簡之"飲藥廿齊不偷",即不瘉也(見《居延漢簡

《釋文》二四二頁）。

晁錯第八

君親無將，將而必誅。

直按：《公羊·昭公元年傳》云："人臣無將，將而必誅。"《漢書·淮南王傳》引膠西王端議曰：《春秋》曰："臣毋將，將而誅，安罪重於將，謀反形已定。"又《董賢傳》云："蓋君親無將，將而誅之，是以季友鴆叔牙，《春秋》賢之。"此西漢引《公羊》決事之例，與本文同。

日者淮南、衡山修文學，招四方遊士。

直按：《漢書·武帝本紀》，元狩元年四月詔曰"日者淮南、衡山修文學，流貨賂"，與本文正合。淮南王安廣致賓客，著書數十萬言，爲後人所盡知，而衡山修文學，則在《漢書》及本書兩見而已。

晁生言諸侯之地大。

直按：晁生爲晁先生之簡稱，兩漢博士稱先生，晁錯爲太常博士弟子，故亦稱爲晁生，説見《史記索隱》。

因吳之過而削之會稽，因楚之罪而奪之東海。

直按：《漢書·吳王濞傳》云："（景帝）三年冬，楚王來朝，錯因言楚王戊往年爲薄太后服，私姦服舍，請誅之。詔赦，削東海郡。"又云："諸侯既新削罰，震恐，多怨錯，及削吳會稽、豫章郡，書至則吳王先起兵。"

此解楊之所以厚於晉，而薄於荊也。

直按：梁玉繩《古今人表考》曰："解陽始見《左傳·文公八

年》,或作解揚及解楊。"漢代陽、揚、楊三字通用,揚州或作楊州,丹陽郡封泥又作丹楊也。

刺權第九

今山川海澤之原,非獨雲夢、孟諸也。

　　直按:《漢書‧地理志》,江夏郡、西陵縣、南郡、編縣,四處皆有雲夢官,皆主管陂池之利者。又按:《再續封泥考略》卷三,十四頁,有"雲夢之印"封泥,疑爲雲夢官所用。

鼓金煮鹽,其勢必深居幽谷。

　　直按:漢代冶坊遺址,現今時有發現。一九五四年十一月,北京文管會在北京清河鎮,發掘出漢代古城廢墟,中有銅鐵冶坊遺址一座,煉爐無一完整者,有銅爐渣、鐵爐渣、殘碎之煉爐壁。在附近掘出者,有鐵刀、鐵劍、鐵鉞、鐵戟、鐵鋤、鐵褲鑹、鐵钁、鐵鏡、大車鐵軸等,可能即是本冶坊之產品(見周耿《北京清河鎮古城試掘簡報》)。又一九四二年秋間,河南魯山南關外望城岡,發現漢代冶鐵廠遺址一座,有木炭塊、耐火土、耐火磚、鼓風爐殘址、殘風吹管、冶鐵爐渣、大陶片、大生鐵塊。全部遺址,東西長約一千五百公尺,南北約計五百餘公尺,規模相當闊大(見《新史學通訊》一九五二年七月號,趙全毆《河南魯山漢代冶鐵廠調查記》)。

散樸滋僞。

　　直按:原文散樸作敦樸,據孫詒讓説校改。《淮南子‧俶真訓》,"周室之衰,澆淳散樸"。孫説是也。

大農鹽鐵丞咸陽、孔僅等。

直按:《漢書·食貨志》叙"(孔僅爲)南陽大冶,致産累千金"。《史記·貨殖傳》云:"宛孔氏之先,梁人也,用鐵冶爲業,秦伐魏,遷孔氏南陽,大鼓鑄。"孔僅當爲南陽宛人,《地理志》注:宛縣有鐵官。

願募民自給費。

直按:《史記·平準書》云:"大農上鹽鐵丞孔僅、咸陽言,……願募民自給費,因官器作煮鹽,官與牢盆。"本文願募民自給費二句,完全用《平準書》語。

三業之起。

直按:三業指鹽、鐵、酒酤三者而言。

富累於陶衛。

直按:張之象注:陶爲魏冉,衛爲商鞅,非也。郭沫若謂陶爲陶朱公,衛爲衛公子荆,其説亦可商榷,因衛公子荆,僅云善居室而已。竊以爲陶指陶朱公,衛指子貢,因子貢爲衛人也。

陸博鼎力。

直按:原文作隆豺鼎力,各本皆同,不可解釋,應爲陸博二字之誤文,今加以訂正。陸字在古籍中,最易誤爲隆字。《漢書·王莽傳》:"王氏男以睦,女以隆爲號。"證之出土封泥,應作女以陸爲號。説詳拙著《漢書新證·王莽傳》條。又《金樓子·全德志序》云:"此志以隆大夫爲首。"先考輔卿府君云:"隆大夫當爲陸大夫之誤字,謂陸賈也。"博字當時寫在竹簡上,可能變體作斬,與豺字極相似,因而致誤。鼎力謂杠鼎也,是表示勇力之技藝,如秦武王舉鼎而絶其臏是也。陸博與鼎力義相對舉,與上下文之放犬走兔,蹋鞠鬥雞各遊

戲科目,更互相聯繫。又按:《漢書·東方朔傳》云:"夏育爲
鼎官。"本書《除狹篇》亦云:"戲車躍鼎,咸出補吏。"可見在
武宣時期,尚有鼎官之設置。

父尊者子貴。

　　直按:《史記·酷吏杜周傳》云:"周中廢,後爲執金吾,逐盜,
捕治桑弘羊、衛皇后昆弟子,刻深,天子以爲盡力無私。"又
《漢書·食貨志》云:"弘羊自以爲國興大利,伐其功,欲爲子
弟得官,怨望大將軍霍光,遂與上官桀等謀反誅滅。"據此,
桑弘羊子弟亦多驕縱不法,文學於此篇多諷刺語,亦當有所
聞見。

居編戶之列,而望卿相之子孫,是以跛夫之欲及樓季也。

　　直按:《韓非子·五蠹篇》云:"故十仞之城,樓季弗能逾者,
峭也;千仞之山,跛牂易牧者,夷也。"《説文》:"牂,牝羊也。"
詳解見《詔聖篇》。

刺復第十

大夫爲色矜而心不懌曰。

　　直按:原文大夫下有曰字,據張敦仁説删去。

方今爲天下腹居郡。

　　直按:腹郡即中原各郡,譬如人之心腹。

若俟周邵而望子高。

　　直按:盧文弨云:子高,沈諸梁也。陳遵默云:子高當作高子,
《公羊·閔二年傳》云:"齊桓公使高子將南陽之甲,立僖公
而城魯。或曰自鹿門至於爭門者是也。魯人至今以爲美談,

曰:猶望高子也。"

御史案事郡國,察廉舉賢才。

直按:《漢書·百官表》,御史大夫有中丞,外督部刺史,内領
侍御史員十五人,即後來之州刺史,又《居延漢簡釋文》二十
六頁,有"□□史福,御史安守,少史遵"殘文。六十六頁,有
"行邊丞相御史"殘簡文。四二八頁,有"買腎二具給御史"
簡文。皆御史案事郡國之證(以上僅舉二例)。《漢官儀》
云:"其以詔使案事御史,爲駕一封,行赦令駕二封,皆獨自
奏事,各以所職,劾中二千石以下。"又按:察孝廉,漢代在公
牘中簡稱爲察廉,見《漢書》黄霸、王尊等傳。舉賢才,包括
賢良方正及賢良、文學二種名稱。舉孝廉由郡國,舉賢良由
郡國或三輔太常,本文作御史察廉舉賢才,蓋推薦於郡國或
太常也。

輸子之制材木也。

直按:《鹽鐵論》全書,引用《孟子》之言最多,有明引者,有暗
用者,本文亦係節括《孟子·離婁篇》公輸子之巧一段大義。

倪大夫閉口不言。

直按:《漢書·兒寬傳》云:"善屬文,然懦於武,口弗能發
明也。"

期會之事。

直按:期會之事,言約期之月日,有會日會月名稱,爲漢人公
牘中之習俗語。《漢書·賈誼傳》陳政事疏云:"簿書不報,
期會之間,以爲大故。"《伍被傳》云:"益發甲卒,急其會日。"
又按:《居延漢簡釋文》卷一,二十三頁,有"言狀會月三十

日"之紀載,其他各簡尤多,不勝枚舉。又《金石萃編》漢十
七《韓仁碑銘》云:"會月三十日如律令。"亦用此例。

而行臧文、子椒之意。

直按:原文子椒作子叔,據張之象本改,張敦仁説作椒是。

猶龍得水騰虵遊霧也。

直按:《慎子·威德篇》云:"故騰蛇遊霧,飛龍乘雲,雲罷霧
霽,與蚯蚓同,則失其所乘也。"《韓非子·難勢篇》亦引其
文,本文蓋源於慎到。

公孫丞相以《春秋》説先帝。

直按:《史記·平準書》云:"公孫弘以漢相布被,食不重味,
爲天下先,然無益於俗。"與本文互相比較,大同小異,知亦
引用《平準書》原文。又按:賢良文學在辨論時,大夫頗貶抑
公孫弘、兒寬,而賢良文學皆袒護此二人,蓋文學多山東人,
尤尊重齊人也。

博士褚泰、徐偃等。

直按:《史記·平準書》云:"於是遣博士褚大、徐偃等,分曹
循行郡國,舉兼并之徒,守相爲利者。"又《漢書·儒林傳》
云:"(董仲舒)弟子遂之者,蘭陵褚大。"《終軍傳》云:"元鼎
中,博士徐偃使行風俗,偃矯制,使膠東、魯國鼓鑄鹽鐵,還奏
事,徙爲太常丞。"本文所云,即指武帝元鼎中事。

冰炭不同器。

直按:《韓非子·顯學篇》云:"夫冰炭不同器而久,寒暑不兼
時而至。"爲本文所本。

荆楚之士用,將帥或至封侯食邑。

直按:《漢書·李陵傳》云:"臣所將皆荊楚勇士,奇材劍客也。"與本文正合。但荊楚人士在武帝時尚未見有封侯食邑者。

而剋獲者咸蒙厚賞。

直按:原文剋獲作勉獲,據孫詒讓校改。

故設險興利之臣起。

直按:《史記·平準書》云:"武力進用,法嚴令具,興利之臣,由此始也。"本文亦用《平準書》語。

涇淮造渠,以通漕運。

直按:《漢書·溝洫志》云:"太始二年趙中大夫白公,復奏穿渠,引涇水,首起谷口,尾入櫟陽,注渭中,袤二百里。"

東郭、孔僅。

直按:原文東郭作東郭偃,係衍文,因上文褚泰、徐偃牽連而衍。

富者買爵販官。

直按:漢代民爵,每級二千,管理其事者,初爲主爵都尉,後期當屬於大鴻臚,本文是兼武功爵而言。《漢書·食貨志》云:"有司請令民得買爵,及贖禁錮,免臧罪,請置賞官,名曰武功爵。級十七萬,凡直三十餘萬金。諸買武功爵官首者試補吏,先除,千夫如五大夫。其有罪又減二等。爵得至樂卿,以顯軍功。"臣瓚注引《茂陵中書》,武功爵至十一級而止,恐有闕文。《史記·平準書》,《索隱》引顧氏説,初一級十七萬,自此以上,每級加二萬,至十七級,合成三十七萬,其説是也(顧氏數字,尚有誤文。疑爲每級二萬,十七級合成三十四萬也）。

抚獘而從法。

直按：當讀作抚獘而縱法。本書《大論篇》云："治抚獘之民。"亦同此義。又按：《漢書·食貨志》云："中外騷擾相奉，百姓抚敝以巧法。"顏師古注："抚，訛也，謂摧挫也。巧法，爲巧詐以避法也。抚音五官反。"本文從字爲縱字假借。抚獘巧法，蓋爲漢人之習俗語。

而見知廢格之法起。

直按：《漢書·食貨志》引《平準書》云："張湯用峻文決理爲廷尉，於是見知之法生，而廢格沮誹窮治之獄用矣。"張晏注："吏見知不舉劾爲故縱，官有所作，廢格沮敗誹謗，則窮治之也。"如淳注："廢格，天子文法使不行也，誹謂非上所行，若顏異反脣之比也。"《史記·酷吏·義縱傳》云："天子聞，使杜式治，以爲廢格沮事。"又《史記·淮南王傳》云："靁被等廢格明詔當棄市。"與本文均合。照《平準書》看，當爲見知、廢格、沮誹三法，本文僅簡稱二法。又按：《淮南王傳》如淳注："廢格即廢閣之假借，謂擱置公文也。"開通褒斜道石刻云："始作橋格六百三十二間。"橋格即橋閣也可證。

杜周、咸宣之屬，以峻文決理貴，而王溫舒之徒，以鷹隼擊殺顯。

直按：《史記·平準書》云："張湯以峻文決理爲廷尉。"《酷吏義縱傳》云："縱以鷹擊毛摯爲治。"本文源出於《平準書》，但施安之人名不同。

論儒第十一

及潛王奮二世之餘烈。

直按:本文此段結構,大體仿賈誼《過秦論》。

王建聽流説。

直按:《史記·田敬仲世家》云:"四十四年秦兵擊齊,齊王聽相后勝計,不戰以兵降秦,秦虜王建,遷之共,遂滅齊爲郡。"

憂邊第十二

今子弟遠勞於外。

直按:原文作遠於勞外,今從孫詒讓校正。

故少府丞令請建酒榷以贍邊。

直按:《漢書·百官表》,少府有六丞,現可考者,僅有少府銅丞(見《封泥考略》卷一,四十頁)。少府之屬官,有太醫、太官等十七令丞,本文所言,丞爲少府之丞,令爲少府屬官之令(令字非使令之令,否則下文不必再用請字),但建議酒榷者,疑爲太官令。《漢舊儀》云"太官主飲酒",是其明證。

故使廷尉評等。

直按:《漢書·昭帝紀》:"始元元年閏月,遣故廷尉王平等五人,持節行郡國,舉賢良,問民所疾苦冤失職者。"《百官表》:始元五年軍正齊王平子心爲廷尉,四年有罪棄市。據本紀稱王平爲故廷尉,當爲武帝末年所任。《百官表》繫於昭帝始元五年,而《昭帝紀》則繫於始元元年,二者必有一誤。又按:王平見於《霍光》及《杜周傳》,皆作王平,惟本文作王評

獨異。《淮南子·時則訓》,"上帝以爲物平"。《商君書》首
句,"孝公平畫",皆爲評字省文,疑本作王評,省作王平也,
故原文可不改。

群臣所宣明王之德。

直按:原文群臣作君臣,據張敦仁説改,上文有覽群臣極言,
張説是也。

諸生議不干天則入淵。

直按:《淮南子·脩務訓》云:"所謂言者,齊於衆而同於俗,
今不稱九天之頂,則言黄泉之底,是兩末之端議,何可以公論
乎?"本文源出於此。

園池第十三

修溝渠、立諸農。

直按:《漢書·百官表》,大司農統屬郡國諸倉農監,都水六
十五官長丞。今可考者,《善齋吉金録·璽印録》卷中,十五
頁有"上久農丞"、"隴前農丞"兩印。《十鐘山房印舉·舉
二》,四十五頁,有"代郡農丞"、"梁菑農丞"兩印。同書五十
四頁,有"官田臣印"。《再續封泥考略》卷一,六十頁,有"都
田"封泥。上述爲郡國諸農倉,而京師諸農官,則叙在下文。

廣田牧。

直按:《漢書·百官表》,太僕統屬邊郡六牧師苑令各三丞。
《漢舊儀》云:"太僕牧師諸苑三十六所,分佈北邊,西邊,以
郎充苑監,官奴婢三萬人,分養馬三十萬頭。"又按:《漢印文
字類纂》卷十二,三頁,有"北地牧師騎丞"印,北地爲邊郡六

牧師苑之一,騎丞當爲三丞之一。

太僕、水衡、少府、大農,歲課諸入田牧之利,池籞之假。

直按:《漢書·食貨志》云:"而水衡、少府、太僕、大農,各置農官,往往即郡縣比没入田田之。"與本文完全相合。所謂歲課諸入,即指農官及山澤之利而言。太僕有"桐馬農丞",見《齊魯封泥集存》一頁。水衡有"上林農官",見《金石萃編》漢十八"上林農官"瓦。少府有均官,及上林十池監。大農有均輸令、籍田令,及郡國各都水農倉,均見《漢書·百官表》。又按,《三輔黃圖》,"上林苑有十池監,少府有伙飛外池"。又云:"御宿苑在長安城南御宿川中,漢武帝爲離官別館,禁籞人不得入,往來遊觀,止宿其中,故曰御宿。"即本文所云池籞之假,以池籞租與百姓歲取息也。

及北邊置任田官。

直按:原文有兩任字,當衍一字,今刪去。西漢北邊,有北假田官,見《漢書·食貨志》及《王莽傳》。有渠犁田官,見《西域傳》。有騂馬田官,見《居延漢簡釋文》卷一,二頁。又《匈奴傳》云:"自朔方以西至令居,往往通渠,置田官吏卒五六萬人。"

嗜欲多而下不堪其求也。

直按:嗜原文作者,據王利器引《御覽》三十六校改。

今狗馬之養,蟲獸之食。

直按:《漢書·元帝紀》云:"太僕減穀食馬,水衡省肉食獸。"可證當時獸類消耗穀肉之多,與本文豈特腐肉秣馬之費正合。

公田。

直按：《漢書·食貨志》云“（趙）過能爲代田，……試以離宮卒，田其宮壖地，課得穀皆多其旁田畮一斛以上，令命家田三輔公田”，與本文正合。所謂三輔公田，皆三輔陵邑之公田，家田則王侯私有之田。

公家有鄣假之名。

直按：《三輔黃圖》，上林苑禁籞，顏師古説：池籞謂於水邊作小屋落障魚鳥，籞者禁苑之遮衛，不御章者假與貧民。即本文鄣假之解釋。

三輔迫近於三河。

直按：原文三河作山河，今訂正。三河謂河南、河東、河内也。《漢書·東方朔傳》：“漢興去三河之地，止灞滻以西。”可證三輔迫近三河，爲西漢人之習俗語。

粟米薪菜。

直按：薪菜疑薪柴之誤字，因下文有桑榆菜果不殖，意義嫌重複。

假稅殊名，其實一也。

直按：本文之假，作租字解。《漢書·食貨志》云：“諸作有租及鑄。”蓋租公家之物而營利者。

大夫默然，視其丞相御史。

直按：丞相御史者，即御史大夫所屬之侍御史也。因御史大夫屬丞相，故亦稱爲丞相御史。《居延漢簡釋文》六十六頁，有“行邊丞相御史”殘簡文，與本文正合。此名稱不見於漢代其他文獻。近日學者釋此句，將丞相、御史分爲二官，是時車丞相並未出場，實爲誤解，故下文《輕重篇》，緊接御史進曰，蓋從簡稱也。

輕重第十四

今大夫君修太公桓管之術

直按：君字原文作各，今訂正。下文"大夫君以心計策國用"及"上大夫君與治粟都尉管領大農事"皆可證。《急就篇》第廿五云"丞相御史郎中君"，與本文稱大夫君同例。

大夫君以心計策國用。

直按：《史記·平準書》云："（桑）弘羊雒陽賈人子，以心計。"本文心計二字，出於文學之口，但本於《平準書》。

江充、楊可之等，加以鋒銳言利末之事析秋毫。

直按：楊可原文作耕穀，張敦仁云："耕穀二字，蓋楊可之誤，《國病篇》亦有楊可告緡，江充禁服二語。"竊以爲張説固可通，以耕穀二字字形而論，亦與杜周相近。《漢書·食貨志》云："楊可告緡徧天下，中家以上，大氐皆遇告，杜周治之，獄少反者。"本文鋒銳指江充、杜周而言，利析秋毫，指桑弘羊、東郭咸陽、孔僅而言，《史記·平準書》云："於是以東郭咸陽、孔僅爲大農丞，領鹽鐵事。桑弘羊……。咸陽，齊之大煮鹽，孔僅，南陽大冶，皆致生累千金，故鄭當時進言之。弘羊，雒陽賈人子，以心計，年十三侍中，故三人言利事析秋毫矣。"本文言利末之事析秋毫，出於文學之口，蓋亦源出於《平準書》。又按：江充、楊可之等，之爲語助詞，與《褒賢篇》趙綰、王臧之等，《救匱篇》葛繹、彭侯之等，語法相同。

大夫君運籌策。

　　直按：原文君字作各，今訂正。

上大夫君典治粟都尉。

　　直按：典字原文作與，義不可通，今訂正。本書中文學稱御史
　　大夫爲大夫君，或稱爲上大夫君。又繡衣直指，亦稱爲上大
　　夫，見《西域篇》。治粟都尉始見於《漢書·陳平傳》，爲楚漢
　　之際官名，武帝時復用之，後改名搜粟都尉。

種纑無桑麻之利，仰中國絲絮而後衣之。

　　直按：居延全部木簡，所記絲帛之名稱甚繁。其最著者，有
　　“□素丈六尺，直二百六十八，帛二丈五尺，直五百”（見《居
　　延漢簡釋文》三五八頁）。“廣漢八稯布十九匹八寸六半寸，
　　直四千三百”（見《釋文》三五九頁）。“出河内廿兩帛八匹一
　　丈三尺四寸大半寸，直二千九百七十八”（見同上）。敦煌簡
　　中，又有任城亢父縑題字，各絲帛皆運自内郡，匈奴古墓中所
　　出漢錦尤多，與文學所指完全符合。

夏不失複。

　　直按：複謂複襦，言夏不炎熱，不去複衣也。

未通第十五

負檐而行。

　　直按：檐字漢時尚無此字，經傳之檐字，皆後世所改，多書作
　　儋字。《漢書·貨殖傳》云：“醬千儋。”《西域傳》云：“負水
　　儋糧。”《隸釋》卷四《羊竇道碑》云：“騎馬儋負。”卷十二《衡
　　立碑》云：“無儋石之儲。”書儋作擔，始見於晉《鄭烈碑》云：

“居無擔石。”本文在漢時亦應寫作“負儋而行”，今本作負
檐，實爲誤字，又今本《爾雅》“何鼓謂之牽牛”，郭注：“荆楚
人呼牽牛星爲檐鼓。”寫儋作檐，亦恐非當時之寫法。

而列卿大夫或乘牛車。

直按：《史記·五宗世家》云：“其後諸侯貧者或乘牛車。”《漢
書·食貨志》云：“天下既定，民亡蓋臧，自天子不能具醇駟，
而將相或乘牛車。”與本文正合，御史所指，蓋武帝以前之
事。又《史記·張湯傳》云：“載以牛車，有棺無槨。”是牛車
在西漢爲一般平民所乘，然漢墓中所出，亦有牛車明器，是當
時統治階級間有乘之者。

是以珍怪異物，充於後宮，駃騠駛騠，實於外厩。

直按：《史記·李斯傳》，上書有云：“則是夜光之璧，不飾朝
廷，犀象之器，不爲玩好，鄭衛之女，不充後宮，而駿良駃騠，
不實外厩。”本文源出於李斯書。

而民間厭橘柚。

直按：《漢書·地理志》，巴郡朐忍、魚腹兩縣，注有橘官。嚴
道除木官之外，亦有橘官，《地理志》漏注（一説木官即橘官
之誤字，余以爲非是）。西安漢城中所出“嚴道橘園”、“嚴道
橘丞”、“橘監”等封泥最多（《封泥考略》卷六，三十七頁至五
十一頁，著録多品）。《百官公卿表》謂縣與蠻夷雜處者曰
道，嚴道疑與氐羌族相接近。本文之橘柚，指百越出産之地。
楊孚《交州異物志》云：“交趾有橘官，置長一人，秩三百石，
主貢御橘。”雖爲東漢時制度，在武帝時，交趾應已貢獻一部
分橘柚。

聞往者未伐胡越之時，繇賦省而民富足。

　　直按：本段文字與《史記·平準書》"今上即位數歲，漢興七十餘年之間，國家無事，非遇水旱之災，民則人給家足"云云一段所述，情況相似。

卻走馬以糞。

　　直按：《老子》曰："天下有道，卻走馬以糞。"

大軍之後。

　　直按：《老子》曰："大軍之後，必有凶年。"

制田二百四十步而一畝。

　　直按：《九章算術·方田篇》術曰："以畝法二百四十步除之即畝數，百畝爲一頃。"所言與本文合，並可證《九章》爲武帝以後作品。

樂歲粒米梁糯。

　　直按：本段全引《孟子》文，今本作粒米狼戾。《孟子》在兩漢時，所傳必有多本，趙岐章句，僅其中之一本耳。

而後求其高。

　　直按：原文無後字，今依下句文例補。

以口率被墾田而不足。

　　直按：《居延漢簡甲編》六四六簡文云："□田簿署歲上中下，度得穀口率，其有菑害者，□頃取□奉□。"與本文正合，被字則疑爲度字之誤。

田地日無。

　　直按：當爲田地日蕪之省文，與租賦不入，義相對舉，下文文學答辨詞，作田地日荒，義亦相似。

代馬依北風，飛鳥翔故巢。

　　直按：《文選·古詩十九首》：“胡馬依北風，越鳥巢南枝。”李善注引《韓詩外傳》曰：詩云：“代馬依北風，飛鳥棲故巢，皆不忘本之謂也。”又王粲《七哀詩》：“狐狸馳赴穴，飛鳥翔故林。”李善注：“不忘本也。”與上述代馬依北風，大義相同。

　　又按：今本《韓詩外傳》無此文，蓋佚亡已久，本文源出於《韓詩外傳》，則無疑義。

以訾徵賦。

　　直按：以訾徵賦，即論家貲算收緡錢。《居延漢簡釋文》卷三，五十四頁，有簡文云：“□跡第四十一會，陽武縣翟陵里□柱字子見，自言二年一月中訾省。”自言即《漢書·食貨志》之自占。

大抵逋賦，皆在大家。

　　直按：原文作逋流，俞樾說應作逋賦，其說是也。《漢書·昭帝紀》：“毋收四年五年口賦，三年以前逋更賦未入者皆勿收。”可證西漢時賦錢有積欠至三四年之久者。又按：《居延漢簡釋文》卷一，四頁，有簡文云：“建平五年八月□□□□□廣明鄉嗇夫客，假佐玄敢言之，善居里男子丘張，自言與家買客田居作都亭部，案張等更賦皆給，當得取檢謁移居延，如律令，敢言之。”可證西漢人民並不欠更賦，所逋欠者，誠如本文所云，皆在大家。又按：漢代有大家、中家、小家之名稱，《後漢書·梁鴻傳》云：“（鴻）至吳依大家皋伯通，居廡下爲人賃舂。”《史記·平準書》云：“楊可告緡徧天下，中家以上大氐皆遇告。”《漢書·霍光傳》云：“使樂成小家子，得幸將軍，至

九卿封侯。”（以上各舉一例）

吏正畏憚。

　　直按：《韓非子·外儲說右下》云“訾其吏正與伍老”，此吏正二字之始見。正爲正彈，所以督收賦錢者。《十鐘山房印舉》舉二，五十二頁，有“工里彈印”。五十四頁，有“安民正印”，兩印皆西漢製作，與本文吏正均合。又按：《水經注》魯陽縣有《南陽都鄉正衛爲碑》（衛爲應是街彈之誤文）。平氏縣有《南陽都鄉正衛彈勸碑》。汝州昆陽城中，有《都鄉正衛碑》。酈道元著録街彈碑，計有三種。在汝州碑，見於洪适《隸釋》，在魯陽碑，於一九三四年，又復出土（見《考古》第四期八十七頁，有許敬參所撰《魯山縣新出土漢都鄉正衛彈碑釋文》）。碑文殘缺過甚，有“上供正衛，下給災□”等句。《漢酸棗令劉熊碑》亦云：“□□爲正，以卒爲更，愍念蒸民，勞苦不均，爲作正彈，造作門更。”近出南陽張景造《土牛碑》云：“重勞人民，吏正患苦。”（見一九六三年《文物》第十一期）蓋正與彈，名異實同，屬於少吏一類，故本文聯稱爲吏正。

中家爲之色出。

　　直按：王佩錚引《公羊·哀六年傳》：“皆色然而駭。”本文色出爲色然而出，猶云驚駭而逃亡也，似亦言之成理，不必改作絕出、劂出及浮出也。

二十三始賦，五十六而免。

　　直按：始賦當作始傅，以同音致誤。傅謂著籍，著力役之籍也。《漢書·景帝紀》：“令天下男子，年二十始傅。”顏師古注：“舊法二十三，今此二十，更爲異制也。”應劭《漢官儀》

云："民年二十三爲正,一歲以爲衛士,一歲以爲材官騎士,習射御、騎馳戰陳。八月,太守、都尉、令、長、相、丞、尉,會都試,課殿最。水處爲樓船,亦習戰射行船。邊郡太守,各將萬騎,行郭塞烽火追虜。置長史一人,掌兵馬。丞一人,治民。當兵行,長史領,置部都尉,千人、司馬、候、農都尉,皆不治民,不給衛士。材官、樓船,年五十六老衰,乃得免爲民,就田里。民應令選爲亭長。"至於西漢人民出賦錢,在《漢書·昭帝紀》元鳳四年如淳注云:"民年七歲至十四歲,出口賦錢,人二十三。"《貢禹傳》亦同,蓋自十五歲起,即出算錢,人一百二十。本文之二十三始賦,知爲傅字之誤文也。

老者修其唐園。

直按:《晏子春秋·景公問下》,"治唐園",即塘園省文。

今五十已上至六十,與子孫服輓輸,並給縣役。

直按:《居延漢簡釋文》三頁,有簡文云:"延壽乃太初三年中,父以負馬田敦煌,延壽與父俱來,田事已。"此爲父子運輸至邊郡之證。又四二五頁,有簡文云:"右第八車父杜陵孫守,父靳子衡,算身一人。"此父子其輓一車至邊郡之證,皆與本文符合。西漢武帝時令耕農運車助邊,爲公孫賀之獎政,見《漢書·劉屈氂傳》。

矧惟南面。

直按:張敦仁云:南面當作人面,《墨子·明鬼篇》云"矧佳人面,胡敢異心",本文源出於彼。竊以爲南面指周公輔成王而言,原文不誤,張説非也。

地廣第十六

中國肥饒之餘，以調邊境。

　　直按：中國上疑脫散字，因重文而致脫誤。或原文爲國安災
　　寧或災除，因脫一字，後人乃將散字屬於上文。又按：《本議
　　篇》有"所以通委財而調緩急"之句，與本文皆謂大司農調錢
　　穀也。《續漢書·百官志》云："（大司農）掌諸錢穀、金帛、諸
　　貨幣，郡國四時上月旦見錢穀簿，其逋未畢，各具別之。邊郡
　　諸官請調度者，皆爲報給，損多益寡，取相給足。"劉昭注，引
　　王隆《小學漢官篇》曰："調均報廢，輸漕委輸。"胡廣注曰：
　　"邊郡諸官請調者，皆爲調均報給之也。以水通輸曰漕，委，
　　積也，郡國所積聚金帛貨賄，隨時輸送司農曰委輸，以供國
　　用。"又按：《居延漢簡釋文》卷一，三十九頁，有簡文云："守
　　光禄大夫臣調（非調，人名），昧死言，守受簿丞處，前以請給
　　使護軍屯食，守部丞武。□以東至西河十一農都尉官，官調
　　物錢穀漕轉糴，爲民困乏，啟調有餘給。"此爲内郡災荒，由
　　大司農調屯田積穀内運以資救濟情形。又按：《釋文》卷二，
　　五十九頁，有簡文云："其十一萬四千三十五調錢。"此簡爲
　　邊郡需用錢由内郡調來情況，上述與本文皆合。

故下詔曰。

　　直按：本四句詔文，見於《漢書·西域傳》。傳文又多"修馬
　　複令"一句。

故割斗辟之縣，棄造陽之地以與胡。

　　直按：下文亦云："安知國家之政，縣官之事乎？何斗辟造陽

也。"《漢書・匈奴傳》云:"於是漢遂取河南地,築朔方,復繕故秦時蒙恬所爲塞,因河而爲固。漢亦棄上谷之斗辟縣造陽地以予胡,是歲元朔二年也。"與本文完全符合。斗辟縣既割與匈奴,故《地理志》上谷郡無此縣名。孟康注:"縣斗辟曲近胡。"顏師古注:"斗,絶也,縣之斗曲入匈奴界中,其中造陽地也。"竊以爲顏注斗讀爲陡絶之陡甚是,辟當爲壁字省文,謂陡絶之石壁也。又按:《食貨志》云:"乃徙貧民於關以西,及充朔方以南新秦中。"應劭注云:"秦始皇遣蒙恬攘卻匈奴,得其河南造陽以北千里地,⋯⋯名曰新秦中。"是造陽地之名稱,東漢人猶能言其方位。

司馬、唐蒙,鑿西南夷之塗。

直按:《史記・平準書》云:"唐蒙、司馬相如開路西南夷,鑿山通道千餘里,以廣巴蜀。"又《漢書・司馬相如傳》云:"因通西南夷道,發巴蜀廣漢卒,作者數萬人,治道二歲,道不成,士卒多物故。"與本文正合。

左將伐朝鮮,開臨洮。

直按:此指左將軍荀彘事。《漢書・功臣侯表》有"下酈侯左將黃同",注"以故甌駱左將,斬西于王功侯,七百户"。可證左將軍簡稱爲左將,爲漢人之習俗語。

禄不過秉握者。

直按:《漢書・東方朔傳》所謂日奉一囊粟,謂可以握也。

賤不害智。

直按:原文害智作周智,據盧文弨校改。

楊子曰,爲仁不富。

　　直按:《孟子》引作陽虎之語,本文似作楊朱之語。

貧富第十七

年十三幸得宿衛。

　　直按:《史記·平準書》云:"弘羊,洛陽賈人之子,以心計,年
　　十三侍中。"與本文正合,經過武帝五十四年,昭帝六年,共
　　六十年,本文作六十有餘年,是約略言之也。

白圭之廢者。

　　直按:《史記·仲尼弟子列傳》,"子貢好廢舉"。《集解》:
　　"廢舉謂停貯也。"又按:《史記·平準書》,"廢居居邑"。
　　《集解》:"廢居,貯蓄之名也。"本文之廢著,即廢居貯蓄
　　之義。

運之六寸。

　　直按:王先謙云,六寸謂算籌。《漢書·律曆志》,"其算法用
　　竹,徑一分,長六寸,二百七十一枚,而成六觚爲一握"。竊
　　以爲漢代籌算長六寸,以二百七十一枚成六觚,蓋因秦制。
　　《史記·秦始皇本紀》云:"秦皆上黑,數以六爲紀,符、法冠
　　皆六寸,而輿六尺,六尺爲步,乘六馬。"是其明證。

轉之息耗。

　　直按:《史記·貨殖傳》云:"積著之理,務完物,無息幣。"《索
　　隱》"久停息貨物則無利"是其證。

行遠道者假於車。

　　直按:道字據王先謙引《群書治要》校補。

而不能自爲專屋狹廬。

直按:先伯父云:"書中專屋屢見,《鹽鐵·取下篇》亦云:不知專屋狹廬。"余考此文又見於《輕重篇》云:"父子夫婦,内藏於專室土圞之中。"專室二字,始見於《淮南子·脩務篇》,高誘注"專室,小室也",疑即磚室之省文,與土圞義相對舉。西漢時磚名令甓,皆指方專而言,本文之專,疑指長狹之磚而言。

以爲金鑪大鍾。

直按:漢代鐘鍾二字通假,如水衡都尉之鍾官令,即鐘官也。本文正古字之保留者。惟在漢代銅器銘文上,此二字則區別很嚴。

而不能自爲壺鼎盤杅。

直按:原文作"而不能自爲一鼎盤,材無所用也"。據張敦仁、王先謙兩家引《群書治要》、《御覽》校改。一爲壹字簡寫,與壺字相似,材爲杅字之誤,兩家所校訂極爲正確。例如《漢書·薛宣傳》云"壹關爲樂",應劭注所見一本則爲壺矢爲樂,壹與壺兩字易於淆亂,是其明證。

子貢以著積顯於諸侯。

直按:著積疑爲貯積之同聲字。

子思之銀珮。

直按:楊樹達云:《金樓子·立言上》:"故原憲之緼袍,賢於季孫之狐貉,趙孟之内食,旨於智伯之芻豢,□□□子之銀珮,美於虞公之垂棘。"蓋源出於本文。竊謂銀珮當作珮銀印解,本文珮字作珮,與《張遷碑》西門珮書寫法正同,爲漢時通行之隸體。

非以其多財。

　　直按：非下原脱以字，據上文非以其有勢也句例增補。

毀學第十八

此非士之情也。

　　直按：此非原文作非此，依王利器校正。

昔李斯與包丘子俱事荀卿。

　　直按：包丘子即浮丘伯，見《漢書·儒林傳》。包浮二字，古
　　本通假，《左傳·隱八年》盟於浮來，《穀梁》作包來是也。
　　《淮南子·説山訓》，“百人抗浮”。高誘注：“匏也。”漢有包
　　陽宮，亦取浮陽之義，包之通浮，猶桴字或作枹也。又浮丘公
　　有《相鶴經》，《瘞鶴銘》亦云：“相此胎禽，浮丘著經。”則作浮
　　丘者爲正字，作包丘者爲假借字。又《御覽》八百四十一，引
　　本文包丘作鮑丘，未敢擅改。

然而荀卿爲之不食。

　　直按：汪中《荀卿子通論》略云：劉向《叙録》，以齊宣王時來
　　遊稷下，後仕楚，春申君死而卿廢。《史記·六國年表》載春
　　申君之死，上距宣王之末爲八十七年。《史記》稱卿年五十
　　始游齊，則春申君死之年，卿年當一百三十七矣。晁公武
　　《郡齋讀書志》謂《史記》年五十爲十五之譌。然顏之推《家
　　訓·勉學篇》云：“荀卿五十，始來遊學。”之推所見古本《史
　　記》已如此，未可遽以爲譌字也。《荀子·堯問篇》云：”孫卿
　　迫於亂世，鰌於嚴刑，上無賢主，下遇暴秦。”《鹽鐵論·毀學
　　篇》云：方李斯之相秦也，始皇任之，人臣無二，然而荀卿爲

之不食,覩其罹不測之禍也。據《李斯傳》,卿之死在秦併天下以後,距春申君之死又十八年矣,云云。蓋荀子死於秦兼併天下以後,似無疑義,西漢人之所傳,必有所本。

故晉獻以寶馬釣虞虢。

直按:《淮南子·主術訓》云:"虞君好寶,晉獻以璧馬釣之。"本文以釣字爲形容詞,蓋源出於《淮南》。

終身行,無冤尤。

直按:無冤尤讀爲無怨尤。

猶爲賴民也。

直按:賴讀爲厲。厲民,病民也。

大夫曰:司馬子言,天下穰穰,皆爲利往。

直按:本段爲桑弘羊節括引用《史記》原文之最早者。《史記·貨殖傳》原文云:"故曰:天下熙熙,皆爲利來,天下壤壤,皆爲利往。夫千乘之王,萬家之侯,百室之君,尚猶患貧,而況匹夫編戶之民乎。"又曰:"富者人之情性,所不學而俱欲者也。故壯士在軍,攻城先登,陷陣卻敵,斬將搴旗,前蒙矢石,不避湯火之難者,爲重賞使也。其在閭巷少年,攻剽椎埋,劫人作姦,掘冢鑄幣,任俠并兼,借交報仇,篡逐幽隱,不避法禁,走死地如鶩者,其實皆爲財用耳。今夫趙女鄭姬,設形容,揳鳴琴,揄長袂,躡利屣,目挑心招,出不遠千里,不擇老少者,奔富厚也。游閑公子,飾冠劍,連車騎,亦爲富貴容也。弋射漁獵,犯晨夜,冒霜雪,馳阬谷,不避猛獸之害,爲得味也。博戲馳逐,鬥雞走狗,作色相矜必爭勝者,重失負也。醫方諸食技術之人,焦神極能,爲重糈也。吏士舞文弄法,刻章偽書,不避刀鋸之誅者,没於賂遺也。農工商賈畜長,固求富益貨也。"以《史記》原文,與本文對照,槩括趙女、商人、戎士三種人物,又增加士與儒墨兩種類型。

直按:本書《復古篇》及《刺權篇》,有直引《史記·平準書》原文者,摘出對照於下:

山海之利,廣澤之畜,天下之藏也,皆宜屬少府,陛下不私,以屬大司農,以佐助百姓(《鹽鐵論·復古篇》第六大夫曰)。

山海天地之藏也,皆宜屬少府,陛下不私,以屬大司農佐賦(《史記·平準書》)。

浮食豪民,好欲擅山海之貨,以致富業,役利細民,故沮事議者衆(《鹽鐵論·復古篇》第六大夫曰)。

浮食奇民,欲擅管山海之貨,以制富羨,役利細民,其沮事之議,不可勝聽(《史記·平準書》)。

大農鹽鐵丞咸陽、孔僅等上請,願募民自給費,因縣官器,煮鹽予用(《鹽鐵論·刺權篇》第九大夫曰)。

大農上鹽鐵丞孔僅、咸陽言,……願募民自給費,因官器作煮鹽,官與牢盆(《史記·平準書》)。以上所述,第一條大夫稱司馬子言,則爲桑弘羊所引用《史記》原文。觀其語氣,似太史公已死,太史公卒年,向無定論,鹽鐵之議在昭帝始元六年,得此亦可備參考。《史記》副本在京師,當昭帝時,一般人不易見到,而桑弘羊獨能讀到者,因御史中丞,在殿中蘭臺,掌秘籍圖書,弘羊官御史大夫,中丞正其屬官,因此可以先睹。第二、三、四各條,或爲桑弘羊之言,或爲桓寬著書時所潤色。桓寬在宣帝時官廬江太守丞,其時楊惲或已將《史記》正本宣佈,即便完全爲桓寬所引,亦爲引用《史記》最早之一人。在《鹽鐵論》全書中,如《刺復篇》說公孫弘衣不重彩事,説杜周峻文決理事,其辭句皆本於《史記·平準書》,如此之類,分繫在各條之下,多不勝舉。

闒茸與之齊軫。

直按:《漢書·賈誼傳·弔屈原文》云:"闒茸尊顯兮,讒諛得志。"顏師古注:"闒茸,下材不肖之人也。闒音吐盍反,茸音人勇反。"本書闒茸共兩見,知爲漢人之習俗語。

過九軼二。

直按:九謂九卿,二謂相國與丞相,因秦無三公之名也。李斯先官廷尉,後官丞相,故云過九軼二。《漢書·百官表》云:"相國、丞相皆秦官。"秦武王時始設此兩官名,在始皇未兼併六國以前設相國,二十六年以後,則改稱丞相。

跛牂燕雀。

直按:《韓非子·五蠹篇》云:"故十仞之城,樓季弗能逾者,峭也;千仞之山,跛牂易牧者,夷也。"跛牂與燕雀,喻其微細也。餘詳《詔聖篇》。

賢士徇名,貪夫死利。

直按:賈誼《鵩鳥賦》云:"貪夫徇財,烈士徇名。"賈生與文學之言,皆本於《莊子》。

車裂於雲陽之市。

直按:原文車裂作車制,據俞樾説校改。秦代雲陽有獄,西漢因之。王僧虔條疏古來能書人名云:"秦獄吏程邈,善大篆,得罪始皇,囚於雲陽獄。"《漢書·平帝紀》云"江湖賊成重等二百餘人皆自出,送家在所收事,重徙雲陽"是也。本文李斯車裂於雲陽，與《史記》本傳作咸陽不同，蓋爲西漢人之傳聞異辭。

亦願負薪入鴻門，行上蔡曲街徑。

直按：《史記·李斯傳》云："斯出獄與其中子俱執，顧謂其中子曰，吾欲與若復牽黃犬俱出上蔡東門逐狡兔，豈可得乎？"本文東門作鴻門，負薪行曲街徑，皆與《史記》不同，亦西漢人傳聞之異辭，似非誤字，更不必强改原文。

褒賢第十九

重幣請交。

直按：原文脱重字，據盧文弨增補。

知夫不以道進者。

直按：原文脱者字，今補。

遜頭屈遭。

直按：賈誼《弔屈原文》："鳳漂漂其高遭兮。"《索隱》："遭音逝。"但逝字在本文義亦未安，疑爲迹字形近而誤。

文學高行。

直按：原文高行作節高行，行上當脱兩字，節字亦因下文而誤。

釋輓輅首爲叛逆。

直按：《史記·劉敬傳》云"婁敬脱輓輅"，與本文釋輓輅正同。《集解》引蘇林曰："一木橫鹿車前，一人推之。"

長衣官之也。

直按：俞樾以此五字爲衍文，或自注原文。又以官之爲容衣之誤文。

孔甲爲涉博士,卒俱死陳。

直按:《史記・儒林傳》序云:"陳涉之王也,而魯諸儒持孔氏之禮器往歸陳王,於是孔甲爲陳涉博士,卒與涉俱死。"本文亦節括《史記・儒林傳》文。

陳王赫然奮爪牙。

直按:本篇名"褒賢",是褒孔甲及陳涉也,篇名爲桓寬所加,是同意於文學之立場。

趙綰、王臧之等。

直按:本書在人名下用之字語助辭,共有四見,如《輕重篇》江充、楊可之等,本篇趙綰、王臧之等,《救匱篇》葛繹、彭侯之等,《大論篇》杜大夫、王中尉之等是也。與秦"二十一年相邦冉之造"載文同例(見《雙劍誃吉金圖録》卷下,三十二頁)。蓋先秦之語法如此。

然省其私行,狂夫不忍爲。

直按:《史記・滑稽傳》,褚少孫補東方朔事云:"用所賜錢帛,取少婦於長安好女,率取婦一歲所者,即棄去更取婦,所賜錢財盡,索之於女子。"本文意即指此。

此疾在位者不好道。

直按:此疾疑爲訾疾省文。

患在位者之虎飽鴟咽。

直按:原文鴟咽作鷅咽,據孫詒讓校改。

相刺第二十

往來浮游。

直按：漢鏡銘云："浮游天下敖四海。"爲漢人之習俗語。

禹戚洪水。

直按：戚作憂戚解，原文似非誤字。

不當耕織爲匹夫匹婦也。

直按：原文不當作當不，據俞樾校正。

言義高於秋天。

直按：秋天疑作春秋，此大夫承文學上文修王道作《春秋》而言，天字與春字相近，又顛倒也。

子思子庚爲之卿。

直按：原文作子思子原，盧文弨以爲子原乃子庚之誤字，爲泄柳之字，其説是也。

孟軻居梁。

直按：孟子以梁惠王三十五年至梁，《史記·六國表》，西敗於齊，爲惠王三十年事。敗於秦爲惠王三十一年事。此御史大夫以牽强之辭，駁文學之議。

越人夷吾。

直按：清代學者，皆以管仲爲潁上人，此句有誤字。然文學答辯辭，"不患無由余、夷吾之倫，患無桓、穆之聽"。是以齊桓針對夷吾，秦穆針對由余，蓋西漢人傳聞之異辭，未可遽定爲誤字。與李斯相秦，荀卿爲之不食。李斯願負薪入鴻門，行上蔡曲街徑，及本篇之棘子，皆不見於他書也。

枉道而事人。

直按：先伯父云：枉道而事人五字當爲衍文。

安得皋陶而察之。

直按：屈子《離騷》云："湯禹嚴而求合兮，摯咎繇而能調。"

遭時蒙幸。

直按：原文蒙幸作蒙率，據王先謙說改。

天設三光以照記。

直按：徐德培云：記與䛐通，《淮南子·繆稱訓》云"目之精者，可以消澤，而不可以昭䛐"是也。

任座正言君之過。

直按：《呂氏春秋·自知篇》云："魏文侯燕飲，皆令諸大夫論己，或言君之智也。至於任座，任座曰：君不肖君也，得中山不以封君之弟（文侯之弟蓋能逾十仞之牆之樓季也），而以封君之子，是以知君之不肖也。文侯不悅，見於顏色，任座趨而出。次及翟璜，翟璜曰：君賢君也，臣聞其君賢者，其臣之言直，是以知君之賢也。……任座在於門，以君之令召之，任座入，文侯下階迎之，終座以爲上客。"

袁盎面刺絳侯之驕矜。

直按：《史記》作袁盎，《漢書》作爰盎。《史記·盎傳》略云："絳侯爲丞相，朝罷趨出，意得甚，上禮之恭，常自送之。袁盎進曰：陛下以丞相何如人？上曰：社稷臣。盎曰：絳侯所謂功臣，非社稷臣。……丞相如有驕主色，陛下謙讓，臣主失禮，竊爲陛下不取也。後朝，上益莊，丞相益畏。……及絳侯免相之國，國人上書告以爲反，徵繫清室，宗室諸公莫敢爲言，唯袁盎明絳侯無罪，絳侯得釋，盎頗有力。"

巷言面違。

直按：巷言爲委巷之言。面違郭沫若讀爲面韙，言在閭巷論其非，在當面則又讎其議也。

張而不施。

直按：即張而不弛，兩漢施弛二字每通用，故居延木簡弛刑或稱爲施刑也。

殊路第二十一

政事者冉有、季路。

直按：下句言語宰我子貢，即不再用者字。又食人之重禄不能更，下句處人尊官不能存，即不再用之字，本書此等文例最多，並非脱文。

子路居蒲。

直按：《荀子·大略篇》云：“晉人欲伐衛，畏子路，不敢過蒲。”《家語》亦云子路爲蒲宰，《家語》雖爲王肅僞造，亦當本於周秦諸子之紀載。

僞物莫能飾也。

直按：原文脱僞字，今據下句文例補。

美珠不畫。

直按：不畫，不施以文彩也。譬若飾嫫母畫土人也。

直按：本文下有云：“被以五色，斐然成章，及遭行潦流波則沮矣。”前後所説爲土偶人遭水而敗，其大義本於《戰國策·齊策》。蘇代之言曰：“今者臣來過於淄水上，有土偶人與桃梗相與語，桃梗謂土偶人曰：子西岸之土也，梃子以爲人，至歲八月降雨下，淄水至，則汝殘矣。土偶曰不然，吾西岸之土也，土則復西岸耳。今子東國之桃梗也，刻削子以爲人，降雨下,淄水至,流子而去,則子漂漂者將何如耳。"

郵里逐難。

　　直按:《漢舊儀》云:"設十里一亭,有亭長、亭候,五里一郵,
郵間相去二里半。"難疑䕺字省文,即古然字也。

待礛諸之工而後明。

　　直按:原文作鑒識,據張敦仁校改。張引《淮南子·說山
訓》,"玉待礛諸而成器",其說是也。

宰予晝寢。

　　直按:《漢書·揚雄傳》云:"非木摩而不彫,牆塗而不畫。"
《論語》宰予之晝寢,是漢人有解作畫寢者,但本文爲晝寢
之義。

文學曰:西子蒙以不潔。

　　直按:原文脫落曰西子三字,今訂補,王佩錚、王利器皆與鄙
見相同。本文自故事人加以下,多有殘脫費解之句。

故事人加則爲宗廟器。

　　直按:事人張敦仁疑作人事亦未妥。加疑爲嘉字省文,謂人
品嘉好者可爲宗廟之器。長安謝氏藏有"加露沼沫"瓦當,
亦省嘉作加。

訟賢第二十二

騏驥之軛鹽車。

　　直按:原文騏驥作騏驎,據王先謙校改。《太平御覽》卷八百
九十七,引本文正作騏驥,下文大夫答辨詞,亦作騏驥。但麒
麟作騏驎,爲六朝人寫法,見於北魏《韓顯宗墓誌》,知其誤

已久。又《史記·賈誼傳·弔屈原文》云:"驥垂兩耳兮,服
鹽車。"《索隱》引《戰國策》云:"夫驥服鹽車,上太山,中坂遷
延,負轅不能上,伯樂下車哭之也。"

蓬頭相聚而笑之。

直按:蓬頭疑爲蓬須之誤字,《能言篇》云"蓬須苞堯舜之德"
可證。

天其祝予矣。

直按:《公羊傳·哀公十四年》:"子路死,子曰:'噫,天祝
予。'"何休《解詁》:"祝,斷也。"

東海成顒,河東胡建是也。

直按:成顒事蹟不可考,《鹽鐵論·箴石篇》云:"則恐有盛胡
之累。"是成顒一作盛顒。又按:《玉篇》,成氏望出上谷、東
郡,《元和姓纂》,盛氏望出廣陵,吳有盛冲。以地望言之,東
海與東郡相近,則作成顒爲是。

起卒伍爲縣令。

直按:《史記·項羽本紀》云:"願賜骸骨歸卒伍。"即《白起
傳》之士伍,無爵者之稱。又按:《漢書·胡建傳》云:"建繇
是顯名,後爲渭城令,治甚有聲。"

刻轢公主,侵陵大臣。

直按:《胡建傳》云:"(昭帝姊)蓋主怒,使人上書告建,侵辱
長公主,射甲舍門。"即本文所云之刻轢公主。胡建斬監軍
御史於堂皇上,即本文所云之侵陵大臣,成顒事蹟雖無考,當
與胡建相似。

未覩功業所至,而見東觀之殃。

直按：張之象本東觀作兩觀。楊樹達云："《説苑・指武篇》，孔子爲魯司寇，七日而誅少正卯於東觀之下。"《淮南子・氾論訓》高誘注："少正，官，卯其名也。魯之諂人，孔子相魯，七日誅之於東觀之下。"《家語》是晚出之書不可信。

二公懷精白之心。

直按：精白即清白，爲漢人之習俗語。漢鏡銘云："絜精白而事君，□窹歡之弇明。"（見《小校經閣金文》卷十六）是其證。

然卒不能免於嫉妬之人。

直按：《胡建傳》云："後霍光病，上官氏代聽事，下吏捕建，建自殺。"本文嫉妬之人，是文學指上官桀而言，此事在昭帝初年，已與鹽鐵之議時期相近。桑弘羊與上官桀爲黨與，故文學獨言成顒、胡建二公懷精白之心，行忠臣之道，在辨論上已成爲政治鬥爭。又大臣正，縣令何肯不反諸己，亦文學責上官桀之辭。

遵道第二十三

謂丞相史曰。

直按：《漢書・百官表》："丞相有兩長史，秩千石。"《漢舊儀》云："漢初置相國史，秩五百石，後罷，並爲丞相史。"又云："丞相吏員三百八十二人，有史二十人，秩四百石。"據此丞相府計有丞相長史二人，丞相史二十人，本文各篇之丞相史，疑包括丞相長史及丞相史二種官名而言。

文學結髮學語。

直按:結髮見《漢書》李廣、主父偃等傳,及本書《貧富篇》桑弘羊之自語,蓋漢人之習俗語。

轉若陶鈞。

直按:陶鈞者環轉於陶器上,用以打成花紋之器,在漢代發現陶器中夾雜此物最多。

諸卿都大府日久矣。

直按:西漢長吏少吏,皆相率稱爲卿,非九卿之卿。《漢書·朱博傳》云:“王卿力有餘。”《居延漢簡釋文》二九三頁,有“出錢四千五百,八月己丑給令史張卿爲市”;三〇〇頁,有司馬卿九人;三〇一頁,有王卿十二人之紀載。與本文口氣正合。都大府與《史記·酷吏·趙禹傳》之“極知禹無害,然文深不可居大府”文例正同。《説文通訓定聲》云:“都,居也。”引《漢書·東方朔傳》爲證。

通先古,明當世。

直按:《漢書·武帝紀》,元光四年,徵吏民有明當世之務,習先聖之術者,本文源於此詔書。

孔對三君殊意。

直按:《韓非子·難三篇》云:“葉公子高問政於仲尼,仲尼曰:政在悦近而來遠。哀公問政於仲尼,仲尼曰:政在選賢。齊景公問政於仲尼,仲尼曰:政在節財。三公出,子貢問曰:三公問夫子政一也,夫子對之不同何也。仲尼曰:葉都大而國小,民有背心,故曰政在悦近而來遠。魯哀公有大臣三人,外障距諸侯四鄰之士,内比周而以愚其君,使宗廟不掃除,社稷不血食者,必此三臣也,故曰政在選賢。齊景公築雍門,爲路寢,一朝而以三百乘之家賜者三,故曰政在節財。"又按:《漢書·武帝紀》,元朔六年六月詔曰:"朕聞五帝不相復禮,三代不同法,所繇殊路,而建德一也。蓋孔子對定公目徠遠,哀公目論臣,景公目節用,非期不同,所急異務也。"與《韓非子》所記不同,本文與武帝之詔書相合,因葉公子高不在三君之列也。

晏子相三君異道。

直按:《晏子春秋》"梁丘據問晏子曰:子事三君,君不同心,子俱從焉,仁人固多心乎? 對曰:一心可以事百君,百心不可以事一君"。

言法教没而存之。

直按:原文教下有故字,黃季剛以爲衍文,今據删。

説西施之美,無益於容。

直按:《韓非子·顯學篇》云:"故善毛嬙西施之美,無益吾面,用脂澤粉黛,則倍其初,言先王之仁義,無益於治。"本文源出於《韓非》。

可與共學,未可與權。

直按:《公羊》重在行權,以反經合道爲權,《論語》亦論及可與立未可與權,故丞相史引之與文學辨論。

聖達而謀小。

直按:原文作聖達而謀小人。人字當爲衍文,今删。王佩錚云:此二句從《易·繫辭傳》"德薄而位尊,智小而謀大,力少而任重"三句化出,而略反其義。各本皆誤改爲聖達而當謀大,與下文智淺而謀大即相抵觸,其説是也。

世亦無負累蒙殃也。

　　直按：原文作"當世亦無累負之殃也"，據俞樾說校改。

論誹第二十四

稱往古而訾當世。

　　直按：訾上原有言字，據俞樾說校刪。

此顏異之所以誅黜，而狄山死於匈奴也。

　　直按：顏異起家濟南亭長，官至大司農，以腹誹誅，見《漢
　　書·食貨志》。狄山武帝時爲博士，守塞踰月餘，匈奴斬其
　　頭以去，見《漢書·張湯傳》。下文大夫稱狄山爲漢議臣，因
　　博士通古今掌論議也。

疾小人諓諓面從。

　　直按：張敦仁云：《國疾篇》云："諓諓者賤也。"與此歧異。
　　《公羊·文十二年傳》云："惟諓諓善諍言。"與彼篇合。《潛
　　夫論·救邊篇》云："淺淺靖言。"與此篇合。諓淺同字，當兩
　　存之。

檀柘而有鄉，藋葦而有藪。

　　直按：《漢書·東方朔傳》云："其山出玉石，金銀銅鐵，豫章
　　檀柘，異類之物，不可勝原。"本書《殊路篇》亦云："仲由、冉
　　求，無檀柘之材。"足證檀柘二字，爲漢人常用之連綿字。藪
　　即藪字之變體，《淮南子·說林訓》云："橘柚有鄉，藋葦有
　　藪。"本文句法，源出於《淮南》，亦可證本文藪即藪字之誤。

趙簡子得叔向而盛青肩詘。

　　直按：盧文弨《群書拾補》盛青肩作盛青眉。《居延漢簡釋

文》一六八頁,有孫青肩符,又漢印有蘇青臂印,先秦西漢人無名青眉者,本文作盛青肩是也。

故飯蔬糗者。

　　直按:原文蔬糗作菽糗,據洪頤煊説改。《孝養篇》兩處均同。

緒業不備者,不可以言理。

　　直按:本段文字,理字應原皆作治字,經唐人避諱竄改。

孝養第二十五

貴其禮不貪其養。

　　直按:原文作貴禮,無其字,據張之象本補。

故孝子日甘毳以養口。

　　直按:原文日作曰,據張之象本改。

乞者由不取也。

　　直按:由與猶通。

有賢子當路於世者。

　　直按:原文賢子下有者字,今删。

無者褐皮衣冠。

　　直按:原文作無厭者,厭字據俞樾説校删。

食蔬糗者葷茹。

　　直按:葷茹亦屬於蔬類,向讀連於下文者非是。

腰膢而後見肉割。

　　直按:原文割作害,當爲割字省文,今訂正。文學所言,則省去割字,張之象本作審非也。

夫取非有非職。

> 直按：非有謂不應有而取之，非職謂無其位而取之，原文似無
> 誤字。

困京而以養非孝也。

> 直按：原文困京作涼困，俞樾説當爲京困之誤字，竊以爲作困
> 京爲是。《廣雅・釋宮》云：“京倉也。”《管子・輕重丁篇》
> 云：“有新成囷京者二家。”注：“大囷曰京。”賈誼《新書・匈
> 奴篇》云：“必令北有高堂邃宇、善廚處、大囷京。厩有編馬，
> 庫有陣車。”本文蓋源出於《管子》。

丞相史曰。

> 直按：原文作丞相曰，當脱史字，今補。

五被邪逆而夷三族。

> 直按：《漢書》皆作伍被，本文獨作五被，與《藝文志》五子胥
> 八篇作五相同，此正原書保留之古字。先伯父云，《廣韻》十
> 一堂下云：“堂，楚邑，大夫五尚爲之，其後氏焉。”十五姥下
> 云：“《左傳》有五奢。”《孫叔敖碑》伍舉作五舉，亦一證。

誅及無罪之親。

> 直按：本文列舉陳餘、伍被、主父偃、吕步舒諸人，行身不謹，
> 誅及無罪之親，是泛言之，實則族誅者，只有伍被、主父偃也。

刺議第二十六

吾其與聞諸。

> 直按：原文諸下有侯字，蓋涉下文僕字形似而誤重。今删。

春秋士不載文。

直按:《公羊·隱公元年經》:"天王使宰咺來歸惠公仲子之
賵。"《傳》云:"宰者何？ 官也。咺者何？ 名也。曷爲以官
氏？ 宰氏也。"

攝齊句指。

直按:攝齊謂摳衣升堂也,句指卑謙之義。楊樹達云:《淮
南·脩務篇》,"今取聖人書,名之孔墨,則弟子句指而受者
必衆矣"。其説是也。

葶歷似菜而味殊。

直按:《本草》:"葶歷生藁城田野,實葉皆似芥。"本文所言似
菜,蓋似芥菜也。又按:《韓非子·難勢篇》云:"此味非飴蜜
也,必苦菜亭歷也。"亦此意。敦煌木簡藥方則寫作亭磨,蓋
用假借字。

故輔桀者不爲智,爲桀斂者不爲仁。

直按:文學之語似甚幽默,借桀紂之桀字,以諷刺上官桀,因
丞相史皆爲桑弘羊、上官桀黨與也。

利議第二十七

故使使者舉賢良文學高第。

直按:西漢人稱高第有兩種性質。一、經過考試,如《漢書·
晁錯傳》,以對策高第是也。二、選舉優秀之士,亦稱爲高
第,如本文是也。

明枯竹。

直按:謂僅研究簡編也。

如品即口以成事。

　　直按：謂以品字不能代替口字，蓋漢人之習俗語。

公卿欲成利也。

　　直按：原文欲成下無利字，據張之象本補。

文表而枲裏。

　　直按：原文枲裏爲柔裏，據孫詒讓説校改。與《散不足篇》絲
　　裏枲表大致相同。

朕嘉宇内之士。

　　直按：此爲始元六年徵賢良文學訪問民間疾苦之詔策文，
　　《漢書》及荀悦《漢紀》皆不載。

吳鐸以其舌自破。

　　直按：王佩錚引《淮南子・繆稱訓》高誘注“鐸大鈴，出於
　　吳”，其説是也（《太平御覽》四百五十九，引《韓子》曰：吳鐸
　　以聲自毀，膏燭以明自鑠，與此相同）。

而使臧驥御之。

　　直按：原文臧驥作減驥，據孫詒讓説校改。

是猶柂驥鹽車而使責之疾。

　　直按：柂即扼字異文，爲六朝人傳寫之别字，北魏造像及墓誌
　　持節字多作栫，亦同此例。

坑之渭中而不用。

　　直按：始皇坑儒生在驪邑，即今驪山。《漢書・地理志》：“京
　　兆尹，高祖二年更名爲渭南郡。”《溝洫志》：“太始二年趙中
　　大夫白公復奏穿渠引涇水，首起谷口，尾入櫟陽，注渭中袤二
　　百里。”京兆在渭水之東，新豐在渭水中段，可證渭中二字，
　　爲漢人習俗語。

國疾第二十八

孔子大聖也,諸侯莫能用。

　　直按:《御覽》卷十一,引本文作孔子大聖也,嘗居上位,相魯三月,不令而行,不禁而止。與今本異同很大,恐出於《御覽》之修辭,未敢據以擅改。

無德厚於民。

　　直按:原文德厚作德序,據張敦仁校改。王莽所鑄序布,《漢書·食貨志》誤作厚布是也。

儒亦憂執事富貴而多患也。

　　直按:原文脫儒字,據張之象本補。

懷來遠方。

　　直按:原文懷下有臧之二字,當爲衍文,據盧文弨刪去。

藥酒苦於口利於病,忠言逆於耳而利於行。

　　直按:《韓非子·外儲說左上第三十二》云:“夫良藥苦於口,而智者勸而飲之,知其入而已己疾也。忠言拂於耳,而明主聽之,知其可以致功也。”又《漢書·淮南王傳》,壽春嚴正上書天子曰“毒藥苦口利病,忠言逆耳利行”,與本文相同。蓋爲周秦兩漢人之習俗語。又按:自本篇起,始有賢良辨論,至四十一篇止。

譏諓者賊也。

　　直按:原文作譏諓者賤也,據楊樹達說校改。

窮巷多曲辨。

　　直按:張之象云:“公孫鞅曰:窮巷多怯,曲學多辨。”

文學守死溟涬之語。

　　直按:《莊子·天地篇》云:"若然者,豈兄堯舜之教民,溟涬
　　然弟之哉。"注:溟涬甚責之謂也。

文學皆出山東。

　　直按:《雜論篇》云:"文學魯萬生。"爲出山東之證。

子大夫論京師之日久。

　　直按:《雜論篇》云:"賢良茂陵唐生。"茂陵與京師相近。又
　　按:漢武帝策賢良文學,亦稱爲子大夫,見《漢書·董仲舒
　　傳》。

願分明政治得失之事。

　　直按:政治下原文脱得字,今補。

不足以當大議。

　　直按:原文脱當字,據郭沫若補。

建元之始。

　　直按:原文脱之字,據楊樹達説補。

楊可告緡。

　　直按:楊可下原文衍勝字,今删。

江充禁服。

　　直按:禁服二字難通,疑禁賊之誤。《漢書·江充傳》云:"上
　　以充爲謁者,使匈奴還,拜爲直指繡衣使者,督三輔盜賊,禁
　　察逾侈,貴族近臣多奢僭,充皆舉劾。"本文之禁賊,與《漢
　　書》正合。

罰贖科適。

　　直按:《漢書·武帝紀》天漢元年"發謫戍屯五原",天漢四年

"發天下七科謫及勇敢士"伐匈奴。蓋因正戍卒不足，用秦制謫發，爲一時權宜之計。《流沙墜簡·考釋·戍役類》二十二頁，有殘簡文云："燧缺敬代適卒郭□，今遣詣署録□□。"適卒即謫卒，與本文及《漢武帝紀》，皆可以互證。

夏蘭之屬妄搏。

直按：《史記·平準書》云："義縱、尹齊、王温舒等，用慘急刻刻爲九卿，直指夏蘭之屬始出。"

居民肆然復安。

直按：原文居民上有然字當爲衍文，涉下文而衍，今删。

車器難就而易敗。

直按：《漢書·食貨志》云："召工官治車諸器，皆仰給大農。"足證車器二字聯稱，爲西漢人之習俗語。又按：《劉屈氂傳》云："令内郡自省作車。"服虔注："邊屯無事之時，宜自治作車，以給軍用。"爲西漢時造車難就之證。

一車千石，一衣十鍾。

直按：西漢時華貴之車價不可考。《居延漢簡釋文》卷三，四十八頁，候長禮忠估計家貲簡文，有"軺車一乘直萬，牛車二兩直四千"之紀載。漢代通常米價，每石一百錢，則軺車一乘直十千，僅折合到一百石米之價，牛車一輛，僅折合到二十石米之價，與本文一車千石之價，相距還遠。又漢代高貴之衣價，亦不可考。《居延漢簡釋文》卷二，二十九頁，有"官襲一領，錢二百卅"。《敦煌漢簡校文》十四頁，有"袍一領，直二百八十七，襲一領，直四百五十"各紀載。此一般平民衣服之價。至於衣料，尢父縑一匹，直六百五十八（見斯坦因

《西域考古記》三七三頁）。《范子計然書》,有"能繡細文出齊,上價匹二萬,中萬,下五千","白素出三輔,每匹八百"各紀載。漢代四丈爲一匹,一匹只能做成人一身衣料,以最高之細文能繡而論,每件即須折合到二百石米價。《淮南子·要略訓》云:"一朝用三千鍾。"高誘注:每鍾十斛。《説文》:"十斗爲斛。"本文之一衣十鍾,爲一百石米,僅合《范子計然書》中能繡價值之一半。

常民文杯畫案。

直按:《漢書·貢禹傳》云:"臣嘗從之東宮,見賜杯案,盡文畫金銀飾。"樂浪出土漆器,有永元十四年漆案,畫雙獸紋,是代表作品(見《漢紀年銘漆器圖説》五十一頁)。

机席緝躡。

直按:机即几字繁文,《隸釋》漢四皓神坐机題字,即坐几也。

里有俗,黨有場。

直按:俗疑格字之誤文,格爲閣字之假借,與黨有場義相對舉,《金石萃編》漢一,開通褒斜道刻石云:"始作橋格六百三十二間。"橋格即橋閣可證。

聚斂從容。

直按:原文作娶要斂從容,今訂正,謂從容聚斂財帛以廣蓄姬妾也。

即生散不足之疾矣。

直按:原文作即生前不足疾矣,據黃侃説校改。

散不足第二十九

若胡車相隨而鳴。

直按:《考工記》,“胡無弓車,……胡之無弓車也,非無弓車也,夫人而能爲弓車也”。本文大義,蓋源出於《考工記》。又《論功篇》亦云:“匈奴車器,無銀黃絲漆之飾,素成而務堅。”爲西漢匈奴人用車之證。

諸生獨不見季夏之蟛乎。

直按:《方言》十一,“蚙蚗,齊謂之蟛蜳,楚謂之蟪蛄”。此用齊人語也。

秋至而聲無者。

直按:王引之《經義述聞》,以者字屬本句是也。張敦仁、徐德培皆以者爲諸字省文,然上文作諸生,其他各篇亦作諸生,絕無作者生者,知其說之不然。先生亦可簡稱爲生,見《漢書》貢禹、梅福等傳。

丞相曰。

直按:丞相是田千秋之問辭,張之象本加增爲丞相史曰,非也。

願聞散不足。

直按:《錯幣篇》云:“非散聚均利者不齊,故人主積其食,守其用,制其有餘,調其不足。”與本文散不足,聚不足用義相同,本篇之辨論,即根據《錯幣篇》而發展者。王佩錚云:“《老子》云:天道以有餘補不足,人道以不足補有餘。《莊子·天下篇》云:關尹老聃,以有積爲不足。”此蓋本篇散不足之大旨。

耽湎沉猶,鋪百川。

直按:猶字王利器疑作酒字,王佩錚解作猶豫之猶,沉醉貌。

竊以爲猶爲油字異體,洛陽金谷園漢墓出土陶器,有"蒱萬石"壺題字,余昔考爲即油萬石(見《考古》一九五八年一期)。本文謂酒油之多,如鋪百川也。

鮮羔羏。

直按:《説文》:"羏,羊未卒歲也。"

羛胎肩。

直按:羛字字書所無,疑爲嘰字之假借。《説文》:"嘰,小食也。"朱氏《説文通訓定聲》云:"與既略同,字亦作喫。"司馬相如《大人賦》云:"嘰瓊華。"《禮記·玉藻》云:進嘰進羞是也。又按:《吕氏春秋·知化篇》云:"懼虎而刺蜪。"高誘注:"蜪,幼豬也。"與《石鼓文》第一鼓"射其蜪蜀"正同。本文之嘰胎肩,即蜪字省文,謂喫小豬,與上句鮮羔羏正義相對舉。

皮黄口。

直按:《淮南子·氾論訓》云:"古之伐國,不殺黄口。"高誘注:"黄口,幼也。"本文之皮黄口,謂烤食未長成之鳥獸皮肉也。

冬葵温韭。

直按:《漢書·循吏·召信臣傳》云:"大官園種冬生蔥韭菜茹,覆以屋廡,晝夜燃蘊火,待温氣乃生。信臣以爲此皆不時之物,有傷於人,不宜以奉供養。"據此温韭方法,在西漢中期,已極盛行。

浚茈蓼蘇。

直按:浚茈,謂掘取鳧茈也。《後漢書·劉玄傳》云:"王莽末,南方饑饉,人庶群入野澤,掘鳧茈而食之,更相侵奪。"

《爾雅》:"芍,鳧茈。"郭注:"生下田中,苗龍鬚而細,根如指頭,黑色可食。"即今俗謂之荸臍。本文茈蓼蘇三種,皆用以佐味者,惟浚字義,僅與茈字相聯,與蓼蘇不相聯。又本篇中有句法特異之點,在四字句中,首一字用動詞,與第二字名詞相連,三四字則又爲名詞,如"浚茈蓼蘇","揚豚韭卵"是也。又有上三字皆用名詞,第四字則爲動詞,如"毛果蟲貉"是也。

蕈蕡耳菜。

　　直按:原文作豐奕耳菜,據孫詒讓説改。又按:《説文》:蕡爲木耳。朱氏《説文通訓定聲》云:"耳菜生於桑者良,海藻爲蕈,石發爲苔,土蕈爲菌,木耳爲蕡,此數者類而不類。"本文指菌及木耳二者而言。

毛果蟲貉。

　　直按:貉與貊通,《釋名·釋飲食》云:"貊炙,全體炙之,各自以刀割,出於胡貊之爲也。"本文毛謂菜蔬及果瓞之類,蟲品如蠶蛹之類,皆用胡貊之炙法以食之也。

陶桴複穴。

　　直按:《説文》:"桴,棟名。"《爾雅·釋宫》:"棟謂之桴。"本文謂穴居以陶爲棟梁也。

采椽不斲,茅茨不翦。

　　直按:此二語本於《韓非子·五蠹篇》,《通有篇》亦引其文。

大夫達棱楹,士穎首。

　　直按:謂大夫之室楹有觚棱,士之屋椽,露木頭於外,皆不再加工精鑿也。

雕文檻楯。

　　直按:《説文》:"楯,闌檻也。"司馬相如《上林賦》云:"宛虹
拖於楯軒。"近出南陽《張景造土牛碑》云:"遣景作治五駕瓦
屋二間,周欄楯拾尺。"與本文檻楯之義正合(見一九六三年
《文物》十一期)。

堊幔壁飾。

　　直按:《説文》:"幔,墀也。"《漢書·揚雄傳》云:"獿人亡,則
匠石輟斤而不敢妄斲。"服虔注:"獿,古之善塗墼者也。"本
文作堊塗壁飾解。

刻畫無用之器。

　　直按:楊樹達訂正爲"刻畫玩好無用之器,玄黄雜青,五色繡
衣"。今不從,因原文本順適也。

戲弄蒲人雜婦。

　　直按:蒲人蓋編蒲爲人,見《後漢書·梁冀傳》。雜婦謂以五
采絲製成婦人之形。《太平御覽》卷三十,引《荆楚歲時記》
云:"正月七日爲人日,以七種菜爲羹,翦彩爲人,或鏤金薄
爲人,以貼屏風。"亦此類也。

唐銻追人。

　　直按:本段所言,謂戲弄雜技。《説文》:"鏅銻,火齊也。"即
今之玫瑰。追人謂走索,張衡《西京賦》云:"跳丸劍之揮霍,
走索上而相逢。"《文選》李善注:"索上長繩,繫兩頭於梁,舉
其中央,兩人各從一頭上交相度,所謂舞絙者也。"古代走
索,皆是兩人,互相追逐,故云追人。在索上行走如飛,如玫
瑰之光采陸離,故云唐銻追人。

奇蟲胡妲。

直按：張衡《西京賦》云："女娥坐而長歌，聲清暢而逶迤。"又云："海鱗變而成龍，狀蜿蜿以蝹蝹。"張衡此段叙戲弄雜技，所云之女娥坐，即本文之胡妲；海鱗變龍，即本文之奇蟲。胡妲者謂胡姬似妲己也。又按：西漢人常以妲己比美婦，長沙漢墓中，曾出有殘鏡，文云："安得好妻，如妲己兮。"是其明證。

駿貳輻軿。

直按：《釋名》："輻車，載輻重卧息其中之車也。軿車，車之有屏蔽也。"近年四川出土畫像磚，有輻車圖，車中人係坐像，蓋此車可坐可卧也（見《全國基本建設工程中出土文物展覽圖録》圖版二三六頁）。

煩尾掌蹄。

直按：煩尾當讀爲繁尾，謂馬尾蓬鬆之形式。掌蹄者馬蹄上釘掌也，至今北方猶然。王佩錚讀繁尾爲蟠尾，然在漢畫像中，馬尾無蟠結者，自六朝馬俑及昭陵六駿刻石始有蟠尾之馬。

夫一馬伏櫪，當中家六口之食。

直按：西漢時馬食之糧草數量，居延漢簡有紀載云："縣令食馬廩，計月晦日食馬二斗，月二日食粟二斗，三日食二斗，四日二斗，十月二十三日食馬二斗。"以簡文每日食二斗計，則一月爲六石。漢代有小斗大斗之區別，小斗一石，只折合大斗六斗，木簡未注明小斗者，皆爲大斗。上述馬糧，亦應以大斗計算。漢代人民食糧，普通者每月爲大斗一石五斗。一馬每月食大斗六石,抵中家四人一月之食糧,再加以芻茭等,是一馬每月之用費,恰相當於中家六口一月之食。

故命曰布衣。

直按:本文以布衣爲庶人之服,故庶人得有布衣之名,布衣二字,最早見於《史記·李斯傳》。

直領無襦。

直按:先伯父云:深衣釋例云:《方言》"袒飾謂之直衿",注謂婦人初嫁所著上衣直衿。《漢書·廣川王傳》,晉灼注:"今之婦人直領。"蓋直領爲婦人之服,而漢世男子亦遂有直領者,故《釋名》以婦人直領,擬諸丈夫袍也。按漢畫像及漢俑,婦女皆係曲衿,尚未見有直領者。

常民而被后妃之服。

直按:《漢書·賈誼傳·陳政事疏》云:"是古天子之服,今富人大賈嘉會召客者以被牆。古者以奉一帝一后而節適,今庶人屋壁,得爲帝服,倡優下賤,得爲后飾。"本文源出於賈生。

夫紈素之賈倍縑,縑之用倍紈也。

直按:《計然萬物録》(馬氏《玉函山房輯佚書》本)云:"白素出三輔,每匹價八百。"《流沙墜簡·考釋·釋二》四十四頁,有任城縑題字云:"任城國亢父縑一匹,幅廣二尺二寸,長四丈,重廿五兩,直錢六百十八。"兩相比較,素價比縑價貴四分之一,與本文紈素之賈倍縑,尚有出入。蓋時代不同,産地不同,質料亦有精粗之別,因此不能與《鹽鐵論》完全適合。總之素價在漢代高於縑價,則是肯定的。

棧輿無植。

直按:棧輿應作俴輿,與下文俴騎繩控相同,皆爲淺字之假借,本於《詩·秦風》之小戎俴收。

蓋無漆絲之飾。

直按:原文漆絲作染絲,據孫詒讓説改,下文常民漆輿亦同。

又按:上句蓋字,指車蓋,本文蓋字,是語助詞,並非衍文。本篇用蓋字作語助詞者甚多,如“古者汙尊抔飲,蓋無爵觴樽俎”是也。

單榎木具。

直按:徐德培云:《廣雅·釋器》,“輮轑,輞也”。車輪之外框,即本文之單榎也。

常民漆輿。

直按:《居延漢簡釋文》卷一,八零頁,有簡文略云:“建昭二年八月庚辰,亡過客居長安發利里者,雒陽上商里范義,壬午實買所乘車馬。更兼駬牝馬白,蜀車漆布,並塗載布。”此爲漆輿並乘蜀車之證。

大軨蜀輪。

直按:原文作大軨蜀輪,據張之象本作大軨蜀輪是也。盧文弨校改爲大軨獨輪,因獨輪通常用於小車,既云大軨,則與獨輪相矛盾。蜀輪者,蜀郡所輸入也。蜀郡、廣漢,皆有工官,主造金銀器,可能亦兼造一部分木器。《漢書·食貨志》云:“置平準於京師,都受天下委輸,召工官治車諸器,皆仰給大農。”可爲漢代工官兼治車輛之一證。再以上述居延漢簡之蜀車漆布言之,尤與本文相合。

今庶人富者銀黃華左搔。

直按：原文疑爲銀黃華搔，左字應爲衍文。搔爲瑤字之假借，《説文》："瑤車蓋玉瑤也。"

結綏韜杠。

直按：結綏謂接轡。王佩鉾云：《説文》：韜蓋杠絲也。《續漢書·輿服志》，二千石皂蓋除吏赤畫杠，即此義。

珥靳飛鈴。

直按：靳爲靳字簡體，靳即旂字之假借，謂車上建旂與鈴也。《居延漢簡釋文》卷三，一頁，有"靳幹廿七，靳幡廿七"。十頁，有"靳幡三"各紀載。書靳作靳，與本文完全吻合，此保存原來別體字之最顯著者。

羔麑豹袪。

直按：本文源出於《詩·鄭風》，謂以豹皮裝飾在羔裘之衣袂也。

庶人則毛綺松衫。

直按：原文爲毛綺松彤，今訂正。《玉篇》："松，小褌也。"《釋名》："衫，芟也，芟末無袖端也。"據《釋名》所載，在東漢時此字即已盛行，本文謂綺松衫三種衣服，皆以皮爲之。

樸羝皮傅。

直按：《説文》："羝，牡羊。"本文謂以樸質之羊皮，附於衣裏也。

今富者貙貂。

直按：原本貙貂作貙貔，當爲誤字，今訂正。貙貂上似脱兩字，今不可考。《説文》："貙鼠出丁零胡，皮可作裘。"《史記·貨殖傳》云："狐貂裘千皮。"

狐白鳧鷮。

直按：盧文弨本作狐白鳧翁是也。《急就篇》云："春草雞翹鳧翁濯。"謂繒帛顔色之美麗，有象春草初生者，有象雞尾斑駁者，有象水鴨在春波蕩漾作起伏之狀者，本文所云狐白鳧翁，謂以白狐爲裘，水鴨毛裝絮也。

罽衣金縷。

直按：《説文》：繝字云：西胡人毳布稱爲繝。紕字云：氐人所織繝稱爲紕。蓋皆爲氈毛織品。金縷者金薄也。《太平御覽》卷八百十五，引魏文帝詔云："前後每得蜀錦，殊不相比適可訝，而鮮卑尚復不愛也。自吾所織如意、虎頭、連壁錦，亦有金薄。蜀薄來至洛邑。皆下惡，是爲下土之物。"庾信《春賦》云："縷薄窄衫袖，穿珠貼領巾。"庾信縷薄二字連稱，知金縷即金薄，謂以金箔縷貼花紋也。

燕貉代黃。

直按：《説文》："貉鼠出胡地，皮可作裘。"即今之灰鼠。代黃指代北所出黃狐裘而言。

俴騎繩控。

直按：原文俴騎作賤騎，據孫詒讓校改。《説文》："俴，淺也。"《詩》："俴駟孔群。"《韓詩》：駟馬不著甲者曰俴騎。先伯父云：《御覽》三百五十八，引本文作賤騎，知訛誤已久。

黃金琅勒。

直按：琅勒謂以琅玕爲勒飾也。

罽繡弇汗。

直按：王佩錚解弇汗爲障泥。《廣雅》："防汗謂之䩞。"《初學記》:障汗亦曰弇汗,其説是也。

垂珥胡鮮。

直按:本文謂珥垂下之胡,顏色鮮美也。《居延漢簡釋文》卷三,三六六頁,有"曲旃紺胡各一,完"之簡文。王國維先生在《流沙墜簡·考釋》云:説文:"旛,幅胡也。"《國語·吳語》韋昭注:"肥,胡旛也。"皆狀旗幅下垂之形。

中者染韋紹糸。

直按:紹糸當讀爲繅絲,謂絡馬之皮帶,飾以流蘇。西漢人絲字往往簡寫爲糸。《居延漢簡釋文》卷二,五十一頁,有"黃縠糸一斤,直三百五十"是也。

古者汙尊抔飲。

直按:楊樹達云:《禮記·禮運》云:"汙尊而抔飲。"《鄭注》:"汙尊,鑿地爲尊也,抔飲,手掬之也。"

今富者銀口黃耳。

直按:銀口黃耳,一般指飯槃、耳杯等釦器而言。《太平御覽》卷七百五十七,引揚雄《蜀都賦》云:"雕鏤釦器。"《漢舊儀》云:"大官尚食,黃金釦器。中官私官尚食,用白銀釦器。"樂浪王旴王光墓中,及其他漢墓,所出土漆器最多。如陽朔二年金銅釦漆扁壺、永始元年金銅釦夾紵漆盤、綏和元年金銅釦漆盒、建平五年金銅釦漆耳杯,題字有黃耳塗工、銅釦黃塗工等名稱,與本文所云均合(見《漢紀年銘漆器圖説》圖版五至十六頁)。又按:銀口黃耳釦器,創始於西漢,戰國時長沙楚墓,及最近信陽發現之楚墓,皆無黃耳釦器,是其明證。西安漢城遺址出土之黃耳釦器殘片極多,特漆器皆朽敗無存耳。

金罍玉鍾。

直按:罍鍾皆酒器,金罍指銅罍,或外面再加塗金。玉鍾或全體用玉琢成,或銅質嵌銀寶玉。

中者舒玉紵器。

直按:舒玉謂舒展其玉,分開裝飾於紵器之上也。余昔本主此說,廣州市文管會《廣州古墓發掘報告》上篇一七一頁,紀載出土有漆敦一件,木胎髹黑漆,蓋面嵌以青玉片裝飾,現僅存三片,頗能證實余說。自王先謙據《太平御覽》卷七百五十七,引本文作野王紵器,學者多從其說。然《漢書·地理志》,河內郡懷縣注有工官,野王縣未言有工官。河內工官主要在造弩機,現傳世有"河內工官六千七百卅六"弩機題字(見《夢郼草堂吉金圖》卷下,二十七頁,僅舉一例),並未聞兼造漆器。若謂野王與蜀郡,雖爲兩地名,互在上下,並非對舉,舒玉與金錯,義反適相對舉也。余說頗足成立,因此原文仍保存不動。又紵器以薄木爲胎,用絺紵和漆造成,樂浪出土有居攝三年及永平十二年兩夾紵漆盤,可爲代表作品。

金錯蜀杯。

直按:《漢書·地理志》,廣漢郡、成都,注有工官。《貢禹傳》稱爲蜀、廣漢工官,是見於古籍者,有蜀郡、廣漢郡及成都三地。今見於實物者,有始元二年蜀西工造漆耳杯,陽朔二年廣漢郡工官所造金銅釦漆扁壺,始建國天鳳元年成都郡工官所造金銅釦夾紵漆盤。此外有始建國五年子同郡(王莽改梓潼爲子同)工官所造金銅釦漆耳杯(以上僅各舉一例,見

《漢紀年銘漆器圖説》,六至四十三頁)。又大村西崖所著《中國美術史》,載有武都工官所造之乘輿黄耳杯。綜計蜀地各工官漆器産品,有蜀郡、廣漢、梓潼、成都及武都共五地。與本文所云,無不適合(蜀郡治成都,但各有工官,並不相混)。

夫一文杯得銅杯十。

直按:漢代銅杯,傳世絶少。《頌齋吉金圖録》圖二十九,有"丞不敗,利厚世"銅杯。余在西安亦見漢墓中出土有兩銅杯,其價不可考,故不能推斷漆杯之價值。

箕子之譏。

直按:譏爲悕字之假借。《韓非子·喻老篇》及《説林》云"紂爲象箸而箕子悕"可證。

古者燔黍食稗。

直按:《太平御覽》卷八百四十六,引本文云:"古者燔黍而食,捭豚相享,賓婚相召,豆羹白飯。今則燔炙滿案,臑豚煎鱉膾鯉。"與今本異同很大。當日所據或別有一本,或編纂時所竄改,今則未可據以校正原文。

而捭豚以相饗。

直按:捭原文作燀,今訂正。《説文》:燀,訓爲水渾沸之狀,燀豚義不可通。又按:《説文》捭字,訓爲兩手擊也,擊豚即《陸賈傳》擊鮮之義,則《御覽》作捭豚是也。説略同王先謙。

臑鱉膾鯉。

直按:原文膾鯉作膾腥,據孫詒讓説校改。楊樹達云:《御覽》引本文正作膾鯉。又漢代陶灶上,多畫魚鱉形狀,爲漢人嗜食鱉之一證。

麂卵鶉鷃橙枸。

直按:原文橙枸作撜拘,據張敦仁説校改,《史記‧西南夷傳》云:"蜀枸醬。"常璩《華陽國志‧巴志》云:"果實之珍,有蒟醬給客橙。"又按:《説文》:"橙,橘屬。"司馬相如《上林賦》云:"黃柑橙樧。"蓋橙爲南方之果,西漢中期始盛行於内郡。又長沙砂子塘西漢墓葬所出封泥匣,有"熬鶉"題字,爲漢人嗜食鶉鷃之證。本文不應六字爲句,在橙枸上下當脱落二字。

析醒什半。

直按:原文析醒作折醒,據盧文弨校改。

今閭巷懸佰。

直按:張敦仁云:"懸佰疑懸宿之誤字,引《晏子春秋‧内篇雜下》云:'猶懸牛首於門,而賣馬肉於内也。'屠家懸肉格,見《周禮》鄭注'牛人'。縣有懸肉,言閭巷賣肉者之多。下句阡陌屠沽,屠謂殺,沽謂賣,言就阡陌之間屠而賣之,語意相儷。"竊謂遼陽棒臺子屯漢魏時代墓壁畫,有飲食圖,畫一橫木枋,有鐵鉤八隻,依次掛豬頭、豚肩、豬肚、雙兔、雙魚、乾魚、鮮魚、猴頭等物(見《文物參考資料》一九五四年九期)。此漢代用木枋懸肉之情形,與本文可以互相印證。

夫一豕之肉,得中年之收,十五斗粟,當丁男半月之食。

直按:《九章算術》卷八,有"豕價每頭九百"之算題答案,雖爲假設數字,然與當時實際情況,不能相距過遠。漢代米價一石通常爲一百錢,每畝收成,通常爲一石。則一頭豕爲九石米之價，占九畝田之收，與本文所云一豕之肉，得中年之收正合。又本文所云十五斗粟，當丁男半月之食，是説漢代丁男，每月須食三石粟左右。《漢書·食貨志》記李悝盡地方之教有云"粟食人月一石半"，僅合本文三石之半數。又按：《居延漢簡釋文》卷二，四十五頁，有簡文云："郵卒張竟，十二月食三石三斗三升少，十二月庚申自取。"四十九頁，有簡文云："十二月食三石三斗三升少。""卒張半子粟三石三斗三升少。"其他各簡，記丁男所食，無不是此數，家屬所食，有二石八斗者，有二石四斗者。小孩所食，大率以一石半爲常，漢代有大斗小斗之別，小斗一石，只合大斗六斗。《食貨志》所云每人月食一石半者指大斗而言，本文及居延木簡所云每人月食三石者，指小斗而言，二者並無矛盾也。

貧者雞豕五芳。

直按：《漢書·食貨志》引魏李悝盡地力之教，計算農民每年之出入收支帳，有云："社閭嘗新，春秋之祠，用錢三百。"足證每年祠社之費用，就需要三石粟之代價。《史記·陳丞相世家》云："里中社，平爲宰，分肉甚均。"戍卒雖在邊郡，春秋二祠之典禮，仍然不廢。《居延漢簡釋文》卷二，三十三頁，有簡文云："入秋社錢千二百，元鳳三年九月乙卯。"又卷三，三十五頁，有祭社用品簡文云："對祠社，雞一，黍米二斗，稷米一斗，酒二斗，鹽小半升。"至東漢時，風氣猶然，山東博物館藏有梧臺里石社碑額，《蔡中郎集》有《陳留東昏庫上里社碑》，皆叙祭社事。又《三國志·董卓傳》云："嘗遣軍到陽城，時適二月社，民各在其社下，悉就斷其男子頭，駕其車牛，載其婦女財物……而還洛。"《陳平世家》只言祭用豕肉，當包括其他雞酒等物。戍卒所用祭品，因邊郡得肉甚難，故僅用雞黍酒鹽，與本文所云雞豕五芳，無不符合。

至妄而信日。

　　直按：日謂日者也。

堅頷健舌。

　　直按：《説文》：「頷，顊也。」本文則謂憑口舌取人之錢財。

葉華之樠。

　　直按：《説文》：「樠，松心木。」本文謂用松心木做成之床杠，上面加以花葉之彩畫。

塗屏錯趺。

　　直按：塗屏者謂塗面屏風也，錯趺者謂以金銀錯屏風之足部。

古者皮毛草蓐，無茵席之加。

　　直按：《太平御覽》卷七百零九，引《鹽鐵論》云：「古者庶人蒲席以草經，及後踐蒲蒻，復筵方薦帛緣者也。」又云「古者大夫復薦草緣、蒲平簟莞，今富者繡茵」云云，與今本異同很大，疑《御覽》所據爲別本，又節括原文。《御覽》本身，且有誤字，因此引本與傳世之本，二者對勘，距離很遠。

復薦草緣。

　　直按：複字居延漢簡皆寫作復，與本文相同，此正古字之僅存者，無須從《御覽》改作複（見《居延漢簡釋文》三八八頁）。

蒲平葦莞。

　　直按：原文葦莞作單莞，據王佩鉾説改。《説文》：「蒻，蒲子，可以爲平席。」《釋名》：「蒲平以蒲作之，其體平也。」

單繭蘧蒢。

直按：單藺疑簟藺之誤字，指藺草席而言。《説文》：藺草可以爲席。《御覽》卷七百零九，引《范子計然書》云："六尺藺席出河東，上價七十。蒲席出三輔，上價百。"又按：《居延漢簡釋文》卷三，十六頁，有簡文云："三尺五寸蒲復席，青布緣二，直三百。"據此漢代席價，在三輔爲每條百錢，在邊郡爲百五十餞。青布緣者，用青布沿邊，與本文復薦草緣訓詁相同，並可旁證《漢書·史丹傳》之青蒲伏諫，亦即青布緣邊之蒲席，服虔之注是也。

繡茵瞿柔。

直按：原文瞿柔作翟柔，據孫詒讓校改，瞿柔即氍毹也。

蒲子露林。

直按：本句疑上文蒲平葦莞四字之重複及誤文。蒲子與蒲平相同，皆謂席也。

獏皮代旃。

直按：獏字不見於字書，以聲義求之，疑爲豻字同聲之假借。《説文》：豻，胡狗也。《禮記·玉藻》："麛裘青豻褎。"《淮南子·道應訓》云："玄豹、黃羆、青豻。"則青豻在漢代，亦極爲名貴之皮張，旃亦疑爲氊之同聲假借字。

闆坐平莞。

直按：張敦仁云：坐當作登，《釋名·釋床帳》，有榻登施大床之前，小榻之上，所以登床也。竊謂平莞者，以莞草爲席平鋪於闆登之上也。

古者不粥恁。

直按：原文恁作絍，今訂正。恁字當日或寫作恠，與絍字字形極相近。《説文》:餱字或體作𩜾,謂不賣熟食也。

其後則有屠沽,沽酒市脯魚鹽而已。

直按:賈誼《新書·匈奴篇》云:"大每一關,屠沽者,賣飯食者、羹臛炙膹者,每物各一二百人,則胡人著於長城下也。"此賈誼所言與匈奴互市之大關市,屠沽及熟食市場情形,與本文相合。

殽施成市。

直按:施疑爲旅字之誤文,上文有殽旅重疊可證。《詩·賓之初筵》:"殽核維旅。"《毛傳》:"旅,陳也。"本文源出於此。

楊豚韭卵。

直按:楊爲煬字之假借,潼關弔橋楊氏漢墓群所出朱書陶瓶,亦書楊氏作煬氏。《説文》:"煬,炙燥也。"《方言》卷十三:"煬,炙也。"郭注:"今江東火熾猛爲煬。"本文之楊豚韭卵,煬豚即今日之烤肉,韭卵即今日之韭芽黃炒雞子。本篇中句法常以一字動詞連帶三字名詞,此句爲最顯著的例證。

狗膟馬朘。

直按:《玉篇》:"膟,腥也。"《集韻》:膟,切肉也。楊樹達則謂朘爲騰同音之假借字。本文謂切狗肉及取馬肉之肥腴者。

羊淹雞寒。

直按:羊淹即今日之腌臘羊肉。淹即腌字之簡寫。漢鏡銘"飲醴泉"多省寫作"飲澧泉",是其證。雞寒或是凍雞與風雞。孫詒讓則以爲寒爲韓字同聲之假借字。《釋名·釋飲食》云:"韓羊、韓兔、韓雞,本法出韓國所爲也,猶酒言宜成醪、蒼梧清之屬。"孫説未敢同意,因寒韓二字,未見古通用,雞韓與羊淹，義亦不相聯類。

挏馬酪旨。

直按：原文作蝀馬駱日。茲據徐德培、王佩錚、陳遵默諸家説校改。《漢書·百官表》，太僕屬官有家馬令，武帝太初元年更名爲挏馬令，應劭注：“主乳馬，取其汁挏治之，味酢可飲，因以名官也。”如淳注：“以韋革爲夾兜，受數斗，盛馬乳，挏取其上肥，因名曰挏馬。”惟諸家皆訂正本句爲挏馬酪酒，竊以爲當作酪旨，因日字與旨字形最相似而易致訛。

蹇搏胃脯。

直按：原文作蹇捕庸脯。據孫詒讓説校改。《釋名·釋飲食》云：“脯，搏也。”王佩錚則以爲蹇兔之脯。竊謂漢代胃脯，多指羊胃而言。《史記·貨殖傳》云：“胃脯簡微耳，濁氏連騎。”晉灼注：“太官常以十月作沸湯，燖羊胃，以末椒薑粉之訖，暴使燥，則謂之脯，故易售而致富。”又更始時童謠，“爛羊胃，騎都尉”亦可證也。

胹羔豆餳。

直按：原文豆餳作豆賜，據盧文弨校改。《説文》：“胹，爛也。”《方言》，胹，熟也。羔豆餳三物也。《周禮·天官·籩人》：“羞籩之實，糗餌粉餈。”《鄭注》：“熬大豆爲餌餈之，黏著以粉之耳。”《賈疏》：“餈即餈糕。”又按：《方言》：“餳謂之餹。”《急就篇》云：“棗杏瓜棣饊飴餳。”綜合來説，本文羔爲糕字之省文，豆作粉餌，餳爲飴餹，屬於小食類，皆爛熟以食也。本文亦以胹字聯貫三物名稱，與煬豚韭卵文例相同。王佩錚則以豆賜爲豆豉之轉音，聲雖相近，但在漢代古籍中，從

無稱豆豉爲豆賜者。洛陽金谷園漢墓葬所出陶器題字,亦云
"鹽飴一石"(余昔考鹽飴即鹽豉異文),皆不云豆賜也。

鶩臇雁羹。

　　直按:鶩或有作鷇者非,疑爲鶩字之誤文。《説文》:鶩,舒鳧
也。即今之家鴨。本文與雁名稱對舉,類型相似。説文:
"臇,膗也。"又按:鴨爲後起之字,始見於王羲之《野鴨帖》,
繼見於劉宋宋鴨子墓磚,寫作舺字,見《藝術叢編·專門名
家》卷二。

貝鮑甘瓝。

　　直按:原文貝鮑作自鮑,今訂正。《説文》:"貝,海介蟲也。"
貝疑指鰒魚,《漢書·王莽傳》云:"啗鰒魚。"《後漢書·伏隆
傳》注:鰒似蛤,偏著石。引《廣志》云:無鱗有殼,一面附石,
細孔雜雜,或七或九。又引《本草》:石決明,一名鰒魚。又
按:《周禮·天官·籩人》:"膴鮑魚鱐。"鄭注:"鮑者,於楅室
中糗乾之,出於江淮也。"又《史記·貨殖傳》:"鮆千石,鮑千
鈞。"鮑爲臭魚,《釋名》:"鮑魚,鮑,腐也,埋藏淹使腐臭也。"
本文則貝鮑二字相連。又西漢蔬蓛中,以瓝最爲名貴。《氾
勝之書·種瓝篇》(馬氏玉函山房輯本)云:"瓝直十錢。"可
能是指每斤之價值,與本文正合。孫詒讓則以自鮑爲台鮑誤
文,台爲鮐字省文。孫人和以自鮑爲臭鮑誤文,臭鮑與甘瓝,
義相對舉,與余之理解尚有不同。

熱粱和炙。

　　直按:粱即粱字,漢印姓粱者皆作粱。粱國亦作粱,余所藏有
粱宮瓦,知本文熱粱即熱粱。《説文》:"粱,米名也。"本文大

義,是用粱米和調以五味,加之以火炙,類似於後代之八寶飯,盧文弨以熱爲熟字之誤,恐非是。

無要妙之音。

直按:《漢書·元帝紀》贊云:"窮極幼妙。"顔師古注:"幼妙讀爲要妙。"

今富者鍾鼓五樂。

直按:西漢時鍾鐘兩字,往往通用不分。如水衡都尉屬官鐘官令丞,封泥均作鍾官。本文鍾鼓即鐘鼓,並非誤字。

中者鳴竽調瑟,鄭儛趙謳。

直按:《簠齋藏鏡》卷下,十二頁,有漢鏡銘云:"日有熹,月有富,樂無事,常得意,美人會,竽瑟侍。賈市程,萬年老復丁。"余在西安,另見有漢鏡銘云:"常富貴,宜酒食,竽瑟會,美人侍。"兩鏡銘皆叙述當時達官豪富,宴飲作樂,窮奢極欲情形,與本文所言均合。

木板塈周。

直按:《禮記·檀弓上》,"有虞氏瓦棺,夏后氏塈周"。鄭注:"火熟曰塈,燒土冶以周於棺也。"現以新石器時代墓葬證之,偶有用木板者,塈土周棺,與《檀弓》所記情況適合。

桐棺不衣。

直按:不衣謂不漆也。

今富者繡牆題湊。

直按:繡牆,《禮記·檀弓》云:"飾棺牆置翣。"鄭注:"牆,柳衣也。"當即後代出喪時所用之棺罩,用錦緞爲之,並加以刺繡也。又按:《漢書·霍光傳》云:"梓宮便房,黄腸題湊各一

具,樅木外臧椁十五具。”《董賢傳》云:“又令將作爲賢起冢
塋義陵旁,内爲便房,剛柏題湊。”蘇林注:“以柏木黄心,致
累棺外,故曰黄腸;木頭皆内向,故曰題湊。”《霍光傳》所云
樅木外臧椁十五具者,蓋除題湊用黄腸柏木做成外,另用樅
木十五塊,累疊周圍,以保護棺椁。至東漢時,黄腸的質料,
可以改用石質,但仍存黄腸之名。洛陽曾出土東漢黄腸石題
字二十餘石,有熹平、永建、陽嘉等年號,且有黄腸掾專主其
事(見《古石抱守錄》卷一,及《陶齋藏石記》等書)。

中者梓棺楩椁。

直按:《漢書·霍光傳》云:“賜梓宫便房。”顏師古注:“以梓
木爲之,……爲天子制。”如淳注引《漢儀》云:“天子陵中,明
中高丈二尺四寸,周二丈,内梓宫,次楩椁,柏黄腸題湊。”據
此梓棺楩椁,皆帝王制度,本文僅稱爲富者及中者所用,與漢
制皆不合。

貧者畫荒衣袍。

直按:《禮記·喪大記》云“飾棺,君龍帷三池,振容,黼荒,火
三列”,鄭注云:“飾棺者以華道路,及壙中,不欲衆惡其親
也。荒,蒙也。在旁曰帷,在上曰荒,皆所以衣柳也。”又云:
“黼荒緣邊爲黼文,畫荒緣邊爲雲氣。”本文畫荒二字,與鄭
注正合。七二年長沙所出軑侯妻墓,棺上所覆帛畫,予昔即
考爲畫荒。

繒囊緹橐。

直按:漢人旅行,喜用衣橐。《居延漢簡釋文》卷一,六十二
頁,有“上陽件,王執橐”。又六十三頁,有“□□衣橐,白布

方彙一,用錢五百,右私衣服"各紀載。本文則爲以絲織品囊彙用爲殉葬品。

及其後則有醯醢之藏。

直按:洛陽金谷園及燒溝漢墓葬中所出陶器題字,有"酒萬石"、"鹽萬石"、"鹽䜴(余考爲豉字異文)萬石"、"蕕萬石(余考爲油字異文)"、"醯萬石","將"字(即醬字省文)(見《考古》一九五八年一期,及洛陽燒溝漢墓)。各陶器内當日皆略藏有如品調料,表示象徵性,與本文醯醢之藏,完全符合。

今厚資多藏,器用如生人。

直按:漢人厚葬之風氣,從陝、魯、豫各省發現之墓葬中,可以得到充分材料。殉葬之實物,如銅錢、銅洗、銅鏡、銅勺、帶鉤、弩機、刀劍等。俑人有奴隸、文士、武士、歌舞等形式。用具模型,有馬車、牛車,陶屋、陶樓、陶船、陶水亭、陶倉廪、陶灶、陶磨、陶井欄等。陶器如圓壺、方壺、陶盦、陶耳杯等。鳥獸之模型,如馬、牛、虎、豕、羊、雞、犬、鴨、鳩、雁、雉,及豕圈、廁所等。此外尚有鐵農器、鐵兵器、漆器、玉器等,數量多寡不定。這些情況,多屬於西漢中期以後,與本文時代正相吻合。

郡國縣吏素桑楺。

直按:郡國縣吏,指上計吏及衛士徭役至京師者,楺桑木爲車輪,不再加工。在賢良之意,以爲郡國來往之吏員,車輪皆用桑木,而土偶人之車反用櫑輪,匹夫無完衣,而桐木偶人反得被紈綈,偶車謂土偶人造乘車之像,特現時尚未有發現者。

匹夫無完領。

　　直按：原文無完領作無兒領，據盧文弨校改。無完領者，作無完衣解。《居延漢簡釋文》，一件衣皆稱爲一領，例如三六五頁，有"襲八千四百領"是也（僅舉一例）。

桐人衣紈綈。

　　直按：西漢時俑人多以桐木爲之。《漢書‧戾太子傳》云"（江）充遂至太子宮掘蠱，得桐木人"是也。一九七二年長沙軑侯妻墓中所出木俑，皆衣錦繡，與賢良所言正合。

無壇宇之居。

　　直按：現存之王莽居攝時上谷府卿、祝其卿兩壇刻字，即本文所謂壇宇也。

今富者積土成山。

　　直按：賢良言西漢厚葬之風，與現代發掘之漢墓，情況皆合。積土成山之高墳，今在咸陽原上累累皆是。

中者祠堂屏閣。

　　直按：兩漢時期祠堂，有享堂式，有石室式，《水經注》所記之李剛墓，及《隸釋》所録之武梁祠石刻畫像，屬於享堂式類型，王得元畫像，屬於石室式類型。又閣字在漢代皆寫作閤，在《漢書》中，如田延年等傳，數見不鮮。望都壁畫題字有侍閤，漢城遺址所出天祿閤瓦，皆作閤不作閣，本文正古字之保存者。張之象、王先謙，將作閤之本，皆改作閣，此不曉古誼者。

垣闕罘罳。

　　直按：《漢書‧董賢傳》云："外爲徼道，周垣數里，門闕罘罳甚盛。"此爲兩漢最貴族之制度。現所存石闕,有層亭式者,如王稚子、沈府君闕是也。有雙門式者,如琴亭國李夫人闕是也。

今俗因人之喪以求酒肉。

直按:《漢書·原涉傳》云:"人嘗置酒請涉,涉入里門,客有道涉所知母病避疾在里宅者,涉即往候,叩門,家哭,涉因入弔,問以喪事,家無所有……願徹去酒食。"又云:"既共飲食,涉獨不飽。"爲漢人因助辦喪事時設酒肉之一證。

連笑伎戲。

直按:王佩錚云:連笑爲滑稽之尤者,説雖可通,但無所本。

封君夫人。

直按:先伯父用邦懷兄説云:即邦君夫人,因高祖諱而改。

加錦尚褧而已。

直按:本文源出於《禮記·中庸》之"衣錦尚絅",假借作褧字。《尚書大傳》作藾,藾即粲字,麻質曰粲,成衣曰褧,謂加錦於麻質衣之上也。

繁路環佩。

直按:繁路即繁露,緌也。長安謝氏藏有"加路沼沫"瓦,馬氏又藏有甘路元年五銖範題字,皆省露作路,本文亦當時字體之保存者。

璧端簪珥。

直按:陳遵默以璧端爲璧瑞之誤字,然瑞玉不可以爲簪珥,今不取其説。

發屋賣業。

直按：業謂房屋之產業，四字連文，不必分解。《楊量買山記》云："作業分子孫。"（見《古石抱守録》）即後代房契上所寫子孫永永爲業之意。黃縣丁氏藏有《永和買房記》云："永和二年三月四日買房一區，直錢乙萬，後子孫大吉。"此漢代房券之可考者。

而禽獸食肉。

直按：《漢書·元帝紀》："水衡省肉食獸。"與本文正合。

臣妾各以其時供公職。

直按：盧文弨云："供本作共。"漢銅器中如上林共府鼎，長楊共鼎，皆省供作共，盧説是也。

坐稟衣食。

直按：稟字在漢時原寫當作禀，後來傳鈔，變爲稟字。《漢曹全碑》、居延漢簡，稟字皆書作禀，是其明證（見《居延漢簡釋文》二七三頁）。

官奴累百金。

直按：漢辛延年《羽林郎》云："昔有霍家奴，姓馮名子都，依倚將軍勢，調笑酒家胡。"又云："銀鞍何煜爚，翠蓋空踟躕。就我求清酒，絲繩提玉壺，就我求珍肴，金盤膾鯉魚。"馮子都爲霍光家官奴，從此詩能看出勢燄薰天，豪華無比之面目。又黃縣丁氏藏《漢孫成買地券文略》云"左駿厩官大奴孫成，從雒陽男子張伯始，買所名有廣德亭部，羅百田一町，賈錢萬五千"云云。用以買地一部分資錢，即有十五千，總起來説，豪官奴家産積累，至少百金，與本文極合。

奴婢垂拱遨遊也。

直按:《漢書·貢禹傳》上疏有云:"又諸官奴婢十萬餘人戲遊亡事,稅良民以給之,歲費五六鉅萬。"與本文所言西漢中期社會情況,無不吻合。

今蠻夷交脛肆踞。

直按:此指蠻夷歸附居漢土者而言。《漢書·百官表》:"大鴻臚,掌歸義蠻夷。"在京師當有邸第。又《食貨志》云:匈奴渾邪來降,以車三萬兩相迎,是也。

麤菲草履。

直按:原文作鹿菲草芰,據盧文弨、張敦仁、王先謙諸家引《初學記·器物部》、《北堂書鈔·儀飾部》、《御覽》六百九十七《服章部》校改。惟各書皆作麤扉,本文獨作麤菲,與漢《孤兒行》足下無菲正同,此古字之保存者,不須要改正。

縮絲尚韋而已。

直按:縮絲,王佩錚解作約絲近是。尚韋始見於《急就篇》云:"尚韋不借爲牧人。"顏師古注:"或作裳韋。"《居延漢簡釋文》三六五頁,有"襲八千四百領,綺八千四百兩,常韋萬六千八百"之紀載。《敦煌漢簡校文》七二簡,亦有"尚韋二兩"之紀載(尚韋與皇象本書《急就篇》正合)。本文尚韋繫於草履之下,敦煌簡則云"尚韋二兩",明爲草履之稍精者,故《急就篇》指爲牧人所穿。顏師古以尚韋爲裳韋,解作下韋曰裳,誤矣。

綦下不借。

直按:《儀禮·士喪禮》:"組綦繫於踵。"鄭注:"綦,屨係也,所以拘止屨也。"《急就篇》云:"尚韋不借爲牧人。"《説文》

云："不借，絆。"《方言》："麻作者謂之不借。"本文縮絲與綦
下對舉，尚韋與不借對舉。

鞈鞮革舄。

直按：王佩諍云：《説文》："鞈，履空也。"蓋履上空所以受足。
《吕氏春秋·召類篇》云："南家，工人也，爲鞈者也。"高誘
注："鞈，履也，作履之工也。"又按：《説文》："鞮，革履也。"
《方言》："自關而東……襌者謂之鞮。"郭注："今韋鞮也。"本
文韋鞮與革舄對舉，意義重複，解《説文》履空之訓詁者，亦
屬强爲之辭，竊以爲履空類似今日夏間所穿之空心皮鞋，作
成時可以省工料，革舄則爲普通皮鞋，自是兩種形式。又
《居延漢簡釋文》一七三頁，有簡文云："堅年苑髳鉗鈇左右
止，大奴馮宣年廿七八歲，中壯，髮長五六寸，青黑色，毋頭
衣，皂袍白布絝，履白革舄，持劍亡。"此爲漢人喜穿革舄
之證。

今富者革中名工。

直按：中當讀如億則屢中之中。

輕麛從容。

直按：原文作輕麛使容，今訂正。《急就篇》第十四章云："玉
玦環佩麛從容。"謂華麛從容，與本文義正相合，知爲當時之
習俗語。

紈裏紃下。

直按：王佩諍云：紈，素也。紃，圜采也，見《説文》。段氏注
曰："圜采以采線辮之，其體圜也。"蓋謂致繒其裏，圜采其
下也。

越端縱緣。

直按：孫治讓云：越與絨，聲同字通。《急就篇》云："屨舄鞜裛絨，緞紃。"顏注："絨，織采爲之，一名車馬飾，即今織成緞履跟之帖也。"王佩錚云："此越端即以絨飾履之端，縱緣亦絨屬，以緣履也。"竊謂絨，即後代沿鞋口所用之滾邊顏色絲絛也。

中者鄧里間作。

直按：先伯父云：《儀禮》："緫衰裳。"鄭注云："凡布細而疏者謂之緫，今南陽有鄧緫。"疏云："謂漢時南陽郡鄧氏造布，有名緫。"其説極確。竊以爲本文鄧里疑即鄧緫，形近而誤。間作與《兩都賦序》"公卿大臣，時時間作"同義。

蒯苴秦堅。

直按：蒯爲草名，即《史記·孟嘗君傳》，馮驩彈鋏蒯緱之蒯。《説文》："苴，履中草。"《漢書·賈誼傳·陳政事疏》云："冠雖敝不以苴履。"本文謂履中之草墊，出於秦中，既堅且好也。

婢妾韋沓絲履。

直按：《居延漢簡釋文》三一四頁，有"它韋沓一兩，直八百五十"之簡文。《説文》："揩，一曰韜也。"朱氏《説文通訓定聲》云："射韝亦曰臂揩。"《廣雅·釋器》：袣，袖也。也與它通，它韋沓即袣韋沓之省文，以今語譯之，即皮袖射韝一雙也，本文之韋沓，正與居延簡名稱相合，當作皮護袖解，與絲履義相對舉。楊樹達解韋沓爲革鞜，與余見解不同，本段雖專言履屐及履飾，偶涉及皮護袖，亦事理之常，若以本文韋沓爲革鞜，則又何解於居延簡它韋沓一兩之名。

走者茸屨絢縮。

　　直按：原文茸屨絢縮作茸芰狗官，據王紹蘭説校改。謂賤者
　　著細頓之屨，其屨項飾絢以縮環之，言其奢也。走者爲賤者
　　之稱，下走、牛馬走皆其顯例。《居延漢簡釋文》一四二頁，
　　有“行者走”之簡文，亦與之同例（行者本爲步遞公牘之人，
　　走者其身分名詞，否則行走二字，意義重複）。

信機祥。

　　直按：《史記・孟子荀卿列傳》云：“不遂大道，而營於巫祝，
　　信機祥。”本文源出於此。

貧者築道旁。

　　直按：《漢書・賈山傳》略云：“爲馳道於天下，……道廣五十
　　步，三丈而樹，厚築其外，隱以金椎，樹以青松。”

百姓離心怨思者十有半。

　　直按：《漢書・伍被傳》叙秦時百姓力屈，欲爲亂者十室而
　　五，至十室而六，十室而七，十室而八，本文源出於此。

皇帝建學官。

　　直按：原文皇帝作宣帝，據張敦仁説校改。《漢書・儒林傳
　　序》云“昭帝時舉賢良文學，增博士弟子員滿百人”，即本文
　　所云之建學官，張説是也。

夫一杯棬用百人之力，一屏風就萬人之功。

　　直按：杯棬見於《禮記》及《孟子》，稱爲飲器，解經家説其形
　　狀，言人人殊，今據本文，杯棬即側耳杯。在樂浪所出全部漆
　　耳杯題字中，綜計工人及監造官吏，有素工、髹工、上工、銅釦
　　黃塗工、畫工、雕工、清工、造工、供工、護工卒史、長丞、掾、令

史、佐、嗇夫,十六種名稱。在一器中,最多有十二種名稱。
本文所云用百人之力,是包括商賈之運販及出售而言。又
按:《西京雜記》:"廣川王去疾,發魏哀王冢,有石屏風。"又
云:"漢江都王建勁,常跳越七尺屏風。"據此屏風之創作,當
在戰國末期,《太平御覽》卷七百零一,引《漢武舊事》:"帝起
神臺,其上扉屏風,悉以白琉璃作之,光照洞澈。"又引《拾遺
記》云:"董偃嘗臥延清之室,設紫琉璃屏風。"上述三事,成
書雖較晚,紀載當有所本,可見漢代製造屏風之精美,本文所
謂一屏風就萬人之功,亦係事實。功即工字假借,見開通褒
斜道石刻。大意一具屏風,須要費一萬個累積數的人工,始
能造成,並非萬人同時造一屏風,與上文一杯棬用百人之力,
在生産過程中,尚微有不同。

目脩於五色。

直按:原文作修,據張敦仁説改。脩,目不明也。

救匱第三十

故武安丞相,訟園田,争曲直人主之前。

直按:《史記·魏其武安侯傳》云:"蚡使籍福,請嬰城南田。"
又云"嘗請考工地益宅,上怒曰:君何不遂取武庫"是也。

而葛繹彭侯之等。

直按:葛繹侯爲公孫賀,彭侯爲劉屈氂。《漢書》屈氂本傳,
紀載武帝詔書云:"故丞相賀,倚舊故乘高勢而爲邪,興美田
以與子弟賓客,不顧元元,無益邊穀。"又《公孫弘傳》云:"其
後李蔡、嚴青翟、趙周、石慶、公孫賀、劉屈氂,繼踵爲丞相,自

蔡至慶,丞相府客館丘虛而已。至賀、屈氂時壞以爲馬厩車庫奴婢室矣。"與本文完全符合,所謂客館,殆指翹材等館而言。又按:劉屈氂封澎侯,本文作彭侯。《漢書·諸侯王表》有彭侯彊,《再續封泥考略》卷二,三十一頁,有"彭侯邑丞"封泥,可證本文作彭侯爲是。

橫暴掣頓。

直按:《散不足篇》云:"吏捕索掣頓。"楊樹達云:褚先生補《史記·滑稽傳》云:"當道牽頓人車馬。"《釋名》:掣,制也,制頓之使順己也。

箴石第三十一

丞相曰。

直按:當作丞相史曰。

吾聞諸鄭長孫曰。

直按:鄭長孫,諸家皆以爲鄭長者之誤字。《漢書·藝文志》,道家有《鄭長者》一篇,注六國時,先韓子,韓子稱之,今見《韓非子·外儲說》。竊謂長孫二字不誤,以鄭長孫命名觀之,當爲西漢初人,與戰國人名不相類。《敦煌漢簡校文》六八六頁,有孔長孫。六九九頁,在一簡之中,即有趙長孫、徐長孫、郭長孫三人之名。《論衡·吉驗篇》又有卜者王長孫。《續漢書·百官志》總序,劉昭注引安帝時有樊長孫。在漢印中名長孫者尤多,可見長孫之名,在西漢時之普遍。特本文所引君子正顏色則遠暴嫚,出辭氣則遠鄙倍,是《論語》記曾子之言,不知何以變爲鄭長孫之言。

懇言則辭淺而不入，深言則逆耳而失指。

　　直按：本文引賈生之言，現賈誼所存《政事疏》，及辭賦、《新書》內，皆無此兩句。賈生疑賈山之誤字。《漢書·賈山傳·至言》曰：“臣聞忠臣之事君也，言切直則不用而身危，不切直則不可以明道。”本文似即變化賈山之語。

談何容易。

　　直按：《漢書·東方朔傳》：“故曰談何容易。”蓋爲西漢人之習俗語。

此胡建之所以不得其死，而石得幾不免於患也。

　　直按：原文作吳得，應爲石德二字，形近而誤，今訂正。得德二字，漢代通用。《漢書·劉屈氂傳》云：“太子亦遣使者撟制，赦長安中都官囚徒，發武庫兵，命少傅石德及賓客張光等，分將使長安囚如侯，持節發長水及宣曲胡騎，皆以裝會。”又云：“侍郎莽通，獲反將如侯，長安男子景建，從通獲少傅石德，可謂元功矣。”石德蓋戾太子黨與，爲武帝兵所獲。又《恩澤侯表》：“（石德以）天漢元年，坐爲太常，失法罔上，祠不如令，完爲城旦。”（與《劉屈氂傳》所載不同）故本文云，石得幾不免於患也。

此子石所以歎息也。

　　直按：楊樹達引《説苑·雜言篇》云：“子石登吳山而四望，喟然而歎息曰：嗚乎悲哉，世有明於事情，不合於人心者；有合於人心，不明於事情者。弟子問曰：何謂也。子石曰：昔者吳王夫差，不聽伍子胥盡忠極諫，抉目而辜。太宰嚭、公孫雒偷合苟容，以順夫差之志。而伐吳，二子沉身江湖，頭懸越旗。

昔者費仲、惡來革，長鼻決耳，崇侯虎順紂之心，欲以合于意，武王伐紂，四子身死牧之野，頭足異所。比干盡忠剖心而死。今欲明事情，恐有抉目剖心之禍；欲合人心，恐有頭足異所之患。由是觀之，君子道狹耳，誠不逢其明主，狹道之中，又將險危閉塞，無可從出者。”與本文君子之路，行止之道固狹耳兩句，完全相合，楊説是也。下篇以除狹標題，即是根據賢良君子道狹而言。

除狹第三十二

賢者處大林。

直按：大林疑大麓在竹簡上之殘文。《尚書·舜典》：“納於大麓，烈風雷雨弗迷。”

今守相親剖符贊拜。

直按：《史記·文帝紀》：“二年九月，初與郡國守相爲銅虎符、竹使符。”《漢書·文帝紀》則作初與郡守爲銅虎符、竹使符。僅云郡守不云國相，以本文證之，國相亦有虎符，與《史記》正合。但現出土者，只見太守之符，未見有國相之符。

戲車鼎躍。

直按：《漢書·衞綰傳》云：“以戲車爲郎事文帝。”《東方朔傳》云：“夏育爲鼎官。”足證漢代有鼎官。

垂青繩，擐銀龜。

直按：青繩疑爲青綬之誤字。《漢書·百官表》：“御史大夫銀印青綬。”擐，《説文》云：“貫也。”又漢代公卿所用金銀印，以現在出土者而論，金印則係塗金，並無銀質及塗銀之印，而私人反間或用之。

弱者猶使羊將狼也。

　　直按：《新序·善謀篇下》云："（四皓曰：）且太子所與俱諸
　　將，皆嘗與上定天下，梟將也，乃使太子將之，此無異使羊將
　　狼也。"羊將狼蓋西漢人之習俗語。

或至鋸頸殺不辜而不能正。

　　直按：《史記·酷吏傳論》云："東郡彌僕鋸項。"本文當即
　　指此。

故人主有私人以財，不私人以官。

　　直按：《漢書·佞倖傳贊》云："王者不私人以官。"又按：《漢
　　官儀》云："武帝時館陶公主爲子乞郎，不許，賜錢千萬。上
　　曰：夫郎上應列宿，出居百里，使非其人，民受其傷。"與本文
　　正合（《御覽》卷二百十五引華嶠《後漢書》作明帝時事，與應
　　劭所記不同）。

疾貪第三十三

爲醫以拙矣，又多求謝。

　　直按：《史記·貨殖傳》云："醫方諸食技術之人，焦神極能，
　　爲重糈也。"又云："馬醫淺方，張里擊鐘。"是西漢時醫人求
　　謝情況。

長吏厲諸小吏。

　　直按：厲，賴也。

郡國縣役，遠至三輔。

　　直按：《漢書·賈誼傳》云："今淮南地遠者或數千里，越兩諸

侯而縣屬於漢,其吏民繇役往來長安者,自悉而補,中道衣
敝,錢用諸費稱此。"與本文所云郡國繇役遠至京師之情況
正合。又賈誼《新書·屬遠篇》,叙郡國繇吏有云:"往者家
號泣而送之,其來繇使者,家號泣而遣之,俱不相欲也。"

上計掾吏,行施乞貸。

直按:原文爲小計權吏,今訂正,謂上計吏與上計掾也。《漢
舊儀》云:"哀帝元壽二年以丞相爲大司徒,郡國守丞長史,
上計事竟,遣君侯出坐庭上,親問百姓所疾苦。計室掾吏一
人,大音讀敕畢。"此上計吏另有掾吏之證。

上府下求之縣,縣求之鄉,鄉安取之哉。

直按:縣求之鄉,因鄉有嗇夫掌賦税。又《漢書·貢禹傳》
云:"鄉部私求,不可勝供。"鄉即鄉部也。又漢人稱亭亦曰
亭部,見《漢書·成帝紀》、《張禹傳》及《孫成買地券》等。

古者大夫將臨刑。

直按:《韓非子·五蠹篇》云:"司寇行刑,君爲之不舉樂,聞
死刑之報,君爲流涕。"本文蓋隱括《韓非子》文。

後刑第三十四

家之有敗子。

直按:原文作家之有鉏子,今訂正。俞樾以鉏爲鋙之誤字,陳
遵默以鉏爲姐之誤字,兩説今皆不從。當爲敗字之誤文。
《史記·李斯傳》云:"慈母有敗子,嚴家無格虜。"鋤字或寫
作莇,與敗字形相近(莇字見《流沙墜簡·考釋》卷二,《戍役
類》三十一,記將張僉,梁襄所部兵種田畝數簡文,爲魏晉時

物）。莇字又變爲鉏。《周秦篇》正作："慈母有敗子，小不忍也。"下文況敗民乎，一併訂正。

授時第三十五

無奇業旁入。

　　直按：《史記·平準書》云："浮食奇民。"蓋謂奇衺之民，本文亦指奇衺之業而言。

贍則争止。

　　直按：則下原有民字，據張敦仁説删。

國無窮乏之人。

　　直按：原文無人字，今訂補。盧文弨以乏字爲衍文，但上文亦作窮乏可立待也，知盧説之未妥。

難與適道。

　　直按：王先謙以爲衍文，然大夫辨論下文，亦作"其難與適道若是夫"，知王説非是，今不從。

而亭落成市。

　　直按：原文亭落作停落，指鄉亭之亭，謂停留旅客，但在文獻與金石刻辭，從無寫作停者，今訂正。又西安漢城曾出"黃落築單"印，爲西漢落名之可考者。

發春而後，懸青旛而策土牛。

　　直按：青旛土牛之典制，詳《續漢書·禮儀志》。南陽近出東漢《張景造土牛碑》略云："男子張景記言府，南門外勸農土牛□□□□調發十四鄉正，相賦斂作治土牛並土人犁來草蒩屋，功費六十（下缺）。"足證土牛置於南門外，土牛之外，兼有土人，其每歲造作土牛之費用，由各鄉分攤任之（見《文物》一九六三年第十一期）。

水旱第三十六

六歲一饑，十二歲一荒。

　　直按：《史記·貨殖傳》云："六歲穰，六歲旱，十二歲一大饑。"與本文正合。

行修於內。

　　直按：原文作循行於內，據王先謙引《群書治要》校正。

家人語。

　　直按：《漢書·儒林·轅固傳》云："此家人言耳。"師古曰："家人言僮隸之屬。"《史記·儒林傳·索隱》引服虔云："如家人言也。"

縣官鼓鑄鐵器，大抵多爲大器。

　　直按：大器當指煮鹽之牢盆及兵器而言。牢盆二字，見於《漢書·食貨志》，向無確解，余以爲即牢固之義，漢陶器有"真上牢"題字，樂浪出土漆盤，有"用作牢"題字可證。漢代煮鹽牢盆，存于宋代者，尚有三具。《隸續》卷三，有漢巴官鐵盆銘云："巴官三百五十斤，永平七年第廿七西。"洪适跋語謂："黃魯直弟叔向官巫山縣時所得，西字黃魯直以爲酉字。"趙明誠《金石録》卷十四録其文云："巴官永平七年三百五十斤，茅廿七。"注云："余紹興庚午親見之，今在巫山縣治。"而王象之《輿地記碑目》，著録此器，又作其末文曰："永平二年。"三說不同，未知孰是，《隸續》樵有原文，比較可信。

又《隸續》卷十四,著録有漢修官二鐵盆款識云:"廿五石,廿年,修官作,廿五石。"洪适跋云:"爲陸游監漢嘉郡時所得。"按上八字與下三字,當分爲兩盆銘文,洪氏考爲建武廿年之物。又鐵官所鑄兵器,在漢墓中出土極多,類型有帶環鐵刀、鐵劍、鐵鉞、鐵戟等品。《續漢書·百官志》云:"太僕屬官考工令,鑄兵器既成,即傳入武庫。"兵器指銅鐵兩質而言,《漢書·成帝紀》:"陽朔三年潁川鐵官徒申屠聖等百八十人。""永始三年十二月,山陽鐵官徒蘇令等皆殺長吏,盜庫兵,自稱將軍。"可見武庫中存儲有大量鐵制兵器。

務應員程。

直按:《漢書·韓延壽傳》云:"豪强有論罪,輸掌畜官,使斫莝,責以員程,不得取代。"顏師古注:"員,數也。計其人及日數爲功程。"可證員程二字,爲西漢人之習俗語。

民用鈍獘,割草不痛。

直按:此賢良指摘官府重視鹽盆及兵器,輕視鑄農器。現據李文信遼陽三道壕西漢村落遺址發掘報告稿略云:"所出農業用具,大多數皆是用生鐵冶鑄,體形薄小,質量很差。另有出土鐵鍋片不少,都是破的焊補幾次,可證當時鐵價很貴,農民無力購買情況。"與本文所説,無不符合。又在村落遺址中,同時出土,有"軍廚"陶器,以器形及文字而論,皆是西漢中期物,正在鹽鐵辨論左右。

卒徒工匠。

直按:卒徒工匠四字,在漢人文辭上爲連稱,實際只有卒徒工三種,匠包括在工之中,匠之身分不及工。兩漢銅器上題名只有工之名,無匠之名。在石刻上,匠之名僅見于《武梁碑》。至曹魏時弩機上始有牙匠馬廣、臂匠江子題名(見《陶齋吉金錄》卷七,二十七頁,正始弩機)。

卒徒工匠。

直按:此四字當爲衍文,今删。

故民得占租鼓鑄煮鹽之時。

直按:此指西漢初期,豪商大賈占租時期,在武帝鹽鐵未統一官賣以前,亦有租與民營者。《漢書·食貨志》所謂"願民自給費,因官器作煮鹽,官與牢盆"是也。

鹽與五穀同價。

直按:本文是指鹽價之廉。西漢鹽價不可考。《太平御覽》卷八百六十五,引《續漢書》云:"虞詡爲武都太守,始到郡,穀石千五百,鹽石八千。視事三歲,穀石八十,鹽百。"是東漢時可考之鹽價。漢代以一百二十斤爲一石,則每斤合不到一錢。而漢代通常米價每石爲一百錢,可證西漢鹽價賤時,每石百錢,與穀價相等,亦與賢良之言相合。又從賢良辨論中,來看鹽鐵官賣之後,其價必昂貴于昔時。

今縣官作鐵器多苦惡。

直按:《史記·平準書》云:"縣官作鹽鐵器苦惡。"《漢書·食貨志》亦用其文。如淳注云:"苦或作鹽。"臣瓚注云:"謂作鐵器,民患苦其不好也。"顏師古注:"二説非也,鹽既味苦,器又脆惡,故總云苦惡也。"苦惡二字,又見於《高惠文功臣表》云:"道橋苦惡。"《息夫躬傳》云:"器用鹽惡。"《匈奴傳》云:"不備善而苦惡。"又按:《居延漢簡釋文》卷一,三十四頁，有簡文云："將軍使者議貸錢，苦惡小萃不爲用，改更舊制，設作五銖錢（下略）。"居延簡又有"大表一，古惡"之文，則省苦作古字。是苦惡二字，一見於《史記》，二屢見於《漢書》，三見於《鹽鐵論》，四屢見於居延木簡。可證苦惡之苦指患其不好而言，爲西漢人之習俗語。如淳、臣瓚二家之説，本甚正確。乃顏師古分訓鹽爲味苦，訓鐵爲脆惡，以駁如、瓚二家之説，自以爲得之，其實非也，清代學者如王念孫獨是如説，具有卓識。

得以財貨五穀，新獎易貨。

直按：新獎爲新幣之假借字。本書《錯幣篇》云："其後稍去舊幣，更行白金龜龍，民多巧新幣，幣數易而民益疑。"本文所謂新幣，指白金龜龍而言。

置田器各得所欲。

直按：《漢書·食貨志》云："大農置工巧奴與從事，爲作田器。"《趙充國傳》云"謹上田處及器用薄"是也。

家人相一。

直按：家人以下十二句，指漢代私家作坊而言。

縣官以徒復作，繕治道橋，諸發民便之。

直按：徒爲罪犯之總名，復作爲徒刑期之一種罪名，《漢舊儀》卷下（孫氏《平津館叢書》本）云："凡有罪各盡其刑，男髡鉗爲城旦，城旦者治城也。女爲春，春者治米也，皆作五歲。完四歲，鬼薪三歲，鬼薪者當爲祠祀鬼神，伐山之薪蒸也，女爲白粲者，以爲祠祀擇米也，皆作三歲。罪爲司寇，男備守，女爲作如司寇，皆作二歲。男爲戍罰作，女爲復作，皆一歲到三月。”以《漢舊儀》所云，只有女徒可以稱復作。《漢書·宣帝紀》：“使女徒復作淮陽趙徵卿、渭城胡組更乳養。”李奇注亦以復作爲女徒，其實不然。證之《居延漢簡釋文》卷二，二十四頁，有“見徒復作三百七十人”之紀載。又卷三，四十六頁，有“復作大男轅市”，十八頁，有“居延復作大男王建”各紀載，本文之復作，當亦包括男女徒而言。

又按：復作即罰作之轉音，《漢書·馮唐傳》云：“削其爵，罰作之。”罰作或寫作法作，見《隸釋》卷十七《漢馮緄碑》文。

直又按：漢代官府用徒及復作修治道橋，在漢代石刻上，可以得到證明。《古刻叢鈔》載建平郫縣石刻云：“建平五年六月，郫五官掾范功，平史，石工毅，徒要本，長二十五丈，賈二萬五千。”又《隸釋》卷五《蜀郡太守何君閣道碑》云：“蜀郡太守何君，遣掾臨邛舒鮪，將徒治道，造尊楗閣褒五十五丈，用功一千九十八日，建武中元二年二月就道，史任云，陳春主。”又《金石萃編》卷五，開通褒斜道石刻文云：“永平六年，漢中郡以詔書受廣漢、蜀郡、巴郡徒二千六百九十人，開通褒斜道。太守鉅鹿鄐君，部掾冶級王宏，史荀茂、張宇、韓岑等興功作。太守丞廣漢楊顯，將相用始作橋格百三十二間。大橋五，爲道二百五十八里，郵亭驛置徒司空，褒中縣官寺，並六十四所，凡用功七十六萬六千八百餘人，瓦三十六萬八千八百。”又褒斜《石門頌》，文中叙石門爲司隸校尉楊孟文所開鑿，雖未説明用徒開鑿，但楊孟文官司隸校尉，是專管徒隸的，則開鑿石門之巨工，必然用徒無疑。又按：《漢書·司馬相如傳》云：“因通西南夷道，發巴蜀廣漢卒，作者數萬人。治道二歲，道不成，士卒多物故。”又《太平御覽》卷六百四十二,引孔融《肉刑論》云:"今之洛陽道橋,作徒困於厮役,十死一生,故國家嘗遣三府,請詔月一案行。"以上所引,皆是兩漢用徒修橋築路之史料,與本文無不適合。

多儲則鏽生。

　　直按:原文作鎮生,今訂正。鏽字《説文》未收,《集韻》:鏥,鐵生衣也,或作銹、鏽。

鐵官賣器不售,或頗賦於民。

　　直按:《漢書·食貨志》云:"縣官作鹽鐵器,苦惡賈貴,或强令民買之。"與本文合。

卒徒作不中呈。

　　直按:不中程始見於《史記·秦始皇本紀》云:"不中程不得休息。"屢見於《漢書》尹翁歸、江都易王、陳咸等傳。又《居延漢簡釋文》二二六頁,有簡文云:"共中程、不中程。"五六頁有簡文略云:"十一月郵書留遲不中程。"知爲秦漢人公牘中之習俗語。

更繇以均劇。

　　直按:謂更繇以均輸之役而加劇,與上文更繇省約正相針對。

　　又按:均輸西漢時往往簡稱爲均,《封泥考略》卷四,四十二頁,有"遼東均長"封泥是也。前人有以本文均字,作皆字解者,誤也。

不耕田而足乎粟米。

　　直按:不耕田上疑脱商人二字,因本段大綱爲陶冶工商,申論僅有農民、工人、陶冶三種,不見有商人名稱。陶冶爲手工業,應包括在工人之中,本文獨與工商並稱,蓋沿當時之俗例。

崇禮第三十七

奇蟲珍怪，所以示懷廣遠。

直按：賈誼《新書·匈奴篇》云："胡人之欲觀者勿禁，令婦人
傅白墨黑，繡衣而侍其堂者二三十人，或薄或撠，爲其胡戲以
相飯。上使樂府幸假之，俾樂吹簫鼓鞉，倒挈面者更進，舞者
踊者時作，少間擊鼓舞其偶人，莫時乃爲戎樂，攜手胥疆、上
客之後，婦人先後扶持之者用十餘人，使降者時或得此而樂
之耳。"賈生所言，爲羈縻匈奴政策之一種，與本文大夫之
言，情況相同。惟《新書》誤字甚多，本段僅略通句讀耳。

故設明堂辟雍以示之。

直按：武帝時趙綰、王臧，議建明堂未果，本文係想像之論。
《漢書·平帝紀》："安漢公奏立明堂辟雍。"《王莽傳》亦云：
"明堂辟雍，墮廢千載莫能興。"王莽時鏡文亦云："新興辟雍
建明堂。"蓋至王莽時始建辟雍與明堂也。

角抵諸戲。

直按：《史記·李斯傳》云："是時二世在甘泉，方作觳抵優俳
之觀。"《集解》引文穎注："秦名此樂爲角抵，兩兩相當，角
力，角技藝射禦，故曰角抵也。"又按：賢良所譏，以角抵諸
戲，招徠歸義，不知本於賈誼之五餌三策也。

執禮以治天下。

直按：原文治下有下字，據盧文弨校刪。

南越以孔雀珥門戶。

直按：謂以孔雀羽毛裝飾門户也。

備胡第三十八

會市行、牧豎居。

直按：王佩錚云：言居牧豎之室，行駔僧之行也。

滑服令。

直按：王佩錚引章丹楓説云：漢文帝報南越王尉佗書曰："服令以南，王自治之。"《漢書·南粵傳》作服領，蘇林注：山領名也。竊疑滑爲猾字假借，即蠻夷猾夏之義。

氐僰、冄駹、巂唐、昆明之屬。

直按：原文僰字分爲棘人二字，據張敦仁説校改。又《漢書·地理志》，益州郡有巂唐縣，本文非指越巂郡而言，昆明見《西南夷傳》及《史記·自序》。

避鋒鋭而收罷極。

直按：原文收罷極作牧罷極。據張敦仁、俞樾説改。

少發則不足以更適，多發則民不堪其役。

直按：更卒三品，包括正戍卒而言，適謂讁卒，指武帝天漢以來屢發讁卒而言。《敦煌漢簡校文》五九頁，有"適士吏張博"簡文。又有"□燹缺敬代適卒郭□，今遣詣署録□□"簡文。《居延漢簡釋文》二零八頁，亦有適士吏殘簡文，皆假適作讁，與本文相同。

古者天子封畿千里。

直按：即《詩》之"邦畿千里"，因避高祖諱而改。熹平石經《論語》殘石，且在邦域之中，亦改作封域之中。

老母垂泣,室婦悲恨。

　　直按:本段與《執務篇》,皆賢良文學歷述當時人民戍邊之苦。證之《古鏡圖録》卷中,四頁,有漢鏡銘云:"秋風起,予志悲,久不見,侍前俙。"又《小校經閣金文》卷十五,九頁,有漢鏡銘云:"道路遠,侍前俙,昔同起,予志悲。"余在西安,又見一漢鏡銘云:"君行卒,予志悲,久不見,侍前俙。"三種鏡銘,文辭大同小異,皆是夫遠戍邊郡,妻子悲恨,托之於銘詞者。又《古鏡圖録》卷十七,有漢鏡銘云:"愁思曾結,欲見毋説,相思願毋絶。"《小校經閣金文》卷十五,又有漢鏡銘云:"君有行,妾有憂,行有日,反無期,願君强飯多勉之,仰天太息長相思。"亦與上述鏡銘,類型相似,又賈誼《新書·屬遠篇》,叙郡國縣史至京師者有云:"往者家號泣而送之,其來縣者,家號泣而遣之。"漢代人民戍邊之苦,僅在《賈捐之傳》中,略見端倪。本書及漢鏡銘、賈誼《新書》中,揭露出真象,最爲可寶材料。又按:漢詩有"稾砧今何在,山上復有山,何當大刀頭,破鏡飛上天"一首,此詩純用隱語,稾砧隱夫字,山上山隱出字,大刀頭隱還字,破鏡上天隱圓字。亦疑爲夫遠戍妻子悲恨之詩。

而吏未稱奉職承詔以存恤。

　　直按:《居延漢簡釋文》卷一,十一頁,有簡文云:"□月存視具最,賜肉卅斤,酒二石,長尊寵。郡太守、諸侯相、内史所明知也,不奉詔當以不敬論。"此武帝時存恤高年之詔書,邊郡亦奉詔舉行,賢良所指斥,有時亦未盡然也。

或侵侮士卒,與之爲市。

直按:《居延漢簡釋文》卷二,五十一頁,有簡文云:"出錢四千五百,八月己丑,給令史張卿爲市。"簡文所記,是以官府之資本,貸給低級官吏作商業之買賣。此等情形,在内郡則爲犯罪,如韓延壽與蕭望之互相告訐是也。在漢代邊郡,則往往有之,與本文正合。

并力兼作。

直按:西漢戍邊之戍卒,除守望烽燧外,兼作雜役。《居延漢簡釋文》卷三,二十五頁,有簡文云:"鄣卒十人,一人守園,一人助園,一人治計,一人取狗湛,一人吏養(勞榦原誤釋作吏著,今訂正),二人馬下,一人削工。"與本文并力兼作之言正合。

宋伯姬愁思而宋國火。

直按:《公羊·襄三十年傳》云:"宋災,伯姬存焉,有司復曰:火至矣,請出。伯姬曰:不可,吾聞之也,婦人夜出,不見傅母不下堂。傅至矣,母未至也。逮乎火而死。"

魯妾不得意而魯寢災。

直按:《公羊·僖二十年傳》云:"五月乙巳,西宮災。西宮者何? 小寢也。……西宮災何以書,記災也。"何休《解詁》:"是時僖公爲齊所脅,以齊媵爲嫡,楚女廢在西宮而不見恤,悲愁怨曠之所生也。"又《後漢書》吕强、陳蕃二傳,上疏皆引此事,與本文皆用公羊家説,與左氏不同。

宋人圍長葛。

直按:《公羊·隱五年傳》云:"宋人伐鄭,圍長葛。邑不言圍,此其言圍何? 彊也。"

執務第三十九

丞相史曰。

　　直按：原文作丞相曰，當脱史字，今訂正。

軼久而難復。

　　直按：原文軼久作軼人，據盧文弨《拾補》改。

風雨時，五穀熟。

　　直按：《淮南子·兵略訓》云："五穀豐昌，風雨時節。"又漢王氏鏡銘云："風雨時節五穀熟。"（見《簠齋藏鏡》卷上，十七頁）可證爲兩漢人之習俗語。

傳曰予積也。

　　直按：《公羊·僖四年傳》作序積也，與本文異。但本文下句有"故土積而成山阜，水積而成江海"云云，知積字並非誤文。王引之《經義述聞》，謂桓寬所用爲《嚴氏春秋》，何休所用爲《顔氏春秋》，兩本不同，其説是也。

吾於河廣。

　　直按：《詩序》："《河廣》，宋襄公母歸於衞，思而不止，故作此詩也。"

今兹往而來歲旋。

　　直按：應劭《漢官儀》云："天下人民，皆行三日戍，既到戍所，不可即還，因事留一歲。"與本文正合。在居延木簡中，有戍卒瓜代之紀載，稱爲當代卒或罷卒。《居延漢簡釋文》卷二，二十二頁，有簡文云："當代卒若干人。"又卷三，五十三頁，有簡文云："甲渠候官神爵二年，罷戍卒寒（下缺）。"又卷二，

三十七頁，有簡文云："罷卒居延月四日到部，私留一日，適
□文五百束（下缺）。"又卷一，四十頁，有"爲罷卒治車"
簡文。

身在東楚，志在西河。

直按：西漢王國之民不戍邊，戍邊者皆爲中原及西蜀一帶人
民。《漢書·趙充國傳》云："願罷騎兵，留弛刑、應募，及淮
陽、汝南步兵，與私吏從者屯田。"《灌夫傳》亦云："淮陽爲天
下勁兵出處，故徙夫爲淮陽太守。"現以全部居延木簡中，戍
卒、田卒人名之籍貫考之，戍卒屬於淮陽郡者十六人，昌邑國
者十三人，汝南郡者九人，大河郡者四人。田卒屬於淮陽郡
者七人，昌邑國者三人，梁國者三人，陳留郡者二人，南陽郡
者二人，鄡郡、汝南郡、潁川郡者各一人。上述各郡國，多屬
於東楚之範圍，西河指黃河以西之郡而言，或稱爲北河，皆西
漢人之習俗語。本文與居延簡兩相印證，無不適合。

能言第四十

無一者牧童蓬頭也。

直按：原文牧童作烏獲，據俞樾説改。

藥酒病之利也。

直按：藥與酒爲二物，酒亦可以治病。《金匱要略》卷上，有
"括蔞、薤白、半夏湯方"，中有白酒一斗是也。西漢無藥酒
之名，非如後代之藥酒方也。

食文學之至言。

直按：賈誼《新書·先醒篇》云："君好諂諛而惡直言。"賈山

上書,亦名《至言》。至言即直言也。

取下第四十一

用民之力,不過歲三日。

　　直按:《禮記·王制》云:"用民之力,歲不過三日。"此語在
　　《漢書》中,一見於《食貨志》引董仲舒疏,二見於《賈山傳》,
　　三見於《貢禹傳》,與本文皆合。

籍斂不過什一。

　　直按:《漢書·賈山傳》云:"用民之力,不過歲三日,什一
　　而籍。"

怠於公事。

　　直按:原文公事作公乎,據張之象本改。

是以有履畝之稅,《碩鼠》之詩作也。

　　直按:顧廣圻云:"履畝碩鼠為一事,當出三家《詩》之序。"
　　《潛夫論·班祿篇》云:"履畝稅而《碩鼠》作。"是其明證。

衛靈公當隆冬,興衆穿池。

　　直按:《呂氏春秋·似順篇》云:"衛靈公天寒鑿池,宛春諫
　　曰:天寒起役恐傷民。公曰,天寒乎?宛春曰,公衣狐裘,坐
　　熊席,陬隅有竈,是以不寒。今民衣弊不補,履決不組,君則
　　不寒矣,民則寒矣。公曰善,令罷役。"《新序·刺奢篇》亦載
　　其事,本文節用《呂氏春秋》文,惟二書皆作宛春,本文獨作
　　海春。

不知專屋狹廬,上漏下濕者之廇也。

　　直按:《淮南子·脩務訓》云:"獨守專室而不出門。"高誘注:

"專,小也。"余以爲即磚室之省文。又《主術訓》云:"然民有掘穴狹廬所以托身者,明主弗樂也。"又《原道訓》云:"上漏下濕,浸潤北房。"本文皆源出於《淮南》。又《韓詩外傳》卷一,原憲居魯,環堵之室條亦云:"上漏下濕,匡坐而弦歌。"知上漏下濕爲秦漢人之習俗語,至今猶然。廇爲溜字之假借,謂溜雨也。

稱貸之急也。

直按:原文漏也字,據張敦仁校補。

原馬被山。

直按:原馬爲騵馬之省文。《淮南子·主術訓》云:"伊尹賢相也,而不能與胡人騎騵馬而服騊駼。"高誘注:"黃馬白腹曰騵。"

不知憂私責與吏正戚者之愁也。

直按:吏正即里中之正,里正起於戰國秦時,漢因秦制也,詳見《未通篇》吏正畏憚條下。吏正戚與《公羊傳》操之己戚同義,此三字不誤,或有疑爲更在戚者,非是。

搏粱齧肥者。

直按:《史記·蔡澤傳》云:"澤笑謝而去,謂其御者曰,吾持粱刺齒肥。"裴駰《集解》:"刺齒肥當作齧肥。"其説是也,爲本文所本,足證《史記》原本確作齧肥。

不知短褐之寒。

直按:短褐當作裋褐。《漢書·貨殖傳》云:"富者木土被文錦,犬馬餘肉粟,而貧者裋褐不完,唅菽飲水。"顔師古注:"裋,布長襦也。褐,編枲衣也。裋音豎。"本書短褐凡二見,皆當作裋褐。

匡床旃席。

　　直按：原文匡床作同床，據王先謙引《治要》改。

不知負輅挽舩。

　　直按：漢人寫船字多作舩。韓城芝川鎮扶荔宫遺址，出土有
　　“舩室”瓦當。《居延漢簡釋文》四一一頁，有“五百石治舩”，
　　四八八頁，有“糞賣舩錢”，五零四頁，有“毋餘舩”各紀載。
　　船之作舩，猶沿之作汾，此爲本書保存當時寫法之字。

衣輕暖，被英裘。

　　直按：《詩》：“有女同車，顏如舜英。”毛傳：“英，華也。”本文
　　之英裘，即華美之裘。

子孫保之者。

　　直按：原文脱者字，據王利器引《治要》補。

不知老母之憔悴、匹婦之悲恨也。

　　直按：與《備胡篇》之生懷老母、室婦悲恨，《繇役篇》之父母
　　愁憂、妻子咏歎，均指戍邊之苦而言。又按：《漢書·賈捐之
　　傳》云：“當此之時，寇賊並起，軍旅數發，父戰死於前，子鬭
　　傷於後。女子乘亭障，孤兒號於道，老母寡婦，飲泣巷哭，遥
　　設虚祭，想魂乎萬里之外。”與本文所云情況亦合。

振筆如調文者，不知木索之急，箠楚之痛者也。

　　直按：原文調文作文調，木索作求索，據王先謙引《治要》校
　　改。望都壁畫有畫主記吏、主簿兩像，分坐在内朝門口兩旁
　　的榻案上，兩人皆主管文書簿册，代府主擬辦公牘，榻前均設
　　有墨硯，正象其振筆調文之狀。

安圖籍之言若易然。

　　直按：安讀爲按。

刑人若刈菅茅。

　　直按：原文菅茅作菅芳，據王先謙説改。

請且罷郡國榷沽，關内鐵官。

　　直按：罷郡國榷沽，事在始元六年七月。罷關内鐵官，《漢
　　書》不載。關内設鐵官者，以《地理志》注考之，有鄭、夏陽、
　　雍、漆四縣。此次何以獨罷關内之鐵官，疑此四縣爲小鐵官，
　　專改鑄舊鐵者。又榷酤作榷沽者，猶漢鏡銘飲醴泉作澧泉
　　也，此爲保存當時之簡寫字，正不必改易。

奏可。

　　直按：漢代公牘程序上，先爲臣某頓首頓首，死罪死罪奏言。
　　其獲准者，批答制曰可，是沿用秦制（見《史晨碑》及秦琅玡
　　泰山諸刻石）。在詞彙上，簡稱爲奏可，在叙事上，稱爲天子
　　可其奏。

擊之第四十二

賢良文學。

　　直按：賢良下原文有曰字，據張之象本删。

咸取列大夫。

　　直按：列大夫泛稱也，《史記·孟子荀卿傳》云“自淳于髡以
　　下，皆命曰列大夫”是也。本文則指光禄勳屬官之諫大夫、
　　大中大夫等而言。

先帝絶三方之難。

直按：三方之難，即《備胡篇》三垂之難，謂朝鮮、南越、西南夷也。

撫從萬國。

直按：原文萬國作方國，今訂正。萬字作万，與方字極相似。萬國即萬邦，本於《詩》之"綏萬邦，屢豐年"。

孤弱無與。

直按：無與國也。

今欲以小舉擊之，何如。

直按：王佩錚云："擊之不辭，姚所見本作擊邊，邊字草書，與之字形近，疑邊字是。"竊以爲《史記‧韓安國傳》："王恢議曰，不如勿許，興兵擊之，安國曰，擊之不便。"此本文所從出，王說非也。且本篇標題爲擊之，與文中相同，不應兩處皆誤也。

兩敵相抗。

直按：原文相抗作相機，據陳遵默說改。

樊所恃以窮無用之地。

直按：原文作樊持以用無用之地，據俞樾說校改。

結和第四十三

修好結和親，所聘遺單于者甚厚。

直按：《漢書‧武帝紀》，元光二年詔曰："朕飾子女以配單于，金幣文繡，賂之甚厚。"本文蓋源於此詔。

招奮擊。

直按：《史記‧蘇秦傳》，說魏襄王曰："今竊聞大王之卒，武士二十萬,蒼頭二十萬,奮擊二十萬,廝徒十萬。”

藏於記府。

直按:《史記‧蒙恬傳》云:“乃書而藏之記府。”蓋古史官藏國家檔案之府。

故民可與觀成,不可與圖始。

直按:本文用《史記‧商君傳》語。

往者匈奴結和親。

直按:清光緒中,呼和浩特殺虎口地區,曾出單于和親大方磚十數面,有陰陽文兩種。文云:“單于和親,千秋萬歲,安樂未央。”共十二字,篆勢雄偉,當爲西漢初中期物。又包頭麻池子漢墓中,亦出“單于和親”及“單于天降”兩瓦當,皆可以考見當時統治階級對和親之看法。

家有數年之稸。

直按:《隸釋》卷十三《衡立碑》云:“無儋石之稸。”《史記‧蔡澤傳》云:“力田稸積。”《漢書‧貨殖傳》云:“稸足功用。”顏師古注:稸即畜字。此本書保存原有之古字。

輓輦而贍之。

直按:武帝時邊郡運輸,需用車輛甚多,皆内郡所造,御車者亦内郡之農民,其法作俑於公孫賀。《漢書‧劉屈氂傳》略云:“乃以邊爲援,使内郡自省作車,又令耕者自轉,以困農煩擾畜者,重馬傷耗,武備衰減。”又《居延漢簡釋文》卷一,三頁,有殘簡文云:“延壽迺太初三年中,父以負馬田敦煌,延壽與父俱來,田事已。”又《釋文》四二五頁,有簡文云:“右第八車父杜陵孫守,父靳子衡,算身一人。”其餘紀載其他各郡國車父助邊之簡尤多。事實完全與本文相符合。

閭里常民,尚有梟散。

　　直按:顧廣圻云:梟散者貴賤也,《韓非子·外儲説左下》云:"博貴梟,勝者必殺梟,是殺所貴也,儒者以爲害義。"《戰國策·楚策》,唐且見春申君章:"夫梟棋之所能爲者,以散棋佐之也,夫一梟之不勝五散亦明矣,今君何不爲天下梟,而令臣等爲散乎。"是其證。

秦攝利銜以御宇内,執修箠以笞八極。

　　直按:原文利銜作利衡,據王先謙説改,下同。又按:賈誼《過秦論》云"振長策而馭宇内","執敲朴以鞭笞天下",本文即摹仿賈生,左思《咏史詩》,所謂作論准過秦是也。

三王何愁焉。

　　直按:疑作三王何怒焉,因上文爲三王所畢怒也。

殺兩暉,蚩尤而爲帝。

　　直按:張敦仁以兩暉爲雨師之誤字,其説近是,但未敢據改原文。

登得前利。

　　直按:登得即得來,此齊語也。《公羊·隱五年傳》:"登,來之也。"何休《解詁》:"登讀言得,得來之者,齊人語也。齊人名求得爲得來,作登來者,其音大而急,由口授也。"文學多齊魯人,故多用齊語。

而不知干遂之患。

　　直按:王佩錚云:《史記·蘇秦傳》,"越王勾踐戰敝卒三千人,禽夫差於干遂。"《正義》:"在蘇州吳縣西北四十餘里萬安山西南一里太湖。"

前車覆,後車戒。

　　直按:賈誼《陳政事疏》及《韓詩外傳》卷五,"昔者禹以夏王"
　　條,皆有此二語,知爲西漢人之習俗語。

誅秦第四十四

東攝六國。

　　直按:攝爲懾字之假借,東攝與下文西畏義相對舉,非後來傳
　　鈔之誤字。

號周子南君。

　　直按:《漢書‧恩澤侯表》,姬嘉以元鼎四年封周子南君,食
　　邑在長社,屬潁川郡。

東絶沛水。

　　直按:王啟源云:沛水當即浿水。《漢書‧朝鮮傳》,"衛滿東
　　走出塞,度浿水,居秦故空地,上下障"。此秦絶浿水也。
　　《説文》,"沛水出遼東番汗塞外,西南入海",是沛爲浿之本
　　字。竊以爲在兩漢典章制度上,皆寫作浿水,《漢書‧地理
　　志》及"浿水徒丞"印皆是也(見《金石索‧璽印之屬》八十二
　　頁)。

立帝號。

　　直按:秦權文云:"立號爲皇帝。"本篇兩見立號名辭,用秦人
　　習俗語也。

舟車所通,足跡所及。

　　直按:《世務篇》亦云:"舟車所臻,足跡所及,莫不被澤。"《史

記·秦始皇本紀》，載琅玡臺石刻文云："人跡所至，無不從者。"本文蓋源出於秦刻石。

如食蓳之充腸也。

直按：《説文》："蓳，烏喙也。"《廣雅·釋草》："附子一歲爲蓳子，二歲爲烏喙，三歲爲附子，四歲爲烏頭，五歲爲天雄。"

支體傷而心憯怛。

直按：此語本於漢武帝元狩元年詔文。

遠者不離其苦。

直按：離字讀爲罹。

渾邪率其衆以降，置五屬國。

直按：《漢書·匈奴傳》，渾邪歸義，事在武帝元狩二年，《食貨志》云："渾邪王率數萬衆來降，於是漢發車三萬兩迎之，既至，受賞，賜及有功之士，是歲費凡百餘巨萬。"五屬國，杜佑《通典》謂安定、上郡、天水、張掖、五原也。齊召南云："安定、天水，武帝元鼎三年始置，張掖元鼎六年始分，此時豈容先置都尉。"胡三省注《通鑑》云："五郡故塞外，以隴西、北地、上郡、朔方、雲中當之，蓋有由也。"

取河南以爲新秦而忘其故秦。

直按：《漢書·食貨志》云："乃徙貧民於關以西，及充朔方以南新秦中。"又云："於是上北出蕭關，從數萬騎行獵新秦中，以勒邊兵而歸，新秦中或千里無亭徼。"應劭注："秦始皇遣蒙恬攘卻匈奴，得其河南造陽之北千里地甚好，於是爲築城郭，徙民充之，名曰新秦。四方雜錯，奢儉不同，今俗名新富貴者爲新秦，由是名也。"本文新秦中簡稱爲新秦，與應劭之注正合。

及李廣利等輕計計還馬足。

直按：原文應脱一計字，據張敦仁校補。

伐功第四十五

匈奴勢憎。

直按：原文勢憎作勢借，據張之象本改。

及其後蒙公死。

直按：《淮南子·人間訓》云：“使蒙公、楊翁子將，築修城，西屬流沙，北擊遼水，東結朝鮮。”本文及《險固篇》亦皆稱蒙恬爲蒙公，與《淮南子》正同。蓋爲秦漢人之習俗語。秦漢人除稱蒙恬爲蒙公外，稱白起亦爲白公，《史記·蔡澤傳》云：“則商君、白公、吳起、大夫種是也。”（又揚雄《河東賦》，亦稱蒙恬爲蒙公）

故破走月氏。

直按：原文月下有支字，據張敦仁、俞樾説删。

以搜粟都尉爲御史大夫。

直按：《漢書·百官表》：“武帝天漢元年，大司農桑弘羊，四年貶爲搜粟都尉。……後元二年二月乙卯，爲御史大夫。”至昭帝始元六年，前後共十八年，與本文持政十有餘年正合。

西域第四十六

乃請屯京師以備胡。

直按：《漢書·匈奴傳》云：“孝文十四年，以中尉周舍、郎中令張武爲將軍，發車千乘，十萬騎，軍長安旁以備胡寇。”又兩漢人稱胡爲匈奴之專用名辭，漢瓦之“樂哉破胡”，漢鏡之“胡虜殄滅天下復”，童謠之“丈夫何在西擊胡”皆是也。

斷其右臂。

直按：《漢書·西域傳贊》云：“乃表河西，列四郡，開玉門，通西域，以斷匈奴右臂。”班固蓋源出於本文。

皓皓乎若無網羅而漁江海。

直按：皓皓即浩浩之假借，漢樂浪彩篋人物畫題字，四皓題作四浩可證。又《史記·河渠書》，武帝《瓠子歌》“皓皓旰旰兮慮殫爲河”，《漢書·溝洫志》則作浩浩洋洋，亦與本文相同。此桓寬之原本，非後來傳鈔之誤字。

皆激一時之權。

直按：激，張敦仁云：激當作徼。《史記·匈奴傳贊》云：“患其徼一時之權。”竊以爲此語雖本於《史記》，激字亦諦，毋須改易原文。

安息之真玉大鳥。

直按：《漢書·西域傳》：“國有馬爵。”又云：“以大鳥卵及犁軒眩人獻於漢。”《西域傳贊》云：“鉅象、師子、猛犬、大雀之群，食於外囿。”曹大家有《大雀賦》，蓋大雀與大鳥，名異實同也。

縣官既聞如甘心焉。

直按：原文甘心作甘水，據張敦仁校改。《史記·大宛傳》云：“天子既好宛馬，聞之甘心。”此語本於《史記》。

兵未戰而物故過半。

直按:《漢書·司馬相如傳》云:"因通西南夷道,發巴蜀、廣
漢卒,作者數萬人,治道,二歲道不成,士卒多物故。"與本文
合。《蘇武傳》云:"前以降及物故,凡隨武還者九人。"《流沙
墜簡·考釋·戍役類》第六簡,有"良家子三十二人土,其四
人物故"之紀載。《陶齋藏磚記》卷上十五頁,有"無任陳留
襄邑髡鉗李農,建寧三年二月十九日物故"之紀載。據此物
故爲兩漢人之習俗語,至西晉時樂生樞版仍沿用物故字樣。

將卒方赤面而事四夷。

直按:將卒謂將與兵也。《流沙墜簡·考釋·簿書類》有賜
酒泉太守詔簡云:"與將卒長史將屯要害處。"或疑將卒爲將
率之誤文,恐非是。

黎人困苦。

直按:黎人當爲黎民,經唐人傳鈔時所改。

然後遣上大夫衣繡衣以興擊之。

直按:興爲軍律,見《漢書》趙廣漢、黃霸等傳。

山東豪傑,頗有異心。

直按:指昆盧、徐毅之徒,擾齊趙山東而言,見《史記·咸宣
傳》及本書《大論篇》。

世務第四十七

滑稽而不可循。

直按:原文循作修,今訂正。因漢代修行多作循行,隸書相
似也。

事不豫辨。

　　直按:辨即辦字,漢代辨、辯、辦三字通用。《漢書·食貨志》:"河東守不意行至,不辯,自殺。"即不辦也。

不與夷狄。

　　直按:見《公羊·僖二十一年傳》文。

莫敢交也。

　　直按:敢下原文有受字,係衍文,據張敦仁删。

宋華元,楚司馬子反之相覿也。

　　直按:事見《公羊·宣十五年傳》文。

見利如前。

　　直按:漢代而如二字通用,《鐃歌十八曲》之艾如張即刈而張。本書互用者尤多,如《西域篇》之"縣官既聞如甘心焉"等例皆是。

潛進市側。

　　直按:西漢初期,在郡縣之外,曾一度分大都會爲市。《史記·漢興以來將相名臣年表·大事記》:高祖六年立大市。此條重要材料,因隱蔽在表文中,一般學者,多未注意及之。又《季木藏匋》一零三頁,有"曹市"、"東武市",一零四頁,有"都市"、"代市"等殘陶片,皆屬於立大市時期之物。大市之罷廢,及共有幾市,皆不可考。本文匈奴之潛進市側,疑爲指代市而言。又按:賈誼《新書·匈奴篇》云:"夫關市者,固匈奴所犯滑而探求也。……大市使者反,因於要險之所,多爲鑿開,衆而延之,關吏卒使足以自守。"本文訛誤甚多,句讀難通,然大市二字,甚爲明顯。可證大市之制度,在文帝時尚不廢。

則近者哥謳而樂之。

直按：哥爲歌字省文，爲本書保存原來之古字。

故正近者不以威。

直按：正讀如征。

和親第四十八

魯穆公好儒而削。

直按：原文僅作好儒而削，據孫詒讓説增補。亦見於《相刺篇》，其説是也。王利器則以爲魯哀公之脱文，非是。

通關梁。

直按：關梁非誤字，亦見本書《險固篇》。

交有無。

直按：指匈奴互市而言，《漢書·汲黯傳》應劭注，引《漢律》云：“胡市，吏民不得持兵器及鐵出關。”

民不解甲弛弩。

直按：《漢書·賈誼傳·陳政事疏》云：“五尺以上，不輕得息，斥候望烽燧不得臥，將吏被甲胄而睡。”與本文適合。

在楚誥鼬之會書公。

直按：《左傳·定公四年》：“盟於皋鼬。”《公羊》、《穀梁》兩傳皆作浩鼬，本文作誥鼬，與現傳《公羊》本不同，亦疑出於《嚴氏章句》。浩之作誥，猶《瓠子歌》皓旰之或作浩洋也。

繇役第四十九

屠者解分中理。

直按：賈誼《陳政事疏》云："屠牛坦一朝解十二牛,而芒刃不頓者,所排擊剝割,皆衆理解也,至於髖髀之所,非斤則斧。"

《春秋》譏戎驪未至豫禦之。

直按：《公羊·莊十八年傳》："夏,公追戎於濟西。……大其未至而豫禦之也。"

出禁錢。

直按：禁錢謂少府之錢,蓋漢代帝王之私奉,見應劭《漢官儀》及《漢書·賈捐之傳》。本文云："先帝憂百姓不贍,出禁錢,解乘輿駟,貶樂損膳,以賑窮備邊費。"《史記·平準書》則云："陛下損膳省用,出禁錢以振元元,寬貸賦而民不齊出於南畝。商賈滋衆,貧者畜積無有,皆仰縣官。"與本文大致相合。

遠者過萬里歷二期。

直按：歷二期者,指戍邊之卒,前後歷二年,實足一年餘,即《執務篇》所云之今兹往而來歲旋也。

險固第五十

故鱉獝有介。

直按：原文爲龜獝有介,張敦仁云：龜獝當爲鱉獝之誤字,引《風俗通·十反》云："俯伏甚於鱉蝟。"其説是也。竊按《淮南子·説山訓》云："膏之殺鱉,鵲矢中蝟,爛灰生蠅,漆見蟹而不乾。"《淮南》鱉蝟兩句連用,與本文兩字連用正同。因蝟字作獝,不見於字書,後人易於誤會,郭沫若因解獝爲陸上動物,殆穿山甲之類,對於眼前多刺之蝟,反而忽略矣。又

按：鱉有甲，蝟有刺，故狐貉不能禽，本屬文理明暢，張敦仁疑
狐貉二字有誤文，非是。

金城千里。

直按：金城千里、良將勇士二句，源本於賈生《過秦論》。

奮空拳而破百萬之師。

直按：《漢書·李陵傳》云："士張空拳。"文穎注："弓弩拳
也。"顏師古注："與搫同。"蓋拳爲正字，本文作空拳爲假
借字。

鹿駭狼顧。

直按：《漢書·食貨志》云："失時不雨，民且狼顧。"

故制城郭。

直按：原文作制地城郭，當衍地字，今刪。

今不敢取。

直按：本句源於《論語》之"今不取，後世必爲子孫憂"，原文
疑衍敢字，因敢取二字形相近而衍。

楚有汝淵兩堂之固。

直按：原文汝淵兩堂作汝淵滿室，徐德培云：滿室當作兩堂。
賈子《新書·先醒篇》："楚莊王與晉人戰於兩堂。"《呂氏春
秋》則兩棠。其說是也，今據改正。

晉有河華九河。

直按：張敦仁云：九河當作九門。《史記·趙世家》云："（武
靈）王出九門，爲野臺，以望齊中山之境。"

兼於滈亳。

直按：原文滈亳作濟亳。孫詒讓云：濟亳當作滈亳，《荀子·

議兵篇》云："古者湯以薄，武王以滈。"滈與鎬同。竊謂《論勇篇》亦云："文王得太公，廓酆滈以爲天下。"孫説是也，今據改正。

則勾踐不免爲藩臣海崖。

直按：崖爲涯字之假借，與《殊路篇》無崖之川正同。

設扞關以拒秦。

直按：扞關即扜關之誤字。吳式芬《封泥考略》卷三，五十三至五十四頁，有"扜關長印""扜關尉印"兩封泥。吳氏考《續漢書·郡國志》，巴郡扜水有贊關。《公孫述傳》："東守巴郡扜關之日。"李賢注："在今峽州巴山縣西是也。"

趙結飛狐勾注孟門以存荆代。

直按：《淮南子·墜形訓》云："何謂九塞，曰太汾、澠阨、荆阮、方城、殽阪、井陘、令疵、勾注、居庸。"高誘注："勾注在雁門，陰館勾注是也。"荆代或爲陘代之誤字。

齊撫阿甄，關濮歷。

直按：原文濮歷作榮歷。孫詒讓云：榮歷疑作濮歷，《戰國策·秦策》云："王又割濮歷之北，屬之燕，斷齊秦之要，絶楚魏之背。"其説是也，今據改正。

關梁者邦國之固。

直按：原文關梁作梁關，據孫詒讓校正。竊謂《和親篇》與本篇下文皆作關梁，孫説是也。又漢代諱邦字，皆用國字或封字代替。本文若避邦字，則成爲國國之固，便不成文理，此不得已而用之。漢碑中僅有《景君碑》見邦字，但寫作邽，結體尚微表區別。

重門擊拓。

　　直按：王佩銁云：擊拓即擊柝，然拓無柝聲，當爲檬字省文，其
　　説是也。證之《居延漢簡釋文》三五七頁，有昌邑國邱縣簡
　　文，余昔考爲槖字省文，槖之省作邱，猶本文檬字省作拓也。

衝隆不足爲强。

　　直按：衝隆兵車之名，一作衝降。《淮南子·兵略訓》云：“故
　　攻不待隆衝雲梯而城拔。”又《泰族訓》云：“攻不待衝降而
　　拔。”又《氾論訓》云：“隆衝以攻。”蓋皆本於《詩·大雅·皇
　　矣》之以爾臨衝。

論勇第五十一

尺八匕首。

　　直按：原文作三尺匕首，據盧文弨説改。竊謂現戰國傳世之
　　劍，至多長今尺三尺，匕首尺八，折合今尺九寸餘，適合裝於
　　地圖之下，盧説是也。

要離無水，不能遂其功。

　　直按：《吕氏春秋·忠廉略》云：“吳王欲殺王子慶忌，而莫之
　　能殺，吳王患之。要離曰，臣能之。吳王曰，汝惡能乎，……
　　要離曰，士患不勇耳，奚患於不能。王誠能助臣，請必能，吳
　　王曰諾，明旦加要離罪焉，摯執妻子，焚之而揚其灰。要離
　　走，往見王子慶忌於衛，……謂王子慶忌曰：吳之無道也愈
　　甚，請與王子往奪之國。王子慶忌曰善，乃與要離俱涉於江，
　　中江拔劍，以刺王子慶忌，王子慶忌捽之，投之於江，浮則又
　　取而投之，如此者三。其卒曰，汝天下之國士也，幸汝以成而

名。要離得不死。”又《漢書·鄒陽傳》所謂“要離燔妻子”，《東方朔傳》所謂“捷若慶忌”、“王慶忌爲期門”是也。武梁祠畫像有要離刺王慶忌圖，不在水上，蓋秦漢人傳説異辭也。

蹶强弩。

直按：《漢書·申屠嘉傳》：“以材官蹶張，從高帝擊項籍。”如淳注：“材官之多力，能脚踏强弩張之，故曰蹶張。律有蹶張士。”顔師古注：“今之弩，以手張者曰擘張，以足蹋者曰蹶張。”武梁祠畫像有蹶張發弩圖。

楚鄭之棠谿墨陽。

直按：棠谿爲鋌名，已見本篇上文。《淮南子·脩務訓》云：“墨陽莫邪。”高誘注：“墨陽美劍名。”蓋棠谿墨陽，皆兵器而以地名者。現傳世戰國之劍，多有鑄地名者，如宅陽矛、高陽劍之類，表示爲地方之特産，推之墨陽，亦必鑄地名於劍上。

鉏櫌棘櫃，以破衝隆。

直按：賈誼《過秦論》云：“鉏櫌棘矜，非銛於鉤戟長鎩也。”本文變爲鉏櫌棘櫃，爲齊人語。《釋名·釋用器》：“鋤，齊人謂其柄曰櫃。”文學固多齊人也。又按：隆衝，《險固篇》作衝隆，因兩字聲相近，故可以顛倒互用。《詩·大雅·皇矣》與爾臨衝，謂攻城之車也，因避後漢殤帝諱，故隆爲臨也。

武昭不擊。

直按：武昭疑作武招，謂不用武力奮擊也。《結和篇》有“廣將帥，招奮擊”可證。

所謂金城者。

直按：本於賈誼《過秦論》：“金城千里，子孫帝王萬世之業。”

專諸手劍歷萬乘。

　　直按：歷爲瀝字省文，瀝血也。

若曹劌之質齊桓公。

　　直按：原文質齊桓公作負齊桓公。張敦仁云：負當作質，謂劫
　　之以質。《公羊·僖二十一年傳》何休《解詁》，劫質諸侯是
　　也。今據改正。又按：武梁祠畫像，有曹子刦桓像，是劫質二
　　字，畫像與本文各用其一字也。

摧鋒折鋭。

　　直按：原文折鋭作拊鋭，先伯父引王引之説，今本折爲拊，實
　　譌字也。今據改正。

論功第五十二

斾㡾爲蓋。

　　直按：《隸釋·周公禮殿記》：“倚席離散。”至六朝時又演變
　　作㡾，與本文正同。

桓公之與戎狄。

　　直按：原文戎狄作戎狐，今訂正。桓公之與戎狄，見《公羊·
　　莊三十年傳》。

匈奴車器無銀黄絲漆之飾。

　　直按：指車無金銀絲漆之飾也。《漢書·霍光傳》云“廣治第
　　室，作乘輿輦，加畫繡絪馮，黄金塗”是也。一曰，無絲漆指
　　車而言，無銀黄指器而言，謂漆器等之銀口黄耳是也。

絲無文采裙禕曲襟之製。

　　直按：絲疑衣字之誤，絲無文采四字雖聯貫，與裙禕曲襟，則

義不相類。又按:《深衣釋例》云:《方言》袒飾謂之直衿。然則漢人衣服亦有用直襟者。

貫弓上馬。

直按:貫與彎通,《史記·秦本紀》引賈生《過秦論》:"士不敢貫弓而報怨。"《漢書》作彎弓是也。又《晁錯傳》上書言兵事云:"材官騶發,矢道同的,則匈奴之革笥木薦弗能支也。"用皮作鎧甲曰革笥,用木作盾牌曰木薦,此爲文學所未言。

資糧不見案首。

直按:案首爲鞍首之假借字。

刻骨絜木。

直按:原文作刻骨卷衣,盧文弨《群書拾補》引《永樂大典》本作卷木。竊謂卷衣、卷木,皆爲絜木之誤字,今訂正。蓋指法律絜於木上,猶《漢書·張湯傳》所謂廷尉絜令,朝鮮樂浪絜令刻於木上是也(見《説文》紲字注)。史載匈奴無文字,謂無獨立之國書,絜木則必須用書,所用則應爲漢字也。

魯連有言。

直按:《史記·魯仲連傳》云"權使其士,虜使其民",與本文相同。

凡伯囚執而使不通。

直按:下文有先帝爲萬世度,恐有冀州之累,皆係用凡伯事。《淮南子·泰族訓》云:"周之衰也,戎伐凡伯於楚丘以歸,故得道則以百里之地令於諸侯,失道則以天下之大畏於冀州。"高誘注:"凡伯,周大夫,使於魯而戎伐之楚丘。"蓋本文用《淮南子》説。至於凡伯囚執事,見隱七年《春秋經》及《公羊傳》。

今西南諸夷,楚莊之後。

　　直按:《史記·西南夷傳》云"莊蹻者,故楚莊王苗裔也","以
　　兵威定屬楚,欲歸報,會秦擊奪楚巴、黔中郡,道塞不通,因
　　還,以其衆王滇"。

朝鮮之王,燕之亡民也。

　　直按:《史記·南越朝鮮傳》云:"朝鮮王(衛)滿者故燕
　　人也。"

提珩爲敵國累世。

　　直按:提珩與提衡通,《韓非子·飾邪篇》云:"自以爲秦提
　　衡。"本文蓋用《韓非子》語意。又按:提衡猶言抗衡。《史
　　記·陸賈傳》云:"與天子抗衡。"是其證。

今匈奴不當漢家之巨郡。

　　直按:《漢書·賈誼傳·陳政事疏》云:"臣竊料匈奴之衆,不
　　過漢一大縣,以天下之大,困於一縣之衆,甚爲執事者羞
　　之。"又《漢書·匈奴傳》,中行説云:"匈奴人衆,不能當漢之
　　一郡。"蓋西漢時習俗之言如此。

秦尚爲戰國固未亡也。

　　直按:原文脱國字,據盧文弨補。

及兼天下,十四歲而亡。

　　直按:《漢書·賈誼傳·陳政事疏》謂秦凡十三歲天下爲墟,
　　本文作十四歲,是由始皇廿六年起,計至二世三年止,包括子
　　嬰在内。

論鄒第五十三

中國名山通谷以至海外。

直按:《史記‧孟子荀卿列傳》敘鄒衍云:"先列中國名山大川、通谷、禽獸、水土所殖、物類所珍,因而推之及海外,人之所不能睹,稱引天地剖判以來,五德轉移,治各有宜,而符應若兹。以爲儒者所謂中國者,於天下乃八十一分居其一分耳,中國名曰赤縣神州。赤縣神州内自有九州,禹之序九州是也,不得爲州數,中國外如赤縣神州者九,乃所謂九州也。於是有裨海環之,人民禽獸,莫能相通者,如一區中者,乃爲一州,如此者九,乃有大瀛海環其外,天地之際焉,其術皆此類也。"本文源出於《史記》,故引出互爲對照。又按:《毀學篇》所引《貨殖傳》,及本篇所引《孟子荀卿列傳》,皆出於御史大夫桑弘羊之口,似桓寬不能潤色如此之多,可證桑弘羊已見過全部《史記》。《漢書‧百官表》御史中丞,兼掌管蘭臺秘書,此弘羊能見到《史記》之原因也。

而天地際焉。

直按:原文天地作天下,據張敦仁説改。

戰國信嘉言,破亡而泥山。

直按:嘉言疑有誤字,而作如字解。

論菑第五十四

始江都相董生,推言陰陽四時相繼。

直按:《春秋繁露‧五行對篇》云:"是故父之所生,其子長

之,父之所長,其子養之,父之所養,其子成之。諸父所爲,其
子皆奉承而續行之,不敢不敬,如父之意,盡爲人之道也。"
本文蓋源出於此。

鄙夫樂咋唶而怪韶濩。

　　直按:咋唶猶唶我之聲,見《樂府詩集》漢詩之秦氏烏生。

神祇相況。

　　直按:況讀爲貺。

厭而不陽。

　　直按:《太平御覽》引作厭而不傷。漢居延木簡有函何陽、即
　　函何傷也(見《居延漢簡甲編》一一五號)。此本書古字之留
　　存者,正不必更改原文。

刑者肩靡於道。

　　直按:盧文弨云:靡字通摩。王佩錚云:靡通礳。竊謂二家之
　　説是也。本文靡字,爲礳字之省文,磨摩二字相通,《論語》
　　磨而不磷,《漢薛君碑》則作摩而不鄰。

文學言同四時。

　　直按:原文作文學曰,當爲言字之誤,今訂正。

刑德第五十五

古今律令百有餘篇。

　　直按:《漢書·刑法志》云:"於是招進張湯、趙禹之屬,條定
　　法令。作見知故縱、監臨部主之法。緩深故之罪,急縱出之
　　誅……禁罔寖密,律令凡百五十九章。"《晉書·刑法志》亦
　　云:"(漢律)令甲以下三百餘篇。"本文言西漢律令百有餘

篇,尚是約略言之。又《居延漢簡釋文》五六二頁,有"北邊
挈令"之紀載,是又專用于邊郡之法律,可證當時律令條文
之繁。

自吏民習者。

　　直按:或説自爲官字之誤。吏民二字本連文,官吏民三字,則
　　不成文法,原本並不誤。

而民犯禁滋多也。

　　直按:原文脱滋多二字。據王利器引《群書治要》補。

故治民之道。

　　直按:原文脱之字,據楊沂孫説補。

今馳道不小也,而民公犯之。

　　直按:武威磨嘴子漢墓所出王杖十簡,有河平二年詔書云:
　　"行馳道旁道市賣。"足證受王杖者,始可以在馳道旁道
　　市賣。

商君刑棄灰於道。

　　直按:《史記・李斯傳》云:"故商君之法,刑棄灰於道者,夫
　　棄灰薄罪也,而被刑重罰也。彼唯明主,爲能深督輕罪,夫罪
　　輕且督深,而況有重罪乎,故民不敢犯也。"本文與《李斯傳》
　　同,與《荀子》殷人刑棄灰於道的傳説則有不同。

盜馬者死,盜牛者加。

　　直按:上句與漢瓦"盜瓦者死"語句極相似。下句盜牛比盜
　　馬加罪,或指族刑而言。

武兵名食。

　　直按:武爲兵器。《敦煌漢簡校文》八頁,有"盾一完,神爵元

年寺工造"之紀載可證。名食謂邊郡戍卒之計口授糧，《居延漢簡釋文》六十七頁，有"□沙燧長遣卿粟三石三斗三升少"之紀載可證。以上兩事，在敦煌、居延木簡中，不勝枚舉，故僅各舉一例。

蹻弋飾而加其上。

直按：蹻當爲矯之假借字，並非誤字。

乘騎車馬，行馳道中。

直按：原文行馳爲馳行，據張敦仁校正。《漢書·江充傳》，如淳注引："令乙，騎乘車馬，行馳道中，已論者投入車馬被具。"又《鮑宣傳》云："官屬以令行馳道中，宣出逢之，使吏鉤止丞相掾史，没入其車馬。"《翟方進傳》云："從上甘泉，行馳道中，司隸校尉陳慶劾奏方進，没入其車馬。"皆是也。

今傷人持其刀劍而亡。

直按：《居延漢簡釋文》卷一，八十五頁，有簡文云："堅年苑髡鉗釱左右止，大奴馮宣，年二十七八歲，中壯，髮五寸，青黑色，毋頭衣，皂袍，白布袴，履白革舄，持劍止。"此爲持刀劍出亡之事例。又按：《水經注》云："漢成帝鴻嘉三年，……廣漢鉗子（鄭躬）……盜庫兵……伏誅。"此爲盜武庫兵之事例。

御史曰。

直按：原文有大夫二字，據盧文弨説删。

執舳非其人。

直按：原文執舳作執軸，據俞樾説校改，下同。

夫不通大道而小辯。

直按：原文夫上有本字，今删去。

申韓第五十六

愚人縱火於沛澤。

　　直按：愚人指陳勝、吳廣，沛澤指大澤。《公羊·僖四年傳》：
　　"大陷於沛澤之中。"何休《解詁》："草棘曰沛。"《管子·檢
　　度篇》："焚沛澤。"注："大澤也。"《吕氏春秋·求人篇》："昔
　　者堯朝許由於沛澤之中。"亦作大澤解，本文非指豐沛之澤，
　　亦非誤字也。

防漏不塞則日以滋。

　　直按：防漏即房漏，與衣缺義相對舉，《漢仙人唐公房碑》，書
　　房作防，與防字在隸書中最易相混。

歌宣房塞萬福來焉。

　　直按：《漢書·溝洫志》云："宣防塞兮萬福來。"本文作房，亦
　　隸書兩字相似之故。

今斷獄歲以萬計。

　　直按：《史記·酷吏杜周傳》："廷尉及中都官詔獄，逮至六七
　　萬人，吏所增加十萬餘人。"本文歲以萬計，蓋指昭帝時事。

黎民若四時各終其序。

　　直按：班固《東都賦》云："五位時序。"又西安漢城遺址出土
　　有"時序"殘瓦，時序蓋爲漢人習俗語。

若隱括輔檠之正弧剌也。

　　直按：隱括或作檼栝及櫽桰，爲正木之器。蔡邕《郭有道碑》
　　云："隱括足以矯時。"是也。輔檠，輔正弓弩也，《漢書·蘇

武傳》云："檠弓弩。"《管子·輕重甲篇》云："十鈞之弩,不得蜚檠,不能自正。"居延漢簡則有檠弩繩之紀載,蓋檠弩必須用繩也。弧剌即佤邪,不正也。

文誅假法。

直按:文即爰書之文,亦即《漢書·蕭何傳》所謂文無害也。

一人有罪,州里驚駭。

直按:此言漢律什五相連保法,《説文》"什,相十保也",故下句云:"十家奔亡也。"

周秦第五十七

故今自關內侯以下,比地於伍。

直按:《春秋繁露·王道篇》云:"梁內役民無已,其民不能堪,使民比地爲伍,一家亡,五家刑殺。其民曰先亡者封,後亡者刑。"本文之比地於伍,即董仲舒所云之比地爲伍。大義漢法自關內侯以下,即行五家連坐之法,故云居家相察,出入相司也。司當爲伺字省文。

一日下蠶室,……食太官享賜。

直按:食太官享賜,指太官令而言。宦者位至卿相,在昭帝以前,尚不多見。《漢書·貢禹傳》云:"故黥劓而髠鉗者,猶復攘臂爲政於世。"與本文亦相似。

《春秋傳》曰。

直按:原文脱傳字,據王利器引《群書治要》補。

親戚相坐。

直按:原文相坐作小坐,據王先謙引《群書治要》改。

聞子爲父隱。

直按：原文無聞字，據陳遵默補，餘説今不從。

聞兄弟緩追以免賊。

直按：《公羊傳·閔公二年》及《穀梁傳·隱公元年》，皆云：
“緩追逸賊，親親之道也。”本文作緩追免賊，與今本《公羊》
異。何休所解詁用《顔氏章句》，桓寬及許慎所據，則皆爲
《嚴氏章句》，《漢書·鄒陽傳》云：“慶父親弑閔公季友，緩追
免賊，《春秋》以爲親親之道也。”逸賊亦作免賊，與本文
相同。

慈母有敗子。

直按：《韓非子·顯學篇》云：“夫嚴家無悍虜，而慈母有敗
子。”與本文相同。《史記·李斯傳》，上二世書亦引此二語，
但悍虜作格虜。

詔聖第五十八

故衣獘而革才。

直按：革才謂更裁也，猶裁生明一作才生明也。

行一卒之令權也。

直按：原文一卒之令作三章之令，據張之象本改。《漢書·
食貨志》晁錯上疏云：“今令民有車騎馬一匹者，復卒三人。”
如淳注：“復三卒之算錢也，或曰除三夫不作甲卒也。”顔師
古注：“當爲卒者，免其三人，不爲卒者，復其錢耳。”此是文
帝時三卒之令。疑高祖時亦有復一卒之令，三卒之注解，當
以如、顔兩家比較正確，蓋三章之令，與一卒之令不同，因三

章之令,在高祖初入關時,本文明云天下初定,爲高祖五年以後之事。王佩錚謂一卒之令,疑一早之令誤文,《説文》:早,相次也。五家爲比,使之相次。又引管愚谷《迂瑣雜記》説,當作一笇之令,謂算錢也,兩説均可取。

若拙御之御馬也。

直按:原文作若拙御馬,先伯父據《群書治要》校補。

乾谿之役土崩,梁氏内潰不能禁。

直按:楚靈王自經於乾谿,見《公羊・昭十三年傳》,梁亡見《公羊・僖十九年傳》。

雖曾累之。

直按:曾讀爲增,謂增加其刑法也。

嚴牆三刃,樓季難之,山高干雲,牧豎登之。

直按:《韓非子・五蠹篇》云:"故十仞之城,樓季弗能逾者,峭也;千仞之山,跛牂易牧者,夷也。"《史記・李斯傳》,上二世書亦云:"是故城高五丈,而樓季不輕犯也,泰山之高百仞,而跛牂牧其上。夫樓季也而難五丈之限,豈跛牂也而易百仞之高哉。"此事《韓非子》、《李斯傳》、本書及《論衡》凡四見,事實均同,只有文辭小異,而皆本於《荀子》。《荀子・宥坐篇》云:"數仞之牆,而民不逾也;百仞之山,而豎子馮而遊焉,陵遲故也。"《荀子》雖未明言樓季,而實暗指其事,與《韓非子》、李斯所言,皆大義相同。《韓詩外傳》卷三亦引其文,當皆源本於《荀子》。又本書《毀學篇》之跛牂燕雀,亦用此義。又按:《史記・李斯傳・集解》引許慎曰:"樓季,魏文侯之弟,王孫子曰:樓季(當爲魏文侯之誤字)之兄也。"《索隱》云："以言峭峻則難登,故樓季難五丈之限,平塹則易涉,故跛牂牧於泰山也。"《集解》所引許慎曰,當爲許慎《淮南子》注,可證《淮南子》亦有此文,而今本已經亡佚。

故峻則樓季難三仞。

直按:原文脱難字,據張之象本補。

鑠金在爐,莊蹻不顧;錢刀在路,匹婦掇之。

直按:《韓非子‧五蠹篇》云:"布帛尋常,庸人弗釋;鑠金百鎰,盜跖不掇。"《史記‧李斯傳》,上二世書,亦引此文,本文蓋用《韓非子》語意。

古者明其仁義之誓,使民不逾,不教而殺,是虐民也。

直按:原文作使民不逾上乎,刑之不教而殺,是以虐也。據王先謙引《群書治要》改。

不可立也。

直按:原文作不可立矣。據王先謙引《群書治要》改。

故過任之事。

直按:原文作過往之事。據王先謙引《群書治要》改。

窮鼠齧貍。

直按:與下句匹夫奔萬乘,皆喻鋌而走險之義。

舍人折弓,陳勝、吳廣是也。

直按:《淮南子‧氾論訓》云:"鄭子陽剛毅而好罰,其於罰也,執而無赦。舍人有折弓者,畏罪而恐誅,則因猘狗之驚,以殺子陽。"本文蓋用其事,以鄭子陽比秦國,舍人比陳、吳也(鄭子陽與列子同時,亦見《新序》卷七)。

間不一期。

直按：原文作聞不一期，今訂正。

二尺四寸之律，古今一也。

直按：《後漢書·曹褒傳》云："章和元年正月，乃詔褒詣嘉德門，令小黃門持班固所上叔孫通《漢儀》十二篇，敕褒……依禮條正，……以爲百五十篇，寫以二尺四寸簡。"與本文正合。又按：《晉書·刑法志》云："叔孫通益律所不及，傍章十八篇。"傍章蓋附録於《漢儀》之後者。漢代詔書，長一尺一寸，惟寫律令，則用二尺四寸之竹木簡。曹褒所訂雖爲《漢儀》，因有傍章律文之附録，故特用長簡寫定。但居延木簡所寫北邊挈令，皆與普通木劄長短相同，蓋二尺四寸係最標準之長度也。

劓鼻盈蔂。

直按：蔂即虆字，古人用以舁土之器，《孟子》"蓋歸反虆梩而掩之"，以蕢爲之，與下文斷足盈車，義相對舉。

舉河以西，不足以受天下之徒。

直按：秦漢人稱隴西以西之地爲河西，或稱西河，見本書《執務篇》。或稱北河，見《漢書·主父偃傳》。本文言秦時犯罪刑徒之多，以河西廣大之地，尚不能容納。

大論第五十九

文學知獄之在廷尉而不知其事。

直按：原文廷尉作廷後，今訂正。

是猶不用隱括斧斤，欲撓曲直枉也。

直按：《韓非子·顯學篇》云："然而世皆乘車射禽者何也，隱括之道用也。"本文蓋源出於此。

爲輪者不待自曲之木。

直按:《韓非子·顯學篇》云:"夫必恃自直之箭,百世無矢,恃自圓之木,千世無輪矣。"本文蓋源出於此。

往者應少、伯正之屬潰梁楚,昆盧、徐穀之徒亂齊趙山東。

直按:應少《史記》、《漢書》兩《酷吏傳》皆作杜少,此疑爲誤字。伯正《史》、《漢》兩《酷吏傳》皆作百政,則爲通假字,昆盧《史》、《漢》兩《酷吏傳》及《漢書·元后傳》皆作堅盧,此疑爲誤字。徐穀《史》、《漢》兩《酷吏傳》皆同,而《漢書·武帝紀》及荀悦《漢紀》,又作徐勃,四書互較,異文大略如是。

關內暴徒,保人阻險。

直按:保疑堡字之省文,謂人憑堡壘爲險阻也。與《和親篇》丁壯弧弦而出門,老者超越而入葆同義。從大夫語氣推測,既稱爲暴徒,不可能再讚美爲保民阻險也。

治魯不遂。

直按:遂猶竟也。《漢書·灌夫傳》云"遂其前事",顏師古注:"遂,竟也。"

悠悠者皆是。

直按:先伯父云:《論語·微子篇》:"滔滔者皆是也。"《經典釋文》引鄭本,滔滔作悠悠,桓寬此句蓋源出於《論語》,與鄭君之本正同也。竊謂《史記·孔子世家》、《後漢書·朱穆傳》、《文選·養生論》李善注,均作悠悠者皆是,與本文相同。

是以嫫母飾姿而矜誇。

直按：原文矜誇作誇矜，據張之象本校正。

愚惑之人非人也。

直按：原文惑上當脱愚字，今訂補。

使聖人僞容苟合。

直按：使聖人僞容苟合及何以爲孔子也二句，疑亦《孟子》原文。本書與《韓詩外傳》所引《孟子》，多與今本異，蓋兩漢時所傳另有一本，趙岐《章句》又爲一本也。

順風承意之士如編。

直按：疑爲"順風承意之士齒如編貝"之脱文，但未敢擅改原文。《漢書·東方朔傳》云："目若懸珠，齒若編貝。"是其證。與下文口張而不歙，舉舌而不下，文字正相聯貫。又按：《韓詩外傳》卷九，齊王厚送女條，引傳曰："目如擗杏，齒如編貝。"知爲秦漢人之習俗語。又《文選》宋玉《登徒子好色賦》云："齒如含貝。"則又與編貝相似。

闇然而懷重負而見責。

直按：上而字作如字解。

膠車倏逢雨。

直按：膠車爲牢固之車，《急就篇》云："攻擊卻奪檻車膠。"不僅罪犯之車，要取其牢固，即普通防雨之車亦然。

雜論第六十

賢良茂陵唐生。

直按：《漢舊儀》云："博士稱先生。"《急就篇》亦云："聖賢並進，博士先生。"顏師古注："先生爲老成之人。"其説非是。茂陵唐生、九江祝生等,似當皆爲博士。兩漢博士除稱先生外,有簡稱爲先者,如叔孫先是也,有簡稱爲生者,如賈生、伏生是也。

中山劉子雍。

　　直按:望都二號漢墓出土有東漢光和五年太原太守劉公買地券。叙劉公爲中山蒲陰人,可證劉氏在中山爲大族。

切而不愫。

　　直按:原文愫作燦,字書無燦字,據張敦仁校改。

若夫群丞相史御史。

　　直按:原文丞相下應脱史字,據張之象本補。

讀《齊民要術》劄記

賈思勰《齊民要術》，爲我國現存最早最完備的一部農書。其中古字古訓，保存不少，六朝時別體字，亦數見不鮮。近年石聲漢氏所著《齊民要術今釋》，對於校勘異同及農學知識，費了極大功夫，此是石氏的優點。關於名物訓詁、典章制度、史傳人物，頗有未盡闡述之處，我們不能求備於一人。偶有所得，簽注書眉，匯錄於下，僅爲發凡方式。賈氏原書，研究的人日益加多，範圍日益廣泛，各抒所見，集腋成裘，我很希望有人完成最完善的一部集解。一九六三年四月鎮江陳直記於北京大學之朗潤園。

叙　言

鰥寡孤獨，有死無以葬者，鄉部書言，霸具爲區處。

　　直按：兩漢人稱鄉爲鄉部，亭爲亭部。《太平經》卷八十八云："敕州郡下及四境遠方縣邑鄉部，宜各作一善好宅，於都市四達大道之上也。"可證。

僮种爲不其令，率民養一豬，雌雞四頭，以供祭祀。

　　直按：明清各《要術》刻本，皆轉依謝承《後漢書》作僮种，僅《學津討原》本據范曄《後漢書》作童恢。《隸續》卷五有《漢不其令董君闕》，董君蓋即童恢，知作僮、童者，皆爲董字之誤。

顏斐爲京兆，乃令整阡陌，樹桑果，又課以閑月取材，使得轉相教匠作車。

　　直按：顏斐事蹟見於《魏志·倉慈傳》。《晉書·食貨志》亦
　　敘顏斐事云“當黃初中，四方郡守墾田又加，以故國用不匱。
　　時濟北顏斐爲京兆太守，京兆自馬超之亂，百姓不專農殖，乃
　　無車牛。斐又課百姓，令閑月取車材，轉相教匠。其無牛者
　　令養豬，投貴賣以買牛”云云，與本文均合。

李衡于武陵龍陽汎洲上作宅，種甘橘千樹，臨死敕兒曰，
吾州里有千頭木奴，不責汝衣食，歲上一匹絹，亦可足
用矣。

　　直按：《水經注·沅水》，“李衡臨死敕其子云：吾州里有木奴
　　千頭，不責衣食，歲絹千匹”云云，與本文相同。又《襄陽耆
　　舊記》輯本所引亦同。

耕田第一

崔寔《政論》曰：武帝以趙過爲搜粟都尉，教民耕殖，其法
三犁共一牛，一人將之，下種挽耬，皆取備焉，日種一頃，
至今三輔猶賴其利。

　　直按：《太平御覽》卷八百二十二，引崔元始《政論》曰：“宣帝
　　使蔡葵校民耕，相三犁共一牛，一人持之，下種挽耬，皆取備
　　焉，一日種頃也。”與本文所引不同。又《御覽》卷八百二十
　　三，引崔寔《政論》與本文所載則同。

種穀第三

有含黃倉。

直按：漢至六朝，倉蒼二字通用，《鐃歌十八曲》之"君馬黄，臣馬蒼"，蒼正作倉。蒼頡字或作倉頡，此例多不勝枚舉。石氏謂"倉可能該作蒼"，非也。

辱稻糧。

直按：辱疑溽字省文，謂生長於溽暑時期。

聒穀黄。

直按：穀謂布穀鳴聲聒耳時所下之種。

鉤干黄。

直按：鉤與干爲兩兵器名稱，望都壁畫辟車五百八人題字前，有鉤兵圖形，亦即杜甫《前出塞》所謂"含笑看吳鉤"也。干即干戚之干，石氏謂干字應作竿，非也。

稈容青。

直按：一本作稈穀青是也。《尊古齋陶佛留真》有北魏孝昌元年造萬佛塔文略云："四時不愆，五穀豐登。"又西安劉漢基存有北魏時"五穀豐登"磚文，穀字簡寫作谷，與本文正同。

以汁和鹽矢羊矢各等分。

直按：漢代計重量之法，兩下爲銖，用藥稱一分者合於四銖，即一兩六分之一，凡言等份各等分者，即每味占一分。《金匱要略》卷中，有消礬散方，用消石礬石等分。半夏麻黄方，用半夏麻黄等分是也。本文所云鹽矢羊矢各等分，其體例正同。

西兗州剌史劉仁之，老成懿德，謂余言曰，昔在洛陽，于宅田以七十步之地，試爲區田，收粟三十六石。

直按：《後魏書》卷八十一《劉仁之傳》云：“仁之字山静，河南
洛陽人，……出帝初爲著作郎，兼中書令，……出除衛將軍、
西兗州刺史，在州有當時之譽，武定二年卒。”又《地形志》：
“西兗州，孝昌三年置，治定陶城。”劉仁之在出帝時官西兗
州刺史，出帝即北魏孝武帝，本書已稱其官名，據此賈思勰此
書之成，應在北魏最末期，甚或延至東魏初期也。

還廬樹桑，菜茹有畦。

直按：還環二字，在兩漢通假。王褒《僮約》云：“荷盾曳矛，
還落三周。”又《居延漢簡釋文》一六九頁，長樂里受奴田券
文有云：“丈田即不足，計畝數環錢。”皆還環古通之證。

大農置功巧奴與從事，爲作田器。

直按：今本《漢書》作工巧奴。兩漢工功二字通用，《隸釋》卷
四《蜀郡太守何君閣道碑》云：“用功千一百九十八日。”又
《開通褒斜道石刻》云：“凡用功七十六萬六千八百餘人。”以
功爲工，皆與本文相合，此《要術》古字之僅存者。

令命家田三輔公田。

直按：《漢舊儀》云：“列侯稱家。”家田者謂列侯在長安之田。

又教邊郡及居延城。

直按：趙過代田法，昔考當開始於武帝征和四年，急速地傳至
居延城。現以全部居延木簡證之，居延用代田法之最先一
簡，爲征和四年十一月二十八日，最後一簡，爲昭帝始元五年
二月，前後連綿共計八年。就已發現各簡而論，開始之年月
最爲明顯，結束之年月，則另當別論。

大豆第六

張揖《廣雅》曰，大豆，菽也，小豆，荅也，䝁豆、豌豆，留豆也，胡豆，䜴䜹也。

> 直按：豌豆之名，始見於《廣雅》，《洛陽石刻出土時地記補遺》，記洛陽曾出土有朱書及墨書陶倉，有"完豆萬石"等題字，當爲漢魏時物，完豆即豌豆省文，與張揖時代正合。胡豆即今日俗稱之豇豆（蠶豆又名胡豆），䜴䜹二字，皆與豇字聲音相近。又《居延漢簡釋文》二六六頁，有"胡豆四石七斗"，四三零頁，有"桂十二、胡豆三"各紀載，亦即《廣雅》所指䜴䜹也。

大小麥第十

穬麥，此是今馬食者，然則大、穬二麥，種別各異，而世人以爲一物，謬矣。

> 直按：《居延漢簡釋文》二五四頁，有"□斗穬麥"。二五五頁，有"元年六月余穬麥六百黍十九☐"兩簡殘文。居延、敦煌兩漢簡，有麥的紀載甚多，混稱爲麥，惟穬麥獨標出名稱，知與大麥有別。與本文相合。

種瓠第十五

一本三實，一區十二實，一畝得二千八百八十實。十畝凡得五萬七千六百瓢，瓢直十錢，並直五十七萬六千文。用蠶矢二百石，牛耕功力，直二萬六千文，餘有五十五萬，肥豬明燭,利在其外。

直按:兩漢人總計錢數,皆曰若干錢,不曰若干文,稱錢爲文始于晉後,本段所引爲漢《氾勝之書》,兩文字皆賈思勰所改。

種芋第十六

有談善芋,魁大如瓶,少子,葉如傘蓋。

直按:本段所引爲晉郭義恭《廣志》之文,所記蜀漢地區之芋,凡十四種名稱。談善二字費解,疑善爲指之誤字,指或省寫作旨,與善字極相似。談指爲地名,故城當今貴州桐梓縣境,《漢書·地理志》牂柯郡有談指縣可證。

又百子芋出葉俞縣。

直按:葉俞當作葉榆,《漢書·地理志》屬益州郡。《史記·西南夷傳》則作楪榆,本文作俞者,蓋六朝人之省寫。

《列仙傳》曰,酒客爲梁丞,使民益種芋。

直按:《列仙傳》所記,當爲西漢梁國之事,當時梁國百官,皆如漢廷,原文當稱爲梁某官丞,不能單稱爲梁丞,此句脫文流傳已久。

蔓菁第十八

擬賣者純種九英,一頃取葉三十載,正月二月賣作虀菹,三載得一奴,收根依畊法,一頃收二百載,二十載得一婢。

直按:本文謂賣三車蔓菁葉之價,即可買一奴,二十車蔓菁之價,即可買一婢。可證在北魏末期,婢價高於奴價六倍有餘。

葉與根價值不同,必然尚不止六倍之數。西漢時小奴二人直三萬,大婢一人直二萬(見《居延漢簡釋文》四五五頁,禮忠算收家貲簡文),奴婢之價相仿,不如北魏時相去懸殊。

雜説第三十

是月也,可作棄蛹,以御賓客。

直按:棄蛹謂繭抽絲後棄下之蛹,用油煎炸,可以作食,與上文四月繭既入簇趨繰句,正相聯貫,原文不誤。石氏據《太平御覽》卷八百六十所引《四民月令》,徑改作"可作棗糒,以御賓客"。不知當四月時間,棗尚未出新,知《御覽》爲誤文矣。

乃弛角弓弩解其徽弦,張竹木弓弩弛其弦。

直按:《萬有文庫》本兩弛字皆作施。兩漢時施弛二字,互相通用。《漢書·趙充國傳》,留弛刑應募。劉陶詣闕上書訟朱穆,則稱施刑徒(見《全後漢文》卷六十五)又居延漢簡,則弛刑徒、施刑徒二名隨用(見《居延漢簡釋文》二五四至二五五頁)。

涼燥,可上角弓弩,繕理檠鉏,正縛鎧弦,遂以習射。

直按:《漢書·蘇武傳》云:"武能網紡繳,檠弓弩。"顏注:"檠謂輔正弓弩也。"又《居延漢簡釋文》四一二頁,有"檠弩繩卅二丈直五十",四一三頁,有"檠弩繩少十一"各紀載,足證檠弩謂用繩以正弓弩也。

十月培築垣牆。

直按:培爲坏字之假借,謂用土坏也。

十二月……去豬盍車骨，及臘日祀炙蕙。

　　直按：《太平御覽》引此文，祀作祠祀。《全後漢文》卷四十
　　七，采輯崔寔《四民月令》，校改爲“及臘日祀祖炙蕙”。因原
　　注文有“祖者道神也，黃帝之子曰累祖，好遠斿，死道路，故
　　祀以爲道神，以求道路之福”云云，其說是也。本文祀祖與
　　炙蕙爲兩事，現《要術》祀下脫祖字，變成祀炙蕙三字連文，
　　便不可通。

栽樹第三十二

然棗雞口，槐兔目，桑蝦蟆眼，榆負瘤散，自餘雜木，鼠耳
虻翅各其時。

　　直按：榆負瘤，謂榆葉大如瘤，散字《農桑輯要》以爲衍文
　　是也。

種棗第三十三

擠白棗。

　　直按：長沙砂子塘西漢木槨墓所出封泥匣題字，有“杕一笥”
　　三字，予考爲杕即擠之異文，與本文可以互證（見六三年《文
　　物》二期）。

《雜五行書》曰：舍南種棗九株，辟縣官，宜蠶桑。

　　直按：辟當讀如《急就篇》“高辟兵”、漢鏡銘“左龍右虎辟不
　　祥”之避。漢代縣官有三解，一指漢廷帝王，二指漢中央政
　　府，三指漢縣令長。本文則謂舍南種棗，可避當地縣令長之
　　虐政。本書卷十種桃，引《風俗通》曰：“今縣官以臘除夕，飾

桃人,垂葦索,畫虎於門,效前事也。"亦指縣令長而言,並可知《雜五行書》爲漢人作品。又《史記・李斯傳》,"財物入于縣官,相連坐者,不可勝數"。此縣官二字之始見,蓋兩漢沿用秦人之口語。

服棗核中人二七枚,辟疾病。

直按:唐以前藥味中桃仁、杏仁、棗仁等皆寫作人,無作仁者。《傷寒論》卷四,大陷胸湯,有大黃、葶藶、芒硝、杏人四味可證(僅舉一例)。韓鄂《四時纂要》卷二,三月,有治馬肺藥,用"杏仁一兩,去尖皮"。始寫人作仁。

種李第三十五

顏回李,出魯。

直按:今本《西京雜記》及《太平御覽》皆作顏淵李,《初學記》與本文則作顏回李,當爲唐人避李淵之諱而改。

種梅杏第三十六

史游《急就篇》曰:園菜果蓏助米糧。

直按:今本《急就篇》第十章云:"棗杏瓜棣饊飴餳,園菜果蓏助米糧。"此句下注文恐係賈思勰案語,本非《急就篇》之注文,在北魏時《急就篇》尚未有作注者。

種栗第三十八

蔡伯喈曰,有胡栗。

直按:胡栗爲故栗之誤字,《要術》誤列爲栗之種類,石氏謂蔡邕《傷故栗賦》,其説是也。

《西京雜記》曰,榛栗、瑰栗、嶧陽栗,嶧陽都尉曹龍所獻,其大如拳。

> 直按:西漢時每郡有太守及都尉。《漢書‧地理志》無嶧陽郡亦無嶧陽縣之名。只有東海郡下邳縣注云:"葛嶧山在西,古文以爲嶧陽。"此疑西漢初中期楚國自置之郡。(東海郡屬楚國,西安漢城曾出土有"楚東海守"封泥可證。)例如齊國有陽城都尉,河間國有河間太守是也(均見《齊魯封泥集存》)。此西漢典制之可見者,並非誤字。

柰林檎第三十九

六七日許當大爛,以酒淹,痛抨之,令如粥狀,下水更抨。

> 直按:痛抨之謂痛擊之也,原文不誤,石氏疑之非也。

種桑柘第四十五

十五年任爲弓材,一張三百,亦堪作履。一兩六十。

> 直按:《居延漢簡釋文》二五五頁,有簡文云:"出錢九百買弓□☒。"此西漢時弓價之可考者,與本文可互證。

二十年好作犢車材,一乘直萬錢。

> 直按:《居延漢簡釋文》四五五頁,禮忠算收家貲簡,有"軺車一乘直萬"之紀載。軺車是立乘小車,爲漢代低級官吏及商賈所乘,與本文犢車價值相當。知普通車價,自兩漢至六朝變動不大。

《雜五行書》曰,取亭部地中土塗竈,水火盜賊不經。

直按：漢魏人稱亭爲亭部，《漢書·元帝紀》，"永光四年，以渭城壽陵亭部原上爲初陵"。《成帝紀》，"建始二年閏月，以渭城延陵亭部爲初陵"。以上僅舉二例，其他見於漢簡及買地券者，無不皆然。本文似指亭部治所之土而言，並可證《雜五行書》亦當爲漢人作品。

種榆白楊第四十六

梜榆、刺榆、凡榆三種，色別種之，勿令和雜。

直按：梜爲莢字，漢魏至六朝時之別寫。《敦煌漢簡校文》四七頁，有"謹案亭踵榆梜十樹主謁"之紀載可證。

司部收青莢小蒸曝之，至冬以釀酒，滑香宜養老。

直按：本文所引，爲崔寔《四民月令》之自注，司部謂司州之人也。西漢以司隸校尉刺舉三輔三河弘農。《續漢書·郡國志》稱爲司隸校尉部。《後魏書·地形志》，司州領郡十一，縣六十五。石氏對司部二字僅云待考證，蓋未達古制也。

漆第四十九

盛夏連雨，土氣蒸熱，什器之屬，雖不經夏用，六七月中，各須一曝使乾。

直按：《史記·五帝本紀》，舜作什器于壽丘。此什器二字之始見。《漢書·平帝紀》，"天下吏民，亡得置什器儲偫"。顏師古注云："軍法五人爲伍，二伍爲什，則共其器物，故通謂生生之具爲什器。"又《居延漢簡釋文》五零二頁，有"竟甯元年六月所受卒什器名"之簿檢。

養牛馬驢騾第五十六

凡相馬之法,先除三羸五駑,乃相其餘。

直按:《敦煌漢簡校文》六三頁,有"緻下説,腸小所胃,(所疑
房字之誤釋,房爲妨字之假借。)腸小者腹下平,脾小所胃,
脾小者聽,耳寓聽。耳欲卑,目欲高,間本四寸,六百里"之
紀載。亦爲《古相馬法》,與本文可互證。

馬生墮地無毛行千里。

直按:韓鄂《四時纂要》卷二,三月,引《相馬法·馬經》略云:
"驢馬生墮地無毛,日行千里。"比本文多日字,更增明順。

白從額上入口名俞膺,一名的顱,奴乘客死,主乘棄市,大
凶馬也。

直按:《世説·德行篇》云:"庾公乘馬有的盧,或語令賣去,
庾云:賣之必有買者,即復害其主,寧可不安己,而移於他人
哉。"劉孝標注,引伯樂《相馬經》云:"馬白領入口至齒者,名
曰榆雁,一名的盧,奴乘客死,主乘棄市,凶馬也。"與本文正
合。《要術》所據,亦當爲《相馬經》,惟入口下少至齒二字,
榆雁又作俞膺爲異耳。

治馬中水方:取鹽著兩鼻中,各如雞子黃許大,捉鼻令馬淚出乃止,
良也。

直按:《流沙墜簡·考釋·小學術數方技類》五頁,有治馬傷
水方,用"薑、桂、細辛、皂莢、付子各三分,遠志五分,桔梗五
分,雞子十五枚"。與本方繁簡不同。又《居延漢簡釋文》五
六三頁,有治馬頭涕出方,只用戎鹽一味,《要術》無治馬頭

涕出藥方,亦可補其未備。又韓鄂《四時纂要》卷二,三月,
有馬傷水方,"用葱鹽相合,搓成團子内鼻中,以手捉馬鼻,
令不通氣,良久待眼淚出,即止"。與《要術》所載略同,與
《流沙墜簡》之治馬傷水方不同,又反與居延簡之馬頭涕出
方略同。

養鵝鴨第六十

《廣雅》曰,鶩,鴨也。

　　直按:鴨字在古籍中,始見於《廣雅》。在法帖中始見王羲之
《野鴨帖》及獻之《鴨頭丸帖》。在古物中始見於劉宋元嘉宋
鴨子磚,惟書鴨作舺(見《專門名家》)。又見於中鴨磚,書鴨
作鼻。字磚無紀年,以字體斷之,亦爲南朝物(見杭州鄒適
廬先生所撰《集古小録》磚陶,北京大學圖書館藏稿本)。

貨殖第六十二

木千章。洪洞方章材也。舊將作大匠掌材者曰章材掾。

　　直按:《漢書·百官表》,將作少府東園主章令丞。如淳注:
"章謂大材也,舊將作大匠主材吏名章曹掾。"《要術》此段,
蓋用如注,與今本《漢書》注文字上大同小異。

軺車百乘,牛車千兩。

　　直按:《居延漢簡釋文》四五五頁,有禮忠算收家貲簡文云:
"軺車一乘直萬,牛車二兩直四千。"與《貨殖傳》文,可以
互證。

塗甕第六十三

合甕口於坑上而熏之。火盛喜破，微則難熱。

　　直按：《四時纂要》卷五，十月，有塗甕法，雖未明言引自《要術》，然《要術》注文，皆改作大字，連貫在全文之中，尤爲引自《要術》之明證。本段作"合甕口於上披而熏之"，多一披字，文字更覺流順，今本恐係脫落，其他異同字句尤多，不再舉例。

造神麴并酒等第六十四

祝麴文……敬啟五方五土之神。

　　直按：《四時纂要》卷三，六月，作"謹啟五帝五土公之神"。上文皆云某方土公，本文應脫一公字，其他字句，異同甚多，雖未便據以改《要術》，亦可用作參考。

若作糯米酒，一斗麴，殺米一石八斗，唯三過酘米畢，……此元僕射家法。

　　直按：《魏書·景穆十二王·陽平王傳》，"無衍弟欽，字思若，位中書監尚書右僕射儀同三司。欽色尤黑，故時人號爲黑面僕射"。北魏時元氏官僕射者極多，特以元欽爲最知名，三十年前洛陽亦有《元欽墓誌》出土，《要術》所指之元僕射，似即元欽。

白醪酒第六十五

皇甫吏部家法。

直按：《魏書·肅宗紀》，孝昌三年正月戊子，以司徒皇甫度爲太尉，疑即此人。官吏部尚書，當在司徒之前。孝昌石窟寺碑，亦孝昌三年太尉皇甫度爲國所立。度字文亮，亦見《北史·外戚·胡國珍傳》。

笨麴并酒第六十六

朗陵何公夏封清酒法。

直按：《晉書·何曾傳》略云："咸熙初拜司徒、封朗陵侯，武帝踐祚，拜太尉，進爵爲公。"何曾精于飲食，史稱其日食萬錢，猶嫌無下箸處，故亦兼善造酒，其法在北魏時猶盛行不絕。

作魚鮓法第七十四

作裹鮓法。

直按：《淳化閣帖》卷九，有王獻之《裹鮓帖》，蓋魏晉至南北朝之製法。

作長沙魚鮓法。

直按：長沙發掘報告，有"魚鮓一斛"封泥匣題字，知兩漢以來長沙人即善作魚鮓，與本文可互相印證。

羹臛法第七十六

粳米三合，鹽一合，豉汁一升，苦酒五合，口調其味，生薑十兩，得臛一斗。

直按：石氏以生薑十兩分量太多，疑是一兩之誤。然下文作鴨臛法,作羊蹄臛法,皆是用薑十兩,作鱉臛法,用薑五兩。用薑分量皆很大,不能定爲一兩之誤字。

作瓠葉羹法,用瓠葉五斤,羊肉三斤,葱二升,鹽蟻五合,口調其味。

> 直按:鹽蟻應爲鹽豉之誤字,當日傳鈔時簡寫作蚁,與豉字形極相似,後來刻本,又將蚁字改爲蟻字。

損腎用牛羊百葉,淨治令白,蘸葉切長四寸,下鹽豉中不令大沸。

> 直按:葉切長四寸當句,與下文又用腎切長二寸,廣寸,厚五分文例正同。石以蘸葉切爲一句,長四寸又爲一句,非也。

亦用八薑蘸,別奠隨之也。

> 直按:明清刻本皆作亦用入薑蘸,本很通順,石氏反據明鈔本擅改作八,非也。

蒸焦第七十七

《食經》曰,蒸熊法,取三升肉,熊一頭,淨治,煮令不能半熟。

> 直按:熊一頭三字,似在蒸熊法之下,取三升肉之上。與下文蒸豚法,好肥豚一頭,蒸雞法,肥雞一頭淨治文例相同。因熊一頭不全用,僅取三升肉也。

餅法第八十二

膏環—名粔籹。用秫稻米屑,水蜜溲之,强澤如湯餅面,手搦團,可長八寸許。屈令兩頭相就,膏油煮之。

直按:《説文》,"粔籹,膏環也"。《楚辭·招魂》云:"粔籹蜜餌,有餦餭些。"注"以蜜和米麵煎作粔籹也"。與本文正合。知爲戰國兩漢以來留傳之食譜,煮之疑煎之之誤。

須即湯煮,笊籬漉出。

直按:笊籬以竹篾編制,用以洩湯汁,今俗名撈勺。

醴酪第八十五

百姓哀之,忌日爲之斷火,煮醴而食之,名曰寒食,蓋清明前一日是也。

直按:《太平御覽》卷八百六十八,魏武帝《明罰令》云"聞太原、上黨、西河、雁門,冬至後百有五日皆絶火寒食,云爲介子推"云云。又云:"令到,人不得寒食。"足證自曹操禁令以後,至北朝時僅禁寒食一日而已。

預先多買新瓦盆子,容受二斗者,抒粥著盆子中,仰頭勿蓋,粥色白如凝脂,米粒有如青玉,停至四月八日亦不動。

直按:本段所説爲製杏酪粥法,四月八日爲佛生日,蓋久儲爲供佛之用。

素食第八十七

臛托飯,托二斗,水一石,熬白米三升,令黃黑合托三沸。

直按:托疑爲穀類或蔬菰一種名稱。石氏解托爲粔,粔是屑米爲炊,既用粔,又用白米,製法恐嫌重複。

徧宜豬肉,肥羊肉亦佳,……蘇油亦好,特宜菘菜。蕪菁、肥葵、韭等，皆得，蘇油宜大用莧菜。

　　直按：本段爲焦瓜瓠法。徧宜豬肉者，謂普遍用此製法也，石氏改爲偏字恐未妥。大義以用豬肉爲原則，加蘇油亦好，但宜用菘菜等。注文謂另一種作法，用蘇油更宜大用莧菜也。

作菹藏生菜法第八十八

豉汁七升半，切葱頭五升。

　　直按：《要術》全書所計升斗，用半字者極少。本文疑豉汁七升爲一句，半爲伴字省文，伴切葱頭又爲一句。

《食經》曰：樂安令徐肅藏瓜法。

　　直按：樂安縣東漢屬樂安國，《晉書·地理志》，樂安分始豐南鄉置，本文所指之徐肅，應爲晉人。

乳用半奠。

　　直按：乳用疑用乳之顛倒字，石氏疑爲醬清二字之誤，形殊不類。

梨菹法。

　　直按：長沙砂子塘西漢木槨墓中出土封泥匣四十三枚，中有"沮梨"題字，則此爲西漢至六朝相傳之食譜。

荇，《爾雅》曰："莕，接餘，其葉苻。"郭璞注曰：叢生水中，葉圓，在莖端，長短隨水深淺，江東菹食之。

　　直按：其葉苻者，苻爲附字之假借，謂葉附生莖端也。

煮膠第九十

煮膠要用二月、三月、九月、十月，餘月則不成。

直按:《漢書·晁錯傳》云:"欲立威者,始於折膠。"蘇林注:"秋氣至,膠可折,弓弩可用。"則漢代煮膠,皆在九十月間也。

筆墨第九十一

筆法,韋仲將《筆方》曰,先次以鐵梳兔毫及羊青毛。

直按:韋誕字仲將,西安近出後秦追立《漢京兆尹司馬芳碑》碑陰題名,獨云"誕字子茂",蓋當日有兩字也。次謂排次,原文不誤。

五穀果蓏菜茹非中國物產者

《魏書》曰,烏丸地宜青穄。（禾）

直按:《魏書》指王沈所撰之書,《魏志·烏丸傳》裴松之注亦引之。烏丸在西漢時作烏桓,見於《漢書·趙充國傳》,在東漢三國時則改寫作烏丸,除文獻外,屢見於金石刻辭,如毌丘儉征高句麗紀功刻石,及魏烏丸率善佰長、烏丸率善仟長等印,無不作烏丸者(以上僅舉二例)。石氏謂《要術》刻本,以避宋欽宗諱,始改烏桓作烏丸,其說殊誤。

《博物志》曰:人食豆三年則身重。（豆）

直按:《太平御覽》卷八百四十一,引本文作三斗,三斗約當于現今六升餘,爲數至微,恐不能令人身重,比較三年之義爲長。

一小樹得數十石,實大三寸,可蜜藏之。（果蓏）

直按:得數十石當句,石氏以實字屬上文非是。

《東方朔傳》曰，武帝時上林獻棗，上以杖擊未央殿檻，呼朔曰，叱叱，先生來，來，先生知此篋裏何物。朔曰：上林獻棗四十九枚。上曰，何以知之。朔曰，呼朔者上也，以杖擊檻兩林木也，朔來來者棗也。叱叱者四十九也。上大笑，帝賜帛十匹。（棗）

　　直按：兩來字作棗字謎，已是魏晉至六朝人寫法，叱字左邊口字，與草書四字相近，叱字右邊，與七字相近，以兩來字疊書作棗字謎寫法推斷之，此傳亦爲魏晉人所僞託無疑。

《吳録·地理志》曰，朱光禄爲建安郡，中庭有橘，冬月於樹上覆裹之。（橘）

　　直按：朱光禄疑即朱誕，見《世説·賞譽篇》注，但未言其官光禄。又《陸清河集》，有陸雲與朱光禄書（朱誕官建安太守亦見《搜神記》卷十七）。

此蕉有三種，一種子大如拇指，長而鋭，有似羊角，名羊角蕉。（芭蕉）

　　直按：羊角蕉當以形似羊角得名，石氏解羊角爲酒器，轉失之迂曲。

《尚書》曰：楊州厥貢篠簜。（竹）

　　直按：漢魏六朝人，寫揚州多作楊州，《隸釋》卷十九《魏公卿將軍上尊號奏》有云：“使持節行都督事領楊州刺史臣休。”又卷五《巴郡太守張納碑》云：“楊州寇賊，陸梁作難。”（以上僅舉兩例）此正《要術》保存之古字，石氏以爲誤寫非也。

《風土記》曰：陽羨縣有袁君家，壇邊有數林大竹，並高二三丈。

　　直按：袁君家疑袁君冢之誤字，壇邊謂墳壇之邊，王莽時有居攝二年上谷府祝其卿兩墳壇題字可證。

蜀人名之苦荼。（槚）

　　直按：王褒《僮約》云："武都買荼。"此荼字之始見。《要術》所稱蜀人之苦荼，或即指武都荼。

《荊州地記》曰：浮陵茶最好。

　　直按：魏晉無浮陵縣，疑所指爲浮梁鎮。即白樂天《琵琶行》所謂"前月浮梁買茶去"是也。

《詩義疏》曰：一名芘苯，華紫綠色可食，似蕪菁微苦。（荊葵）

　　直按：長沙砂子塘西漢木槨墓所出封泥木匣四十三枚，有"苯"題字，疑即指荊葵，顧名思義，當出於楚地無疑。

《詩》曰棠棣之華，萼不韡韡。（棠棣）

　　直按：漢代無萼字，故花萼之萼，驚愕之愕，皆假作鄂，見《史記·武安侯傳》。石氏謂《詩》本當作萼不，非也。

《東方朔傳》曰，朔書與公孫弘，借車馬，曰，木堇夕死朝榮，士亦不長貧。（木堇）

　　直按：《漢書·東方朔傳》敘朔之文章，有"從公孫弘借車"書，僅列篇目，未涉及原文之詞句。《太平御覽》卷四百八十五，引《東方朔別傳》曰，"朔當從甘泉，願借外厩之後乘，木堇夕死而朝生者，士亦不必長貧也"。據此本書所引，是《東方朔別傳》，石氏謂這個借車馬書，見《漢書·東方朔傳》，實爲錯誤。

《義疏》曰：樹高大似白楊，在山中，有子著枝端，大如指，

長數寸,噉之甘美如飴,八九月熟,江南者特美,今官園種
之,謂之木蜜。(枳柜)

　　直按:《詩義疏》,即陸璣《詩草木疏》,官園當爲吳國太官令
　　之官園(原書凡兩引官園,一見《詩·小雅·棠棣》注云,白
　　棣樹也,實如李而小,正白,今官園種之,一名奠杏。見《本
　　草綱目》卷三十六,木之三引)。《漢書·循吏·召信臣傳》
　　云:"太官園種冬生葱韭菜茹,覆以屋廡,晝夜燃蘊火,待溫
　　氣乃生。"爲官園屬於太官令之證。

讀《世説新語》劄記

近人治《世説新語》者，有李詳氏《箋釋》，劉盼遂氏《校箋》（見北京女師大季刊一至六期），沈劍知氏《校箋》（見《學海雜誌》），予在諸家注釋之外，偶有會意，成爲劄記，多取資於石刻史料，此又諸家所未注意及之者也。1963 年 12 月鎮江陳直記於西安西大新村。

德　　行

王戎父渾有令名，官至涼州刺史。渾薨，所歷九郡義故，懷其德惠，相率致賻數百萬，戎悉不受。

> 按：義故謂行義之故吏也。《漢書·龔勝傳》云："使者與郡太守、縣長吏、三老官屬、行義諸生，千人以上，入勝里致詔。"又《隸續》卷十六《北海相景君碑》陰，有行義張放題名。皆與本文可以互相參證。又兩漢二千石卒官以後，僚屬賻贈，極爲鋪張。《漢書·儒林·歐陽和伯傳》，附叙歐陽地餘事云："及地餘死，少府屬官共送百萬，其子不受。"《原涉傳》云："涉父哀帝時爲南陽太守，天下殷富，大郡二千石死官，賻斂送葬，皆千萬以上。"《朝侯小子殘碑》云："（上缺）僚贈送禮賻，五百萬已上，君皆不受。"與本文情況亦合，足證厚賻之風氣，至魏晉時猶然。

庾公乘馬有的盧。劉注引伯樂《相馬經》云："馬白額入口至齒者，名曰榆雁,一名的盧,奴乘客死,主乘棄市,凶馬也。"

> 按:《齊民要術‧養牛馬驢騾第五十六》,亦引伯樂《相馬經》
> 本段文,惟入口下少至齒二字,榆雁作俞膺,的盧作的顱。

王子敬病篤,道家上章應首過,問子敬由來有何異同得失,子敬云不覺有餘事,惟憶與郗家離婚。

> 按:《淳化閣帖》九,有王獻之帖云:"雖奉對積年,可以爲盡
> 日之歡,常苦不盡觸類之暢,方欲與姊極當年之足,以之偕
> 老,豈謂乖別至此。諸懷悵塞實深,當復何由日夕見姊耶。
> 俯仰悲咽,實無已已,惟當絕氣耳。"與本文離婚事完全符
> 合,惟此書則爲離婚後與郗夫人者。

吳郡陳遺家至孝,母好食鐺底焦飯。

> 按:劉孝標注,陳遺未詳。王佩錚氏云:陳遺見《南史‧孝義‧
> 潘琮附傳》,叙事與本文同,其材料蓋取於本書。

言　　語

孔文舉年十歲,隨父到洛。劉注引《孔融別傳》曰"融四歲,與兄食
梨,輒引小者,人問其故,答曰:小兒法當取小者。年十歲,隨父計京師,河南
尹李膺有重名"云云。

> 按:孔融爲孔宙之子,《金石萃編》卷十一《孔宙碑》文叙宙官
> 泰山都尉,以延熹六年卒,年六十一。《後漢書》孔融本傳
> 云:年十三喪父,則應當爲延熹六年事。融以建安十三年被
> 害,年五十六,融當生於漢質帝本初元年,本文所指融十歲在
> 京師見李膺,則應爲延熹三年事。又據《孔融別傳》,宙有七
> 子,融之次第六(見《隸釋‧孔宙碑》洪适跋語所引)。融之
> 諸兄見於史傳者,僅有孔褒,褒字文禮,《金石萃編》卷十四,

有《豫州從事孔褒碑》，又見《韓敕禮器碑》碑陰題名。此外可考者有孔謙，《萃編》卷十九有《孔謙墓碣》，文云："謙字德讓，宣尼公廿世孫，都尉君之子也。"又云："弱冠而仕，歷郡諸曹史，年卅四；永興二年遭疾不禄。"又劉注年歲，隨父計京師，當爲上計京師之脱文。《漢官儀》謂上計由郡丞親行，孔宙官泰山都尉，亦兼管上計事，蓋特例也。郡都尉在東漢初已罷廢，但郡國有兵事時仍暫設之。

禰衡被魏武謫爲鼓吏，正月半試鼓。

按：望都壁畫題字，有追鼓掾題名。南陽出土《張景造土牛碑》，亦有追鼓掾之紀載（見一九六三年《文物》第十一期）。追鼓即搥鼓之省文，禰衡所作之鼓吏，蓋即追鼓掾也。

崔正熊詣都郡。劉注引《晉百官名》曰："崔豹字正熊，燕國人，惠帝時官至太傅丞。"

按：《大晉皇帝三臨辟雍碑》碑陰題名第一列，有"典行王鄉飲酒禮博士漁陽崔豹正雄"。不但仕歷較《晉百官名》爲詳，豹字正雄，亦與本文有異。

毛伯成既負其才氣，常稱甯爲蘭摧玉折，不作蕭敷艾榮。

按：《詩品》有齊參軍毛伯成，齊當爲晉字之誤。《隋書·經籍志》集部，有晉《毛伯成集》一卷，總集又有《毛伯成詩》一卷。《詩品》云："伯成文不全佳，亦多惆悵。"

文　　學

左太沖作《三都賦》初成。劉注引《左思別傳》曰："思字太沖，齊國臨淄人，父雍起于筆劄，多所掌練，爲殿中侍御史。"

按：洛陽出土《左芬墓石》云："父熹字彦雍，太原相，弋陽太守。"又云："兄思字泰沖。"本文作父雍，知爲彦雍之誤文。

劉伶著《酒德頌》，意氣所寄。劉注引《名士傳》曰："伶字伯倫，沛郡人。"

按：劉伶，《文選》向秀《思舊賦》李善注引臧榮緒《晉書》作劉靈。近年南京西善橋南朝墓葬中所發現磚刻《竹林七賢圖》，亦題作劉靈。又《絳帖》卷八，摹有劉伶書，末作"劉靈白"。是伶字自己亦寫作靈。蓋伶字伯倫，命名取義于黃帝時伶倫作樂，則作伶者爲正字，作靈者爲通用字。

方　　正

羊忱性甚貞烈，趙王倫爲相國，忱爲太傅長史。劉注引《文字志》云："忱字長和，一名陶，泰山平陽人。"

按：羊忱工草隸，見於《書品》下之上。《南史·羊欣傳》云："曾祖忱，晉官徐州刺史。"羊欣《能書人名》云："羊忱、羊固，俱善隸書。"

賞　　譽

朱永長，理物之至德，清選之高望。劉注："朱誕字永長，吳郡人，……吳朝舉賢良，累遷議郎。"

按：朱誕工書，見於《書品》下之上。《晉書·陸雲傳》，大將軍孫惠與淮南內史朱誕書云云，則爲朱誕入晉以後之官。又嚴可均《全晉文》卷一百二，有陸雲《與朱光祿書》。《齊民要術·五穀果蓏非中國物産者》橘條，引《吳錄·地理志》曰："朱光祿爲建安郡，中庭有橘，冬月於樹上覆裹之。"朱光祿亦疑爲朱誕也。

捷　悟

魏武嘗過曹娥碑下，楊脩從，碑背上見題作“黄絹幼婦，外孫齏臼”八字……齏臼，受辛也，於字爲辭。

　　按：《説文》：“辤，不受也。”與辭賦之辭，本爲兩字，在東漢碑刻上，皆用假借字作辤，如《鄭固》、《夏承》、《北海相景君碑》等，是其明證。本文解受辛爲辭，亦係從當時之隸體。

棲　逸

李廞是茂曾第五子。劉注引《文字志》曰：“廞字宗子，江夏鍾武人，祖康，秦州刺史，父重，平陽太守，世有名望，廞好學，善草隸，與兄式齊名。”

　　按：李式善草隸，亦見《書品》中之上。《晉書·文苑·李充傳》：“充從兄式，善隸書，官侍郎。”羊欣《能書人名》云：“李式善寫隸草，弟定，子公府，能名同式。”又按：李廞爲式之弟，嘗爲二府辟，故稱李公府。羊欣則作李廞爲李式之子，未知孰是。

賢　媛

賈充前婦是李豐女，豐被誅，離婚徙邊，後遇赦得還，充先已取郭配女。劉注引《賈氏譜》云：“郭氏名玉璜，即廣宣君也。”

　　按：郭氏名槐，先封廣宣君，後封宜城君，見於《晉書·賈充傳》。洛陽出土賈充妻宜城宣君郭槐墓石，作夫人名槐字媛韶，太原陽曲人，父城陽太守諱配字仲南，春秋六十，元康六年卒。與本文作名玉璜，有所不同。

陶公少時作魚梁吏,嘗以坩鮺餉母,母封鮺付使。

　　按:長沙發掘報告,兩漢墓葬中有"魚鮓一斛"封泥匣題字。
　　長沙砂子塘西漢木槨墓中,亦發現有"魚鮓一筒"封泥匣題
　　字,蓋楚人善制魚鮓及乾魚也。

術　　解

後有一田父耕于野,得周時玉尺,便是天下正尺。

　　按:阮氏《積古齋鐘鼎款識》卷十,有晉尺題字云:"周尺漢
　　志,劉歆銅尺,後漢建武銅尺,晉前尺並同。"此當為荀勖得
　　周尺以後校勘得出之尺寸,與本文正同。

巧　　藝

韋仲將能書。劉注引《文章叙録》曰:"韋誕字仲將,京兆杜陵人,太僕
端子,有文學善屬辭,以光禄大夫卒。"

　　按:韋誕字仲將,亦見於《三國志》裴注、《書品》、《齊民要術》
　　等書,近年西安廣濟街口出土後秦時追立《漢京兆尹司馬芳
　　殘碑》碑陰第一行題名,有"故吏功曹史杜縣韋誕字子茂"。
　　據此韋誕當日蓋有兩字。

任　　誕

陳留阮籍、譙國嵇康、河內山濤三人年皆相比,康年少亞
之。預此契者,沛國劉伶、陳留阮咸、河內向秀、琅琊王
戎,七人常集于竹林之下,肆意酣暢,故世謂竹林七賢。

　　按:竹林七賢名次排列的先後,現存有三種不同形式,本文為

第一種,陶潛《聖賢群輔録》與此相同。第二種《晉書·嵇康傳》云:"康所與神交者,惟陳留阮籍、河内山濤。豫其流者,河内向秀、沛國劉伶、籍兄子咸、琅琊王戎,遂爲竹林之遊。"《嵇康傳》雖未明言以嵇康爲首,實際是叙七賢之次第。第三種爲近年南京西善橋南朝墓葬中所發現磚刻《竹林七賢圖》,其次序以嵇康爲首,次阮籍、山濤、王戎、向秀、劉伶、阮咸等七人。第一、二兩種次序大同小異,第三種則異同很大。

簡　傲

謝萬在兄前欲起索便器。

按:南京博物館在南京近郊六朝墓葬中,發掘出吳時青瓷虎子一具,器上有雙龍形,器身右側,刻有"赤烏十四年會稽上虞師表宜作"十三字,嗣後在六朝墓中時有發現,蓋即本文之便器。

排　調

荀鳴鶴、陸士龍二人未相識,俱會張茂先坐。劉注引《晉百官名》曰:"荀隱子鳴鶴,潁川人。《荀氏家傳》曰:隱祖昕,樂安太守,父岳,中書郎,……隱歷太子舍人、廷尉平,蚤卒。"

按:荀岳墓碣略云:"岳官中書侍郎,樂平府君之第二子。"又云:"以正始七年正月八日癸未生於譙郡府丞官舍。"譙郡府丞,應爲荀岳父荀昕或岳祖父歷官之一。荀岳以晉元康五年七月卒,年五十歲。墓碣又云:"次息男隱,字鳴鶴,年十九,娶琅琊王士瑋女。"叙鳴鶴官司徒左西曹掾,與本文歷官不同。

惑　溺

賈公閭後妻酷妒，有男兒名黎民，生載周，充自外還，乳母抱兒在中庭。

> 按：洛陽出土晉徐美人墓石，元康九年刻。徐美人名義，爲賈充家之乳母，所哺乳者爲賈充之女賈皇后及驃騎將軍韓壽之妻。本文所叙之乳母，所哺乳者，則爲賈充之子也。

孫秀降晉，晉武帝厚存寵之，妻以姨妹蒯氏。劉注引《晉陽秋》曰："蒯氏襄陽人，祖良，吏部尚書，父鈞，南陽太守。"

> 按：《三國志·劉表傳》裴注，引《傅子》記蒯越事，蒯良字子柔，弟越字異度，中廬人，良子鈞仕至南陽太守。《襄陽耆舊傳》輯本，蒯鈞則誤作蒯欽。

韓壽美姿容。劉注引《晉諸公贊》曰："壽字德真，南陽赭陽人，曾祖暨，魏司徒。"

> 按：《三國志·韓暨傳》裴注，引《楚國先賢傳》云："韓暨次子繇，高陽太守，繇子洪，侍御史，洪子壽字德真。"又引《晉諸公贊》曰："壽能敦尚家風，性尤忠厚，早歷清職。惠帝踐阼爲散騎常侍，遷守河南尹。病卒，贈驃騎將軍，壽妻賈充女也。"又按：《八瓊室金石補正》卷九，十四頁，有韓壽神道題字，文云："（晉）故散騎常侍驃騎將軍南陽堵陽韓府君墓神道。"共十九字。歷官與裴注均合，惟劉注赭陽人，據神道當爲堵陽之誤字。

仇　隙

劉璵兄弟少時爲王愷所憎。劉注引劉璨《晉紀》曰："琨與兄璵俱知名。"

按：劉璵工書，見《書品》中之下。《晉書・劉琨傳》，僅云琨兄璵字慶孫，官驃騎將軍，才能綜核。與劉注皆不言其能書。

顔氏家訓注補正

序　致

魏晉以來，所著諸子，理重事複，遞相模斅，猶屋下架屋，床上施床耳。

　　直按：盧氏《壬子年重校補注》云："《世説・文學篇》，庾仲初作《揚都賦》，謝太傅云，此是屋下架屋耳。劉孝標注，引王隱《論太玄經》曰，《玄經》雖妙，非益也，是以古人謂其屋下架屋。"盧説是也。大義謂廢材重疊而無所用也。

吾家風教，素爲整密，昔在齠齔，便蒙誘誨，每從兩兄，曉夕溫清。

　　直按：《南史・顔協傳》，二子之儀、之推。顔真卿《顔含大宗碑銘》云：之儀周御正中大夫新野公。之儀弟之推，之推弟之善，隋葉令侍讀。據此之推僅有一兄，之善則爲三弟，真卿屬於嫡支，當決然可信。或之儀有弟早卒，故稱兩兄耳。又《庾信集》有《同顔大夫初晴》詩，亦和之儀之作也。

教　子

齊朝有一士大夫，嘗謂吾曰，我有一兒，年已十七，頗曉書疏，教其鮮卑語及彈琵琶，稍欲通解，以此服事公卿，無不寵愛，亦要事也。吾時俛而不答。

直按:《北史·恩幸傳》云:曹僧奴子妙達,齊末以能彈胡琵琶,甚被寵遇,官至開府封王。之推所言,似即指妙達也。

後　娶

吉甫賢父也,伯奇孝子也,以賢父御孝子,合得終於天性,而後妻閒之,伯奇遂放。

直按:趙氏原注引《琴操》,但《太平御覽》引《列女傳》,叙事尤詳。

思魯等從舅殷外臣,博達之士也,有子基、諶,皆已成立,而再娶王氏,基每拜見後母,感慕嗚咽,不能自持。

直按:顔真卿《顔含大宗碑銘》云:“思魯字孔歸,隋司經校書長寧王侍讀,東宮學士。”殷外臣當爲顔之推之妻兄弟,史籍無考,殷顔二姓,世爲婚姻。

治　家

生民之本,要當稼穡而食,桑麻以衣。蔬果之蓄,園場之所產;雞豚之善,塒圈之所生。爰及棟宇器械,樵蘇脂燭,莫非種植之物也。至能守其業者,閉門而爲生之具以足,但家無鹽井耳。

直按:本段係述北土人士之治生,鹽井爲西蜀之特產,在此比擬,殊覺不倫。當爲之推入北周後,游益州時所聯繫之感想耳。

鄴下有一領軍,貪積已甚,家僮八百,誓滿一千。朝夕每人肴膳,以十五錢爲率,遇有客旅,便無以兼。

直按：在六朝時，稱幾錢尚不稱幾文，得此可以爲證。便無以
兼，謂不能得兼味也。

鄴下風俗，專以婦持門戶，爭訟曲直，造請逢迎，車乘塡街
衢，綺羅盈府寺。

直按：漢制，丞相公廨稱府，御史大夫以下稱寺。外官太守都
尉皆稱府，縣令長稱寺。

濟陽江禄，讀書未竟，雖有急速，必待卷束整齊，然後得
起，故無損敗，人不厭其求假焉。

直按：盧氏《壬子年重校顏氏家訓補注》云：江禄附見《南史》
其高祖《江夷傳》。禄字彦遐，幼篤學，有文章，位太子洗馬，
湘東王録事參軍，後爲唐侯相卒。

吾家巫覡禱請，絶於言議，符書章醮，亦無祈焉。

直按：道家書符，起于東漢末期。現出土有初平元年朱書陶
瓶，上畫符文一道，爲流傳符文之最古者。

風　操

蓬生麻中，不勞翰墨。

直按：蓬生麻中，不扶自直。據馬總《意林》所引《曾子》，始
見於此，但此書應爲戰國人所依記，正式始見於《荀子·勸
學篇》。

又有臧逢世，臧嚴之子，篤學修行，不墜門風。

直按：臧逢世精於《漢書》，亦見本書《勉學篇》。

桓公名白，博有五皓之稱，厲王名長，琴有修短之目。

直按：淮南王安在國内避長字，最爲嚴格。現淮河流域所出

漢鏡,銘云長相思者,皆改作修相思,不僅在《淮南子》全書之內然也。

梁武小名阿練,子孫皆呼練爲絹。

直按:《漢書》記司馬相如小字犬子,是爲特例。晉宋以來,普記小字,在《世説新語》中最爲顯著。若晉苟岳墓碣,大書"小字異於",在碑刻中殊爲罕見,亦可見當時之風氣。

王修名狗子。

直按:《晉書‧外戚傳》:王濛子修,字敬仁,小字苟子。趙氏原注,誤作曹魏時之王修。

北土多有名兒爲驢駒豚子者,使其自稱及兄弟所名,亦何忍哉。

直按:如北魏《李璧墓誌》之鄭班豚,孫秋生造像之□白犢,即其例也。

前漢有尹翁歸,後漢有鄭翁歸。

直按:鄭翁歸未詳,曹魏又有張翁歸,見《魏志‧張既傳》,之推原文未引及。

梁家亦有孔翁歸。

直按:《梁書‧文學傳》:孔翁歸,會稽人,工爲詩,爲南平王大司馬府記室。《玉臺新詠》卷六,有《奉和湘東王教班婕妤》詩。

晉代有許思妣、孟少孤,如此名字,幸當避之。

直按:盧氏《壬子年重校顏氏家訓補注》云:"《晉書‧隱逸傳》,孟陋字少孤,武昌人。"余疑少孤命名,取義於孤陋寡聞,兼包含有少失父之義。又許思妣名永,見《世説‧德行篇》劉注。

而後漢有朱假字孫卿，許暹字顏回。梁世有庾晏嬰、祖孫登，連古人姓爲名字，亦鄙事也。

> 直按：錢大昕《顏氏家訓注補正》云：《梁書·文學傳》："庾仲容幼孤，爲叔父泳所養，……初爲安西法曹行參軍，泳時已貴顯，吏部尚書徐勉擬泳子晏嬰爲宮僚，泳垂泣曰，兄子幼孤，人材粗可，願以晏嬰所忝迴用之。"

> 直又按：祖孫登見《南史·徐伯陽傳》，仕陳爲記室，侯安都引以爲客。《文苑英華》、《樂府詩集》，載其《紫騮馬》等詩。丁福保氏《全陳詩》卷四，共輯得八首。

有王子侯，梁武帝弟，出爲東郡。

> 直按：錢大昕《顏氏家訓注補正》云："此東郡謂建康以東之郡，如吳郡、會稽之類，若秦漢之東郡，不在梁版圖之內。"錢氏糾趙氏原注之失，其説是也。

王充《論衡》云：辰日不哭，哭必重喪。

> 直按：白居易新樂府《七德舞》云："張瑾哀聞辰日哭。"此風氣至唐猶然也。

劉紹、緩、綏兄弟並爲名器。其父名昭，一生不爲照字，惟依《爾雅》火傍作召耳。

> 直按：《梁書·文學·劉昭傳》，二子紹、緩，不云有綏。《書證篇》亦載劉緩幼子民譽事。又按：《隋書·經籍志》集部，梁有安西記室《劉綏集》四卷，當即其人，趙氏原注，指綏字爲衍文，非是。

黃門侍郎裴之禮，號善爲士大夫，有如此輩，對賓杖之。

直按:《北史·裴佗傳》云:子讓之字士禮,齊末爲黃門侍郎,清河太守。本文之禮爲士禮之誤字,因上文江左朝臣條有裴之禮而沿誤。之禮爲裴邃之子,子義官少府卿,未嘗官黃門侍郎也。

慕　賢

梁孝元前在荆州,有丁覘者,洪亭民耳。頗善屬文,殊工草隸,孝元書記,一皆使之。軍府輕賤,多未之重,恥令子弟以爲楷法。時云,丁君十紙,不敵王褒數字。……稍仕至尚書儀曹郎,末爲晉安王侍讀,隨王東下。及西臺陷歿,簡牘湮散,丁亦尋卒於揚州。

直按:《法書會要》云:"陳世丁覘,亦工飛白。"蓋梁人没于陳代者。伯父星南府君云:《金樓子·著書篇》:"《夢書》一帙,金樓使丁覘撰。"與本文正合。

勉　學

梁朝全盛之時,貴遊子弟,多無學術。至於諺云:上車不落則著作,體中何如則祕書。

直按:南朝著作郎、祕書郎皆爲美職,多以貴遊子弟爲之。不落者車前盛儀衛,並不落寞。(韓退之《送楊少尹序》,不落寞否,亦同此解。)體中何如,猶今人言腹中何如,譏其無學術也。

三九公讌,則假手賦詩。

直按:《雜藝篇》亦云:"非直葛洪一箭,已解追兵,三九讌集,

常縻榮賜。"此指習射而言。據此三九兩日,是梁世貴族排
日之遊讌,或賦詩或比射也。

文義習吏,匡時富國,以取卿相者有矣。

直按:下文亦云,咋筆爲吏,俗本作史非也。

何必仲尼居,即須兩紙疏義,燕寢講堂,亦復何在。

直按:此即漢秦延君説"曰若稽古"三萬言之例。燕寢講堂,
蓋在疏義中,辨論仲尼所居之地,爲燕寢或講堂也。

俗間儒士,不涉群書,經緯之外,義疏而已。吾初入鄴,與
博陵崔文彥交遊,嘗説《王粲集》中難鄭玄《尚書》事。

直按:六朝人説經著作,統稱講疏,如梁朱异《禮》、《易》講
疏,周弘正《周易》講義、賀琛《三禮》講疏之類,即本文所稱
之義疏。又按:《北史・崔鑒傳》云:崔育王子文豹字蔚。崔
文彥無考,疑爲文豹之弟兄。

王夷甫悼子,悲不自勝,異東門之達也。

直按:趙氏原注,引《列子・力命篇》魏東門吳事,甚是。北
齊姜纂《爲亡息元略造像記》有云:"父纂情慕東門,心憑冥
福。"(東門原別寫作柬門)蓋六朝文喪子習用之故實。

洎于梁世,兹風復闡,《莊》、《老》、《周易》,總謂《三玄》。
武皇、簡文,躬自講論……吾時頗預末筵,親承音旨,性既
頑魯,亦所不好云。

直按:《沈約集・君子有所思行》,末四句云:"寂寥茂陵宅,
照曜未央蟬。無以五鼎盛,顧嗤三經玄。"是沈隱侯對梁武
當時講論《三玄》,亦有微詞。

齊孝昭帝侍婁太后疾,容色憔悴,服膳減損。徐之才爲灸

兩穴,帝握拳代痛,爪入掌心,血流滿手。

直按:徐之才精於醫,見《北史·藝術·徐謇傳》。《隋書·
經籍志》子部醫家,有《徐王方》五卷,《徐王八世家傳効驗
方》十卷,《徐氏家傳秘方》二卷。又在民國初年,河北磁州
出土北齊《西陽王徐之才墓誌》,八分書,誌文中未言及
工醫。

梁世彭城劉綺,交州刺史勃之孫。早孤家貧,燈燭難辦,
常買荻尺寸折之,然明夜讀。孝元初出會稽,精選寮寀,
綺以才華,爲國常侍兼記室,殊蒙禮遇,終於金紫光祿。

直按:《何遜集》有《增新曲相對》、《折花》、《搖扇》、《正釵》
諸聯句,皆有劉綺之詩,同作者有高爽等人。

義陽朱詹(澹),世居江陵,後出揚都,好學,家貧無資,累
日不爨,乃時吞紙以實腹。寒無氈被,抱犬而臥,犬亦饑
虛,起行盜食,呼之不至,哀聲動鄰,猶不廢業,卒成學士。
官至鎮南録事參軍,爲孝元所禮。

直按:《金樓子·聚書篇》云:"前在荆州,又得州民朱澹遠送
異書。"《隋書·經籍志》子部,《語對》十卷,《語麗》十卷,朱
澹遠撰。姚振宗《隋書經籍志考證》,引陳振孫《書録解題》,
類書類《語麗》十卷,梁湘東王功曹參軍朱澹遠撰,採擇書語
之麗者爲四十門。本書之朱詹,當爲朱澹之誤字,即朱澹遠
也。之推因避其祖顏見遠之諱,故僅稱爲朱澹。《書録解
題》稱澹遠官湘東王功曹參軍,蓋據《語麗》書中結銜如此。
本文稱爲鎮南録事參軍,亦指梁元帝初官鎮南將軍江州刺
史也。

東莞臧逢世，年二十餘，欲讀班固《漢書》，苦假借不久。乃就姊夫劉緩，乞句客刺，書翰紙末，手寫一本，軍府服其志尚，卒以《漢書》聞。

直按：臧逢世已見《風操篇》，劉緩爲劉昭之子。客刺，《居延漢簡甲編》一〇七頁，附二十三，有"黃門宦者殷彭"木簡，余昔考爲即古之名刺。《釋名・釋書契》云："下官刺曰長刺，長書中央一行而下也。"在東漢末期，禰衡所用，尚係竹制，此時已改爲紙書帖子矣。逢世熟精《漢書》，著述獨無考。

齊有宦者内參田鵬鸞，本蠻人也，年十四五初爲閹寺，便知好學，懷袖握書，曉夕諷誦，所居卑末，使役苦辛，時伺間隙，周章詢請。每至文林館，氣喘汗流，問書之外，不暇他語。……蠻夷童丱，猶能以學成忠，齊之將相，比敬宣之奴不若也。

直按：《北史・恩幸傳・田鵬鸞傳》，幾與此全同。李延壽撰史時，疑即採用本書材料。

江南有一權貴，讀誤本《蜀都賦》，注解，"蹲鴟，芋也"，乃謂羊字。人饋羊肉，答書云，損惠蹲鴟，舉朝驚駭，不解事義，久後尋跡，方知如此。

直按：左思《蜀都賦》云："交壤所植，蹲鴟所伏。"劉淵林注，"蹲鴟，大芋"，亦引卓王孫云云，本於《史記・貨殖傳》。

遂謂勑士言，從來謬音專旭，當音專翾耳。

直按：勑士即朝士傳寫之誤字，非六朝別體字也。

《世本》容成造歷，以歷爲碓磨之磨。

直按：漢代歷曆二字，本相通用，不勝枚舉。《齊魯封泥集

存》，有“歷城丞印”，即歷城丞也。特律歷之歷，不能假作律
曆，故顏氏深以爲譏。

呼徵質爲周鄭，謂霍亂爲博陸，上荆州必稱峽西，下揚都
言去海邦。言食則餬口，道錢則孔方，問移則楚丘，論婚
則宴爾。

直按：六朝人喜用隱語及歇後語。隋《詔立僧尼二寺記》云：
“敬勒他山，式遵前學。”他山代表石字，亦其類也。

《羅浮山記》云：望平地樹如薺。故戴暠詩云：“長安樹
如薺。”

直按：此戴暠《度關山》詩，原詩現存《樂府詩集》。又《玉臺
新詠》卷十，選戴暠《詠欲眠》詩一首，吳兆宜注據《升庵詩
話》，引戴暠《從軍行》兩句，吳氏定暠爲陳時人，其説是也。

又嘗見謂矜誕爲夸毗，呼高年爲富有春秋，皆耳學之
過也。

直按：趙氏原注，引《爾雅·釋訓》，夸毗，體柔也。案：與矜
誕義相反，其説是也。《詩·大雅·板》篇：“無爲夸毗。”毛
傳：“夸毗以柔人也。”郭注引李巡注曰：“屈己卑身，求得於
人。”又曹魏《西鄉侯兄張君殘碑》云：“君恥夸比，慍於群
小。”始用此詞彙入石刻，並同諂媚之義。

習賦誦者信褚詮而忽呂忱，明《史記》者專皮、鄒而廢篆
籀，學《漢書》者悦應、蘇而略《蒼》、《雅》。

直按：《漢書·揚雄傳》各賦之中，蕭該《音義》，多引諸詮、陳
武之説。司馬相如各賦，亦舊有二家之注，見於《相如傳》標
題之下顏師古注。諸詮當爲褚詮，疑宋齊時人，與本文正合。

直又按:《魏書·江式傳》,式上表云:"晉世義陽王典祠令任城呂忱,表上《字林》六卷。"張懷瓘《書斷》云:"晉呂忱字伯雍,撰《字林》五篇,萬二千八百餘字。"(《封氏聞見記》亦同)清任大椿《小學鉤沉》有輯本。

直又按:皮、鄒,原注皮疑裴之誤,是也。即指裴駰《集解》而言。今秦中人仍讀裴音如皮,本文蓋後人傳鈔之誤字。

近世有人爲子制名,兄弟皆山傍立字,而有名峙者。兄弟皆木傍立字,而有名機者。兄弟皆水傍立字,而有名凝者。名儒碩學,此例甚多。

直按:《說文》有峙字,無峙字。後人從止之字,每多變作從山。北齊《西門豹祠堂碑》云:"望黄岑以俱峙。"《祠堂碑》爲姚元標所書,元標精於小學,故能不誤。

直又按:《說文》機字本作机,北齊《宋買造像碑》有邑子傅机棒題名,知當時亦有知古義者。

又按:魏《安定王爕造像記》云:"工績聲儀,凝華□極。"《趙阿歡造像》,凝字亦作凝,俱用正體。但唐《思順坊造彌勒像記》(見《中州金石記》卷二),仍沿用六朝俗體作凝,蓋其時從水與從冫二字不分,凝字繁作凝,猶北魏《熒陽太守元甯造像記》,潤字減作潤也。

吾初讀《莊子》,魄二首。《韓非子》曰:"蟲有魄者,一身兩口,爭食相齕,遂相殺也。"茫然不識此字何音。……後見《古今字詁》,此亦古之虺字。

直按:湯左相仲虺,《荀子》作仲蘬,《史記》作中䮣。本文作魄,從蟲,鬼聲,與虺聲相近,蓋後起之字。

世中書翰，多稱匆匆，相承如此，不知所由。或有妄言，此匆匆之殘缺耳。按《説文》，勿者州里所建之旗也，象其柄及三斿之形，所以趣民事，故悤遽者稱爲匆匆。

直按：《淳化閣帖》四，有阮研《與人書》云："道增至，得書深慰。已熱，卿何如？吾甚匆匆，始過嶠，今便下水，未因見卿爲歎，善自愛。"此梁代書翰用匆匆之證。之推《觀我生賦》自注云："高阿那肱求自鎮濟州，乃啟報應齊主云，無賊匆匆就道，周軍追齊主而及之。"據此之推亦隨俗改用匆匆爲悤悤矣。

吾在益州，與數人同坐。

直按：之推本傳云："齊亡入周，大象末，爲御史上士。"益州先屬梁代版圖，後屬北周，本文所記吾在益州，則當爲之推在北周時事。

愍楚友壻竇如同，從河州來，得一青鳥，馴養愛翫，舉俗呼之爲鶡。

直按：顏真卿《顏含大宗碑銘》云："愍楚直內史省。"又《隋書·張胄玄傳》（又《北史》卷八十九），顏愍楚開皇中爲內史通事舍人，上言新曆。又《隋書·經籍志》，《訓俗文字略》一卷，顏之推撰。《顏家廟碑》，則作之推撰《俗音字》五卷。而《唐書·經籍志》作《證俗音字略》六卷，顏敏楚撰，未知孰是。姚振宗《隋書經籍志考證》，謂之推《訓俗文字略》已不傳，疑一部分散在《家訓·文章》、《勉學》、《書證》、《音辭》各篇中，其説是也。之推三子，長思魯，次愍楚，入北周後生游秦。愍楚謂愍梁元帝江陵之亡，《唐志》作敏楚，非是。

思魯等姨夫彭城劉靈，嘗與吾坐，諸子侍焉。吾問儒行、敏行曰，凡字與諱議名同音者，其數多少，能盡識乎。

　　直按：之推之妻，爲殷外臣之姊妹，劉靈亦當娶于殷氏，故本文稱爲思魯等之姨夫。劉靈善畫，並見於《雜藝篇》，不見於其他文獻，再以本文證之，劉靈官諱議，有二子名儒行及敏行也。

觀天下書未徧，不得妄下雌黄。

　　直按：雌黄包含兩義，一謂不得妄議時流，二爲不得妄爲塗改，北齊《隴東王感孝頌》云：“雌黄雅俗，雄飛戚里。”是則屬於第一義也。雌黄在本書，亦見於《書證篇》，改《漢書》田宵爲田冐字，皆屬於校讎之義。古代寫書用黄紙，塗改用雌黄，蓋取其同色。

文　章

自古文人，多陷輕薄，屈原露才揚己，顯暴君過。

　　直按：洪興祖《楚辭補注》，引班孟堅序云：“今若屈原露才揚己，競乎危國群小之間，以離讒賊。”洪氏所引，蓋班固《離騷》經章句序也，露才揚己句，爲之推所本。

傅毅黨附權門，班固盜竊父史。

　　直按：《後漢書・班彪傳》，叙彪作後傳數十篇，王充《論衡》作百篇。今《漢書》中，僅在《韋玄成》、《翟方進》、《元后傳贊》，稱司徒掾班彪曰，其他皆諱不言彪，故之推目爲盜竊父史也。

謝靈運空疎亂紀。

> 直按:錢大昕《顏氏家訓注補正》云:"靈運空疎,延之隘薄二語,見《宋書‧廬陵王義真傳》。"

齊世有席毗者,清幹之士,官至行臺尚書,嗤鄙文學,嘲劉逖云,君輩辭藻,譬若榮華須臾之翫,非宏才也。

> 直按:《北史‧序傳》,叙李彧之子李禮成事云:"伐齊之役,從帝圍晉陽,齊將席毗羅精兵拒帝,禮成力戰擊退之。"當即此人,席毗又附見《北史‧尉遲迥傳》及《隋書‧于仲文傳》。又《北齊書‧文苑傳》,稱劉逖留心文藻,頗工詩詠。馮氏《詩紀》輯有《對雨》、《秋朝野望》等五言四首。

今世相承,趨末棄本,率多浮豔。……必有盛才重譽,改革體裁者,實吾所希。

> 直按:六朝詩文,傷於浮豔,之推所言,切中時病,故希文風改革,惜陳子昂輩,顏氏不及見之耳。

吾家世文章,甚爲典正,不從流俗。梁孝元在藩邸時,撰《西府新文紀》,無一篇見錄者。……操行見於《梁史‧文士傳》及孝元《懷舊志》。

> 直按:顏真卿《顏家廟碑》云:"協字子和,感家門事業,不求聞達。元帝著《懷舊》詩以傷之。"據此梁元帝除列顏協於《懷舊志》外,並有《懷舊》詩也。

祖孝徵亦嘗謂吾曰,沈詩云"崖傾護石髓",此豈似用事耶。

> 直按:現沈休文集中,此句已佚。另有《游沈道士館》詩云:"朋來握石髓,賓至駕輕鴻。"亦用石髓故實。

比世往往見有和人詩者,題云敬同。

直按：六朝人和詩題，大致稱同、和、奉和、仰和四名詞，稱敬同者尚少見。或作者寫詩給友朋時，有此謙稱，至編集時又削去敬字歟？

梁世費昶（旭）詩云："不知是耶非。"殷澐詩云："飄颺雲母舟。"簡文云：昶（旭）既不識其父，澐又飄揚其母，此雖悉古事，不可用也。

直按：費旭當爲費昶之誤字。《南史·文學·何思澄傳》云："昶江夏人，善爲樂府，嘗作鼓吹曲，武帝重之。"《隋書·經籍志》集部，有梁新田令《費昶集》三卷。現《玉臺新詠》、《文苑英華》、《樂府詩集》，多載昶詩，馮氏《詩紀》，共輯有十六首。

直又按：不知是耶非一句，現全詩已佚。但昶有《巫山高》樂府云："彼美岩之曲，寧知心是非。"與本句相類似，或昶不知是耶非詩句，當時流傳，已爲簡文所嗤點，故昶自改作寧知心是非，亦未可知。又昶詩雖本于漢武帝《李夫人歌》，但六朝人耶爲爺字省文，東魏《源磨耶壙志》，即源磨爺也。故簡文以不識其父譏之。殷澐當爲殷芸之誤字，雲字當時簡寫作云，因此芸字誤作沄字，後又變作澐字。或謂殷澐爲顧澐之誤字，非也。

陳思王《武帝誄》，遂深永蟄之思；潘岳《悼亡賦》，乃愴手澤之遺。是方父於蟲，匹婦於考也。

直按：《金樓子·立言篇》云："陳思之文，群才之儁也，《武帝誄》云，尊靈永蟄。《明帝頌》云：聖體浮輕。浮輕有似於蝴蝶，永蟄可擬于昆蟲，施之尊極，不其嗤乎。"之推之言，蓋與梁元帝相似。

何遜詩云：躍魚如擁劍，是不分魚蟹也。

　　直按：《何遜集》無此詩句，蓋其佚已久。

《漢書》御史府中列柏樹，嘗有野鳥數千棲宿其上，晨去暮來，號朝夕鳥。而文士往往誤作烏鳶用之。

　　直按：《漢書》刊本，烏鳥兩字，往往易混。例如張掖郡鸞鳥縣，宋嘉祐本即作鸞烏。蘇詩云“烏府先生鐵作肝”，是宋人所見《朱博傳》即作野烏。顏氏所見本作野鳥，或字之異同，未可即定鳥爲正確字。

簡文詩云：霞流抱朴椀。

　　直按：《簡文集》觀無此句，蓋佚詩也。

文章地理，必須愜當。梁簡文《雁門太守行》乃云，鵝軍攻日逐，燕騎蕩康居，大宛歸善馬，小月送降書。

　　直按：《樂府詩集》有簡文《雁門太守行》二首，獨無此四句，蓋當日所作，不止此數。而此四句反見褚翔《雁門太守行》篇中（見馮氏《詩紀》），之推爲當時人，屬於簡文所作，當然可信。又簡文此作係依題詠事，若漢樂府亦有此題則專爲歌頌洛陽令王稚子而作也。

蕭子暉《隴頭水》云：“天寒隴水急，散漫俱分瀉，北注徂黃龍，東流會白馬。”

　　直按：馮氏《詩紀》，蕭子暉詩存《春宵》等三首，《隴頭水》樂府已佚。

王籍《入若耶溪》詩云：“蟬噪林逾静，鳥鳴山更幽。”江南以爲文外獨絶，物無異議。

直按:《南史·王籍傳》載《若耶溪》詩兩句,與之推所引相同。全詩共四韻,見馮氏《詩紀》。

蘭陵蕭慤,梁室上黃侯之子,工於篇什,嘗有《秋詩》云:"芙蓉露下落,楊柳月中疏。"時人未之賞也。吾愛其蕭散,宛然在目,潁川荀仲舉,琅玡諸葛漢,亦以爲爾。

直按:蕭慤原詩現存,題爲《秋思》,本文秋下當脱思字。慤詩多見於《文苑英華》、《樂府詩集》。馮氏《詩紀》輯有十七首。

直又按:《隋書》及《北史·文苑傳》,諸葛潁字漢,丹陽建康人,起家梁邵陵王參軍,北齊待詔文林館,入隋遷著作郎。

何遜詩實爲清巧,多形似之言,揚都論者,恨其每病苦辛,饒貧寒氣,不及劉孝綽之雍容也。雖然,劉甚忌之,平生誦何詩,常云"蘧居響北闕",懂懂不道車。又撰《詩苑》,止取何兩篇,時人譏其不廣。

直按:《何遜集·早期車中聽望》詩云:"詰旦鐘聲罷,隱隱禁門通,蘧車響北闕,鄭履入南宮。"蘧車用蘧瑗事,鄭履用鄭崇事。本詩蘧車兩字,甚爲分明,而劉孝綽謂作蘧居,因指摘何遜詩句未切合車字,或孝綽當日所看傳本作蘧居耳。懂字見《玉篇》,訓爲乖戾也。

名　　實

趙熹之降城,賢於折衝之將矣。

直按:趙注以各本皆誤作趙喜,非也。漢代熹喜二字通用,聞喜,《韓仁銘碑額》作聞熹是其證。

涉　　務

其餘文義之士，多迂誕浮華，不涉世務，纖微過失，又惜行捶楚，所以處於清高，益護其短也。

直按：捶楚屬吏，此風蓋始于六朝，盛于唐代。韓愈《贈張功曹》詩，未免捶楚塵埃間。《太平廣記》二百五十《詼諧類》有云：“蕭誠任司錄，早已免杖。”可證官在司錄以上，方可免杖（以上僅舉兩例）。

省　　事

天文、畫繪、棋博，鮮卑語，煎胡桃油，煉錫爲銀，如此之類，略得梗概。

直按：宋本鮮卑語下有“胡書”二字，趙氏原注以爲衍文，非也。庾信《哀江南賦》云：“新野有生祠之廟，河南有胡書之碣。”鮮卑語與胡書本爲兩事。

齊之季世，多以財貨託附外家，喧動女謁。

直按：之推《觀我生賦》云：“予武成之燕翼，遵春坊而原始，唯驕奢之是脩，亦佞臣之云使。”自注云：“後主之在宮，乃使駱提婆母陸氏爲之，又胡人何洪珍等爲左右，後皆預政亂國焉。”陸氏爲陸令萱也。

孔融之藏張儉，孫嵩之匿趙岐。

直按：之推極推重孫嵩，從周入齊，《夜渡砥柱》詩云“問我將何去，北海就孫賓”可證。

止　足

先祖靖侯戒子侄曰，汝家書生門户，世無富貴，自今仕宦不可過二千石，婚姻勿貪勢家。

> 直按：顏真卿《顏含大宗碑銘》云"桓温求婚姻，因其盛滿不許，因誡子孫曰"云云。《晉書》顏含本傳，亦叙及桓温求婚事，與《大宗碑》相同。

誡　兵

顏氏之先，本乎鄒魯，或分入齊，世以儒雅爲業，徧在書記。

> 直按：顏真卿《家廟碑銘》云："系我宗，邾顏公，子封郳，魯附庸。"比本文本乎鄒魯句，叙得姓之始爲詳。

漢末有顏良，宋有顏延之，並處將軍之任，竟以顛覆。

> 直按：錢大昕《注補正》云："顏延之未嘗以將兵顛覆。……《宋書·劉敬宣傳》，王恭起兵京口，以劉牢之爲前鋒，牢之至竹里，斬恭大將顏延，乃悟此文，顏延下衍一之字耳。牢之事本在晉末，而見於《宋書》，故之推繫之宋耳。"錢説是也。

首爲逆亂，詿誤善良。

> 直按：《漢書·霍光傳》云："謀爲大逆，欲詿誤百姓。"爲之推所本。

養　生

凡欲餌藥，陶隱居《太清方》中，總録甚備。

直按：道家傳說神仙居住有三清，謂上清、太清、玉清。此隱
居醫方命名之所本。

歸　　心

魏文不信火布。

直按：《列子·湯問篇》云："周穆王大征西戎，西戎獻昆吾之
劍，火浣之布。……火浣之布，浣之必投於火……皇子以爲
無此物，傳之者妄。"據此不獨魏文爲然也。

江陵劉氏以賣鱓羹爲業。

直按：鱔即鱓俗字，始見於《集韻》。

王克爲永嘉郡守。

直按：《北周書·王褒傳》云：江陵城陷，元帝出降，褒與王克
等數十人俱至長安。太祖謂褒及克曰："吾即王氏甥也，卿
等竝吾之舅氏，當以親戚爲情，勿以去鄉介意。"俱授車騎大
將軍、儀同三司。王克見《南史》卷二十三《王彧傳》，爲彧之
曾孫。又王克官主客，見《酉陽雜俎》卷三。

梁孝元在江州時，有人爲望蔡縣令，經劉敬躬亂，縣廨被
焚，寄寺而住，民將牛酒作禮，縣令以牛繫剎柱。

直按：盧氏《補注》："剎，初轄切，旛柱也。"又引釋玄應《衆經
音義》，剎字字書所無，此剎字略也。證之梁大同二年《孝敬
寺剎銘》，宗士標撰文（見《古刻叢鈔》），可證剎爲六朝時通
行之字。又剎下銘文云："大同六年太歲庚申，五月十五日
壬戌建剎。四衆圍繞，歌唄成群，彩鳳珠旛，含風曜日。"與
盧氏《補注》剎爲旛柱正合。

書　證

劉緩幼子民譽，年始數歲，俊悟善體物。

　　直按：之推《觀我生賦》自注云：“與文珪、劉民英等，與世子遊處。”民英與民譽當爲弟兄輩，爲劉縚或劉緩之子無疑。

《尚書》曰：惟景響。《周禮》云：土圭測景，景朝景夕。……至晉世葛洪《字苑》，傍始加彡，音於景反。

　　直按：或説《漢張平子碑》，即有影字，不始於葛洪。張碑原石久佚，殊不可據。東晉末《爨寶子碑》云：“影命不長。”此影字之始見。又東魏《武定六年邑主造石像銘》云：“臺鈞相望，珪璋疊影。”景之作影，在六朝時始盛行耳。葛洪《字苑》久佚，今影字始見於《廣韻》。

《論語》曰衛靈公問陳於孔子。《左傳》爲魚麗之陳。俗本多作阜旁車乘之車。……《蒼》、《雅》及近世字書，皆無別字。唯王義《小學章》，獨阜傍作車。

　　直按：陣字始見於《玉篇》及《廣韻》，據本文則晉時已有作陣者。又東魏《武定六年邑主造石像銘》云：“入衛鈞陣，出宰藩嶽。”陳字亦書作陣。

《詩》云：黃鳥于飛，集于灌木。《傳》云：灌木，叢木也。此乃《爾雅》之文，故李巡注曰，木叢生曰灌。

　　直按：唐貞觀二十一年《思順坊造彌勒像記》云：“松柱檟叢。”陸德明《爾雅正義》作檟，云字又作灌。《造像記》作檟叢，以證陸氏之有本，是唐初灌又作檟也。

謝炅、夏侯該，並讀數千卷書，皆疑是譙周。

直按：炅字有三音，在人名應正讀爲古迥切。或爲寒熱之熱字，見《素問》王冰注及居延漢簡。又爲貴字簡文，見於杭州鄒氏所藏大富炅鐸。桂未谷謂炅爲桂字變文，其說可商。

《漢書》田肎賀上，江南本皆作宵字。

直按：東魏《武定六年邑主造石像銘》云：“方琢是肎，樹此福堂。”肎字六朝人寫法，極與宵字相似，故易致誤。

簡策字竹下施束，末代隸書，似杞宋之宋。亦有竹下遂爲夾者，猶如刺字之傍應爲束，今亦作夾。

直按：自南北朝至唐初策字無不作筴，確與宋字相似。惟梁《永陽王太妃墓誌》仍書作策，是用正體，比較少見。又按：《安定王元爕造像》，“官華州刾史。”刾正作刾，與之推所說當時字體正合（僅舉一例）。

張揖云，慮今伏羲氏也。孟康《漢書》古文注亦云，慮今伏。

直按：漢武梁祠畫像題字云：“伏戲倉精，初造王業。”知東漢時已寫慮作伏，與張揖、孟康稱爲慮今伏，正相吻合。

孔子弟子慮子賤爲單父宰，即慮羲之後，俗字亦爲宓，或復加山。

直按：唐《滎陽令盧正道清德文頌》云：“琴鳴密賤。”慮作密，正之推所謂當時或復加山也。

今《史記》並作俳佪，或作徬徨不能無出言，是爲俗傳寫誤耳。

直按：今本《史記·刺客列傳》，盡作徬徨不能無出言。

《史記·始皇本紀》，二十八年，丞相隗林、丞相王綰等議於海上。諸本皆作山林之林。開皇二年五月，長安民掘地得秦時鐵稱權，旁有銅塗，鐫銘二所。……其書兼爲古隸，余被敕寫讀之，與內史令李德林對，見此稱權今在官庫。其丞相狀字，乃爲狀貌之狀，爿旁作犬，則知俗作隗林非也，當爲隗狀耳。

直按：之推所云秦鐵稱權，旁有銅塗，當爲以銅片嵌置在鐵質之上，其製造手法，與甘肅慶陽所出鐵權形式正同。《史記·秦始皇本紀·索隱》引顏之推云：“隋開皇初，京師穿地得鐵稱權，有銘云始皇時量器。丞相隗狀、王綰二人列名，其作狀貌之字，時令校寫，親所按驗，王劭亦云然，斯遠古之證也。”《索隱》所引，當即出於《家訓》，與今本事實雖同，文字則差異甚遠。本書稱與李德林共校，《索隱》則作王劭，此爲唐時古本，故備錄之。以見傳世各古籍，與古本往往有絕大之距離。

直又按：秦代權量，刻始皇廿六年詔書者，共四十字，刻二世元年詔書者，共六十字，而兩詔共一百字，千篇一律，絕無差異。二世詔書文云：“元年制詔丞相斯、去疾，灋度量，盡始皇帝爲之，皆有刻辭焉。今襲號，而刻辭不稱始皇帝，其于久遠也（或作殹字），如後嗣爲之者，不稱成功盛德。刻此詔，故刻左，使毋疑。”之推記爲共五十八字，本因模糊之字而錯誤。而沈氏《考異》，謂顏氏所見秦權，自有異同。盧氏《補注》，更以鄭樵所見之秦權又不同，皆屬支離之談。其爭論焦點，在也殹二字之不同，殊不知本爲“其於久遠也”一句之變文，特各權量多數作也字，少數作殹字耳。

明帝時外戚有樊氏、郭氏、陰氏、馬氏爲四姓。謂之小侯者,或以年小獲封,故須立學耳。或以侍祠、猥、朝侯非列侯,故曰小侯。

> 直按:《續漢書·百官志》云:"中興以來,唯以功德賜位特進者,次車騎將軍;賜位朝侯,次五校尉;賜位侍祠侯,次大夫。"劉昭注,引胡廣《制度》曰:"是爲猥諸侯。"與本文吻合。五十年前,西安曾出《朝侯小子殘碑》,亦其證也。

史家假借爲肝肺字。

> 直按:此指《史記·魏其武安傳》,"上初即位,富於春秋,蚡以肺腑爲京師相"而言。顏師古注《漢書》,一説肺,碎木札也。

《三輔決録》云:前隊大夫范仲公,鹽豉蒜果共一箭。果當作魏顆之顆。……江南但呼爲蒜符,不知謂爲顆。

> 直按:江南人至今呼蒜頭一個爲一顆,蒜頭莖部稱爲浮(與符同音),分爲二名,與之推所言符顆爲一名稍異。

有人訪吾曰,《魏志》蔣濟上書云,樊劮之民。是何字也?余應之曰,意爲劮,即是皴倦之皴耳。張揖、呂忱並云,支傍作刀劍之刀,亦是剞字,不知蔣氏自造支傍作筋力之力,或借剞字,終當音九僞反。

> 直按:剞字支傍從刀,蔣濟作從力。之推意爲蔣氏自造之字,但六朝時功字或作㓛,見《楊大眼造像》,是當時刀與力兩字,在俗體上本不區分也。

《晉中興書》,泰山羊曼,常頹縱任俠,飲酒誕節,兗州號爲䶅伯。……重沓是多饒積厚之意。

直按：《晉書·羊曼傳》，稱爲中興名士，兗州八伯，蓋擬古之八儁。頹縱任俠，正表述其名士行動。之推解重沓是多饒厚積之義，未知所本。

《古樂府》歌詞，先述三子，次及三婦，婦是對舅姑之稱，其末章云：「丈人且安坐，調弦未遽央。」古者子婦供事舅姑，旦夕在側，與兒女無異，故有此言。丈人亦長老之目。……又疑丈當作大，北間風俗，婦呼舅爲大人公，丈之與大易爲誤耳。

直按：《孔雀東南飛》古詩云：「三日斷五匹，大人故嫌遲。」似古代子婦對舅稱爲丈人，或稱爲大人，對姑只稱爲大人耳。又按：《玉臺新詠》載梁武帝《長安有狹邪》十韻云：「丈人少徘徊。」王筠《三婦豔》云：「丈人且安臥。」據此《詠三婦》詩，作丈人者居多耳。

《通俗文》，世間題云河南服虔字子慎造。虔既是漢人，其叙乃引蘇林、張揖，蘇、張皆是魏人。且鄭玄以前，全不解反語，《通俗文》反音甚會近俗。阮孝緒又云，李虔所造，河北此書，家藏一本，遂無作李虔者。

直按：姚振宗《隋書經籍志考證》云：「蘇林、張揖，並在魏初。林建安中爲五官中郎將文學，揖太和中爲博士，揖卒年無考。林年八十餘，景初末卒，當建安之初，林年將四十矣，揖年當相去不遠。此二人必及見於服子慎，服序及蘇、張，不足疑也。」姚説雖不十分正確，然可用備參考。

《本草》神農所述，而有豫章、朱崖、趙國、常山、奉高、真定、臨淄、馮翊等郡縣名，出諸藥物。

直按:《本草》之名,始見於《漢書·平帝紀》及《樓護傳》。陶弘景《本草序略》云:"今之所藏,有此四卷,是其本經。所出郡縣,乃後漢時制,疑仲景、玄化等所記。"之推所疑,陶弘景已先言之,但朱崖郡在元帝時已罷棄,趙國在東漢亦廢,蓋此書由兩漢人陸續增補,弘景專指爲後漢人所附益,亦未必然。

《爾雅》周公所作,而云張仲孝友。

直按:仁和譚復堂謂《爾雅》爲《魯詩》未成之訓詁傳,其説是也。故張仲孝友、有客宿宿,皆直引《詩》句。

《汲冢瑣語》,乃載《秦望碑》。

直按:《秦望碑》之名,他無所見,後代通稱爲會稽刻石耳。秦望蓋山名也。

《蒼頡篇》李斯所造,而云漢兼天下,海内並廁,豨黥韓覆,畔討滅殘。

直按:《居延漢簡釋文》五六一頁,有《蒼頡篇》第五章殘簡,存"漢兼天下,海内並廁"八字。孫星衍《蒼頡篇》輯本,對於叛討滅殘句,以意改校爲殘滅,因廁滅二字爲韻,比較理長,所惜木簡只存上兩句,究不能定其孰是。

《列女傳》亦向所造,其子歆又作頌,終於趙悼后。而傳有更始韓夫人、明德馬后及梁夫人嫕,皆由後人所羼,非本文也。

直按:之推叙《列女傳》終卷,與《續補列女傳》次第相吻合,知今本去古未遠。

或問曰,《東宮舊事》,何以呼鴟尾爲祠尾,答曰,張敞者吳人,不甚稽古,隨宜記注,逐鄉俗訛謬,造作書字耳。

　　直按：《隋書·經籍志》，《晉東宮舊事》十卷，不著撰人名。
《唐書·經籍志》，《東宮舊事》十一卷，張敞撰。考《宋書·
張茂度傳》："吳郡吳人，……父敞，侍中、尚書、吳國内史。"
故之推謂張敞吳人，不甚稽古也。

吳人呼祠祀爲鴟祀，故以祠代鴟字。呼紺爲禁，故以糸傍
作禁代紺字。呼盞爲竹簡反，故以木傍作展代盞字。呼
鑊字爲霍字，故以金傍作霍代鑊字。又金傍作患爲鐶字，
木傍作鬼爲魁字，火傍作庶爲炙字，既下作毛爲髻字。金
花則金傍作華，窗扇則木傍作扇。諸如此類，專輒不少。

　　直按：本段文字，皆言張敞吳人，訛謬造作書字，以下例舉繦、
榩、鑸、鎴、槐、燋、鼍、鏵、槅等字，似合張敞及蕭子云、邵陵王
創作之僞體而言。上述皆由東晉末至南朝之俗字，與北朝之
俗體別字，屬於異曲同工。南朝碑刻，流傳絶少，現無從印
證。（梁陵各闕，及《蕭憺》、《蕭秀碑》，所用尚係正體。）吾鄉
北固山甘露寺梁代鐵鑊，現已久佚，不知是否亦作鑸耳。
（《墨莊漫録》只録全文，不依原書字體。）但隋當陽玉泉道場
鐵鑊題字及東魏《邑主造石像銘》，鑊字均用正體，並不
作鑸。

即陸機所謂聚藻葉如蓬者也。

　　直按：吳陸璣《毛詩草木疏》，《經典釋文》作陸璣字元恪，吳
太子中庶子，烏程令，是正確的。其他各本作陸機者，均爲誤
字。本文宋本原作陸璣，趙注依俗本徑改作陸機則大謬。

柏人城東北有一孤山，古書無載者。惟闞駰《十三州
志》，以爲舜納於大麓，即謂此山，其上今猶有堯祠焉。

世俗或呼爲宣務山，或呼爲虛無山，莫知所出。

　　直按：《漢書・地理志》，柏人縣屬趙國。北魏延昌中，始改
　　爲柏仁，見魏《寧遠將軍柏仁男楊翬碑》，北齊《李清報德像
　　碑》亦作柏仁。柏人漢高祖附會解爲迫人，其地當因産柏子
　　仁藥味而得名。《金匱要略》藥方中，杏仁、桃仁，皆作杏人、
　　桃人，故在北魏時徑改爲柏仁。之推在當時，仍寫作柏人，不
　　從時尚也。

趙郡士族有李穆叔、季節兄弟、李普濟，亦爲學問，並不能
定鄉邑此山。

　　直按：《北史・李繪傳》，李籍之子公緒字穆叔，隋官冀州司
　　馬（《北齊書》附《李渾傳》）。李季節名概，見《隋書・經籍
　　志》集部，又見《新唐書・宰相世系表》趙郡李氏及陸法言
　　《切韻》序。之推《觀我生賦》自注云：趙郡李穆叔，調妙占天
　　文算術云云。又李普濟附見《北史・李裔傳》，“李暎子普
　　濟，學涉有名，性和韻，位濟北太守，……武定中位北海太
　　守”。三李皆當爲趙郡柏仁人也。

余嘗爲趙州佐，共太原王邵，讀柏人城西門內碑，碑是漢
桓帝時柏人縣民，爲縣令徐整所立，銘曰山有巏嵍，王喬
所仙。方知此巏嵍山也。

　　直按：段玉裁云：嵍字當作敄，其說是也。猶《左氏傳》之公
　　叔務人，郫公鐘則作郫公敄人也。

《爾雅》云，朮山薊也。郭璞注云：今朮似薊而生山中。
案朮葉其體似薊，近世文士，遂讀薊爲筋肉之筋，以耦地
骨，用之恐失其義。

直按：自漢以來，隸書從魚與從角之字，往往不分，《曹全碑》鰈寡作觧寡，正同此例，從月亦然。本文筋字，南北朝時俗寫從菥，與蓊字極相似，故易致誤。

故後人爲其象呼爲郭禿，猶《文康》象庾亮耳。

直按：盧氏《壬子年重校顏氏家訓補注》云：“《通典》樂六，《禮畢》者本自晉太尉庾亮家，亮卒，其後追思亮，因假爲其面，執翳以舞象其容，取謚以號之，謂《文康樂》，每奏九部樂歌則陳之，故以《禮畢》爲名。”盧氏之説是也。與上云樂之老胡文康，不能混爲一事。

或問曰，何故名治獄參軍爲長流乎，答曰，《帝王世紀》云：帝少昊崩，其神降於長流之山，於祀爲秋。案《周禮·秋官》，司寇主刑罰、長流之職，漢魏捕賊掾耳。晉宋以來，始爲參軍，上屬司寇，故取秋帝所居爲嘉名焉。

直按：《北史·序傳》，李撝字道撝，魏武定中司空長流參軍。又東魏《李仲璇修孔子廟碑》，有平南將軍長流參軍徐柒保題名。東魏《太公呂望表》，碑陰有輔國府長流參軍督新縣事尚□□題名。據此長流之名，起於東魏，《隋書·百官志》謂起於北齊，非也。

直又按：本文捕賊掾，當爲賊捕掾顛倒之誤字。兩漢有賊捕掾，見《漢書·張敞傳》及《李孟初神祠碑》。晉有賊捕掾，見《晉書·職官志》。

又相如《封禪書》曰，導一莖六穗於庖。

直按：漢代少府屬官有導官令。西安胡氏藏有“槀丞”印（現存陝西省博物館），蓋槀爲正字，導爲假借字。之推以導字專訓擇,猶狹義。

古無二字,又多假借,以中爲仲,以説爲悦,以召爲邵,以閒爲閑,如此之徒,亦不勞改。自有訛謬,過成鄙俗,亂旁爲舌,揖下無耳,黿鼉從龜,奮奪從蒦,席中加帶,惡上安西,鼓外設皮,鑿頭生毀,離則配禹,壑乃施豁,巫混經旁,皋分澤片,獵化爲獦,寵變成寵,業左益片,靈底著器。率字自有律音,强改爲別;單字自有善音,輒析成異。如此之類,不可不治。

　　直按:顏氏列舉當時之俗體字,今以六朝碑刻證之,無不吻合。如亂字作乿,見於《龍藏寺碑》。揖字作揖,見於東魏《敬使君碑》。席字作廗,見於北周《寇臻墓誌》。惡字作悪,見於東魏《邑主造石像銘》。鼓字作皷,見於《孫秋生造像》。鑿字作鑿,見於《唐思順坊造彌勒像記》。離字作離,見於《龍藏寺碑》。壑字作壑,見於《敬使君碑》。皋字作皐,見於《弔比干文》之翶翔。獵字作獦,見於隋《陳詡墓誌》(見《古刻叢鈔》)及唐《皇甫君碑》。寵字作竉,見漢《樊安碑》、《鄭文公碑》及唐《李文墓誌》。靈字作霛,見於《邑主造石像銘》。上列各字,僅各舉一二例,只有亂字,現今仍如此寫法。至於獵作獦,漢《張遷碑》臘字已作臈,賈誼書《勢卑篇》,逕作不獦猛獸,疑出於六朝人之傳寫。寵作竉者,在六朝人從穴與從宀之字,往往不區分,猶寅之作寅,宦之作窤也。

《春秋説》以人十四心爲德,《詩説》以二在天下爲酉。

　　直按:德本作悳,乃直心也。今以人十四心爲德,則應作德。

東魏《武定六年魏邑主造石像銘》，字正作德。此蓋北朝之俗字，當時從人從彳，本不區分，故儀字繁作儀（見《元寧造像記》），徒字省作徏（見《北齊丈八大像記》），彼字省作伇也（見東魏《李洪演造像記》）。《春秋説》雖爲古緯書，又經北朝人篡改也。

《漢書》以貨泉爲白水真人。

　　直按：泉字秦篆作泉，王莽變體作泉（在錢文及宜泉撲滿，左作貨泉陶片上皆相同），中豎筆斷，故以爲白水二字。又貨字作𧴒，盧氏以爲從化從貝，與真字不同，竊以爲此反對王莽篡漢，演出讖緯之説，本非解六書之義也。

《國志》以天上有口爲吳。

　　直按：吳字在《谷朗碑》，赤烏七年吳家吉祥磚（見《八瓊室金石補正》卷八，十二頁），及晉《三臨辟雍碑》皆作吳，不作天上有口。至吳《衡陽太守葛府君碑額》（此當爲梁人書），及梁《吳平侯反書神道闕》，隋《吳公女尉富娘墓誌》，始皆作吳，結體爲天上有口，與《魏志·薛綜傳》所記正合。蓋俗體在晉以前尚不施於碑刻也。

《晉書》以黃頭小兒爲恭。

　　直按：恭字下本從心，但歐陽詢書隋《皇甫君碑》，“長樂恭侯”、“恭孝爲基”兩恭字均正作恭，簡心爲小，與晉末謠諺黃頭小兒正合。知唐人所寫別體，必本於六朝時代。

《宋書》以召刀爲邵。

　　直按：應劭字仲遠，劭本當作邵，邵有遠義。《南史》文帝諒闇中生元凶劭，初命之曰邵，在文爲召刀，後惡焉，改刀爲力。

實則從刀與從力，在六朝時並不區分，猶功字作功也。

《參同契》以人負告爲造。

　　直按：造字從辵告聲，《參同契》原文作"吉人乘負，安穩長
　　生"。在魏伯陽字謎，爲人負吉，本文則作人負告。蓋吉告
　　二字，在東漢隸書，即往往混同，武梁祠畫像題字，帝俈即帝
　　嚳，是從告變爲從吉之證。

如猶轉貢字爲項，以叱爲七，安可用此定文字音讀乎。

　　直按：《齊民要術》叙棗，引《東方朔傳》曰："武帝時上林獻
　　棗，上以杖擊未央殿檻，呼朔曰，叱叱，先生來來，先生知此篋
　　裏何物，朔曰上林獻棗四十九枚，上曰何以知之，朔曰，呼朔
　　者上也，以杖擊檻，兩木林也，朔來來者棗也，叱叱者四十九
　　也。上大笑，賜帛十匹。"叱字本從匕，現正以叱爲七，與之
　　推所言當日俗體字正合。本段《東方朔外傳》，以兩來字爲
　　棗字謎，亦爲六朝人寫法，此傳當爲六朝人所依託無疑。

潘、陸諸子《離合詩》、《賦》。

　　直按：離合詩體，始創于東漢末孔融。潘岳所作《離合詩》，
　　爲"思楊容姬難堪"六字，楊容姬則爲晉荊州刺史楊肇之
　　女也。

音　　辭

孫叔言創《爾雅音義》，是漢末人獨知反語。

　　直按：盧氏《補注重校》云："《魏志·王肅傳》，稱樂安孫叔
　　然，以名與晉武帝同，故稱其字。"陸德明《釋文》，亦云炎字
　　叔然。本文作叔言，似取《莊子》大言炎炎爲義，特無炎本有

兩字耶,故仍之。

河北切攻字爲古琮,與工公功三字不同,殊爲僻也。

> 直按:戰國時陶工人題名,皆作旬攻某,攻工同聲,本無疑義,故之推引爲笑柄。

雜　藝

夫巧者勞而智者憂,常爲人所役使,更覺爲累,韋仲將遺戒深有以也。

> 直按:《莊子·德充符》云:"能者勞而智者憂,無能者無所求。"

> 又按:在《魏志》及《世説新語·巧藝篇》、《書品》、《齊民要術》等書,皆云韋誕字仲將。西安前出後秦時追立《東漢京兆尹司馬芳殘碑》,獨作韋誕字子茂,蓋其初字也。

蕭子雲每歎曰,吾著《齊書》,勒成一典,文章宏義,自謂可觀,唯以筆跡得名,亦異事也。

> 直按:蕭子顯著《齊書》,本文子雲當爲子顯傳鈔之誤字。本篇又云:"大同之末,訛替滋生,蕭子雲改易字體,邵陵王頗行偽字。"據此子雲之書,不爲之推所引重。

王褒地胄清華,才學優敏,後雖入關,亦被禮遇。猶以書工,崎嶇碑碣之間,辛苦筆硯之役。嘗悔恨曰,假使吾不知書,可不至今日耶。

> 直按:《周書·王褒傳》,稱其善草隸。本書《慕賢篇》亦云:"丁君十紙,不敵王褒數字。"現今傳世北周時碑刻,無王褒書丹者。僅在《萬歲通天帖》中,鉤摹有褒筆跡,略見一斑

而已。

梁氏秘閣散逸以來，吾見二王真草多矣，家中嘗得十卷。
方知陶隱居、阮交州、蕭祭酒，莫不得羲之之體。

　　直按：陶隱居書，今未見摹本。《淳化閣帖》五，袁昂《書品》
　　云：“陶隱居書，如小兒形狀未長成，而骨體甚峭快。”焦山
　　《瘞鶴銘》，絕非隱居手筆。

　　直又按：《述書賦》注云：“阮研字文機，陳留人，梁交州刺
　　史。”《法書會要》載陶隱居《與梁武帝論書啟》云：“近聞有一
　　人學阮研書，遂不可復別。”袁昂《書評》云：“阮研書如貴冑
　　失品次，不復排突英賢。”庾肩吾《書品》，阮研文機，列在上
　　之下。《淳化帖》四，摹有阮研書一道。又《藝文類聚》，有阮
　　研《櫂歌行》一首，則阮研不獨能書，兼亦工詩也。趙氏原
　　注，誤爲晉代之阮放，殊謬。

晉宋以來，多能書者，故其時俗，遞相染尚，所有部帙，楷
正可觀，不無俗字，非爲大損。至梁天監之間，斯風未變，
大同之末，訛替滋生。

　　直按：梁陵各神道闕，及《始興王蕭憺碑》、《安成王蕭秀碑》
　　（《憺碑》爲貝義淵書），兩碑皆無俗字，與之推所言正合。

蕭子雲改易字體，邵陵王頗行僞字。

　　直按：俗本僞字下，有“前上爲草，能傍作長之類是也”。共
　　十二字，宋本以爲注文，竊以爲確是正文，宋本不可信，趙注
　　刪去非也。

　　直又按：北齊《馬天祥造像》，“孰能詳之”，書能作帳，正之推
　　所謂能傍作長也。

朝野翕然，以爲楷式，畫虎不成，多所傷敗。至爲一字，唯見數點，或妄斟酌，逐便轉移，爾後墳籍，略不可看。

直按：至爲一字，唯見數點者，以休字爲例，晉人草書，休字下多加一字作伏。北魏《賈思伯碑》及《司馬昞墓誌》，亦皆作伏，至《元詮墓誌》，詮字休賢，便變伏作烋矣（以上僅舉一例）。又《李璧墓誌》，御史中丞作中烝，亦變一字爲數點之例。

北朝喪亂之餘，書跡鄙陋，加以專輒造字，猥拙甚於江南。乃以百念爲憂，言反爲變，不用爲罷，追來爲歸，更生爲甦，先人爲老，如此非一，徧滿經傳。

直按：東魏穆子容撰《太公呂望表》云：“器業優洽，文義淹絢。”優即優字，與之推所云百念爲憂正合。追來爲歸、先人爲老，亦均見《太公呂望表》（以上僅舉一例）。更生爲甦，至今尚仍沿用。惟言反爲變，不用爲罷，不見於北朝各石刻。

唯有姚元標工於草隸，留心小學，後生師之者衆。泊于齊末，祕書繕寫，賢於往日多矣。

直按：《魏書·崔玄伯傳》附《崔悆傳》云：“左光禄大夫姚元標以工書知名於時，見（崔）潛書，謂爲過於己也。”《北齊書·張景仁傳》，亦云魏郡姚元標。皆與本文相合。又憶在五十年前，山陰范鼎卿翁官衛輝河北道尹時，曾有札告余云：“安陽《西門豹祠堂碑》，爲姚元標所書，見於碑側題名，此前人所未知。”今案《祠堂碑》，確無俗體字，知范説之可據。

直又按：楊守敬得北齊人所寫《左傳》殘卷，並無別字，與之推賢於往日之説亦合。

畫繪之工，亦爲妙矣，自古名士，多或能之。吾家嘗有梁元帝手畫蟬雀白團扇及馬圖，亦難及也。

> 直按：唐張彥遠《歷代名畫記》，記梁元帝有自畫《宣尼像》。又嘗畫聖僧，武帝親爲贊之。有《職貢圖》（《職貢圖》現尚存殘卷，南京博物館藏，見一九六〇年《文物》七期）、《蕃客入朝圖》、《鹿圖》、《師利圖》、《鶒鶴陂澤圖》等，並有題印。又元帝另著《山水松石格》，文字樸茂，《四庫提要》疑爲僞託，非是。

武烈太子，偏能寫真，坐上賓客，隨宜點染，即成數人，以問童孺，皆知姓名矣。

> 直按：武烈太子名方等，字實相，張彥遠《歷代名畫記》，記武烈太子所畫有《龍馬出渥窪圖》。

蕭賁、劉孝先、劉靈，並文學已外，復佳此法。

> 直按：蕭賁見《南史·竟陵王蕭子良傳》，賁字文奐，幼好學，有文才，能書善畫，於扇上畫山水，咫尺之內，便覺萬里爲遥。又《金樓子·著書篇》云："《奇字》二秩二十卷，金樓付蕭賁撰。"又"《碑集》十秩，百卷，付蘭陵蕭賁撰"。《樂府詩集》，載蕭賁有《長安道》五言一首。

> 又按：劉孝先仕履已見趙注，馮氏《詩紀》有《和兄孝綽夜不得眠》等詩六首。史不言其善畫。劉靈僅見於本書《勉學篇》。

彭城劉岳，橐之子也，仕爲驃騎府管記、平氏縣令，才學快士而畫絕倫。後隨武陵王入蜀，下牢之敗，遂爲陸護軍畫支江寺壁，與諸工巧雜處。

直按：劉岳無考。陸護軍爲陸法和，見《北史‧藝術傳》，梁元帝以法和都督郢州刺史，加司徒，封江乘縣公。後奔齊入周，仍爲顯宦，獨不載陸官護軍將軍事。據之推《觀我生賦》云："懿永寧之龍蟠，奇護軍之電掃。"自注云："護軍將軍陸法和，破任約於赤亭湖，侯景退走大潰。"歷官與本文正合。支江當爲枝江簡寫，《隋書‧地理志》，枝江縣屬南郡。史稱法和奉佛法，故令劉岳畫枝江縣某寺之壁畫也。

反支不行，竟以遇害，歸忌寄宿，不免凶終。

直按：敦煌木簡有《永元六年曆譜》云："十一日甲午，破血忌反支。"王國維氏考釋，反支見《漢書‧遊俠傳》及《後漢書‧王符傳》，其説是也。

算術亦是六藝要事，……江南此學殊少，唯范陽祖暅精之，位至南康太守。

直按：祖暅爲祖沖之之子，事蹟見《南史‧祖沖之傳》。《隋書‧經籍志》子部天文家，有《天文録》三十卷，梁奉朝請祖暅撰。趙氏原注，僅引《隋書‧律曆志》，非其朔也。

《家語》曰："君子不博。"爲其兼行惡道故也。……王肅、葛洪、陶侃之徒，不許目觀手執。此並勤篤之志也。

直按：王肅惡博，今不可考。《藝文類聚》二十三，有王肅《家誡》，僅説誡酒，惡博應亦爲此篇之佚文。

圍棋有手談坐隱之目，頗爲雅戲。

直按：漢望都壁畫後有《石棋盤圖》，共畫十七道。韋昭《博弈論》、《文選》李善注，引邯鄲淳《藝經》云："碁局縱橫各十七道，合二百八十九道，白黑碁子各一百五十枚。"又《藝文類聚》卷七十四,引晉蔡洪《圍棋賦》云:"算塗授卒,三百爲群。"是晉時棋局,猶爲十七道。沈括《夢溪筆談》云:"弈棋古用十七道,與後世法不同,今世棋局縱橫各十九道,未詳何人所加。"

其尤妙者有蓮花驍,汝南周璪,弘正之子,會稽賀徽,賀革之子,並能一箭四十餘驍。

直按:投壺貴驍,始見於《西京雜記》之郭舍人,以今語譯之,投壺時竹箭往復不落地謂之驍,比於武士之驍勇也。又徐陵《玉臺新詠》序云:"雖復投壺玉女,爲歡盡於百驍。"蓋誇大之詞。

彈棊亦近世雅戲,消愁釋憒,時可爲之。

直按:趙注所用《藝經》,見《後漢書·梁冀傳》章懷注,但最末一句"其局以石爲之",未引出。又《藝文類聚》卷七十四,有梁元帝《謝東宮賜彈碁局啟》,知梁時確盛行此戲。

終　　制

吾年十九,值梁家喪亂。

直按:之推《觀我生賦》云:"未成冠而登仕,財解履以從軍。"自注云:"時年十九,釋褐湘東國右常侍,以軍功加鎮西墨曹參軍。"又之推《古意》云:"十五好詩書,二十彈冠仕。"皆與本文相合。

先君先夫人,皆未還建業舊山,旅葬江陵東郭。

直按:之推《觀我生賦》自注云:"靖侯以下七世墳塋,皆在白下。"又顏真卿《顏含大宗碑銘》云:"含隨元帝過江,已下七葉葬在上元幕府山。”（山名今仍舊，在南京和平門外。）又顏氏一族，在琅玡時居孝悌里（見《大宗碑銘》），在建業時，居長干顏家巷（見《觀我生賦》自注）。又幕府山曾出晉永和元年顏謙妻劉氏墓磚，應亦爲顏含之族人也。

承聖末，已啟求揚都，欲營遷厝，蒙詔賜銀百兩，已於揚州小郊北地燒磚。

直按：下文亦云藏内無磚。蓋自孫吳至陳隋時代，江南人士，墓葬墩内用磚，皆由自家燒造，内中有少數磚，必繫以年月某氏墓字樣，如長沙爛泥冲南齊墓，有磚文云“齊永元元年己卯歲劉氏墓”是也（見一九五七年《文物參考資料》第十二期，此例多不勝舉）。與之推燒磚之説正相符合。又南朝大貴族墓葬，在發掘情況中估計，最多者需用磚三萬枚，每燒窰一次至多萬枚，須燒三次始敷用，要一千人的勞動力。

床上唯施七星板，至如蠟弩牙、玉豚、錫人之屬，並須停省，糧罌明器，故不得營。

直按：蠟弩牙爲蠟制弩機模型。玉豚係玉石或滑石製成，南京幕府山一號墓所出即有滑石猪（見一九五六年《文物參考資料》第六期），錫人即鉛人。之推所言隨葬品，皆南朝人習俗。又糧罌二字連文，謂陶器罐中略盛食糧，作爲象徵性。洛陽金谷園漢墓群中所出陶瓶，有朱書題字，如“大麥屑萬石”、“粱米萬石”、“糜萬石”、“更萬石”、“糒萬石”、“大豆萬石”之類是也。

南北朝譜牒形式的發現和索隱

一、譜牒的起源

譜牒的起源，當開始於父系氏族形成以後，萌芽於商周，發展於秦漢，昌盛於南北朝，流衍於隋唐，消沉於兩宋，明清因科舉籍貫關係，尚起殘餘的作用。商代甲骨文有衣祭，羅列商代先王，有條不紊，已啟譜牒的形式。《史記·太史公自序》、《漢書》班固《叙傳》，及《漢書·揚雄傳》，叙述世系獨詳，當係根據於家譜。兩晉至南北朝發達的原因，一是九品中正選人的關係，二是晉元帝渡江以後，北朝士族不願與南人通婚，皆以門望自高的關係。隋唐雖由進士科取士，寒族可以仕進，然林寶的《元和姓纂》這部綜合性的家譜著作，明顯的仍以門閥相誇耀。兩宋時門閥的風氣衰微，譜牒亦漸漸不講，但明清兩代童生應縣考時每縣學額有一定名數，設甲縣考生多而名額少，乙縣考生少而名額多，勢必有避多就少，冒移籍貫者，往往因籍貫關係，涉成訴訟，訟者又往往據家譜爭辯，是僅在譜牒中起殘餘作用，不起決定作用。

譜牒最先起於帝王家譜，《隋書·經籍志》史部載有《帝王世譜》及《世本》，《史記·三代世表》即取裁於《世本》。私人家譜的名稱，正式開始於揚雄家牒。

譜牒的形式，漢代分三種：一爲橫格製表，分代分格順序寫。《史記·三代世表》、《王子侯表》、《高惠以來功臣表》是其例；二爲以姓爲單位，先叙得姓的起源，再叙世系及官位，王符《潛夫論·氏族篇》，應劭《風俗通義·姓氏篇》是其例；三爲一貫連叙，除上述《史記·自序》、《漢書·叙傳》外，漢《孫叔敖碑》碑陰等是其例。南北朝是分行寫，或是連行寫，每一代低空一格，劉宋劉襲的墓誌，北魏《薛孝通貤後券》（見後）是其例。唐代以姓爲單位魚貫連寫，林寶《元和姓纂》是其例。歐陽修《新唐書·宗室表》及《宰相世系表》，分代分格，遠取法於《史記》，近采摭於唐代遺留的家譜。明清私人的家譜，有沿用歐公《世系表》體例者，又有改爲每人半頁，詳記生卒年月官位妻子者，卷首有世系總表便於檢閱。

二、漢碑文中的譜牒學

漢代碑文無不叙述世系，通常是先叙得姓的起源，再叙高曾祖父的官位。最突出者，有《孫叔敖碑》碑陰及《趙寬碑》兩種，世系最爲詳悉，知道當日必根據於家譜，不啻漢人石刻的家譜。漢人家譜無一存者，今可以窺見大略，最爲可貴，茲分舉如下：

漢《孫叔敖碑》碑陰桓帝延熹三年（公元一六）五月立。見《隸釋》卷三，略云：

> 相君有三嗣。長君食邑固始，少子在江陵，中子居三（下缺）。相君卒後十餘世，有渤海太守武伯，武伯有二子，長子字伯尉，少子字仲尉，仕郡爲掾史。伯尉有一子字世伯，仲尉有二子，長子字孝伯，荆州從事，弟世信仕掾功曹，平哀之間，宗黨爲寇所殺。世伯子字子仲，有六男一女，大子字長都，次子蘭卿，次弟字仲陽，次弟字叔通，次弟字衛公，次弟字劉卿。孝伯子字文（下缺）亦有六男一女，大子字惠明，次弟

字次卿,次弟字聖公,次弟字稚卿,次弟字彥卿,次弟字少都。

漢《三老趙寬碑》靈帝光和三年立(公元一八一),公元一九
四〇年青海樂都縣出土,略云:

> 其先蓋出自少皓,迄漢文景,有仲況者,官至少府。厥子
> 聖爲諫議大夫,孫字翁仲,新城長,……徙隴西上邦,育生充
> 國字翁孫,爲漢名將,封邑營平。元子印爲右曹中郎將,印弟
> 襲爵,至孫欽尚敬武主,無子國除,元始二年復封曾孫纂爲
> 侯。充國弟字子聲,爲侍中,子君游爲雲中太守。子字游都,
> 朔農都尉。弟次卿,高平令,次子游,護苑使者,子游卿,幽州
> 刺史。印陪葬杜陵,孫豐字叔奇,監渡遼營謁者,子孟元,次
> 子仁爲敦煌太守。孟元子名寬字伯然,即充國之孫也。

兩碑叙述世系可謂特詳,這是漢代最可靠的譜牒文獻,所叙
人物,大部分皆稱字不稱名,自是漢人爲尊者諱的一種風氣,在史
傳裏看不出類此情形來。漢人譜牒,然亦有誇張失實者,如《金
石萃編》卷十四載漢《張遷碑》略云:"高祖龍興有張良析珪於留,
文景之間有張釋之,建忠弼之謨,孝武帝時有張騫,廣通風俗開定
畿宇。"按之《漢書》,張良爲韓人,張釋之爲南陽堵陽人,張騫爲
漢中城固人,三人世系,漠不相關,知撰文者必非依據張遷之家
譜,與孫叔敖、趙寬兩碑性質不同。

三、兩晉南北朝譜牒學的突興

兩晉南北朝譜牒學的突興,門閥的誇耀,是與九品中正選舉
辦法,及晉元帝渡江以後,北人至南方自矜門望兩者分不開的。
《文獻通考》卷二十八《選舉》云:

　　延康元年尚書陳羣，以爲天朝選用，不盡人才，乃立九品官人之法。州郡皆置中正，以定其選，擇州郡之賢有識鑒者爲之，區別人物，策其高下，又制郡口十萬以上，歲察一人。（馬端臨曰：）州郡縣俱置大小中正，各取本處人在諸府公卿及臺省郎吏有德充才盛者爲之，區別所管人物，定爲九等。其有言行修著，則升進之，或以五升四，以六升五，倘若道義虧缺，則降下之，或自五退六，自六退七。是以吏部不能審定，覈天下人才士庶，故委中正銓第等級，憑之授受，謂免乖失。及法弊也，唯能知其閥閱，非復辨其賢愚。所以劉毅云："下品無高門，上品無寒士。"

　　九品中正選舉辦法，既造成門閥之習，世家大族要保持他們特權，於是嚴士庶之別，以爲貴賤之分。於是士庶不通婚，高門不服役，起居動作，車服有別。這種人造的界限，雖帝王亦不能變更之。《宋書》五十七《蔡興宗傳》云：

　　（宋文帝謂王弘曰：）卿欲作士人，得就王球坐，……若往詣球，可稱旨就席。球舉扇曰：若不得爾。弘還，依事啟聞。帝曰：我便無如此何。

　　又《南史·賊臣·侯景傳》云：初侯景于未發難時，曾白梁武帝，請婚王謝，帝以王謝高門非偶答之。景恚曰："會將吳兒女以配奴。"及圍攻建業時，"乃縱兵殺掠，交屍塞路，富室豪家，恣意哀剝，子女妻妾，悉入軍營"。

　　又《文選》卷四十沈約《奏彈王源》略云：

　　風聞東海王源，嫁女與富陽滿氏，源雖人品庸陋，冑實參華。曾祖雅位登八命,祖少卿内侍帷幄,父璿升采儲闡,亦居清顯。源頻叨諸府戎禁,預班通徹,而托姻結好,唯利是求,玷辱流輩,莫斯爲甚。……竊尋璋之姓族,士庶莫辨,滿奮身隕西朝,胤嗣殄滅,武秋之後,無聞東晉,其爲虛托,不言自顯。王滿連姻,實駭物聽。

王球是琅邪王氏的嫡裔,在宋齊諸王中遠不如王曇首、王僧虔、王僧綽諸人的名望,自誇門閥,竟然不許來客就席,勢焰熏天,可見一斑。至於沈約奏彈的王源,爲東海郯人,曾祖雖官晉代宰輔,在當時已是没落的貴族,與滿氏連姻,亦屬尋常之事,必欲形諸奏章,加以罷斥,皆由於譜牒作祟的結果。

四、譜牒學北朝重於南朝

南北朝的家譜,是北朝重於南朝。《隋書·經籍志》史部,就隋時所存者加以著録,有《後魏辯宗録》(洛陽)、《京兆韋氏譜》(京兆)、《謝氏譜》(汝南)、《楊氏血脈譜》《楊氏枝分譜》《楊氏譜》(華陰)、《北地傅氏譜》(北地)、《蘇氏譜》(洛陽),又有《李氏家傳》(隴西)、《桓氏家傳》(沛國)、《太原王氏家傳》(太原)、《褚氏家傳》(吳郡)、《江氏家傳》(陳留)、《庾氏家傳》(新野)、《裴氏家傳》(京兆)、《虞氏家記》(會稽)、《曹氏家傳》(沛國)、《紀氏家紀》(丹陽)、《陸史》(吳郡)、《王氏江左世傳》(琅邪)、《孔氏家傳》(魯國)、《崔氏五門家傳》(博陵)、《暨氏家傳》(吳郡)、《爾朱家傳》(代北)、《周氏家傳》(汝南)、《令狐氏家傳》(華原)、《何氏家傳》(平陵)。上述家譜家傳,共二十七種,屬於南朝地區者,僅褚、虞、紀、陸、暨五家,其餘皆係北方大族。其原因是隨從晉元帝渡江者,安土重遷,各自爲譜。一則是表揚祖德,二則是不願與南人通婚姻。按《北魏書·官氏志》云:"太和十九年,詔曰:代人請冑,先無姓族,……比欲制定姓族,事多未就,……令司空公穆亮……等,詳定北人姓,務令平均,隨所了者,三月一列簿帳,送門下以聞。"又《隋書·經籍志》叙云:"後魏遷洛,……其中國士人,則第其門閥,有四海大姓、郡姓、州姓、縣姓。"又《新唐書·柳沖傳》云:"魏太和時,詔諸郡中正各列本土姓族次第,爲舉選格。"北朝人士之重譜牒學如此。

五、南北朝譜牒形式的發現及索隱

南北朝家譜載於刻石者,僅見於北魏《薛孝通貽後券》,兼叙及親戚譜系見於刻石者,則有宋《臨澧侯劉襲墓誌》及北魏《彭城王元勰妃李媛華墓誌》,分別介紹如下:

(一)《薛孝通貽後券》,北魏太昌元年刻,文十七行,每行十二字,公元一九二〇年山西太原出土,其地址恐係當日薛氏之祠堂。原石爲夏子欣所得,後不知售歸何人,外間知者絶少。文云:

　　大魏太昌元年□月十日,代郡刺史薛孝通,歷叙世代貽後券。河東薛氏,爲世大家,漢晉以來,名才秀出,國史家乘,著顯光華者歷數百年。厥後竟仕北朝,繁興未艾,今遠官代北,恐後之子孫不諳祖德,爲叙其世代以誌,亦當知清門顯德有所自也。五世祖名强字威明,汾陰侯,與王景略同志。桓溫署軍謀祭酒不就,符秦召亦卻仕。姚興爲光禄大夫,左户尚書。四世名辯,字允白,仕姚氏河北太守,歸魏爲平西將軍。三世名湖字破胡,爲本州中從事,别駕,河東太守。二世名聰字延知，由侍書郎遷侍書御史，都督徐州刺史。

按《北魏書》卷四十二《薛辯傳》，及《新唐書·宰相世系表》薛氏，與《賙後券》所述世系，均一一符合，略有差異之處。如五世祖名強字威明，《世系表》作名強字公偉，秦大司徒馮翊宣公。四世祖名辯字允白，《世系表》作元白當爲誤字。三世祖名湖字破胡，本傳以字行，《世系表》作薛瑚當爲誤字。二世祖名聰字延知，傳表皆作延智，《賙後券》作延知者係用省文。薛孝通爲薛道衡之父，薛收之祖，《隋書》卷五十七《薛道衡》傳亦同。

（二）宋《散騎常侍臨澧侯劉襲墓誌》，宋明帝泰始六年（公元四七〇）刻。原石久佚，全文載明陶宗儀《古刻叢鈔》。誌文格式，陶書不詳，疑爲兩面刻，與《刁遵墓誌》同例。所記直系親屬及外祖家名位，及兄弟姊妹的親戚名位，叙述詳細，不啻是婚姻集團的綜合家譜，與下述《李媛華墓誌》，體例正同，知道南北朝當時風氣是一致的。兹將《劉襲墓誌》所載各種類型的譜系，摘録如下：

祖諱道鄰，字道鄰，侍中太傅長沙景王。妃高平平陽檀氏，字憲子，謚曰景定。妃父暢道淵，永寧令。祖貌稚羆，琅邪太守。合葬琅邪臨沂莫府山。父諱義融，字義融，領軍，車騎，桂陽恭侯。夫人琅邪臨沂王氏字韶風。父蘭長仁，東陽太守。祖穆伯遠，臨海太守。合葬丹徒練壁雩山。所生母湯氏宣城人，葬練壁雩山。（以上叙劉襲父祖及外家官位）

兄覬茂道，散騎常侍，桂陽孝侯。夫人廬江灊何氏憲英。父愉之彦和，通直常侍。祖叔度，金紫光禄大夫，合葬練壁雩山。第三弟彪茂蔚，秘書郎，夫人河南陽翟褚氏成班。父方回，太傅功曹，祖叔度，雍州刺史。第四弟實茂軌，太子舍人。
夫人琅邪臨沂王氏淑婉。父津景源，中書郎。祖虞休仲，左
衛將軍。第五弟季茂通，海陵太守。葬練壁雩山。夫人陳郡
陽夏袁氏，父淑陽源，太尉、忠憲公。祖豹士蔚，丹陽尹。
（以上叙劉襲弟兄及弟兄妻子的父祖官位）

　　第一姊茂徽，嫡陳郡長平殷臧憲郎。父元素，南康太守。
祖曠思泰，參軍功曹。重嫡琅邪臨沂王閔之希損，鎮西主簿。
父昇之休道，都官尚書，祖敬宏，左光禄儀同。第二姊茂華，
嫡廬江灄何求子有，尚書郎。父鎮長宏，宜都太守。祖尚之
彦德，司空、簡穆公。第三姊茂姬，嫡平昌安丘孟翊元亮，中
軍參軍。離，父靈□太尉長史，祖昶彦遠，丹陽尹。第四姊茂
姜，嫡蘭陵蕭惠徽，中書郎。父思話，征西將軍，儀同三司。
祖源之君流，前將軍。第五妹茂容，嫡蘭陵蕭贍叔文。父斌
伯蒨，青冀二州刺史。祖摹之仲緒，丹陽尹。重嫡濟陽圉蔡
康之景仁，通直郎。父熙元明，散騎郎。祖廓子度，太常卿。
第六妹茂嬿，嫡濟陽考城江遯孝言，父湛徽淵，左光禄儀同、
忠簡公。祖夷茂遠，前將軍、湘州刺史。重嫡琅邪臨沂王法
興，驃騎參軍。父翼之季弼，廣州刺史。祖楨之公幹，侍中。
（以上叙劉襲姊妹所適夫家父祖的官位）

　　夫人濟陽考城江氏景婼，父淳徽源，太子洗馬。祖夷茂
遠，前將軍、湘州刺史。（以上叙劉襲妻家父祖的官位）

　　第一男□長暉，出後兄，紹封桂陽侯。第二男旻淵高，拜
臨灃侯世子。第三男矞淵華。第四男暈淵邃，出後第四弟
寔。第五男□淵頵。第六男晏淵平。第一女麗昭。第二女
麗明。第三女小字僧歸。（以上叙劉襲的子女）

綜觀此志所叙的親戚，如高平檀氏、臨沂王氏、盧江何氏、陽翟褚氏、陳郡袁氏、安丘孟氏、蘭陵蕭氏、濟陽蔡氏、濟陽江氏，皆是南朝的巨族。各族的祖先隨晉元帝渡江以後居住江南，與南朝士族混合，成爲南朝門閥。其留住北朝者，如博陵崔氏、清河東武城崔氏、京兆韋氏、隴西李氏、滎陽鄭氏等姓，又成爲北朝門閥。

此志所稱引的親戚，如王穆見《南史·王彧傳》，何叔度見《南史·何尚之傳》，褚叔度見《南史·褚裕之傳》，袁豹見《南史·袁湛傳》，王昇之見《南史·王裕之傳》，何子有見《南史·何尚之傳》，蕭思話、蔡廓《南史》均有列傳。王楨之見《晉書·王羲之傳》。無一不是高門大族，大部分均載在當時史書，謂之門閥式史書也可，謂之家譜式史書也可。

（三）北魏《彭城王元勰妃李媛華墓誌》，一九二〇年洛陽北張羊村出土，正光五年（公元五二五）八月刻。墓誌背面，刻直系親屬及親戚的世系官位極爲詳細，與宋《臨澧侯劉襲墓誌》體例完全相同。茲將《李媛華墓誌》所載各種類型的譜系摘要録下：

> 亡祖諱寶，使持節、鎮西大將軍、開府儀同三司、并州刺史，燉煌宣公。亡父諱沖，司空、清淵文穆公。夫人滎陽鄭氏。父德玄字文通，宋散騎常侍，魏使持節、冠軍將軍、豫州刺史、陽武靖侯。兄延寔，今持節督光州諸軍事、左將軍、光州刺史、清淵縣開國侯。亡弟休纂，故太子舍人。弟延考，今太尉外兵參軍。（以上叙李媛華父祖、外祖及兄弟官位）
>
> 姊長妃，適故使持節、鎮北將軍、相州刺史、文恭子滎陽鄭道昭。姊仲玉，適故司徒主簿滎陽鄭洪建。姊令妃，適故

使持節、撫軍、青州刺史、文子范陽盧道裕。妹稚妃,適前輕
車將軍、尚書郎中、朝陽伯清河崔勗。妹雅華,適今太尉參軍
事河南元季海。(以上叙李媛華姊妹及姊妹夫官位)

　　子子訥字令言,今彭城郡王。妃隴西李氏,父休纂。子
子攸字彦達,今中書侍郎、武城縣開國公。子子正字休度,今
霸城縣開國公。(以上叙李媛華子官位)

　　女楚華,今光城縣主。適故光禄大夫長樂郡開國公長樂
馮顥。父誕,故使持節侍中、司徒、長樂元公。女季瑶,今安
陽郡主,適今員外散騎侍郎、清淵世子隴西李彧。(以上叙
李媛華女及女婿並及親戚的官位)

　按李媛華本身爲隴西李氏,她的親戚如滎陽鄭氏、范陽盧氏、
清河崔氏、長樂馮氏,皆是北朝門閥的巨頭,也是《北魏書》中上
表的世族,如鄭道昭、鄭洪建均見於《鄭羲傳》,盧道裕見《盧玄
傳》,崔勗見《崔逞傳》,馮顥見《馮熙傳》,鄭道玄見《鄭羲傳》。
與《北魏書》載孝文帝爲六弟聘室,所聘爲隴西李氏、滎陽鄭氏、
范陽盧氏等,當時北朝的大姓,與李媛華親戚,無不相同,可證明
是門閥的婚姻集團。

　　上述三種譜牒形式,《薛孝通貽後券》及《李媛華墓誌》是發
現的,《劉襲墓誌》是索隱的,皆是譜牒學上極可寶貴的文獻。

六、《北魏書》是家譜式的史書

　　魏收《北魏書》,每一列傳,所繫子孫名字官爵,多者至百餘
人,無事蹟者僅書人名,且多生存的,且有卒於隋朝的。以《北魏
書》卷五十六《鄭羲傳》來舉例,鄭道昭子述祖,武定中尚書(《北

魏書》凡云武定中任某官者皆係生存人）。後來鄭述祖卒於北齊時（《北齊書》卷二十八）。又鄭希俊子道育，武定中開封太守。後來鄭道育在隋官至臨渠二州刺史，見河陰出土《鄭道育殘墓誌》。《北魏書》全部皆是如此，世系源源本本，毫不紊亂，必然是一部分根據史稿，一部分是根據家譜。從前的史書，絕無此體例，這是門閥形成的風氣。叙次繁瑣，包括人物極多，與史家體例雖不合，然現在出土的北朝墓誌正因它記載繁瑣，可考者十分之八九，於史料上亦不無稍有裨益。《北齊書》三十七《魏收傳》云：“尚書陸操嘗謂愔（楊愔）曰：‘魏收《魏書》，可謂博物宏才，有大功於魏室。’愔謂收曰：‘此謂不刊之書，傳之萬古，但恨論及諸家枝葉親戚，過爲繁碎，與舊史體例不同耳。’收曰：‘往因中原喪亂，人士譜牒，遺逸略盡，是以具書其支流。’”這是魏收自述編纂《北魏書》採用門閥家譜的必要性，並知道北魏的家譜，在北齊時已經遺佚不少。但到隋代留存的，還是北人占多數，足證南北朝時代譜牒學，北朝重視於南朝。

七、譜牒補史的作用

南北朝的譜牒，叙次世系，可信者固多，不可信者亦復不少。其可信部分，例如李廣據《史記》本傳，僅云：“其先曰李信，逐得燕太子丹者也。”《新唐書·宗室表》李氏云：“（李信）字有成，大將軍、隴西侯。生超，一名伉，字仁高，漢大將軍、漁陽太守。生二子：長曰元曠，侍中；次曰仲翔，河東太守、征西將軍，討叛羌于素昌戰没。……（仲翔）生伯考，……（伯考）生尚，成紀令，因居成紀。……尚生廣，前將軍。”證之《金石萃編》卷七十二《唐李思訓神道碑》云：

至信徙於秦，克復其任，子仲翔討叛羌于狄道，子伯考因家焉，洎孫廣，漢前將軍，廣子侍中敢，十四代孫曇。

《李思訓碑》敘述李廣曾祖爲李仲翔，與《世系表》完全相同，比《史記》較詳。又例如《新唐書·宰相世系表》華陰郭氏出自太原；漢有郭亭，亭曾孫光祿大夫廣智（當作廣意，《漢書·百官公卿表》景帝後元年有中尉廣意，武帝後元二年有執金吾郭廣意當即其人）。廣智生馮翊太守孟儒，子孫徙居馮翊。證之《金石萃編》卷九十二《郭氏家廟碑》云：

代爲太原著姓，漢有光祿大夫廣意，生孟儒爲馮翊太守，子孫始自太原家焉。

《郭氏家廟碑》爲顏真卿撰書，敘述郭氏先世，完全與《世系表》相同。又例如《宰相世系表》敘琅琊王氏爲王翦之後，翦子賁，賁子離，離裔孫王吉由頻陽徙居琅琊皋虞都鄉南仁里。證之北魏《北徐州刺史王紹墓誌》云："琅琊都鄉南仁里人也。"《王誦墓志》銘文首二句云："翦離上將，崇駿公卿。"又《王誦妻元氏墓誌》首行云："魏徐州琅琊郡臨沂縣都鄉南仁里通直散騎常侍王誦妻元氏誌銘。"近出東晉王興之墓刻，亦云："琅琊臨沂都鄉南仁里。"無不與《世系表》及《元和姓纂》相符合。

我所舉例，以《世系表》爲經，以《魏志》、唐碑爲緯，互相引證，事實方灼然可信。《世系表》當日材料，必取資於唐代遺留下的家譜，故與唐碑多所吻合。搜集起來，史料之價值極大。又如《錢氏大宗譜》，敘述錢讓遷居長興爲江東第一祖。讓子咸，咸弟京，均漢桓帝時舉孝廉，京從朱儁鎮壓"黃巾"有功，封亭侯。這些事實，《後漢書》皆無記載，應是很好的史料。又如現在人家，所存的家譜大率起自宋代。然經過元代時遠祖如未出仕者,他的名字,必上一字爲排行,下一字爲數目,試假設舉例來說,趙氏是以齊家二字爲排行的,則長子名趙齊一,次子名趙齊二,以下可以類推。這是元代侮辱百姓的一種實事。這種史料,在新舊《元史》中皆看不出來。總括一句,譜牒補史的作用,是相當大的。

一九六四年九月鎮江陳直進宜撰
一九七四年八月修改

南北朝王謝元氏世系表

引　言

《南朝王謝世系表》、《北朝元氏世系表》各一卷,是我二十四、五歲時所寫的,其時在江蘇東臺縣家居,與家邦福、邦懷兩兄在一處讀書研學。到了三十八、九歲,投身銀行界,書卷廢棄,有十餘年之久。此稿是我父親由蘇北寄到甘肅天水的,後又寄存重慶親戚家,於今年始取回。王謝的世系,除根據正史外,並涉及《世說》的注文及南朝的墓誌,所以比其他人做的較詳。北朝元氏世系則根據《魏書》、《元和姓纂》、《新唐書‧宰相世系表》,大宗尤在元氏各墓誌。我寫此書時,有些元氏墓誌尚未出土。現略加增補,以成完璧,對於講南北朝門閥歷史的,不無稍有幫助。

一九五七年五月
陳直

南朝王謝世系表

王　氏

《唐書‧宰相世系表》云:王氏出自姬姓。周靈王太子晉以直諫廢爲庶人,其子宗敬爲司徒,時人號曰"王家",因以爲氏。八世孫錯,爲魏將軍。生賁,爲中大夫。賁生渝,爲上將軍。渝生息，爲司寇。息生恢，封伊陽君。生元，元生頤，皆以中大夫召，不就。生翦，秦大將軍。生賁，字典，武陵侯。生離，字明，武城侯。二子元、威。元避秦亂，遷於琅玡，後徙臨沂。四世孫吉，字子陽，漢諫大夫，始家臯虞，後徙臨沂都鄉南仁里。魏《王紹墓誌》、《王誦妻元氏墓誌》俱署琅玡臨沂縣都鄉南仁里人，均與表合。

生駿，字偉山，御史大夫。二子崇、游，崇字德禮，大司空、扶平侯。生遵，字伯業，後漢中大夫、義鄉侯。生二子：旹、音。音字少玄，大將軍掾。案此處有脱簡，《王祥傳》云祖仁，青州刺史，父融，公府辟，不就。四子誼、叡、典、融。融字巨偉。二子祥、覽。晉宋各書有列傳者不注。

一祥字休徵，晉太保，睢陵元公。

　二肇晉始平太守。

　　三俊晉太子舍人，永世侯。

　　　四遐晉鬱林太守。

　二夏

　二馥晉上洛太守，襲睢陵孝侯。

　　三根晉散騎郎，襲睢陵侯。

　二烈

　二芬並見《晉書·王祥傳》。

一覽字玄通，晉光禄大夫，即丘貞子。

　二裁字士初，撫軍長史，襲即丘子，見《晉書·王覽傳》。

　　三導字茂弘，晉丞相，始興文獻公。

　　　四悦字長豫，晉吳王友，中書侍郎。

　　　四恬字敬豫，晉中軍將軍，即丘憲子。

五琨_{晉太常卿，《南史》作混，並見《晉書·王導傳》。}

六昄_{字偉世，晉侍中，左户尚書，始興公，見《南史·王誕傳》。}

七恢_{晉遊擊將軍，見《晉書·王導傳》。}

七偃_{字子游，宋右光禄大夫，始興恭公。}

八藻_{宋東陽太守。}

八懋_{字昌業，宋光禄大夫，南鄉僖侯。}

九瑩_{字奉光，梁左光禄大夫，建城靜恭公。}

十實_{梁秘書郎，襲建城公。}

八攸_{字昌達，宋給事黃門侍郎。}

九亮_{字奉叔，梁散騎常侍，豫寧煬公。}

五誕_{字茂世，宋輔國將軍。}

六訥_{《宋書》云官太子舍人，並見《南史·王誕傳》。}

四洽_{字敬和，晉散騎侍郎，《唐宰相世系表》作洽，爲劭之弟。}

五珣_{字元琳，晉尚書令，前將軍，東亭獻侯，並見《晉書·王導傳》。}

六弘_{字休元，宋太保，建安文昭公。}

七錫_{字寡光，宋江夏内史，襲建城公，光疑尤字之誤。}

八僧亮_{齊襲建安侯。}

八僧衍_{齊侍中。}

九茂璋_{字胤光，梁給事黃門侍郎。}

十沖_{字長深，梁司空，東安元簡公。}

十一瑒_{字子瑛，陳侍中，尚書左僕射，}

光子。

十一瑜字子珪,陳侍中,貞子。

八僧達宋中書令,寧陵侯。

九道琰宋廬陵内史。

六虞字休仲,晉廷尉卿。

七深字景度,宋新安太守,並見《南史·王弘傳》。

七津字景源,宋中書郎,見宋《臨澧侯劉襲墓誌》。

六柳字休季,宋光禄大夫,東亭侯。

七猷字世倫,宋侍中,光禄大夫。

八瞻字思範,梁侍中,吏部尚書,東亭康侯,並見《南史·王弘傳》。

九長玄梁著作佐郎,見《梁書·王瞻傳》。

六孺宋光禄大夫。

七遠字景舒,宋光禄勳。

八僧祐字胤宗,齊太子舍人。

九籍字文海,梁中散大夫,並見《南史·王弘傳》。

十碧見《梁書·王籍傳》。

七微字景玄,宋吏部郎。

七僧謙宋太子舍人,並見《南史·王弘傳》。

六曇首宋光禄大夫,豫寧文侯。

七僧綽宋金紫光禄大夫,豫寧愍侯。

八儉字仲寳,齊太尉,南昌文憲公。

九騫字思寂,梁侍中金紫光禄大夫,南昌安侯。

十規字威明,梁光禄大夫,南昌文侯,並見《南史·王曇首傳》。

十一褒字子淵,後周光禄大夫,石泉康侯。

十二鼒字玉鉉,隋安都通守,石泉明威侯,見《北周書·王褒傳》及《世系表》。

十三弘讓字敬宗,唐中書舍人,以下世系見《世系表》。

十三弘直字長宗,唐魏州刺史,並見《宰相世系表》。

九諫字思誨,梁尚書左僕射,靖子。

十承字安期,梁東陽太守,章子,並見《南史·王曇首傳》。

十訓字懷範,梁侍中,温子,見《梁書·王承傳》。

十穉梁侍中,左光禄大夫,見《王承傳》及隋《王袞墓誌》。

十一誦後梁侍中、中書令,見《北周書·蕭巋傳》及《王袞墓誌》。

十二袞字公衣,隋桃林縣令,見《王袞墓誌》。

十訏見《梁書·王諫傳》。

八遜宋丹陽尹。

七僧虔齊侍中,司空簡穆公。

八慈字伯寶,齊冠軍將軍,太常卿,懿公。

九泰字仲通,梁吏部尚書,夷子,並見《南史‧王
曇首傳》。

十祁兄子嗣泰,見《梁書‧王泰傳》。

十廓

八志字次道,梁金紫光禄大夫,安公。

九緝

九休

九諲

九操

九素

八揖梁大中大夫。

九筠字元禮,陳太子詹事。

十祥陳黄門侍郎,並見《南史‧王曇首傳》。

十一眘字元恭,隋秘書郎。

十一胄字承基,隋著作郎,並見《北史‧文
苑傳》。

十銛陳光禄大夫,大中正。

十一瑜陳著作郎,並見唐《華陽觀王先生
碑銘》。

八彬字思文,梁吏部尚書,憲公。

八寂字子玄,齊秘書郎,並見《南史‧王曇首傳》。

五珉字季琰,晉太常卿。

六朗_{晉侍中。}

六練_{晉侍中。}

四協_{字敬祖,晉撫軍將軍,武岡侯。}

四劭_{字敬倫,晉車騎將軍,簡公。}

　五穆_{字伯遠,晉臨海太守。}

　　六簡_{字長仁,宋東陽太守,並見宋《劉襲墓誌》。}

　　六智_{宋太常卿,建陵子,並見《晉書·王導傳》。}

　　六僧朗_{宋尚書右僕射,元公,疑初名超,見《南史·王惠傳》。}

　　　七楷_{宋太中大夫。}

　　　　八蘊_{字彥深,宋湘州刺史。}

　　　七粹_{字景深,宋黃門侍郎。}

　　　　八奐_{字道明,又字彥孫,齊尚書左僕射,雍州刺史。}

　　　　　九融_{字元長,齊太子中庶子,並見《南史·王惠傳》。}

　　　　　　十誦_{字國章,魏尚書左僕射,文宣公。}

　　　　　　　十一孝康_{魏尚書郎。}

　　　　　　　十一儁康_{北齊征虜將軍,太府少卿。}

　　　　　　十衍_{字文舒,魏司空公,徐州刺史,文獻公,並見《魏書·王肅傳》。}

　　九彪

　　九爽

　　九弼

九琛齊司徒從事中郎,並見《南史·王彧傳》。

十翊字士游,魏司空公,徐州刺史。

十一淵字子建,魏記室參軍,字見魏《元乂墓誌》。

九蕭字恭懿,魏侍中,司空,昌國宣簡公。

十紹字三歸,又字延安,魏徐州刺史。

十一遷魏通直常侍。

十理魏著作佐郎。

九秉字文政,魏征虜將軍,徐州刺史,並見《魏書·王肅傳》。

八份字季文,梁丹陽尹,胡子。

九琳字孝璋,梁東司徒左長史。

十銓字公衡,梁侍中,丹陽尹。

十一溥字伯淮。

十錫字公嘏,梁太子洗馬,永安貞子,並見《南史·王彧傳》。

十一淀後梁右光禄大夫。

十二瓊後梁黃門侍郎。

十一湜後梁都官尚書。

十二懷隋沔陽令,並見《周書·蕭詧傳》。

十僉字公會,梁侍中,恭子。

十通字公達,陳左光禄大夫,成子。

十勘字公齊,陳尚書左僕射,温子。

十質字子貞,陳都官尚書,安子。

十固字子堅,陳太常卿,恭子。

十一寬陳侍中,並見《南史·王彧傳》。

八儼齊左將軍,尋陽内史,見梁《永陽王太妃墓誌銘》。

七彧字景文,齊開府儀同三司,懿子。

八絢字長素,宋秘書丞,恭子。

八繢字叔素,齊侍中,始平靖子。

九儁齊建安太守。

十克陳尚書右僕射。

八約梁廷尉卿,並見《南史·王彧傳》。

五默晉左光禄大夫。

六鑒

六惠字令明,宋太常卿。

五恢

五謐字稚遠,晉司徒,武昌文恭公。

六瓘

六球字蒨玉,宋金紫光禄大夫。

六琇並見《晉書·王導傳》。

四薈字敬文,晉左將軍,會稽内史,見《晉書·王導傳》。

五廞字伯輿,晉司徒右長史。

六泰

六華字子陵,宋侍中,新建宣侯。

七定侯宋左衛將軍。

七長襲新建侯。

七佟襲新建侯。

五懌

六琨齊侍中,左光禄大夫,並見《南史·王華傳》。

五某

六鴻宋五兵尚書,會稽太守,見《宋書·王華傳》。

三穎字茂英,晉議郎。

三敞字茂平,晉丞相祭酒,並見《晉書·王導傳》及《世説》注。

二基字士先,晉治書御史,見《晉書·王覽傳》。

三含字處弘,晉光禄勳,見《晉書·王敦傳》及《世説》。

四俞晉散騎常侍。

三敦字處仲,晉大將軍,武昌公。

四應字安期,晉武衛將軍,見《晉書·王敦傳》及《世説》注。

二會字士和,晉侍御史。

三舒字處明,晉車騎大將軍,彭澤穆侯。

四晏之晉護軍參軍,襲彭澤侯。

五崑之晉襲彭澤侯。

六陋之晉襲彭澤侯。

四允之字深猷,晉衛將軍,會稽内史,番禺忠侯。

五晞之晉襲番禺侯。

六肇之晉襲番禺侯,並見《晉書·王舒傳》。

二正字士則,晉尚書郎,見《晉書·王覽傳》。

三廙字世將,晉侍中,驃騎將軍,武陵康侯。

四頤之字修年,晉東海内史,振威將軍,見《晉書·王廙傳》,又見宋《劉襲墓誌》。

四胡之字修齡,晉司州刺史,見《晉書·王廙傳》。

五和之字興道,晉永嘉太守,見《世説》注。

五茂之字興元,晉晉陵太守,見《晉書·王廙傳》及《南史·王裕之傳》。

六敬宏名裕之,宋左光禄大夫,文貞公。

七恢之宋秘書郎,見《南史·王裕之傳》。

七瓚之宋金紫光禄大夫,貞子。

八秀之字伯奮,吳興太守,惠子。

九峻字茂遠,梁金紫光禄大夫,惠子。

十琮並見《南史·王裕之傳》。

十玩見《梁書·王峻傳》。

七升之字休道,宋都官尚書,見《南史·王裕之傳》及《劉襲墓誌》。

八延之字希季,齊尚書左僕射,簡子。

九綸之字元章,齊都官尚書。

十昕並見《南史·王裕之傳》。

八閡之字希損,宋鎮西主簿,見宋《劉襲墓誌》。

七謙之字休光,前將軍,石陽肅子,疑敬宏子,見《宋書·劉懷慎傳》。

八應之_{宋侍中，衡陽内史。}

八云之_{並見《宋書·劉懷慎傳》。}

四耆之_{字修載，晉中書郎，字見《世說》注。}

五隨之_{晉上虞令。}

六鎮之_{字伯重，宋宣訓衛尉。}

七摽之_{宋安復令。}

六弘之_{字方平，宋徵士。}

七曇生_{宋中散大夫。}

七普曜_{宋秘書監。}

八晏_{字休默，宋太子少傅，曲江公。}

九德元_{齊車騎將軍。}

八昭

八略

八詡_{齊衛尉少卿。}

七羅云_{宋平西長史。}

八思遠_{宋太常卿，貞子，並見《南史·王鎮之傳》。}

四羨之_{晉鎮軍掾。}

五偉之_{晉王國郎中令。}

六韶之_{字休泰，宋吳興太守。}

七曄_{宋臨賀太守，並見《南史·王韶之傳》。}

三曠_{晉淮南太守，見《晉書·王羲之傳》。}

四籍之_{晉安成太守，疑爲羲之兄，見《晉書·王彬傳》及《淳化閣
王廙帖》。}

四羲之 字逸少,晉右將軍,會稽內史。

　五玄之 早卒。

　五凝之 字叔平,晉左將軍,江州刺史,字見《世說》注及《異苑》六。

　五渙之 見《淳化閣帖》。

　五肅之 字幼恭,晉中書郎,見《世說》注。

　五徽之 字子猷,晉黃門侍郎。

　　六楨之 字公榦,晉侍中,大司馬長史,並見《王羲之傳》。

　　　七翼之 字秀弼,宋廣州刺史,見宋《劉襲墓誌》,又見《宋書·孝武本紀》大明八年。

　　　八法興 宋驃騎參軍,見宋《劉襲墓誌》。

　五操之 字子重,晉侍中,豫章太守。

　五獻之 字子敬,晉特進,光祿大夫,憲公。

　　六靖之 字□壽,晉司徒左長史,義興太守,字見宋《謝濤墓誌》。

　　　七悅之 字少明,宋御史中丞,並見《晉書·王羲之傳》。

三彬 字世儒,晉衛將軍,關內肅侯。

　四彭之 字安壽,晉黃門郎,字見《世說》注。

　四彪之 字叔虎,晉光祿大夫,尚書令,簡公。

　　五越之 晉撫軍將軍。

　　五臨之 字仲產,晉東陽太守,御史中丞,字見《世說》注。

　　　六納之 字永言,晉御史中丞,並見《晉書·王彬傳》,字見《世說》注。

七準之字元魯，宋丹陽尹。

八興之宋征虜主簿。

九進之梁左衛將軍，建寧公。

十清梁安南將軍，中盧公。

十一猛初名勇，字世雄，陳東衡州刺史，應陽成公。

十二繕隋善州刺史，並見《南史·王准之傳》。

十二纘隋旗鼓將軍，楚州刺史，以下世系詳《世系表》。

十三續隋吏部郎中，並見《宰相世系表》。

六瓛之字道茂，宋司空，諮議參軍。

七逡之字宣約，齊給事中。

六某

七珪之齊長水校尉。

八顗齊中軍參軍。

四翹之晉光禄大夫。

四興之字稚陋，晉征西大將軍行參軍，贛令。

五閩之字稚容。

五嗣之

五咸之

五預之並見南京近出土《王興之墓誌》。

五望之

六泰之

七元弘宋平固令。

八素字仲業,宋徵士,並見《南史·王准之傳》。

三邃晉海陵恭侯,《世説·賞譽篇》云字處重,官尚書左僕射,見《淳化閣帖》。

二彦字士治,晉中護軍,見《晉書·王覽傳》。

二琛字士瑋,晉國子祭酒。

三稜字文子,晉廣武將軍。

三倜晉吳國內史。

謝　　氏

《元和姓纂》云:謝,姜姓,炎帝之胤,申伯以周宣王舅受封於謝,今汝南謝城是也。後失爵以國爲氏。

一纘晉典農中郎將。

二衡晉國子祭酒。

三鯤字幼輿,晉太常卿,康公。

四尚字仁祖,晉散騎常侍,簡公,並見《晉書·謝鯤傳》。

三裒晉太常卿,字幼儒,見晉《謝鯤墓誌》。

四奕字無奕,晉征西將軍。

五淵字叔度,晉義興太守,唐修《晉書》作泉,字見《世説》注。

六玩晉豫寧伯。

五靖晉太常卿,並見《晉書·謝安傳》。

五玄字幼度，晉車騎將軍，康樂獻武公。

六瑍晉秘書郎，字慶見《異苑》五。

七靈運晉臨川內史，康樂公。

八鳳早卒。

九超宗齊鎮北諮議。

十才卿

十一藻

十幾卿並見《南史·謝靈運傳》。

四據字玄道，早卒，字見《世說》注。

五朗字長度，晉東陽太守。

六重字景重，晉會稽王驃騎長史。

七絢字宣映。

八世基並見《晉書·謝安傳》。

七瞻字宣遠，宋豫章太守。

七晦字宣明，宋荊州刺史，建平公。

八世休

七𥇦字宣鏡，宋黃門郎。

八世平早卒。

七遯並見《南史·謝晦傳》。

五允字令度，晉宣城太守。

六裕字景仁，宋金紫光禄大夫。

七恂字泰温，宋鄱陽太守。

八孺子《梁書》名稚，宋西陽太守。

九璟梁侍中，左户尚書。

十微

六純字景懋，宋南平相。

六覾字景魋，宋司徒右長史。

六述字景先，宋南郡太守。

七綜宋太子舍人。

七約

七緯宋正員郎。

八朓字玄暉，齊宣城太守。

九謨梁王府諮議，並見《南史·謝景仁傳》。

四安字安石，晉太傅，廬陵文靖公。

五瑤字球度，晉琅玡王友，襲廬陵公，字見宋《謝濤墓誌》。

六該晉東陽太守。

七承伯襲廬陵公。

六澹字景恒，宋侍中，金紫光禄大夫。

六璞字景山，晉散騎常侍，光禄勳，並見《謝安傳》。

七濤字明遠，宋散騎常侍，曾孫綽，梁少府卿，見宋《謝濤墓誌》，綽見《隋書·經籍志》史部。

五琰字瑗度，晉徐州刺史，望蔡忠肅公。

六肇晉驃騎參軍。

六峻晉散騎侍郎，建昌侯。

六混字叔源，晉中領軍，尚書左僕射，並見《晉書·謝安傳》。

四萬字萬石,晉散騎常侍。

五韶字穆度,晉車騎司馬。

六恩字景伯,晉武昌太守,《南史》作思,並見《晉書‧謝安傳》。

七曜宋御史中丞。

七密字弘微,宋侍中中庶子,建昌侯。

八莊字希逸,宋金紫光禄大夫,憲子。

九颺

九朏字敬沖,齊司徒,尚書令,敬公。

十諼齊司徒右長史。

十譓梁右光禄大夫。

十一哲字穎豫,陳吏部尚書,康子。

九顥字仁悠,齊北中郎長史。

九樅

九瀹字義潔,齊光禄大夫,簡子。

十覽字景滌,梁中書令。

十玄大梁侍中。

十一僑字國美。

十二禪

十一札字世高,梁湘東王諮議。

十舉字言揚,梁侍中,中衛軍,並見《南史‧謝
弘微傳》。

十一禧見《梁書‧謝舉傳》。

十一蝦字含茂,梁中書令,光子。

十二儼梁太常卿。

十二伷梁尚書僕射，並見《南史·謝弘
微傳》。

四鐵字鐵石，晉永嘉太守，見《晉書·謝安傳》。

五邈字茂度，晉吳興太守。

五沖字秀度，晉中書郎。

六方明宋丹陽尹。

七惠連宋彭城王參軍。

七惠宣宋臨川太守，並見《南史·謝方明傳》。

四石字石奴，晉司空，南康襄公。

五汪早卒，襲南康公。

六明慧襲南康公。

七曇襲南康公，並見《晉書·謝安傳》。

三廣字幼臨，見晉《謝鯤墓誌》。

北朝元氏世系表

上谷公支神元帝後。

一紇羅上谷公。

二題襄城王。

三悉襄城王，並見《魏書·上谷公傳》。

建德公支神元帝後。

一嬰文建德公，東夷校尉。

真定侯支神元帝後。

一陸真定侯,散騎常侍。

　二某

　　三某

　　　四軌字法寄,徐州刺史,並見《魏書·真定侯傳》。

　　武陵侯支章帝後。

一因武陵侯。

　　長樂王支章帝後。

一壽樂長樂王,選部尚書。

　　望都公支昭帝後。

一頹望都公。

　　曲陽侯支桓帝後。

一素延曲陽侯,幽州刺史。

　　順陽公支桓帝後。

一郁順陽公。

　　宜都王支桓帝後。

一目辰宜都王,幽州刺史。

　　吉陽男支太祖族弟。

一比干吉陽男,南道都將。

　　江夏公支太祖族弟。

一呂江夏公,外都大官。

　　高涼王支平文帝後。

一孤高涼王。

　二斤

三真樂_{平陽王。}

四禮_{中都大官。}

五那_{中都大官,高涼王。}

六度和_{散騎常侍,平舒男。}

七龙_{字平城,平北將軍,恒州刺史,見《元龍墓誌》。}

六紇

七大曹_{太原公。}

四陵_{襄邑子,并州刺史。}

五瓌_{冀州刺史,《元鷔墓誌》作名肱,魏時瓌肱二字相通,見《北史·高阿那肱傳》。}

六鷔_{字孔雀,華山王大司馬。}

七大器_{並見《魏書·高涼王傳》。}

八德瑜_{見《姓纂》。}

七稚英_{字季彥,西曹書佐,見《元鷔墓誌》及北齊《西門豹祠堂碑》題名。}

二某

三度_{松滋侯,比部尚書。}

四乙斤_{外都大官。}

五平_{字楚國,艾陵男。}

六萇_{雍州刺史。}

七子華_{字伏榮,南兗州刺史。}

七子思_{字衆念,侍中。}

六珍_{字金雀,尚書左僕射。}

五長生司空公。

六天穆雍州刺史。

七儼都官尚書，並見《魏書·高涼王傳》。

西河公支平文帝後。

一敦西河公，中都大官。

二撥

司徒公支平文帝後。

一石華州刺史。

汶陽男支平文帝後。

一吐久汶陽男，征南將軍。

二廣達夏州刺史。

三賢字景伯，北齊安次男，太府卿。

四長琳

四子琳

四子琅

四子瓌

四子瓚

四子璆

四子琛

四子珍並見《元賢墓誌》。

武衛將軍支烈帝後。

一謂武衛將軍。

二烏真鉅鹿太守。

三興都_{樂城子,河間太守。}

四提

四丕_{東陽王,太尉,國三老。}

五隆

五乙升

五超

五儁_{新安男。}

五邕_{涇縣男,並見《魏書·武衛將軍傳》。}

淮陵侯支_{烈帝後。}

一大頭_{淮陵侯,寧北將軍。}

河間公支_{烈帝後。}

一齊_{河間公,內都大官。}

二陵

二蘭_{建陽子,武川鎮將。}

三志_{字猛略,太保、僕射,並見《魏書·河間公傳》。}

扶風公支_{烈帝後。}

一處真_{扶風公,殿中尚書。}

文安公支_{魏疏族。}

一泥_{文安公,安東將軍。}

二屈_{并州刺史。}

三磨渾_{長沙公,定州刺史,並見《魏書·文安公傳》。}

寔君支_{昭成後。}

一寔君

二某

　三勿期<small>林廬侯,定州刺史。</small>

　　四六狀<small>真定侯,並見《魏書·寔君傳》。</small>

　秦明王支<small>昭成後。</small>

一翰<small>秦明王。</small>

　二儀<small>衛王,《元平墓誌》作壆。</small>

　　三簒<small>中山王,內大將軍。</small>

　　三良<small>南陽王。</small>

　　三幹<small>新蔡公,都官尚書。</small>

　　　四禎<small>侍中、儀同三司。</small>

　　　　五瑞<small>字天賜,太常卿。</small>

　　三陵<small>羽真尚書,冠軍將軍。</small>

　　　四平<small>字平國,宣威將軍,白水太守。</small>

　二烈<small>陰平王,並見《魏書·秦明王傳》。</small>

　　三裘

　　三道子<small>下大夫。</small>

　　　四洛<small>羽林幢將。</small>

　　　　五乞<small>中散大夫,並見《北史·秦明王傳》。</small>

　　　　　六晏<small>瀛州刺史。</small>

　二觚

　　三爕<small>豫章王,並見《魏書·秦明王傳》。</small>

　常山王支<small>昭成後。</small>

一壽鳩

二遵常山王，侍中，字勃兜，見《元佯墓誌》。

三素尚安公，外都大官。

四可悉陵暨陽子，中軍都將。

四陪斤

五昭字幼明，尚書左僕射，字見《元昭墓誌》。

六玄字彦道，臨淄縣子。

五紹涼州刺史。

四忠字仙德，城陽公，右僕射。

五盛字始興，謁者僕射，並見《魏書·常山王傳》。

六懋字伯邕，西魏北平王，尚書僕射。

七陟字景升，西魏儀同三司。

八焕隋工部侍郎。

七順字敬叔，西魏濮陽王，侍中。

八偉字大猷，西魏南安王，襄州刺史，並見《北史·常山王傳》。

八雄西魏武陵王。

九胄隋靈州總管。

九威並見《隋書·元胄傳》。

五昺字壽興，豫州刺史。

六最字幹，樂平王，侍中，並見《北史·常山王傳》。

七亶字□智，隋太僕卿，以下世系詳《姓纂》，見《姓纂》，參《元公墓誌》。

五益生

六毗字休弼，西魏魏郡王。

七綽

四德河間公，曹州刺史，見《元德墓誌》。

五悝光州刺史，字鯩陀，見《元侔墓誌》。

六嶷字子仲，濮陽伯，司徒公。

六侔太尉府參軍，見《元侔墓誌》。

五暉字景襲，司空公。

六弼字宗輔，北齊左光禄大夫。

六逸字仲儁，冀州刺史。

七悛字士愉，太常少卿，見《元悛墓誌》。

七愔字士悕，廣州刺史，見《元愔墓誌》。

六某字士將，北齊將作大匠。

四贊上谷侯，衛將軍，僕射，並見《魏書·常山王傳》。

四淑字買仁，河東太守。

五季海字元泉，西魏馮翊王，雍州刺史。

六亨一名考才，字德良，平涼王，隋太常卿，並見《北史·常山王傳》。

五振以下世系詳《姓纂》，見《姓纂》。

三羽鄰

四某

五晞

六文遥字德遠，北齊左僕射。

七行恭隋主爵侍郎。

七行恕隋毛州司馬，以下世系詳《姓纂》。

七行如北齊著作佐郎，並見《姓纂》及《北齊書·元文遙傳》。

陳留王支昭成後。

一紇根《元弼墓誌》作根，封清河王。

二虔陳留王。

三悅朱提王。

三崇并州刺史。

四建懷荒大將。

五琛恒、朔二州刺史。

六翊尚書左僕射，並見《魏書·陳留王傳》。

七暉字叔平，隋義寧公，魏州刺史。

八肅隋光禄少卿。

八仁器隋日南郡丞，並見《北史·元暉傳》。

八仁宗隋東宮右親衛，見《元仁宗墓誌》。

四某

五祚字龍壽，侍中、尚書左僕射。

六景皓見《北史·元景安傳》。

二顗虔兄，蒲城侯，平盧太守，《元弼墓誌》作突，肆州刺史。

三崘隴西公，秦州刺史，並見《魏書·陳留王傳》。

四永壽代郡公，《北齊書》作永。

五景安北周義寧郡公，大將軍。

四種

五豫字景豫，北齊東豫州刺史，並見《姓纂》及《北史·元景安傳》。

四弼字扶皇，太尉府諮議參軍，見《元弼墓誌》。

毗陵王支昭成後。

一地干見《魏書·毗陵王傳》。

二順毗陵王，車騎大將軍，冀州刺史。

三永冠軍將軍，徐州刺史，並見《元氏趙夫人墓誌》。

遼西公支昭成後。

一力真

二意烈遼西公。

三拔干武遂子，勃海太守。

四受洛武邑公。

五叱奴武川鎮將。

六洪超光祿大夫。

二勃彭城公，《姓纂》作意勁。

三栗並見《魏書·遼西公傳》。

四禎敷州刺史，《姓纂》云勃五世孫。

五巖字君山，平昌公，隋兵部尚書。

六子琳

六弘嗣隋北平通守。

五成並見《北史·元巖傳》及《姓纂》。

三渾

四庫汗羽林中郎將。

五古辰並見《魏書·遼西公傳》。

清河王支道武後。

一紹清河王。

陽平王支道武後。

一熙陽平王,司徒。

二他淮南王。

三吐萬并州刺史。

四顯襲祖爵,諡曰僖王。

五世遵雍州刺史。

六敬先定州刺史。

七宣洪光禄少卿。

五均字世平,冀州刺史。

六忻之定州刺史。

六慶鸞司徒諮議參軍。

六慶哲司農少卿。

五禹鄄城伯,雍州刺史。

六長淵南青州長史。

五菩薩給事中。

三鍾葵早卒。

四法壽相州刺史。

五慶始廣州刺史。

五慶遵瀛州騎府司馬。

五慶智太尉主簿,並見《魏書·陽平王傳》。

四法僧_{梁始安公，司空公。}

　　五景隆_{梁彭城王，廣州刺史。}

　　五景仲_{梁枝江公，廣州刺史，並見《梁書‧元法僧傳》。}

三篤_{字阿成，幽州刺史。}

四浩_{字洪達，太尉長史。}

二比陵_{牂柯公，安遠將軍。}

三天琚_{濟州刺史，並見《魏書‧陽平王傳》。}

四廣_{字延伯，寧遠將軍，洛州刺史，見《元廣墓誌》。}

河南王支_{道武後。}

一曜_{河南王。}

二提_{武昌王，車騎大將軍。}

三平原_{雍州刺史。}

四和_{字善意，相州刺史。}

　　五顯

　　五謙_{字思義，相州刺史。}

　　　六棽

四鑒_{字紹達，齊州刺史。}

　　五伯宗_{員外郎。}

　　五仲淵_{蘭陵太守。}

四榮_{字瓮生，羽林監。}

四亮_{字辟邪，河間太守。}

四馗_{字道明，青州刺史，並見《魏書‧河南王傳》。}

　　五禮宗_{見《元馗墓誌》。}

四維字景範,涼州刺史,見《元維墓誌》。

河間王支道武後。

一脩河間王。

二羯兒略陽王,征西大將軍。

三定字泰安,青、雍二州刺史,並見《魏書·河間王傳》及《元定墓誌》。

長樂王支道武後。

一處文長樂王,見《魏書·長樂王傳》。

廣平王支道武後。

一連廣平王。

二渾南平王,領護西域校尉。

三飛龍左光禄大夫。

四纂平州刺史。

五伯和散騎常侍。

六統涼州刺史,《魏書》此傳有闕文。

六思略瀛州治中。

六叔略太尉主簿,並見《魏書·廣平王傳》。

五仲同疑伯和之弟,雍州刺史,南平王,名暐,見《元暐墓誌》。

四倪字世弼,燉煌鎮將。

五玕字叔珍,大中大夫,並見《元倪墓誌》及《元玕墓誌》。

京兆王支道武後。

一黎京兆王。

二根江陽王,平北將軍,《北史》作吐根。

三繼字世仁,大丞相,雍州刺史。

　四乂字伯儁,冀州刺史,並見《魏書・京兆王傳》。

　　五亮字休明,平原郡開國公。

　　五穎字稚舒,乂庶長子,秘書郎,入梁,官青、冀二州刺史,並見《元乂墓誌》、《魏書》、《北史》,均有誤文。

　　　六善亦名善住,隋國子祭酒

　四羅字仲綱,西魏江陽王,侍中,少師,並見《北史・京兆王傳》。

　四爽字景喆,秦州刺史。

　　五德隆太子中庶子,並見《魏書・京兆王傳》。

　四蠻北齊度支尚書,司空,見《北史・京兆王傳》。

　四爪字景邕,給事中,《元乂墓誌》作字山賓。

三羅侯昌平太守。

　四景遵直寢,太常丞,並見《魏書・京兆王傳》。

樂平王支明元後。

一丕樂平王,車騎大將軍。

　二拔並見《魏書・樂平王傳》。

　安定王支明元後。

一彌安定王,見《魏書・安定王傳》。

　樂安王支明元後。

一範樂安王,衛大將軍。

　二良雍州刺史,《元緒墓誌》作梁,並見《魏書・樂安王傳》。

　三緒字紹宗,洛州刺史。

　　四悅字慶安,益州刺史,並見《元緒墓誌》、《元悅墓誌》。

四仙_{字延生,正平太守,見《元仙墓誌》。}

三騰_{字金龍,城門校尉,見《元騰墓誌》及《姓纂》。}

　四榮_{瓜州刺史,見《元華光墓誌》及《姓纂》。}

　　五康

　　五慎

　　　六端_{以下世系詳《姓纂》,見《姓纂》。}

三法益_{梁侍中,見《姓纂》,云良生法益、騰、忻。法益生願達。忻當爲悦字之誤,騰官吏部尚書,亦誤,惟騰生榮,世系極合。}

　四願達_{梁樂平公,翊左將軍,見《梁書》之《願達傳》及《姓纂》。}

三昭_{河間太守,見《元均之墓誌》。}

　四均之_{字仲平,瓜州刺史,見《元均之墓誌》。}

三靜_{張掖太守。}

　四弼_{字思輔,司州牧,新興王,並見《元弼墓誌》。}

　　五恩_{字子惠,員外散騎侍郎,見《元恩墓誌》。}

三某_{巴州景公,見《元宥墓誌》。}

　四宥_{字顯恩,相州刺史,見《元宥墓誌》。}

永昌王支_{明元後。}

一健_{永昌王。}

二仁_{並見《魏書·永昌王傳》。}

　建寧王支_{明元後。}

一崇_{輔國將軍。}

二麗_{濟南王,並見《魏書·建寧王傳》。}

　新興王支_{明元後。}

一俊新興王,鎮東大將軍,見《魏書·新興王傳》。

　二某

　　三某新興侯,夏州刺史。

　　　四某撫軍將軍。

　　　　五恩字子惠,散騎常侍,並見《元恩墓誌》。

　　晉王支太武後。

一伏羅晉王,車騎大將軍,見《魏書·晉王傳》。

　　東平王支太武後。

一翰東平王,侍中。

　二道符長安鎮都大將,見《魏書·東平王傳》。

　　臨淮王支太武後。

一譚臨淮王,中軍大將軍。

　二提雍州刺史。

　　三昌字法顯,濟南王,齊州刺史。

　　　四彧字文若,雍州刺史,太師、太尉公,並見《魏書·臨淮王傳》。

　　　四秀字士彦,洛州刺史,見《元秀墓誌》。

　　　四孝友北齊光禄大夫,見《北史·臨淮王傳》。

　　三祐防城都督。

　　　四子禮録事參軍,並見《魏書·臨淮王傳》。

　　三孚字秀和,西魏扶風王,太保。

　　　四端西魏華州刺史,《姓纂》作子端,並見《北史·臨淮王傳》。

　　　四仲仁見《姓纂》。

　　三穎員外郎,見《魏書·臨淮王傳》。

廣陽王支太武後。

一建閭廣陽王。

　二石侯

　　三遺興

　二嘉侍中、太保。

　　三深字智遠,司徒公。

　　　四湛字士淵,冀州刺史。

　　　　五法輪

　　　四瑾尚書祠部郎,並見《魏書‧廣陽王傳》。

　　南安王支太武後。

一余南安王。

　陽平王支景穆後。

一新成内都大官。

　二安壽改名頤,青州刺史。

　　三某

　　　四宗胤

　二衍字安樂,廣陵侯,雍州刺史,並見《魏書‧陽平王傳》。

　　三璨字孟暉,左將軍,見《元璨墓誌》。

　　三暢字叔暢,西魏博陵王,鴻臚卿。

　　　四敏西魏南武公,儀同三司。

　　三融字叔融,西魏魏興王,殿中尚書,並見《北史‧陽平王傳》。

　二颺字遺興,幽州刺史,見《元颺墓誌》。

　二欽字思若,鉅平公,太師,太尉,見《魏書‧陽平王傳》。

三子孝字季業,西魏義陽王,尚書令。

四贇見《北史·陽平王傳》。

二宗師尚書左僕射。

三崇業字之建,輔國將軍,平州刺史,並見《元崇業墓誌》。

京兆王支景穆後。

一子推京兆王,秦、雍二州刺史。

二太興西河王,長安鎮都大將。

三昂字伯暉,襲爵。

四惊字魏慶,司徒公,並見《魏書·京兆王傳》。

三仲景西魏順陽王,右僕射,見《北史·京兆王傳》。

四濟

四鍾

四奉叔並見《魏書·京兆王傳》。

二坦城門校尉。

三液字靈和,冀州刺史,並見《元液墓誌》。

三暹字叔照,汝陽王,侍中、尚書。

四睟字子沖,散騎常侍,並見《魏書·京兆王傳》及《元睟墓誌》。

二遙字太原,誌作字修遠,饒陽男,左光祿大夫。

二某洛州刺史。

三襲字子緒,青州刺史,見《元襲墓誌》。

三瑗字仲瑜,平北將軍,見《元瑗墓誌》。

二恒字景安,改名芝,司徒公,並見《魏書·京兆王傳》。

二定廣平內史。

三裔

三斌

三靈曜

濟陰王支_{景穆後}。

一小新成_{濟陰王,大將軍}。

　二欝_{字伏生,徐州刺史}。

　　三弼_{字邕明,司徒公}。

　　　四紹遠_{字暉業,儀同三司}。

　　　四鑽遠_{字永業,齊州刺史}。

　　　四昭業_{右光禄大夫}。

　二偃_{字仲琁,大中大夫}。

　　三誕_{字曇首,齊州刺史}。

　　　四撫_{字伯懿}。

　二麗_{字寶掌,冀州刺史}。

　　三顯和_{秦州刺史,並見《魏書‧濟陰王傳》}。

　汝陰王支_{景穆後}。

一天賜_{鎮南大將軍}。

　二逞_{字萬安,齊州刺史}。

　　三始和_{字靈光}。

　　三慶和_{東豫州刺史}。

　二汎_{字普安,東燕男,光禄大夫}。

　二脩義_{字壽安,司空公,並見《魏書‧汝陰王傳》}。

　　三均_{西魏安昌王,司空公}。

四則字孝規,北周江陵總管。

五文都隋御史大夫。

四矩字孝矩,北周洵陽公,涇州刺史,並見《北史·汝陰王傳》。

五端

五竭《北史》作無竭,並見《姓纂》。

四雅字孝方,隋順陽公,集、沁二州刺史,以下世系詳《姓纂》。

四褒字孝整,隋河間公,齊郡太守,並見《北史·汝陰王傳》。

五韶

五震以下世系詳《姓纂》,並見《姓纂》。

三範濟北太守,見《鄭令妃墓誌》。

二固字全安,車騎大將軍。

二周安定州刺史,並見《元固墓誌》、《元周安墓誌》。

樂浪王支景穆後。

一萬壽樂浪王,征東大將軍。

二樂平

三長命

四忠太常少卿,並見《魏書·樂浪王傳》。

廣平王支景穆後。

一洛侯廣平王。

二匡字建扶,濟南王,青州刺史。

三獻

四祖育

五勤並見《魏書·廣平王傳》。

　　任城王支_{景穆後}。

一雲_{任城王，冀州刺史。}

　二澄_{字道鎮，太傅、太尉公。}

　　三彝_{字子倫，青州刺史。}

　　　四度世_{金紫光禄大夫。}

　　三順_{字子和，彝兄，東阿公，司徒公。}

　　　四朗_{尚書右僕射。}

　　三淑_{左僕射。}

　　三悝_{並見《魏書·任城王傳》。}

　　三紀_{字子綱，西魏華山王，尚書左僕射，見《北史·任城王傳》。}

　　　四旻_{雲曾孫，隋左武衛大將軍，見《姓纂》。}

　　三敦_{疑即淑字之誤，西魏邵陵王，侍中。}

　　　四寶_{北周涼州刺史。}

　　　　五壽_{字長壽，隋光禄大夫。}

　　　　　六敏_{隋内史舍人，並見《北史·元壽傳》及《姓纂》。}

　二嵩_{字道岳，高平侯，車騎將軍。}

　　三世賢

　　三世儁_{武陽子，定州刺史。}

　　　四景遠_{散騎侍郎。}

　　三世哲_{吏部郎。}

　二贍_{字道周，兗州刺史。}

　　三遠_{尚書郎，並見《魏書·任城王傳》。}

　　南安王支_{景穆後}。

一楨南安王，相州刺史。

　二英字虎兒，中山王，司徒公。

　　三攸字玄興，散騎侍郎。

　　三熙字真興，襲中山王，太尉公。

　　　四暉字景獻，青州刺史，名見《元暉墓誌》。

　　　四仲獻兗州刺史。

　　　四叔獻齊州刺史。

　　　四叔仁并州刺史。

　　　　五琳

　　三誘字惠興，都昌伯，雍州刺史。

　　　四始伯給事中。

　　三略字儁興，東平王，司空公。

　　　四規字景式，北廣平太守，名見《元略墓誌》。

　　三纂字紹興，高唐侯，恒州刺史。

　　　四子獻涇州司馬。

　　三廞字義興，武邑王，征東將軍，名見《元廞墓誌》。

　　　四述通直郎。

　二怡扶風王，雍州刺史。

　　三蕭魯郡王，司徒公。

　　　四道興前將軍。

　　三暐字畢興，東海王，太原太守，並見《魏書·南安王傳》。

　城陽王支景穆後。

一長壽城陽王，活野鎮都大將。

二多侯早卒。

二鸞字宣明，襲城陽王，冀州刺史，並見《魏書·城陽王傳》。

　　三顯魏字光都，東豫州刺史。

　　　　四崇智字道宗，中兵參軍。

　　　　四崇明

　　　　四崇仁

　　　　四崇禮並見《元顯魏墓誌》。

　　三顯恭字懷忠，平陽子，儀同三司。

　　　　四彥昭漁陽太守，並見《魏書·城陽王傳》。

　　三徽字顯順，襲封城陽王，大司馬。

　　　　四須陀字延年。

　　三顯儁早卒。

　　三旭字顯和，襄城王，大司馬。

　　三虔字顯敬，廣都伯，銀青光禄大夫，並見《元徽墓誌》、《元顯儁墓誌》。

章武王支景穆後。

一太洛章武王，征北大將軍。

　二彬字豹兒，散騎常侍。

　　三融字永興，司徒公。

　　　　四景哲儀同三司。

　　　　　　五黃頭安平王。

　　　　四朗字仲哲，後廢帝。

　　三凝字定興，東安王，冀州刺史。

四彦友光禄大夫。

三湛字鎮興,漁陽王,青州刺史。

三琤字安興,青州刺史。

四犖字景升,員外散騎侍郎,並見《元犖墓誌》。

四俊

三晏字俊興,豫州刺史,並見《魏書·章武王傳》。

樂陵王支景穆後。

一胡兒樂陵王,征北大將軍。

二永全改名思譽,光州刺史,誌作思,字永全。

三景略字世彦,豫州刺史,誌作彦,字景略。

四霸字休邦,鉅鹿太守。

三慶略散騎侍郎。

四子政通直散騎常侍。

三洪略恒農太守。

三子業平原太守,並見《魏書·樂陵王傳》。

安定王支景穆後。

一休安定王,大司馬。

二安

二燮朔州刺史。

三超字化生,岐州刺史。

四孝景通直郎,並見《魏書·安定王傳》。

三琰字伏寶,西魏宋安王。

四景山字寶岳,隋梁州總管。

五成壽隋西平通守。

二願平員外常侍。

三緒武衛將軍。

四長春南郡王,員外散騎侍郎。

二永平定州刺史。

二挺字珍平,司州治中。

三叔遵員外散騎常侍。

二貴平東萊王,儀同三司,並見《北史·安定王傳》。

安樂王支文成後。

一長樂安樂王,定州刺史。

二詮字搜賢,誌作休賢,尚書左僕射。

三鑒字長文,司空公。

三斌之字子爽,潁川王,並見《魏書·安樂王傳》。

廣川王支文成後。

一略廣川王,中都大官。

二諧字仲和,武衛將軍。

三靈道《元煥墓誌》作靈遵,並見《魏書·廣川王傳》。

四煥字子昭,荊州刺史,廣川孝王,見《元煥墓誌》。

齊郡王支文成後。

一簡字叔亮,齊郡王,太保。

二演字智興,衛尉卿,見《元演墓誌》。

二祐字伯援,襲封齊郡王,涇州刺史。

二某

三禮之字□休,安東將軍,光州刺史。

三子永字長休,鎮東將軍,豫州刺史,並見《元禮之墓誌》、《元子永墓誌》。

河間王支文成後。

一若字叔儒,河間王。

二琛字曇寶,秦州刺史,並見《魏書·河間王傳》。

安豐王支文成後。

一猛安豐王,侍中。

二延明字延明,太保。

三儒並見《魏書·安豐王傳》。

咸陽王支獻文後。

一禧字永壽,咸陽王,太尉公,《北史》作字思永。

二通字曇和。

二翼字仲和,青、冀二州刺史。

二顯和

二昌並見《魏書·咸陽王傳》。

二樹字秀和,梁鄴王,郢州刺史,《梁書》作字君立。

三貞梁咸陽王,太子舍人,並見《梁書·元樹傳》。

二曄字世茂,梁桑乾王。

二昭

二坦一名穆,字延和,襲爵咸陽王,太傅。

三世寶

二昶琅玡公,太尉公。

三善慧並見《魏書·咸陽王傳》，兼參《北史》。

趙郡王支獻文後。

一幹字思直，趙郡王，司州牧。

　二謐司州牧。

　　三毓字子春，青州刺史。

　　三昉字子胐，光州刺史，見《元昉墓誌》。

　　　四實字景融，平昌王。

　二諶字興伯，冀州刺史，謐兄。

　　三煒

　二譚青州刺史。

　二讞平鄉男，定州刺史。

　　三景暄直閤將軍。

　二懿恒州刺史，並見《魏書·趙郡王傳》。

廣陵王支獻文後。

一羽字叔飜，廣陵王，司徒公。

　二欣字慶樂，淮陽王，西魏柱國大將軍，太傅。

　二恭字修業，節閔帝，並見《北史·廣陵王傳》。

　　三恕沛郡王。

　　三譯沛國王。

　　三璹字德芳，幽州刺史，並見《北史·節閔帝紀》及《姓纂》。

　二永業高密郡王，金紫光祿大夫，見《北史·廣陵王傳》。

高陽王支獻文後。

一雍字思穆，高陽王，司州牧。

二泰_{字昌}，太尉公。

三斌_{字善集}，北齊右光禄大夫。

二端_{字宣雅}，安德公，相州刺史，泰兄。

三峻

二叡_{字子哲}，濟北王，雍州刺史。

三徽

二誕_{字文發}，新陽伯，司徒公。

三亮

二勒叉_{陽平伯}，鎮遠將軍。

二亘_{濮陽伯}。

二伏陁_{武陽伯}。

二彌陁_{新陽伯}。

二僧育_{頓丘伯}。

二居羅_{衛縣伯}，並見《魏書·高陽王傳》。

北海王支_{獻文後}。

一詳_{字季豫}，北海王，太傅。

二顥_{字子明}，大司馬。

三婆羅

二頊_{字寶意}，誌作字幼明，東海王，雍州刺史。

三衍_{並見《魏書·北海王傳》}。

彭城王支_{獻文後}。

一勰_{字彦和}，彭城王，太師。

二劭_{字子訥}，青州刺史，《彭城王妃李氏誌》作字令言。

三韶字子胄，《北史》作字世胄，太傅。

二襲字世紹，武安王，中書侍郎。

二子直字方言，給事黃門侍郎，陳留王，劭兄。

三寬字思猛，司徒公。

三剛字金明，浮陽王，宗正少卿，並見《魏書·彭城王傳》。

四經北周漁陽公。

五弘嗣隋金紫光祿大夫，以下世系詳《姓纂》。

五弘則並見《隋書·元弘嗣傳》及《姓纂》。

三質林慮王，儀同三司，誌作文，字思質。

二子攸字彥達，孝莊帝。

二子正字休度，始平王，錄尚書事。

三欽字世道，並見《魏書·彭城王傳》。

京兆王支孝文後。

一愉字宣德，京兆王。

二寶月並見《魏書·京兆王傳》。

三森西魏臨洮王。

三榮宗西魏蜀郡王。

三昇西魏江夏王。

三闡西魏鉅鹿王。

三亮西魏譙郡王，並見《魏書·孝靜帝紀》。

二寶炬西魏文帝。

三欽西魏廢帝。

三廓西魏恭帝。

三謹西魏晉王。

三戍西魏武都王，秦州刺史。

三儉西魏梁王，大將軍。

三寧西魏趙王。

三儒西魏燕王。

三公西魏吳王。

三式西魏宜都王，並見《北史·文帝紀》。

清河王支孝文後。

一懌字宣仁，清河王，太尉。

二亶大司馬。

三寶建字景植，宜陽王，雍州刺史。

三善見孝靜帝。

三威字徽義，儀同三司，清河王。

三謙字徽禮，儀同三司，潁川王，並見《魏書·清河王傳》、《孝靜帝紀》及《元寶建墓誌》。

廣平王支孝文後。

一懷字宣義，廣平王，太尉公，大將軍，字見《元懷墓誌》。

二悌字孝睦，尚書令，冀州刺史，字見《元悌墓誌》。

三贊西魏侍中，驃騎大將軍。

四謙北周韓國公。

五菩提以下世系詳《世系表》，並見《宰相世系表》。

二誨字孝規，范陽王，宗正卿，字見《元誨墓誌》。

二修字孝則，西魏孝武帝。

汝南王支<small>孝文後。</small>

一悦<small>汝南王,大司馬。</small>

　二潁

　　三綽<small>琅玡王,並見《魏書·汝南王傳》。</small>